高等职业教育国际贸易专业系列教材

国际贸易实务

（第 3 版）

倪　军　祖　祎　主　编
乔平平　彭　翀　董　娜　副主编
张　玺　宋　琳　参　编

微信扫描
获取配套资源

南京大学出版社

内容简介

国际贸易实务课程是本科、职业院校国际贸易、国际商务、电子商务、商务英语、现代物流、报关报检等专业的基础课程。本书既注重国际贸易基本交易原理与相关法律法规,又根据《国家职业教育深化改革实施方案》,为了配合职业院校教学改革而精心组织编写的。随着跨境电商模式的发展,本书在编写过程中以展会出口模式与跨境电商模式为中心,注重教学与实际业务操作的高度接轨,注重教学的真实性,全部案例直接来自企业出口实战,具有典型性与实用性。本书结合实际进出口业务,以出口业务为例,按照实际出口业务的流程,编制学习内容。

本书既可以作为本科、职业院校国际贸易、国际商务、电子商务、商务英语、现代物流、报关报检等专业的教材,又可以作为企业外贸出口外销业务员、跨境电商操作员、跟单员、单证员、货代销售员、货代文件操作员、报关员、报检员等岗位的培训教材。

图书在版编目(CIP)数据

国际贸易实务 / 倪军,祖祎主编. -- 3 版. -- 南京:
南京大学出版社, 2019.9(2021.1 重印)
  ISBN 978-7-305-06649-8

Ⅰ. ①国… Ⅱ. ①倪… ②祖… Ⅲ. ①国际贸易—贸
易实务—高等职业教育—教材 Ⅳ. ①F740.4

中国版本图书馆 CIP 数据核字(2019)第 186226 号

出版发行 南京大学出版社
社　　址 南京市汉口路 22 号　　　　邮编　210093
出 版 人 金鑫荣

书　　名 国际贸易实务
主　　编 倪　军　祖　祎
责任编辑 武　坦　　　　　　编辑热线 025-83592315

照　　排 南京开卷文化传媒有限公司
印　　刷 南京新洲印刷有限公司
开　　本 787×1092　1/16　印张 17　字数 424 千
版　　次 2019 年 9 月第 3 版　　2021 年 1 月第 2 次印刷
ISBN　978-7-305-06649-8
定　　价 50.00 元

网　　址:http://www.njupco.com
官方微博:http://weibo.com/njupco
微信服务号:njuyuexue
销售咨询热线:(025)83594756

* 版权所有,侵权必究

* 凡购买南大版图书,如有印装质量问题,请与所购图书销售部门联系调换

前　言

随着我国改革开放的不断深入,自 2001 年 12 月 11 日正式加入 WTO,我国外贸进出口规模迅速扩大,2007 年我国外贸出口额首次突破 10 000 亿美元,2009 年我国外贸出口总额达到 12 016 亿美元(中华人民共和国海关统计),首次超过德国出口总额 11 213 亿美元(德国联邦统计局 2010 年 2 月 9 日数据),位居世界第一。根据我国海关统计,2018 年我国货物贸易进出口总值是 4.62 万亿美元,比 2017 年同比上升 12.6%。其中,出口 2.48 万亿美元,进口 2.14 万亿美元。2018 年我国货物贸易增速快于美国、德国、日本等贸易大国和主要经济体的平均增速。除规模创新外,2018 年我国外贸发展还呈现出结构持续优化、功力加快转化、发展更趋平衡等特点。例如,我国与"一带一路"沿线国家进出口占比提高至 27.4%,机电产品出口占比提高至 58.7%,高质量、高技术、高附加值产品出口稳步增长。

最近几年,得益于我国主动扩大开放、稳外贸政策效应显现、产业升级加快、企业活力增强等因素,我国对外贸易的主体与出口平台格局发生了巨大变化。一方面,民营制造型企业逐渐成为对外贸易的生力军,另一方面,自 21 世纪以来,跨境电商出口平台悄然出现,尤其是最近几年,得到迅速发展。其中较为知名的是以阿里巴巴国际站出口通为代表的 B2B 平台,和以亚马逊为代表的 B2C 平台。大量中小微企业为了获得企业生存与赢利空间,急需迈入国际市场,参与国际经营,这将更加依赖跨境电商出口平台。2008 年以来,受美国金融危机、欧债、人民币升值、国内各项经营成本增加、供应侧结构性改革、中美贸易战等因素影响,对我国外贸行业产生重大影响。美国总统特朗普宣布,自 2018 年 9 月 24 日起,将对 2 000 亿美元的中国输美产品加征 10% 的关税;自 2019 年 1 月 1 日起,关税将提升至 25%。美国这一措施给我国外贸形势带来了复杂严峻的压力。

综上所述,在我国由外贸大国向外贸强国转变的过程中,广大制造、服务企业在"走出去"战略的指引下,对从事国际贸易相关岗位的员工提出更高的职业能力要求。为了适应我国对外贸易发展的形势,吸收新的成果以满足教学需要,特组织编写了本教材。

本书在编写过程中力求显现以下几个特点:第一,以基于工作过程课程开发理论为指导,注重学生国际贸易职业能力的培养,突出职业教育的优势;第二,以企业真实业务为立足点,力求实战性,强化学生的动手操作能力;第三,与我国外贸行业保持紧密联系,不断吸收消化行业最新元素,展现行业的最新动态。

本书既可以是本科、职业院校国际贸易、国际商务、电子商务、报关报检、商务英语等专业学生的用书,也是企业外销、跨境电商、报关、货代、国际结算等岗位员工培训教材。

本书由倪军、祖祎担任主编,乔平平、彭翀、董娜担任副主编,张玺、宋琳担任参编。全书共分为导论与十个模块。其中导论、模块四、模块七由倪军负责编写,模块一、二、三由祖祎负责编写,模块五由董娜负责编写,模块六由宋琳负责编写,模块八由乔平平负责编写,模块九由彭翀负责编写,模块十由张玺负责编写,全书由倪军负责统编定稿。

在本教材编写过程中,编者深入企业参加出口实践,获得宝贵的第一手业务素材。在此特向广州交易会进出口有限公司、广州港集装箱码头有限公司、广州市中小企业服务中心、清华 MBA 江门教学中心、广东南海正申金属制品厂出口部黄志伟经理、广州晨海国际货运有限公司卢国添先生、广东省对外经济贸易企业协会前副会长胡彰福先生、广东省畜产进出口公司前总经理董士森先生、柏明顿管理咨询集团梁清怀顾问师、广州市经济贸易信息中心邢诒海副主任等单位与业内专业人士表示感谢。在本教材编写过程中,还参考了许多文献和资料,特向这些作者一并表示由衷的感谢。

由于编写时间仓促以及编者能力有限,书中不足之处在所难免,恳请广大读者批评指正。

编 者

2019 年 5 月

代　序

　　自 2009 年倪军老师担任中国进出口商品交易会(简称广交会)特约培训师以来,他在广交会培训课堂上成功主持了十多场外贸出口培训,超过 2 000 名企业家、外销经理、外销业务员接受培训,其独特的专业视角、精彩的培训课程与幽默的授课风格,得到广交会会员企业的高度认可与赞赏。面对广大中小微企业外贸出口的瓶颈与困惑,倪军老师对其孜孜不倦地钻研,放弃了无数个休息日,深入企业调研、辅导,甚至直接指导出口业务的开展。一分耕耘一分收获,在倪军老师的带领下,部分会员企业的出口业务从无到有,坚定而自信地走向了国际市场。

　　今天,我们欣喜地看到由倪军老师主编,由南京大学出版社出版的《国际贸易实务》的问世。本书是倪军老师多年外贸业务实践与培训的结晶,从中我们可以品味与感悟倪军老师对国际贸易独特的见解。基于工作过程的课程开发理念与外贸业务的真实性、实战性是本书的最大亮点。本书既是广大中小微企业外贸出口的培训用书,也是适合广大职业院校国际贸易、国际商务、商务英语、物流、国际货代、报关等专业的教学用书。

　　最后,真诚祝愿倪军老师在广交会的培训舞台上再放光彩,不断针对广大中小微企业开发与外贸出口相关的培训课程,引领广交会会员企业更加专业地开展外贸出口业务,为我国外贸事业做出更大的贡献!

广州交易会进出口有限公司

2012 年 11 月 15 日

目　录

导　论

主要学习目标

1. 明确国际贸易实务课程在国际贸易专业中的地位与作用。
2. 掌握国际贸易实务的概念与国际贸易的特点。
3. 掌握国际贸易实务课程的学习内容。
4. 探讨国际贸易实务课程的教与学。

一、国际贸易实务课程在国际贸易专业中的地位与作用

国际贸易实务课程在国际贸易专业中处于基础与中心地位,学生将系统学习国际贸易交易磋商与合同签订、国际贸易合同相关条款、国际贸易合同履行等内容。国际贸易实务课程的内容是外销业务员、跨境电商操作员、单证员、跟单员、报关员、报检员、货代业务员、货代操作员等国际贸易相关工作岗位从业人员必须掌握的核心知识与基本操作技能。通过学习,学生对国际贸易合同主要内容与环节将有初步的了解,为国际贸易函电、国际贸易单证、国际市场营销等后续专业课程的学习打下良好的基础。

二、国际贸易实务的概念与国际贸易的特点

(一)国际贸易实务的概念

国际贸易实务又称进出口贸易实务,是一门以国际贸易合同为出发点与归属,专门研究国际商品买卖理论和实际业务操作的课程。

职业院校视野下的国际贸易实务课程侧重对学生国际贸易职业能力的培养,在确保学生掌握基本理论的前提下,强化学生的动手操作能力。

国际贸易的定义分为狭义和广义两种。狭义的国际贸易仅指货物的进出口,广义的国际贸易指货物进出口、技术进出口和服务进出口。由于国际分工的产生,国家和地区之间必然发生货物、技术、服务的流动,从而产生国际贸易。随着科学技术的不断发展,技术贸易、服务贸易在国际贸易中的比重不断增加。但是目前国际上,包括我国在内,货物贸易(有形贸易)仍然占据国际贸易总额的大部分。在国际贸易活动中最早出现的货物贸易活动为国际贸易确定了基本业务框架,技术贸易、服务贸易结合各自贸易对象,呈现出各自的贸易特点。但是万变不离其宗,货物贸易、技术贸易、服务贸易的主要原理、知识和业务流程是基本相同的。

(二)国际贸易的特点

以狭义的国际贸易为例,国际贸易呈现以下特点。

1. 国际性

由于国际货物买卖在两个国家(地区)之间进行,因此一定会涉及两个不同国家(地区)的法

律体系,以及不同国家(地区)的贸易政策、管制措施。

2. 风险性

国际货物买卖交易,相对国内贸易而言,金额与数量都比较庞大,从签订合同到完成合同,往往会持续较长时间,经历众多环节,交易双方要承担诸多风险,包括商业风险、信用风险、商品风险、运输风险和汇率风险等。

3. 综合性

相关业务人员从事国际货物买卖,需要具备外语知识、商品知识、营销知识、电子商务知识、报关报检知识、国际货运知识、保险知识、金融知识、计算机操作知识及国际商务礼仪知识,才能从容应对国际贸易洽谈,完成国际贸易合同签订与合同履行的各个环节。

通过以上分析可以看出,国际贸易相关岗位从业人员,不仅要掌握国际贸易的基本原理、基本政策,而且要掌握从事实际进出口业务的基本技能,善于应对不断变化的国际市场,养成良好的心理素质,在实践中接受各种挑战。

三、国际贸易实务课程的学习内容

(一)学习国际贸易实际业务流程

国际贸易实务是一门操作性、实践性、实用性较强的课程。学生当结合进出口业务实际,基于工作过程课程开发理论,以出口业务为例,按照实际出口业务的流程,学习各相关模块。

1. 学习国际贸易交易磋商与合同签订环节

全面掌握国际贸易的成交过程,对进出口业务有一个整体的认知。一般来说,一笔进出口业务会经历询盘、发盘、还盘和接受4个环节,其中发盘与接受是必不可少的环节。

2. 学习国际贸易合同条款

按照国际贸易洽谈的一般顺序,分别学习品名、品质、数量、包装、贸易术语、运输、价格、支付、检验、索赔、不可抗力、仲裁等知识。

3. 学习国际贸易合同履行

按照实际国际贸易业务流程,在完成签订国际贸易合同之后,学习实施国际贸易合同的各个环节。

(二)学习国际贸易合同所涉及的法规与惯例

国际贸易不同于国内贸易,需要买卖双方遵守相关国际法规与惯例,学习与国际货物买卖有关的主要法律法规、国际条约和国际惯例。

1. 法律法规

法律法规主要是指贸易双方的国内法。国内法是指由国家制定或认可并在本国主权管辖范围内生效的法律。

国际贸易合同的双方当事人必须遵守本国相关法律,但是由于不同国家对同一问题有不同的司法解释,因此一旦发生争议引起仲裁或诉讼,就会产生究竟应适用哪个国家的法律解决争议的问题。为了解决这种"法律冲突",便于国际贸易的正常开展,通常在国内法中规定解决冲突的办法。我国法律对涉外经济合同的冲突规范也采用上述国际上的通用规则。我国《合同法》第126条规定:"涉外合同的当事人可以选择处理合同争议所适用的法律,但法律另有规定的除外。涉外合同的当事人没有选择的,适用与合同有最密切联系的国家法律。"

2. 国际条约

国际条约是两个或两个以上主权国家为确定彼此政治、经济、贸易、文化、军事等方面的权利和义务而缔结的诸如公约、协定、协议书等各种协议的总称。国际条约可以调解缔约成员国在国际贸易、海运、陆运、空运、商标、工业产权、知识产权、仲裁等方面的争议。对国际贸易影响较大的国际条约是 1988 年 1 月 1 日起生效的《联合国国际货物销售合同公约》(*United Nations Convention on Contracts for the International Sales of Goods*,以下简称《公约》)。该公约共 101 条,分 4 个部分:适用范围和总则、合同的订立、货物销售和最后条款。我国是最早加入该公约的缔约国之一。我国出口企业与公约缔约国相关企业洽谈与签订的国际贸易合同,应该在《公约》的指导下完成,如果产生贸易纠纷,则首先考虑援引《公约》解决纷争。

此外,我国《民法通则》第 142 条规定:"中华人民共和国缔约或者参加的国际条约同中华人民共和国的民事法律有不同规定的,适用国际条约的规定。但中华人民共和国声明保留的条款除外。"因此,在法律适用问题上,除国家在缔约或参加声明保留的条款以外,国家缔结或参加的有关国际公约优先于国内法。

3. 国际贸易惯例

国际贸易惯例是指在国际贸易长期实践中逐渐形成的一些有较为明确和固定内容的贸易习惯和一般做法。国际贸易惯例不是法律,它对合同当事人没有普遍的约束力,只有当合同当事人在合同中明确规定加以采用时,才会对当事人产生约束力。如果合同中的规定与相关国际贸易惯例相抵触,则在合同履行与争议处理时,以国际贸易合同的相关条款为执行依据。

在实际国际贸易业务中,与业务密切相关并有较大影响的国际惯例有以下几种。

①《2020 年国际贸易术语解释通则》(INCOTERMS 2020)主要对有关国际贸易的 11 种贸易术语做出解释,规范了买卖双方的风险、责任与费用划分界限。

②《跟单信用证统一惯例》(国际商会第 600 号出版物,UCP600)主要阐述了信用证支付方式的基本原理,有关各方当事人的权利和义务,以及对信用证要求的各种结汇单据做出明确规定和解释。

③《托收统一规则》(国际商会第 522 号出版物,URC522)主要对国际贸易结算中的托收程序、技术、法律、条例等具体问题做出规范与解释。

随着国际贸易的不断发展,贸易方式、流程等也不断创新与变革。针对出现的新问题、新情况,相关组织不断更新相关国际惯例的相关条款,以适应国际贸易的发展。

四、国际贸易实务课程的教与学

(一)目前职业院校教与学存在的问题

随着跨境电商出口模式的普及,以广交会为代表的展会模式在国际贸易中的比重不断下降。国际贸易实务课程属于实务类课程,部分专业老师缺乏对展会与跨境电商的认识,相关外贸工作经验不够,同时在教与学的过程中缺少平台、客户、产品及价格等真实外贸元素。按照建构主义学习理论的观点,无形中增加了教与学的难度,影响了学生对国际贸易知识与能力的主动建构,从而影响了学习效果。

(二)对策与措施

1. 更新教学理念

"以能力为本位、以服务为宗旨、以就业为导向"的职教理念构成了职教老师与学生的核心价值。营造"以学生为主体、以老师为主导"的良好教学模式,围绕专业核心技能,激发学生学习兴趣,逐步引导学生主动建构国际贸易相关知识与技能,最终促成学生国际贸易职业能力的养成。

2. 勤于学习

受世界经济环境、我国国情与政策、企业生产技术和地区产业特点等因素的影响,尤其是在

"互联网+"的影响下,国际贸易政策、主体、模式、商品、交易方式等因素在不断演变。这要求教师认真学习国际贸易行业规律和职业教育规律,虚心向企业学习,掌握外贸最新动态,积极运用最新职教研究成果;不断增强学生的学习动力,营造良好的学习氛围,教师与学生共同构建学习型团队,不断深入学习、探讨与国际贸易实务课程相关的知识和技能。

3. 贵在创新

传统的国际贸易实务课程教学方法与部分课程内容已经不再适应新型国际贸易人才的培养需要,这就要求教师在教学理念、教学手段、教学素材等方面不断创新。国际贸易实务课程从以"粉笔加黑板"的第1代教学理念与方法,到以"软件加实训室"的第2代教学理念与方法,再到"真实业务加企业"的第3代教学理念与方法的出现,实现了质的飞跃。通过创新是完全可以探索出国际贸易实务课程教与学的新思路、新方法的。但是创新需要扎实的专业基础,持之以恒的决心与毅力,以及具有打破行业传统陈旧观念敢为天下先的革新精神。通过创新,可以逐渐促成国际贸易专业的学生具备核心竞争力。

4. 赢在实践

职业教育是一种注重职业岗位能力的就业教育,为行业企业输送各类合格的技能型人才,这就对职业教育提出了较高的实践要求。从实践中得到宝贵的经验,总结提升,进而充实优化教学素材,以求突破制约职业院校国际贸易专业发展的瓶颈。实践表明,实施基于工作过程的课程开发理论是国际贸易专业课程改革的重点发展方向之一。编者在多年的实践中,带领职业院校学生,实施网上跨境电商外贸、广交会、国际货运等项目,辅导多家中小微企业成功开发中东、非洲、美国、欧洲等市场,完成出口合同各相关环节,取得初步效果,让教师与学生共同感受到基于工作过程课程的魅力与活力。与传统的课堂教学相比,基于工作过程的国际贸易实务课程,以模块为框架,以工作任务为载体,引入企业真实业务项目,有效地实现了3个转变,即由以教师为中心转变为以学生为中心,由以课本为中心转变为以"项目"为中心,由以课堂为中心转变为以企业为中心。基于工作过程的国际贸易实务课程既培养了学生掌握国际贸易相关岗位的核心技能,又锻炼了教师。在教学中教师是项目的策划者、组织者、实施者、评估者,以项目经理人的身份出现,动态多变的实际业务,在某种程度上考验了教师的专业水准、智慧与应变能力。经过实践,专业教师对行业、企业有了新的认识,学生则通过"做中学",达成了实践过程与学习过程相统一,促进课堂教学与企业经营统一,形成了"产、教、研"三者的良性互动。

有效突破制约国际贸易实务课程教与学的瓶颈,激发学生的学习兴趣,强化学生国际贸易能力的养成,增强学生在未来职场的核心竞争力,同时探索与塑造职业院校国际贸易实务课程的新型教学模式,"学习、创新与实践"无疑将是最好的方法与措施。

模块一

国际贸易交易磋商

典型工作任务	1. 国际贸易交易磋商的处理 2. 国际贸易销售合同的订立
拓展工作任务	形式发票的认知
主要学习目标	1. 掌握询盘、发盘、还盘、接受的含义 2. 掌握发盘、接受的构成要件 3. 熟悉国际贸易销售合同、形式发票的格式与内容
基础理论知识	《联合国国际货物销售合同公约》
工作操作技能	1. 能够正确处理国际贸易询盘、发盘、还盘、接受4个业务环节 2. 能够正确认知国际贸易销售合同、形式发票的格式与内容

典型工作任务一　国际贸易交易磋商的处理

工作困惑

作为一名外销业务员,与外商签约成交需要经过哪些环节?是否每个环节都必须经历?每个环节都有哪些特征?如何识别这些不同的环节?

工作认知

一、国际贸易交易磋商的含义、形式与内容

(一)国际贸易交易磋商的含义

国际贸易交易磋商(business negotiation),通常又称为贸易谈判,是指买卖双方就买卖商品的交易条件进行洽谈,以求达成一致协议的具体过程。它是国际货物买卖过程中不可缺少的重要环节,也是签订买卖合同的必经阶段和法定程序。交易磋商内容包括各种交易条件(将在国际贸易合同中得到充分体现),明确合同双方的权利和义务(所以交易双方对此环节的工作都应该高度重视)。

(二)国际贸易交易磋商的形式

国际贸易交易磋商在形式上可分为口头磋商和书面磋商两种。

口头磋商主要是指面对面的业务谈判,如参加以各种交易会、洽谈会、博览会、贸易小组出访、客户来华洽谈交易、国际长途电话等形式与渠道进行的交易磋商。口头磋商比较灵活,可以随时根据进展情况调整谈判策略,对贸易内容复杂,涉及条件复杂的交易尤其适合。

书面磋商是指通过信件和数据电文[包括电子邮件、电报、电传、传真、电子数据交换(EDI)]等方式进行磋商交易。随着现代通信技术的发展,书面洽谈也越来越简便易行,而且费用低廉,

是日常业务开展的通常做法。目前在国际贸易中,电子邮件是书面磋商的主要形式。

这两种磋商形式也可交叉进行,它们尽管在做法上各不相同,但法律效力相等。除此之外,洽谈方式在国际贸易中也以某个行为方式来表现,如在拍卖市场上的买进或出售。

(三)国际贸易交易磋商的内容

国际贸易交易磋商的内容涉及拟签订国际贸易合同的各项条款,即品名、品质、数量、包装、价格、装运、支付、保险、商检、索赔、不可抗力、仲裁等。在实际业务中,商检、索赔、仲裁、不可抗力等条款通常作为一般交易条件以固定格式预先印在合同上,只要对方没有异议,就不必逐条重新协商、列出,这样可以节省洽谈时间和费用开支。

二、国际贸易交易磋商的环节

国际贸易合同的磋商与订立过程一般可概括为 4 个环节:询盘(inquiry)、发盘(offer)、还盘(counter offer)和接受(acceptance)。其中,发盘和接受是合同成立必不可少的两个环节及必经的法律步骤。

(一)询盘

1. 询盘的定义

询盘也称为询价,在国际惯例中又被称为要约邀请,是指买方或卖方为了洽购或销售某项商品,向对方口头或书面探询交易条件的行为。询盘可只询问价格,也可询问其他一项或几项交易条件,直至要求对方发盘。它要求文字简洁明了,开门见山。

询盘主要是为了试探对方的交易诚意和了解对方对交易条件的意见。其内容可涉及价格、品名、品质、数量、包装、交货期,并伴随索取商品目录、价目单、样本或样品等行为。在国际业务中,发出询盘的目的,除了探询价格或有关交易条件外,有时还表达了与对方进行交易的愿望,希望对方接到询盘后及时做出发盘,以便考虑接受与否。这种询盘实际上属于邀请发盘。

询盘可由买方发出,又称为邀请发盘(invitation to make an offer),即买方询盘,也可以由卖方发出,即卖方询盘。

学习案例 1-1

(1) Could you please send us a catalog of your shoes together with terms of payment?

你能给我们寄来一份有关鞋子的目录,并告诉我们付款方式吗?

(2) I'm interested in your product 3 person Sofa WT2310, can supply 50sets? Please bid.

我对你方 3 人沙发 WT2310 款感兴趣,能否供应 50 套?请递盘。

除了上述示例的说法外,询盘还可提出内容不肯定或附有保留条件的建议。例如,提出价格时采用参考价格(reference price)或价格倾向(price indication);再如,"以我方最后确认为准"(subject to our final confirmation)或"有权先售"(subject to prior sale),等等。

国贸常识

在实际贸易业务中,经常采用下列词语表示询盘。

请发盘……	please offer…
请报价……	please quote…
对……感兴趣,请……	be interested in…,please…

请告知……　　　　　　　　please inform...

2. 询盘的法律效力

询盘对于双方均没有法律约束力,是一种内容不明确、不肯定、不全面或附有保留条件的建议,这种建议具有邀约性质。虽然询盘是交易的起点,但不是每笔交易都必须经过,有时未经询盘也可直接向对方发价。受盘方应抓住每一个有利的贸易机会积极回复对方的询盘。在国际贸易实践中,应该高度重视询盘的重要性,但同时也应注意比较鉴别,因为询盘往往被用做调查研究,成为摸清市场行情,刺探竞争企业商业秘密的一种手段。

3. 询盘时应注意的事项

① 在国际贸易中,询盘往往是合同的起点,能否获得询盘是外销业务员实力与功底的展示。

② 在实际业务中,不是每一个询盘都能达成交易,只有真实的询盘才有可能。这就要求外销业务员重视询盘的数量,在一定数量询盘的基础上,才有可能达成交易合同。

③ 在实际业务中,每个询盘的真实性差异较大,这就要求外销业务员高度重视询盘的质量。

④ 如今的国际贸易,已经形成了买方市场,往往买方会向 3 家或多家卖方发出询盘,这就要求外销业务员在接到询盘时,必须要第一时间尽快应对。

学习案例 1−2

深圳某服装企业外销业务员分别接到法国 A 公司与韩国 B 公司的询盘。法国 A 公司的询盘表示:"对你方产品感兴趣,请报价。"韩国 B 公司的询盘表示:"对你方 JEF−801 款女装感兴趣,计划购买 350 件,请报价。"试问:上述两家企业的询盘的质量如何?我方外销业务员应如何应对?

(二) 发盘

1. 发盘的含义

发盘(offer)又称发价或报价,是买方或卖方向对方提出各项交易条件,并愿意按照这些条件达成交易,订立合同的一种肯定的表示。《公约》第 14 条第 1 款规定:"向一个或一个以上特定的人提出的订立合同的建议,如果十分确定并且表明发价人在得到接受时就受其约束的意旨,即构成发盘。"发盘的一方称为发盘人,受盘的一方称为受盘人。在实际业务中,发盘通常是一方在收到对方的询盘之后提出的,但也可不经过对方询盘而直接向对方发盘。发盘人可以是卖方,也可以是买方。前者称为"售货发盘"(selling offer),后者称为"购货发盘"(buying offer),习惯上称之为"递盘"(bid)。一项发盘在其内容上要求做到明确、完整和终结。

学习案例 1−3

(1) Offer 50 metric tons of soybean,USD300.00 net per M/T CFR Shanghai for shipment during November,payment by irrevocable sight L/C.

发盘 50 公吨大豆,每公吨 300 美元,CFR 上海净价,装运期为 11 月,不可撤销即期信用证付款。

(2) Offer northeast rice round shape 300 M/T price USD500.00 per M/T CIF NewYork,packed new single gunny bags about 100KGs each shipment February irrevocable sight L/C reply here fifth.

报盘东北圆粒大米 300 公吨,每公吨 500 美元,CIF 纽约,单层新麻袋包装,每包大约 100 千克,2 月装运,不可撤销即期信用证,5 日复到有效。

发盘在法律上称之为要约,既是商业行为又是法律行为。在发盘有效期内,一经受盘人无条件接受,合同即告成立,发盘人不得任意撤销或修改内容,必须承担按发盘条件履行合同义务的法律责任。

学习案例 1-4

中国某对外工程承包公司拟在中东投标某工程。2019 年 5 月 1 日向意大利商人询盘钢材价格,说明是为了投标用,并注明 5 月 31 日开标。意大利商人 5 月 5 日即发盘,未注明有效期。发盘之后钢材市场价格上涨,意商来电撤盘。中方回电因尚未开标,拒绝了这一请求。5 月 31 日开标,中方中标,遂要求意商履约。试问:意商是否应履约?

国贸常识

在实际贸易业务中,经常采用下列词语表示发盘。

报价	quote
发盘	offer
发实盘	offer firm
订货	order
供应	supply
订购	book
递盘	bid
递实盘	bid firm

2. 发盘的构成要件

由于发盘在法律上构成一项要约,并对发盘人具有约束力,因此作为一项有法律效力的发盘,必须具备一定的条件,即构成发盘的条件。一项发盘的构成必须具备以下 4 个条件。

(1) 发盘要有特定的受盘人

发盘必须指定可以表示接受的受盘人。受盘人可以是一个也可以指定多个,可以是自然人也可以是法人,但是必须特定化,而不能泛指社会公众。《公约》第 14 条第 2 款明确规定:"非向一个或一个以上特定的人提出的建议,仅应视为邀请发盘,除非提出建议的人明确表示相反的意向。"因此,不指定受盘人的发盘,只能构成"发盘的邀请"(invitation to offer)。

国贸常识

电视上播放的商业广告,即使内容明确完整,由于没有特定的受盘人,也不能构成有效的发盘,只能看作邀请发盘。

(2) 发盘的内容必须十分确定

对于什么是"十分确定",《公约》的解释是:"如果写明货物并且明示或暗示地规定数量和价格或者规定如何确定数量和价格,即为十分确定。"也就是说,一般情况下,在发盘中明确含有货物的名称、数量和价格三大因素,就可以认为内容具体肯定。而在实际工作中,关于构成一项发盘究竟应包括哪些内容的问题,各国法律规定不尽相同,有些国家的法律要求将合同的主要条件,如品名、品质、数量、包装、价格、交货时间与地点及支付的办法等,都要有完整、明确、肯定的规定,并不得附有任何保留的条件,以便受盘人一旦接受即可签订对买卖双方均有约束力的合同。在实际业务中,如果发盘的交易条件太少或过于简单,会给合同的履行带来困难,甚至容易引起争议。因此,在对外发盘时,为慎重起见,最好将主要交易条件一一列明。

（3）发盘必须送达受盘人

根据《公约》的规定,一项发盘要能生效,必须直接送达受盘人。这里强调直接送达通知,别人传达不是发盘人授权,即使到达也无效。发盘送达受盘人的时间也就是发盘生效的时间。如果发盘人以某种方式,如电报或信函向受盘人发盘,而发盘在传递途中遗失,以至于受盘人未能收到,那么该发盘不能生效,也没有订立合同的义务。

（4）表明发盘人受其约束

这是指发盘人在发盘后,如果受盘人表示接受,双方即按发盘的内容订立合同,发盘人不得更改和拒绝。而如果只是订立合同的建议,根本没有"承受约束"的意思,就不能被认为是一项发盘。例如,在订约建议中加注"仅供参考""以……确认为准"等保留条件,都不属于发盘,只是邀请对方发盘。

学习案例 1-5

甲方于4月5日发邮件给乙方,内容如下:我厂现有1 000辆飞人牌自行车,售价为100美元/辆,CIF纽约,若有意请在10天内答复。乙方于4月8日收到该邮件。试问:甲方于4月5日给乙方所发邮件是否构成发盘?

3. 发盘的有效期

在发盘中通常都规定有效期,作为发盘人受约束的期限和受盘人表示接受的有效期限,超过发盘规定的时间,发盘人即不受其约束。例如:

Offer…Subject reply fifteenth here. 发盘……限15日复到。

Subject to your reply here April 5th our time. 发盘4月5日复到有效。

明确规定有效期时,有效期的长短是必须考虑的问题,有效期太短,留给对方考虑时间太紧张;有效期太长,发盘人承受的风险也就随之增大。适度把握有效期长短对交易双方都很重要。另外,有效期要具体明确,否则会引起争执。规定有效期并非构成发盘的必要条件,如果发盘中未规定具体日期,并不意味着该发盘可以无期限。《公约》第18条规定:"对于一项发盘,受盘人必须在合理时间内接受,否则无效。""合理时间"应视交易的具体情况而定,一般按惯例处理。

国贸常识

"本发盘有效期5天",这5天从何时算起就没有交代清楚,因而无法确定它的截止日期。一般来说,在实际业务中,发盘有效期为5至7天,明确起止日期和到达地点为宜。发盘人在规定有效期时要注意根据商品的特点和采用的通信方式来合理确定,对于粮食、油脂、棉花、有色金属等初级产品,有效期的规定要短,因为它们的价格受交易所价格的影响,行情变化很快。这类商品多属大宗交易,成交金额大,一旦行情发生对发盘人不利的变动,就会使发盘人蒙受很大的损失。双方通信联系方式的不同,在规定有效期时也应有所考虑。如果以电子邮件、传真等方式联系,有效期可以规定短一些;如果采用航空信件方式洽商,有效期则应稍长一些,至少应该包括邮程的时间。

4. 发盘的撤回和撤销

发盘的撤回与撤销是两个不同的概念,前者是指在发盘送达受盘人之前,发盘人采取行动,阻止它的生效;后者是指发盘已送达受盘人,即发盘生效之后,将发盘取消,使其失去效力。

（1）发盘的撤回（withdrawal）

发盘的撤回是指发盘人将尚未到达受盘人的发盘予以取消的行为。按照《公约》第15条第

2 款的规定:"一项发盘,即使是不可撤销的,如果撤回的通知在发盘到达受盘人之前或同时送达受盘人,此发盘可以撤回。"要做到这一点,发盘人必须以更快的通信方式使撤回的通知赶在发盘到达受盘人之前或同时到达受盘人。

国贸常识

掌握发盘的撤回实际操作,对从事进出口业务的工作人员具有实际意义。假如想撤回或修改已经发出的发盘,就必须要有准确的时间概念。例如,发盘是何时发出的,预计何时可送达对方,然后再考虑采用最快的通信方法是否可以撤回或修改发盘。不过,由于国际贸易洽谈方式的现代化,如通过电子邮件等方式进行的发盘,此项关于撤回的规定就显得实际意义不大了。

(2) 发盘的撤销(revocation)

发盘的撤销是指发盘生效后,发盘人再解除其效力的行为。《公约》第 16 条规定:"在发盘已经送达受盘人,即发盘已生效,但受盘人尚未表示接受之前的这一段时间内,只要发盘人及时将撤销通知送达受盘人,仍可将其发盘撤销。一旦受盘人发出接受通知,则发盘人无权撤销该发盘。"

此外,《公约》还规定并不是所有的发盘都可以撤销,下列两种情况的发盘,一旦生效,则不得撤销。

① 发盘中写明了发盘的有效期或以其他方式表明发盘是不可撤销的。

② 受盘人有理由信赖该发盘是不可撤销的,而且受盘人已本着对该发盘的信赖采取了行动,如寻找用户、组织货源等。在这种情况下,发盘人再撤销发盘会造成较严重的后果。

学习案例 1-6

香港 A 商行于 10 月 20 日来电向上海 B 公司发盘出售木材一批,发盘中列明各项必要条件,但未规定有效期限。B 公司于当天(20 日)收到来电,经研究后,于 22 日上午 11 时整向上海电报局交发对上述发盘表示接受的电报,该电报于 22 日晚上 11 时整送达香港 A 商行。在此期间,因木材价格上涨,香港 A 商行 22 日上午 9 时 15 分向香港电报局交发电报,其电文如下:"由于木材价格上涨,我方 10 月 20 日电发盘撤销。"A 商行的电报于 22 日上午 11 时 20 分送达 B 公司。试问:根据有关国际贸易惯例,A 公司是否已成功地撤销了 10 月 20 日的发盘?为什么?

学习案例 1-7

北京 A 公司向巴黎 B 公司发盘,其中规定有效期到 3 月 10 日。该发盘是 3 月 1 日以特快专递寄出的,3 月 2 日,A 公司发现发盘不妥,当天即用 E-mail 通知 B 公司宣告撤回该项发盘。试问:这样做是否可以?发盘是否可以撤回?为什么?

5. 发盘的失效

发盘的失效是指发盘法律效力的消失,即发盘人不再受发盘的约束,受盘人失去接受该发盘的权利。《公约》规定:"一项发盘,即使是不可撤销的,于拒绝通知送达发盘人时终止。"也就是说,当受盘人不接受发盘提出的条件,并将拒绝的通知送到发盘人手中时,原发盘就失去了效力,发盘人不再受其约束。

除此之外,以下几种情况也可造成发盘的失效。

① 发盘规定的有效期届满,即超过发盘规定的有效期,或者发盘未规定有效期时,超过了合理时间但发盘人仍未收到受盘人的答复。

② 被发盘人撤销,即允许撤销的发盘,被发盘人在受盘人表示接受前终止了其效力。

③ 被受盘人还盘,即受盘人对发盘做出了还盘的答复,即使原定有效期限尚未届满,发盘也立即失效。

④ 发盘还可因出现了某些特定情况,按有关法律的适用而终止。例如,发盘人在发盘被接受前丧失了行为能力或正式宣告破产,并将有关破产的书面通知送达受盘人;特定的或独一无二、不可替代的标的物被毁灭;发盘中的商品被政府宣布禁止出口或进口,等等。

在以上任一情况下,发盘将依法终止。

(三) 还盘

还盘(counter offer)又称还价,是受盘人对发盘内容不完全同意而提出修改或变更的表示,是对发盘条件进行添加、限制或其他更改的答复。还盘只有受盘人才可以做出,其他人做无效。

学习案例 1-8

(1) Your E-mail of April 20th acceptable if payment by 30 days sight L/C.

收到你方4月20日邮件,如改为30天远期信用证付款,我方可接受。

(2) We make a counter offer to you of USD150 per metric ton F.O.B. London.

我们还价为每公吨 FOB 伦敦 150 美元。

还盘一般采用与发盘相符的方式,可以用口头方式或书面方式表达出来。受盘人的答复如果在实质上变更了发盘条件,就构成对发盘的拒绝,其法律后果是否定了原发盘,原发盘即告失效。根据《公约》的规定,受盘人对货物价格、付款、品质、数量、交货时间及地点等重要条件提出修改意见,均作为实质性变更发盘条件。从法律上讲,还盘并非交易磋商的必要环节,还盘次数不受限制。

此外,对发盘表示有条件的接受,也是还盘的一种形式。例如,受盘人在答复发盘人时,附加有"以我方最后确认为准""未售有效"等规定或类似的附加条件,这种答复只能作为还盘或邀请发盘。还盘的内容,如果不具备发盘的要件,即为"邀请发盘";如果具备发盘要件,就构成一项新的发盘,还盘人成为新发盘人,原发盘人成为新的受盘人,具有对新的发盘做出接受、拒绝或再还盘的权力。

需要注意的是,一方的发盘经对方还盘后即失去效力,除非得到原发盘人的同意,受盘人不得在否定还盘后,再接受原发盘。

学习案例 1-9

我国A公司向国外B公司发实盘,限6月10日前复到有效,B公司于6月8日来电要求降价,A公司于9日与另一家公司达成交易。同一天(9日),B公司又来电要求撤回8日还盘,全部接受原发盘的条件。A公司以货已出售为由予以拒绝。B公司声称其接受是在A公司发盘的有效期内做出,要求A公司履约。试问:B公司的要求是否合理? 为什么?

(四) 接受

1. 接受的含义

接受(acceptance)在法律上称为承诺,是指受盘人接到对方的发盘或还盘后,以声明或行为表示无条件地完全同意对方提出的条件,愿意与对方达成交易。可见接受的实质是对发盘表示同意,这种同意通常应该以某种方式向发盘人表示出来。根据《公约》的规定,受盘人对发盘接受,既可以通过口头或书面向发盘人发表声明,也可以通过其他实际行动来表示,缄默或不行动本身并不等于接受。接受如同发盘一样,既属于商业行为,也属于法律行为。接受产生的重要法律后果是交易达成,合同成立。

国贸常识

在通常情况下,只需简单列明"你方××日电我方接受或确认"即可,而不必重复列出有关的交易条件。但是,有些交易由于磋商进程较长,来往函电较多,为避免误解和差错,可将最后商定的交易条件重复一遍。

2. 构成接受的要件

构成一项有效的接受必须具备下列条件。

① 接受必须由指定的受盘人做出。其他人对发盘表示同意,不能构成接受。接受也只能由受盘人做出,才具有效力。由第三者做出的接受,不能视为有效的接受,只能作为一项新的发盘。

② 接受必须在发盘的有效期内做出并送达发盘人。发盘中通常都会规定有效期,这一期限有双重意义:一方面,它约束发盘人,使发盘人承担义务,在有效期内不能任意撤销或修改发盘的内容,过期则不再受其约束;另一方面,也是约束受盘人,只有在有效期内做出接受,才有法律效力。如果发盘中未规定有效期,则应在合理时间内接受方为有效。

③ 接受的内容必须与发盘相符。根据《公约》的规定,有效接受的内容应是与发盘所提出的各项交易条件完全一致,才表明交易双方"合意",只有这样的接受才能导致合同的成立。如果受盘人在回复中使用了接受的字眼,但对发盘的重要内容做了增加、限制或修改,这称为有条件的接受,而不是有效的接受。

④ 接受必须表示出来。《公约》规定:"缄默或不行动本身不等于接受。"因此,接受必须由受盘人以声明或行为表示出来。声明包括口头和书面两种方式。一般来说,发盘人如果以口头发盘,受盘人即以口头表示接受;发盘人如果以书面形式发盘,受盘人也应该以书面形式表示接受。除了以口头或书面声明的方式接受外,还可以以行为表示接受。《公约》规定:"如果根据该项发盘或依照当事人之间确立的习惯做法或惯例,受盘人可以做出某种行为,如与发运货物或支付货款有关的行为来表示同意。"这说明只要发盘中有规定,或者交易双方有习惯做法或惯例,受盘人即可以不以声明而以行为来表示接受。例如,卖方同意发盘条件并及时发运货物,或买方收到发盘后立即支付货款或开出信用证。但是对于要求以书面形式才能达成协议的国家(包括我国),就排除了以行为表示接受的做法,必须以书面形式做出。

学习案例 1—10

A 商人在茶馆与朋友饮茶,他对朋友谈到自己有一批中国一级茶叶,现货共计 5 吨,拟按每吨 8 万港元出售。B 商人在附近饮茶,听到 A 商人的谈话。B 商人在第 2 天同意按上述条件接受 A 商人 5 吨茶叶,但却被 A 商人拒绝。试问:A、B 两人之间的合同能否有效成立?为什么?

学习案例 1—11

一位法国商人于某日上午走访我国某外贸企业洽购某商品,我方口头发盘后对方未置可否。第 2 天下午法商再次来访,表示无条件接受我方昨日上午的发盘。这时,我方已获悉该项商品的国际市场价格有趋涨的迹象。试问:我方应如何处理?为什么?

3. 有条件的接受效力

接受的内容必须与发盘相符,那么是不是说受盘人在表示接受时,不能对发盘的内容作丝毫的变更呢?《公约》第 19 条规定:"对发盘表示接受但载有添加、限制或其他更改的答复,即为拒绝该项发盘,并构成还盘。但是,对发盘表示接受但载有添加或不同条件的答复,如果所载的添加或不同条件在实质上并不改变该项发盘的条件,除发盘人在不过分迟延的期间以口头或书面通知反对其间的差异外,仍构成接受。如果发盘人不做出这种反对,合同的条件就以该项发盘的条件,以及接受通知内所载的更改为准。"该条款明确规定,对于一项有条件的接受不能构成法律上的有效接受,但是有条件的接受视所附条件是否在实质上改变了发盘的内容。

实质性变更都包括哪些内容呢? 对于接受所附条件是否构成实质性的变更发盘内容,《公约》第 19 条第 3 款规定:"有关货物价格、付款、货物质量和数量、交货地点和时间,一方当事人对另一方当事人的赔偿责任范围或解决争端等的添加或不同条件,均视为实质上变更发盘的条件。"对于附有条件的接受,值得注意的是,如果受盘人在接受发盘时,所附条件只是某种"希望"或"请求"性质的,也就是说受盘人只是要求发盘人可能的话,按所附条件办理,若发盘人不同意请求,并不影响合同的有效成立。

学习案例 1 - 12

我国某出口公司于 2 月 1 日向美商报出某农产品价格,在发盘中除列明各项必要条件外,还表示"packed in sound bags"。在发盘有效期内美商复电称"Refer to your telex first accepted,packed in new bags"。我方收到上述复电后,即着手备货。数日后,该农产品国际市场价格猛跌,美商来电称:"我方对包装条件做了变更,你方未确认,合同并未成立。"我方出口公司坚持合同已经成立,双方对此发生争执。试问:此案应如何处理? 简述理由。

4. 逾期接受的效力

对于过了发盘有效期才到达发盘人的接受,《公约》第 21 条规定:"逾期接受仍有接受的效力,如果发盘人毫不迟延地用口头或书面将此种意见通知受盘人。如果载有逾期接受的信件或其他书面文件表明,它是在传递正常、能及时送达发盘人的情况下寄发的,则该项逾期接受具有接受的效力,除非发盘人毫不迟延地用口头或书面通知受盘人:他认为他的发盘已经失效。"该条款将逾期接受,按造成逾期的原因不同做如下划分。

① 由于受盘人原因造成的逾期,即因受盘人做出接受的时间太迟,以至于该接受到达发盘人时,已超过发盘的有效期。此种逾期接受只能构成一项新的发盘,除非发盘人及时予以确认,否则该接受无效,合同不成立。

② 因传递途中的故障造成的逾期接受,即按照正常的传递,本应能在发盘有效期内送达发盘人的接受,由于传递途中的不正常情况造成了延误,而使接受在有效期过后才到达发盘人。此种逾期接受仍具有接受的效力,除非发盘人及时拒绝。

国贸常识

对于逾期接受问题,应注意到:如果因接受期限最后一天是发盘人所在地的正式假日或非营业日(non-business),而使受盘人的接受通知未能在最后期限前到达发盘人,只要接受通知在下一个营业日到达发盘人,该接受依然有效,合同成立。

学习案例 1 - 13

我国某出口企业对意大利某企业发盘,限 10 日复到有效。9 日意商用电报通知我方接受该发盘。由于电报局传递延误,我方于 11 日上午才收到对方的接受通知。而我方在收到接受通知前已获悉市场价格上涨。试问:我方应如何处理?

5. 接受的生效和撤回

接受的生效问题,不同的国际法律体系有着不同的解释。对于书面形式的发盘,《公约》采纳的是"到达生效"的原则,《公约》第18条明确规定"接受发盘于表示同意的通知送达发盘人时生效"。如果双方以口头方式进行磋商,受盘人如果同意对方的口头发盘,应马上表示同意,接受也随即生效。但如果发盘人有相反的规定或双方另有约定,则不在此限。此外对于以行为表示接受,《公约》规定,接受于该项行为做出时生效,但该项行为必须在规定的期限内做出。也有的国家坚持书面声明生效,有的甚至坚持书面合同签字时生效。

关于书面接受的撤回问题,由于《公约》采用的是"到达生效"的原则,因而接受通知发出后,受盘人可以撤回其接受,但条件是撤回的通知不晚于接受通知到达发盘人。如果按照英、美、法"投邮生效"的原则,接受一经投邮立即生效,合同就此成立,也就不存在接受的撤回问题。

典型工作任务二　国际贸易销售合同的订立

工作困惑

按照国际惯例,经过交易磋商之后,进出口双方需要签订国际贸易销售合同。那么,销售合同成立有哪些条件? 在国际贸易中为什么需要签订书面合同? 国际贸易销售合同的内容有哪些?

工作认知

经过交易磋商,一方的发盘或还盘被对方有效地接受后,就算交易达成,双方之间就建立了合同关系。在实际业务中,一般还要用书面形式将双方的权利、义务明文规定下来,便于执行,这就是签订合同。

一、合同有效成立的条件

发盘经过对方有效接受,合同即告成立。但是合同是否具有法律效力,还要看其是否具备一定的条件。一份合法有效的合同必须具备下述特征。

(一)当事人必须在自愿和真实的基础上达成协议

销售合同必须是双方自愿的,不得采取欺诈或胁迫的手段,任何一方都不得把自己的意志强加给对方。《中华人民共和国合同法》(以下简称《合同法》)第4条规定:"当事人依法享有自愿订立合同的权利,任何单位和个人不得非法干预。"第54条第2款规定:"一方以欺诈、胁迫的手段或乘人之危,使对方在违背真实意思的情况下订立的合同,受损害方有权请求人民法院或者仲裁机构变更或撤销。"

(二)当事人应具有相应的行为能力

双方当事人应是法律规定的完全民事行为能力人。一般的要求是:作为自然人,应当是成年人,神志清楚,且应有固定的住所;作为法人,应当是已经依法注册成立的合法组织,有关业务应当属于其法定经营范围之内,负责交易洽商与签约者应当是法人的法定代表或其授权人。

(三)合同必须有对价和合法的约因

对价是指当事人为了取得合同利益所付出的代价。国际贸易销售合同是双方钱货互换的交易,一方提供货物,另一方支付钱款。

(四)合同的标的和内容都必须合法

合同的标的是交易双方买卖行为的客体,也就是说,双方买卖的商品必须符合双方国家的法律,这个合同才是有效的。

(五)合同的形式必须符合法律规定的要求

《公约》对国际贸易销售合同的形式原则上不加以限制,无论采用书面方式还是口头方式,均不影响合同的效力。我国作为《公约》的缔约国,在加入《公约》时曾就合同形式问题提出保留,这意味着我国进出口贸易合同必须采用书面形式。

二、签订书面合同的意义

买卖双方经过磋商,一方的发盘被另一方有效接受,交易达成,合同即告成立。但在国际贸易实际业务中,按照一般的习惯做法,买卖双方达成协议后,还要签署书面合同将双方的权利、义务加以明确。

(一)签订书面合同是合同成立的证据

这对以口头协商达成的交易尤其重要。按照法律的要求,凡是合同必须提供其成立的证据,以说明合同关系的存在。如果双方当事人发生争议,需要提交仲裁或诉讼,书面合同则成为仲裁和法庭审理案件的证据。尽管有些国家的合同法并不否认口头合同的效力,但是进出口贸易中一般都应该签订书面合同。

(二)签订书面合同是履行合同的依据

国际贸易销售合同的履行涉及面广,环节复杂,如果仅有口头协议,将会使履行合同变得十分困难。即使是通过邮件、信函达成的协议,如果不将分散于邮件、信函中的协议条款集中到一份文件上,也会给履行合同带来麻烦。因此,在实际业务中,双方一般都要求将各自的权利与义务用文字规定下来,作为履行合同的依据。

(三)签订书面合同是合同生效的条件

在一般情况下,合同的生效是以接受的生效为条件的,但有些国家的法律规定,书面合同才是合同生效的前提条件。

三、书面合同的内容

书面合同的内容一般由以下3个部分组成。

(一)约首

约首是指合同的序言部分。合同首部包括开头和序言、合同的名称、编号、缔约日期、缔约地点、当事人的名称和地址等。在规定这部分内容时应注意两点:第一,要把当事人双方的全称和法定详细地址列明,有些国家规定这些是合同正式成立的条件;第二,要认真规定好缔约地点,因为合同中如果对合同适用的法律未做出规定,根据有些国家的法律规定和贸易习惯的解释,可适用合同订约地国家的法律。此外,在合同序言部分常常写明双方签订合同的意愿和执行合同的保证。

(二)本文

本文是合同的主体部分,具体规定了买卖双方各自的权利和义务,一般通称为合同条款,如品名条款、品质条款、数量条款、价格条款、包装条款、装运条款、支付条款及商检、索赔、仲裁和不可抗力条款等。

(三)约尾

约尾部分包括买卖双方签名、合同的份数、使用的文字及其效力、订约的时间和地点及生效的时间。

四、合同的形式

书面合同既可以是有一定格式的,也可以以信件、电报、电传文件作为书面合同的形式。在进出口贸易中,对书面合同的形式没有具体的限制,买卖双方既可采用正式的合同、确认书、协议,也可以采用备忘录等多种形式。

在我国进出口业务中,书面合同主要采用两种形式:一种是条款较完备、内容较全面的正式合同,如进口合同或购买合同,以及出口合同或销售合同。这种形式的合同适合于大宗商品或成交金额较大的交易。另一种是内容较简单的简式合同,如销售确认书和购买确认书。这种形式的合同适用于金额不大、批数较多的土特产品和轻工产品,或者已订有代理、包销等长期协议的交易。这两种形式的合同,虽然在格式、条款项目和内容繁简上有所不同,但在法律上具有同等效力,对买卖双方均有约束力。

五、签订销售合同时应注意的问题

① 必须贯彻我国对外贸易的各项方针和政策,特别是要体现出平等互利的原则,充分考虑买卖双方的利益。

② 必须符合合同有效的必要条件。

③ 合同内容应与洽谈磋商达成的协议内容一致,同时在条款的规定上必须严密,要明确交易双方的责任、权利和义务等。切忌订立容易产生多种解释和不确定性的条文,特别是对可能引起合同性质改变的内容,尤应慎重,在订立书面合同时,要进一步协商达成协议才可列入。

④ 合同各条款之间必须要协调一致,不能互相矛盾。例如,在订立数量条款规定溢短装时,支付方式为信用证,其信用证金额就应规定有增减幅度;又如,贸易术语为 FOB 或 CFR 时,在保险条款中就应注明"保险由买方自负"。关于签约后发生的额外费用的负担,如运费上涨、燃油附加费等,也可在合同中明确规定由何方负担。

六、国际贸易销售合同样本

国际贸易销售合同样本如图 1.1 所示。

SHANGHAI GOLDEN EAGLE TRADING CO., LTD.

No. 20 Pudong Road, Shanghai, China

Zip:2001120　Tel:021－58818844,58818766　Fax:021－58818840

售 货 合 同

SALES CONTRACT

1. 卖方:上海金雕贸易有限公司

The Sellers:Shanghai Golden Eagle Trading Co.,Ltd.

2. 地址:中国上海浦东路20号

Address:No.20 Pudong Road,Shanghai,China

Tel:0086－21－58818844,58818766　Fax:0086－21－58818840

E-mail:golden_eagle@163.com

3. 买方:

The Buyers:Tai Hing Co.

4. 地址:

Address:7/F,Sailing Building,No.50 Aidy Street,New York

Tel:001－3－74236211　Fax:001－3－74236212

E-mail:chila@163.com

合同编号:HY20CS004

S/C NO.:HY20CS004

合同日期:March 29,2020

Date:March 29,2020

买卖双方同意按下列条件购进、售出下列商品。

The Sellers agree to sell and the Buyers agree to buy the undermantioned goods according to the terms and conditions as stipulated below.

商品名称及规格 Name of commodity & specification	数量 Quantity	单价 Unit price	总值 Total value
Food Packing Machine HS520 HS620 HS680	2SETS 3SETS 1SETS	USD6,000.00 USD8,000.00 USD10,000.00	USD12,000.00 USD24,000.00 USD10,000.00
CIFC5 NEW YORK(INCOTERMS 2020)			USD46,000.00

SAY US DOLLARS FORTY-SIX THOUSAND ONLY.

5. 包装:

Packing:Packed in export standard wooden case.

6. 唛头:

Shipping Marks:Will be indicated in the Letter of Credit.

7. 装船港口:

Port of Shipment:Shanghai,China

8. 目的港口:

Port of Destination:New York,USA

9. 装船期限:

Time of Shipment:Not later than May 31st,2020.

10. 付款条件:

买方应通过买卖双方都接受的银行向卖方开出以卖方为受益人的不可撤销、可转让的即期付款信用证,并允许分装、转船。信用证必须在装船前30天开到卖方,信用证有效期限延至装运日期后21天在中国到期。

Terms of Payment:The Buyers shall open with a bank to be accepted by both the Buyers and Sellers an irrevocable transferable Letter of Credit,allowing partial shipment,transshipment in favor of the Seller and addressed to Sellers payable at sight against first presentation of the shipping document to Opening Bank. The covering letter of credit must reach the Sellers 30 days before shipment.

11. 保险:由买方/卖方按发票金额加成10%投保一切险及战争险。如果买方要求加投上述保险或保险金额超出上述金额,必须提前征得卖方的同意,超出保险费由买方承担。

Insurance:To be covered by the Buyers/Sellers for the full invoice value plus 10% against all risks and war risks. If the Buyers desire to cover for any other extra risks besides aforementioned of amount exceeding the aforementioned limited,the Sellers' approval must be obtained beforehand and all the additional premiums thus incurred shall be for the Buyers' account.

12. 检验:由中国商检局出具的品质/重量证明书将作为装运品质数量证明。

Inspection:The inspection Certificate of Quality/Weight issued by CCIB shall be taken as basis for the shipping Quality/Weight.

13. 不可抗力:因人力不可抗拒事故,使卖方不能在合同规定期限内交货或不能交货,卖方不负责任,但是卖方必须立即以电报通知买方。如果买方提出要求,卖方应以挂号函向买方提供由中国国际贸易促进会或有关机构出具的证明,证明事故的存在。

Force Majeure:The Sellers shall not be held responsible if they,owing to Force Majeure causes. Fail to make delivery within the time stipulated in the contract or can't deliver the goods. However,in such a case the sellers shall inform the Buyers immediately by cable. The Sellers shall send to the Buyers by registered letter at the quest of the Buyers a certificate attesting the existence of such a cause or causes issued by China Council for the Promotion of International Trade or by a competent authority.

14. 异议索赔:品质异议须于货到目的口岸之日起30天内提出,数量异议须于货到目的口岸之日起15天内提出,买方需同时提供双方同意的公证行的检验证明,卖方将根据具体情况解决异议。由自然原因或船方、保险商责任造成的损失,将不予考虑任何索赔,信用证未在合同指定日期内到达卖方,或者FOB条款下买方未按时派船到指定港口,或者信用证与合同条款不符,买方未在接到卖方通知所规定的期限内电改有关条款时,卖方有权撤销合同或延迟交货,并有权提出索赔。

Discrepancy and Claim:In case discrepancy on quality of the goods is found by the Buyers after arrival of the goods at port of destination,claim may be lodged within 30 days after arrival of the goods at port of destination,while for quantity discrepancy,claim may be lodged within 15 days after arrival of the goods at port of destination,being supported by Inspection Certificate issued by a reputable public surveyor agreed upon by both party. The Seller shall,then consider the claim in the light of actual circumstance. For the losses due to natural cause or causes falling within the responsibilities of the Ship-owners or the Underwriters,the Sellers shall not consider any claim for compensation. In case the Letter of Credit not reach the Sellers within the time stipulated in the contract,or under FOB price terms Buyers do not send vessel to appointed ports or the Letter of Credit opened by the Buyers does not correspond to the contract terms and the Buyers fail to amend therefore its terms by telegraph within the time limit after receipt of notification by the Sellers,the Sellers shall have right to cancel the contract or to delay the delivery of the goods and shall have also the right to lodge claims for compensation of losses.

15. 仲裁：凡因执行本合同所发生的或与合同有关的一切争议,双方应友好协商解决。如果协商不能解决,应提交中国国际经济贸易仲裁委员会,根据该委员会的有关仲裁程序暂行规则在中国进行仲裁,仲裁裁决是终局的,对双方都有约束力。仲裁费用除另有裁决外由败诉一方承担。

Arbitration：All disputes in connection with the contract or the execution thereof, shall be settled amicable by negotiation. In case no settlement can be reached, the case under dispute may then be submitted to the 'China International Economic and Trade Arbitration Commission' for arbitration. The arbitration shall take place in China and shall be executed in accordance with the provisional rules of procedure of the said commission and the decision made by the commission shall be accepted as final binding upon both parties for setting the dispute. The fees, for arbitration shall be borne by the losing party unless otherwise awarded.

卖方：	买方：
The Sellers：	The Buyers：
Shanghai Golden Eagle Trading Co, Ltd.	Tai Hing Co.
Shanghai China	New York USA
李伟	*JACK GREEN*
(签名)	(签名)

图 1.1　国际贸易销售合同样本

拓展工作任务　形式发票的认知

工作困惑

在国际贸易出口业务中,有一些客户要求提供形式发票。形式发票能否代替国际贸易销售合同? 形式发票的内容有哪些?

工作认知

一、形式发票的含义与作用

(一) 形式发票的含义

形式发票(proforma invoice)也称预开发票或估价发票,是进口商为了向其本国当局申请信用证、进口许可证或请求核批外汇,在未成交之前,要求出口商将拟出售成交的商品名称、单价、规格等条件开立的一份参考性发票。它一般规定有"出口商最后确认为准"的保留条件,不具有法律效力,不能用于托收和议付。

(二) 目前国际贸易中形式发票的作用

随着国际贸易的不断发展,一些中小进口商为了简化国际贸易手续,在国际贸易实践中逐渐以形式发票代替国际贸易销售合同,作为买卖双方达成交易的书面文件。

其实形式发票是一种简易合同,只要买卖双都签字确认,就具有法律效力,对合同双方都有约束力。

需要指出的是,在国际贸易业务中,对于成交金额较小,只有几百、几千美元的成交合同,为了简化交易手续,提高工作效率,可以考虑使用形式发票;对于成交金额较大的业务,为减少业务纷争,最好还是使用国际贸易销售合同。

二、形式发票的格式与内容

(一) 形式发票的格式

形式发票没有固定统一的格式,由每个出口企业自行拟定。但是,形式发票的格式与出口商业发票的格式大体相同。

（二）形式发票的内容

形式发票的内容包括形式发票名称、形式发票编号、日期、出口方名称与地址、进口方名称与地址、货物描述、成交数量、单价、总值、运输方式、付款方式、出口方签章、进口方签章等。

形式发票样本如图 1.2 所示。

GUANGZHOU XIN-DE-HAO HARDWARE MANUFACTURE

WEST, LONG XI ROAD, GUANGZHOU CHINA

TEL：+86 - 20 - 81602155

PROFORMA INVOICE

INVOICE NO.：202011

INVOICE DATE：2020 - 05 - 11

MESSERS：SAFINAT AL SEHRAA TRADING CO. L. L. C

P. O. BOX：103711,DUBAI,U. A. E

TRANSPORT DETAILS：

FROM GUANGZHOU TO DUBAI BY SEA

TERMS OF PAYMENT：T/T PAYMENT IN ADVANCE

ITEMS	DESCRIPTION OF GOODS	QUANTITY	PACKING	UNIT PRICE EXW GUANGZHOU （INCOTERMS 2020）	AMOUNT
1	A317-5.85M	25 PIECES	4 CASES	USD34. 464/PC.	USD861. 60

4WCS TOTAL：　　　　USD861. 60

TRANSPORT COST：USD80. 00

TOTAL AMOUNT：USD941. 60

PACKING IN　CASE, 4 CASES. (THREE　CASES PACKED IN SIX PIECES, ONE　CASE PACKED IN SEVEN PIECES)

TOTAL：US DOLLARS NINE HUNDRED AND FORTY ONE CENTS SIXTY ONLY

MEAS. 0. 25CBMS　G. W. 230KGS　N. W. 200KGS

GUANGZHOU CHEN HAI INTERNATIONAL FREIGHT & FORWARDING CO. LTD.

Bank of China Limited Guangzhou Yuexiu Sub-Branch

339 Huanshi Dong Road Guangzhou P. R. China

Account NO.：850055555808093078

Swifit code：BKCHCNBJ400

GUANGZHOU XIN-DE-HAO HARDWARE MANUFACTURE

CHEN XIAO ZHI

（签名）

图 1.2　形式发票样本

综合实训

一、实训目的

1. 通过实训,正确掌握国际贸易磋商询盘、发盘、还盘、接受 4 个环节的含义,以及发盘、接受的构成要件与特点。

2. 通过实训,了解合同成立的条件。

3. 通过实训,正确掌握《公约》有关合同订立的规定,熟悉国际贸易销售合同的形式与内容。

二、实训内容组成说明

围绕国际贸易销售合同交易磋商,通过实训,全面掌握《公约》的相关规定与专业知识,具备扎实的理论基础与职业能力。根据学生的认知规律,实训分为基础理论部分与实践技能操作部分。

------------------ 基 础 理 论 部 分 ------------------

一、模块核心概念

交易磋商　询盘　发盘　还盘　接受

二、填空题

1. 在国际贸易货物销售合同洽谈过程中,一般包括_____、_____、_____、_____4个环节,其中_____和_____是达成交易、合同订立的不可或缺的两个基本环节。

2. 交易磋商可以分为_____和_____两种。

3. 《公约》规定,接受通知于_____生效。

4. 根据《公约》的解释,发盘内容十分确定是指发盘中必须包括_____、_____及_____。

5. 据《公约》的解释,交易磋商中受盘人可以用_____或_____方式表示接受,也可用_____表示。

6. 合同格式可以多种多样,一般包括约首、_____和约尾3个部分。

7. 合同成立的实质条件主要有:当事人具备法定资格;_____;合同内容合法。

三、单项选择题

1. 某项发盘于某月12日以电报形式送达受盘人,但在此之前的11日,发盘人以传真告知受盘人无效,此行为属于(　　)。

　　A. 发盘的撤回　　　　B. 发盘的修改　　　　C. 一项新发盘　　　　D. 发盘的撤销

2. 国外某买主向我国某出口公司来电:"接受你方12日发盘,请降价5%。"此来电属于交易磋商的(　　)环节。

　　A. 发盘　　　　　　　B. 询盘　　　　　　　C. 还盘　　　　　　　D. 接受

3. 我国某公司向某外商A就某产品发盘,下列哪种情况下,双方可达成交易?(　　)

　　A. A商在发盘有效期内,表示完全接受我方发盘

　　B. 由A商认可的B商在发盘有效期内向我方公司表示完全接受发盘内容

　　C. A商根据以往经验,在未收到我方发盘的情况下,向我方公司表示接受

　　D. A商在有效期内表示接受,但提议将装运日期提前

4. 根据《公约》的规定,合同成立的时间是(　　)。

　　A. 接受生效的时间

　　B. 交易双方签订书面合同的时间

　　C. 在合同获得国家批准时

　　D. 当发盘送达受盘人时

5. 某出口公司对外报盘某产品,根据《公约》的规定,下列哪种情况下,一经受盘人有效接受,双方即可达成交易?(　　)

　　A. 发盘中规定了各项交易条件,同时注明"以我方最后确认为准"

　　B. 发盘中只规定了商品的名称、数量及价格,同时向A、B两个公司发出

C. 发盘中规定了各项交易条件,但并未规定成交的数量

D. 发盘以平邮方式发出,但在当天发盘人又以传真方式要求撤回发盘

6. 关于逾期接受,《公约》规定( )。

    A. 逾期接受无效

    B. 逾期接受由发盘人做出

    C. 逾期接受完全有效

    D. 逾期接受是否有效,关键看发盘人如何表态

7. 根据《合同法》的规定,除非另有约定,当事人订立合同的形式可以采用( )。

    A. 口头形式   B. 书面形式

    C. 其他形式   D. 以上任何形式均可

8. 根据《公约》的规定,受盘人对发盘表示接受,可以有几种方式,下列哪项不属此列?( )

    A. 通过口头向发盘人声明   B. 通过书面形式向发盘人声明

    C. 通过沉默或不行动表示接受   D. 通过实际行动表示接受

9. 邀请发盘可有不同形式,其中最常见的是( )。

    A. 报盘   B. 递盘   C. 询盘   D. 发盘

10. 在交易磋商中,有条件的接受是( )。

    A. 还盘的一种形式   B. 接受的一种形式

    C. 发盘的一种形式   D. 发盘的邀请

11. 写明双方订立合同的意愿和执行合同的保证的是( )。

    A. 合同的约首   B. 合同的本文   C. 合同的备注   D. 合同的约尾

12. 国外客户乙公司10日向我国外贸企业甲公司以电报方式发出发盘:"供应456吨异佛尔酮净190千克桶装,每公吨CIF上海价1 380美元,我方时间5日内复到有效。"甲公司于12日收到邮局递送的乙公司来电。

    ① 甲公司经过内部协商于17日回电接受乙公司的发盘,甲公司的接受是有效的,对乙公司具有约束力。

    ② 甲公司将乙公司的发盘通知给最终用户丙公司,丙公司在规定期限内直接以丙公司的名义向乙公司发出电报表示接受,丙公司的接受是有效的。

    ③ 甲公司回电称:"接受你方10日来电,每公吨CIF上海价1 375美元。"根据《公约》的规定,由于甲公司对乙公司的发盘做出了实质性的改动,属于有条件的部分接受,甲公司的电报是还盘,不是接受。

    ④ 甲公司回电称:"接受你方10日来电,净190千克蓝色铁桶装。"根据《公约》的规定,由于甲公司对乙公司的发盘做出了非实质性的改动,不属于有条件的部分接受,因而甲公司的接受是有效的。

    以上陈述正确的是( )。

    A. ①   B. ①和②   C. ③和④   D. 全都是正确的

13. 根据《公约》的规定,发盘和接受的生效采取( )。

    A. 投邮生效原则   B. 签订书面合约原则

    C. 口头协商原则   D. 到达生效原则

14. 根据《公约》的规定,发盘内容必须十分确定。所谓十分确定,是指在发盘中,不包括要素( )。

A. 货物的名称　　　　　　　　　　B. 货物数量或规定数量的方法

C. 货物的价格或规定确定价格的方法　D. 赔偿条款

15. 以下陈述错误的是( )。

① 合同有两种形式:口头的及书面的。

② 只有书面的合同在法律上才是有效的。

③ 书面合同中,只有正式合同具有法律效力,确认书无法律效力。

④ 合同既可由买方制作,也可由卖方制作。

A. ①　　　　　B. ②　　　　　C. ①和④　　　　　D. ②和③

16. 我国某出口企业 10 月 18 日在广交会上以口头方式向美国 A 客户报价。如果我国出口企业与美国 A 客户没有特别约定,A 客户应该在( )内答复,合同成立。

A. 在广交会的任何一天　　　　　B. 立即

C. 回到美国后的任何一天　　　　D. 10 月 18 日晚上回到酒店后

17. A 公司 8 月 18 日向 B 公司发盘,限 8 月 25 日复到有效。A 公司向 B 公司发盘的第 2 天,收到 B 公司 8 月 17 日发出的内容与 A 公司发盘内容完全相同的交叉发盘,此时( )。

A. 合同即告成立

B. A 公司向 B 公司或 B 公司向 A 公司表示接受且接受通知送达对方,合同成立

C. 必须是 A 公司向 B 公司表示接受且接受通知送达对方,合同成立

D. 必须是 B 公司向 A 公司表示接受且接受通知送达对方,合同成立

18. 逾期接受是否有效,主要取决于( )的意思表示。

A. 发盘人　　　B. 受盘人　　　C. 法院　　　　D. 邮局

19. 在发盘人发出发盘的当天下午,受盘人将全部货款汇至发盘人开户银行的账号上,受盘人的做法属于( )。

A. 询盘　　　　B. 发盘　　　　C. 还盘　　　　D. 接受

20. "你方 10 月 9 日电悉,所提出的各项条件接受,另在外包装左侧刷唛头。"这个邮件属于( )。

A. 询盘　　　　B. 发盘　　　　C. 还盘　　　　D. 接受

四、多项选择题

1. 发盘效力终止的原因一般有( )。

A. 发盘的传递不正常造成延误

B. 在有效期内未被接受而过时

C. 受盘人拒绝或还盘

D. 不能控制的因素,如战争、灾难,或者发盘人死亡、法人破产等

2. 从法律意义上讲,构成一项有效发盘必须具备的条件是( )。

A. 发盘内容完整明确、无保留　　　B. 向公众做出

C. 送达受盘人　　　　　　　　　　D. 有明确订约意图

3. 交易磋商的形式有( )。

A. 口头谈判　　B. 信件　　　　C. 电报　　　　D. 只有 B 和 C 正确

4. 书面合同的基本内容有( )。

A. 约首　　　　B. 基本条款　　C. 约尾　　　　D. 询价书

5. 根据《公约》的规定,受盘人对( )提出添加或更改,均作为实质性变更发盘条件。

A. 价格　　　　B. 付款　　　　C. 品质　　　　D. 数量

6. 根据我国法律,(　　　　)不是一项具有法律约束力的合同。
   A. 通过欺骗对方签订的合同
   B. 采取胁迫手段订立的合同
   C. 我国某公司与外商以口头形式订立的货物买卖合同
   D. 走私物品的买卖合同

7. 发盘可以撤回的条件有(　　　　)。
   A. 发盘还没有生效
   B. 发盘已经生效但对方还没有做接受通知
   C. 发盘还没有到达受盘人
   D. 发盘到达受盘人的时间,与撤回通知的时间同时

8. 发盘撤销的条件有(　　　　)。
   A. 发盘已经生效
   B. 发盘到达受盘人,但受盘人还没有做出接受的通知
   C. 发盘中没有规定发盘的有效期
   D. 发盘已经生效,受盘人做出接受通知的时间与发盘人撤销发盘通知的时间同时

9. 接受的要件包括(　　　　)。
   A. 受盘人做出   B. 同意发盘所有条件
   C. 经过还盘后做出   D. 有效期间内做出
   E. 采用口头或书面形式

10. 根据《公约》规定,(　　　　)条款属于交易磋商的主要条款。
   A. 商品检验   B. 价格   C. 货物品质和数量   D. 付款方式
   E. 交货时间与地点

11. 交易磋商程序中必不可少的两个环节是(　　　　)。
   A. 询盘   B. 发盘   C. 还盘   D. 接受

12. 在国际贸易中,合同成立的有效条件是(　　　　)。
   A. 当事人必须具有签订合同的行为能力
   B. 合同必须有对价或约因
   C. 合同的形式或内容必须符合法律要求
   D. 合同当事人的意思表示必须真实

13. 发盘中注明(　　　　),该发盘属于询盘性质。
   A. 以我方最后确认为准   B. 内容可随时调整,恕不另行通知
   C. 以上内容仅供参考   D. 商品供不应求,请在有效期内答复

14. 关于虚盘表述正确的是(　　　　)。
   A. 发盘人有保留地愿意按一定条件达成交易的一种
   B. 虚盘对发盘人有约束力,对受盘人没有约束力
   C. 虚盘的内容附有保留条件
   D. 受盘人对虚盘表示接受之后,还需经过发盘人的最后确认

15. 关于还盘表述正确的是(　　　　)。
   A. 还盘是对发盘人提出交易条件的修改   B. 还盘是对发盘的拒绝
   C. 一经还盘,原来的发盘立即失效   D. 还盘是一个新的发盘

五、判断题

1. 一笔交易的达成必须经过询盘、发盘、还盘和接受4个程序。   （ ）
2. 逾期接受,只要发盘人立即表示同意,仍可作为有效接受。   （ ）
3. 在交易磋商中,当一方发盘,另一方接受后,合同即告成立。   （ ）
4. 询盘是交易的起点,对交易双方均有约束力。   （ ）
5. 在交易磋商过程中,发盘是卖方行为,接受是买方行为。   （ ）
6. 发盘的撤回即为发盘的撤销。   （ ）
7. 无论任何人对发盘做出的接受,均作为有效接受。   （ ）
8. 接受和发盘一样都可以依法撤回、修改、撤销。   （ ）
9. 邀请发盘也是有效发盘的一种。   （ ）
10. 口头发盘要求立即做出接受。   （ ）
11. 一项有效的发盘,一旦被受盘人无条件地全部接受,合同即告成立。   （ ）
12. 还盘是对发盘的拒绝,还盘一经做出,原发盘即失去效力,发盘人不再受其约束。 （ ）
13. 一项接受,可以由受盘人做出,也可以由发盘人做出。   （ ）
14. 一项逾期的接受,只要受盘人确认,该项逾期的接受即为有效的接受。   （ ）
15. 根据《公约》的规定,接受必须到达发盘人时才生效。   （ ）
16. 根据《公约》的规定,受盘人可以在发盘的有效期内,以开立信用证这一行为表示接受。
                                                                    （ ）
17. 根据《公约》的规定,所有的发盘,只要发盘人的撤销通告先于受盘人发出接受通知到达受盘人,均可撤销。   （ ）
18. 根据《公约》的规定,只有在发盘有效期届满后,发盘人才不再受原盘的约束。 （ ）
19. 买卖双方就各项交易条件达成协议后,并不意味着该项合同一定有效。   （ ）
20. 在国际贸易出口业务中,形式发票没有固定格式,买卖双方不签字,也一样具有法律约束力。   （ ）

六、案例分析

1. 某公司与某外商洽谈一宗进口交易,经往来电传磋商,就合同的主要条件全部达成一致,但在最后一次我方所发的表示接受的电传中列有“以签订确认书为准”。事后对方草拟合同,要我方确认,但由于对某些条款的措辞尚待进一步研究,故未及时给予答复。不久该商品的国际市场价格下跌,外商催促我方开立信用证,我方以合同尚未有效成立为由拒绝开证。**试分析**:我方的做法是否有理?

2. 深圳某服装企业外销业务员分别接到美国A公司与英国B公司的询盘,美国A公司的询盘表示“对你方新产品感兴趣,请尽快报价”,英国B公司的询盘表示“对你方FRK-178款童装感兴趣,计划购买300件,请报价”。**试分析**:上述两家企业询盘的质量如何?我方外销业务员应如何应对?

------------------------ 实 践 技 能 操 作 部 分 ------------------------

一、国际贸易交易磋商环节认知

1. 请分别将以下贸易磋商的环节由英文翻译成中文。

acceptance:_____   counter offer:_____

inquiry：_____　　　　　　　　　　offer：_____

2. 甲公司收到国外客户乙公司针对该公司 6 月 18 日的电传回复："YOURS EIGHTEENTH ACCEPT PROVIDED USD1.50 CIF L/C AT SIGHT PLEASE CONFIRM." 上述内容是贸易磋商的_____环节。

3. 甲公司收到国外客户乙公司对该公司 9 月 16 日电传的回复："YOURS 16TH CONFIRMED PLS ADVISE S/C NUMBER." 上述内容是贸易磋商的_____环节。

二、国际贸易销售合同的填制

根据以下贸易资料,填制出口合同约首与约尾。

出口方：广州金光贸易公司　　Guangzhou Golden Light Company

地址：中国广东广州市金沙路 123 号　　No. 123，Jinsha Road Guangzhou，China

出口经理：张三

联系方式：Tel：020 - 58818844，58818766　　Fax：020 - 58818840

E-mail：golden_light@163. com

进口方：美国 ABC 公司　　　　Amercian ABC Company

地址：7/F，Sailing Building，No. 50 Aidy Street，New York

买家：MIKE

联系方式：Tel：001 - 3 - 74236211　　FAX：001 - 3 - 74236212

E-mail：chila@163. com

合同编号：GHS2020020　　　　　　　签订合同时间：2020 年 7 月 6 日

货物品名：毛绒玩具（PLUSH TOYS）

货物规格：　　　　　　　　　　　　数量：

Art. No. KB0677 New Design White Bear　　1 000 sets

Art. No. KB7900 Toy Bear in T-shirts　　1 200 pcs

Art. No. KB2273 Charming Pig　　　　4 000 pcs

Art. No. KC2048 Long Hair Dog　　　　3 500 pcs

售 货 合 同
SALES CONTRACT

1. 卖方：（3）　　　　　　　　　　合同编号：（1）

The Sellers：（4）

2. 地址：（5）　　　　　　　　　　合同日期：（2）

Address：（6）

Tel：（7）　　　　　　　　　　　　FAX：（8）

E-mail：（9）

3. 买方：

The Buyers：（10）

4. 地址：

Address：（11）

Tel：（12）　　　　　　　　　　　　FAX：（13）

E-mail：（14）

买卖双方同意按下列条件购进、售出下列商品。

The Sellers agree to sell and the Buyers agree to buy the undermantioned goods according to the terms and conditions as stipulated below.

商品名称及规格 Name of commodity & specification	数量 Quantity	单价 Unit Price	总值 Total Value
Plush Toys Art. No. KB0677 New Design White Bear Art. No. KB7900 Toy Bear in T-shirts Art. No. KB2273 Charming Pig Art. No. KC2048 Long Hair Dog	1,000sets 1,200pcs 4,000pcs 3,500pcs	USD13.00 USD9.00 USD4.00 USD6.50	USD13,000.00 USD10,800.00 USD16,000.00 USD22,750.00
CIFC3 NEW YORK(INCOTERMS 2020)			USD62,550.00

SAY US DOLLARS SIXTY-TWO THOUSAND FIVE HUNDRED AND FIFTY ONLY.

5. 包装：

Packing：Packed in cartons of 10SETS（KB0677）,8PCS.（KB7900）,60PCS.（KP2273）,30PCS.（KC2048）.

6. 唛头：

Shipping marks：N/M

7. 装船港口：

Port of shipment：Guangzhou,China

8. 目的港口：

Port of destination：New York,USA

9. 装船期限：

Time of shipment：Not later than August 31st,2020.

10. 付款条件：L/C

11. 保险：……

12. 检验：……

13. 不可抗力：……

14. 异议索赔：……

15. 仲裁：……

卖方：

The sellers：

（15）

买方：

The buyers：

（16）

国际贸易销售合同品名、品质条款

典型工作任务	1. 国际贸易销售合同品名条款的操作 2. 国际贸易销售合同品质条款的操作
拓展工作任务	广交会出口商品的分类
主要学习目标	1. 熟悉国际贸易货物名称、品质 2. 掌握国际贸易销售合同中商品品名、品质的表示方法 3. 熟悉广交会出口商品的分类 4. 掌握跨境电商平台品名、品质的表示 5. 掌握《联合国国际货物销售合同公约》对品名、品质条款的规定
基础理论知识	《联合国国际货物销售合同公约》
工作操作技能	1. 能够根据业务资料,正确订立国际贸易销售合同的品名条款 2. 能够根据业务资料,正确订立国际贸易销售合同的品质条款

典型工作任务一　国际贸易销售合同品名条款的操作

工作困惑

作为一名外销业务员,与外商签订销售合同,商品的品名条款应该注意哪些问题? 品名条款怎样确定最规范? 确定商品品名时有没有标准可以参照?

工作认知

商品的品名,或称品名,是指能使某种商品区别于其他商品的一种称呼或概念。商品的名称在一定程度上体现了商品的自然属性、用途及主要的性能特征。

商品品名的命名方法有很多种,在国际贸易中大部分以其主要用途命名,如洗衣机、电风扇等;也有部分商品以其所使用的主要原材料命名,如女士皮包;以其主要成分命名,如羊毛衫、人参珍珠霜;以其外观造型命名,如喇叭裤;以其制作工艺命名,如酿造酱油、精制油;以人物名加商品来命名,如老干妈辣椒酱,等等。

一、约定品名的意义

国际贸易货物买卖,从签订合同到交付货物往往需要相隔一段较长的时间。加之交易双方在洽商交易和签订买卖合同时,通常很少见到具体商品,一般只是凭借对拟行买卖的商品作必要的描述来确定交易的标的。因此,在国际贸易销售合同中,列明商品的名称,就成为必不可少的条件。

根据《联合国国际货物销售合同公约》的规定,对交易标的物的描述,是构成商品说明(description)的一个主要组成部分,是买卖双方交接货物的一项基本依据,关系到买卖双方的权利和义务。如果卖方交付的货物不符合约定的品名或说明,买方有权提出损害赔偿要求,直至拒收货物或撤销合同。因此,列明合同标的物的具体名称,具有重要的意义。

二、品名条款的基本内容

国际贸易销售合同中的品名条款并无统一的格式,通常只在"商品名称"或"商品品名"(name of commodity)的标题下,列明交易双方成交商品的名称,故又称为"品名条款"。

品名条款的规定取决于成交商品的品种和特点,通常只要列明商品的名称即可。但有的商品,具有不同的品种、等级和型号,为了明确起见,要对具体品种、等级和型号进行概括性的描述,有的甚至把商品的品质、规格也包括进去,实际上是把品名条款和品质条款合并一起使用。品名条款示例如图2.1所示。

图 2.1　品名条款示例

三、规定品名条款的注意事项

国际贸易销售合同中的品名条款,是合同中的主要条件。因此,在规定此项条款时,应注意下列事项。

① 必须做到内容明确、具体,以确切地反映商品的用途、性能和特点,切忌空泛、笼统。例如,新郎西服——服装。

② 尽可能使用国际上通行的名称,以避免误解。如果使用地方性的名称,交易双方应事先就其含义取得共识;对于某些新商品的译名,应力求准确、易懂,并符合国际上的习惯称呼。例如,病毒唑——利巴韦林。

③ 选择有利于降低关税或方便进口的名称,作为合同的品名。例如,一家公司出口苹果酒,品名写为 cider,结果遭到拒付。原因是这个词除了苹果酒的意思之外,还有苹果汁的意思,海关无从收税。正确的写法应为 apple wine。

④ 在交易中,切实反映商品实际情况。做不到或不必要的描述性的词句,都不应列入品名条款,如"优质绿茶"。另外,在利用网络平台发布产品时,尽量避免使用 good、fine、superior 等词语,同时应该尽量客观地展示数据,以表示产品的质量、规格等。

⑤ 在利用网络平台发布产品时,可以运用两种或两种以上不同英文表示法来展示商品的情况下,尽可能从不同角度全面展示,这样可以增加商品的曝光率。

国贸常识

在国际贸易中,电池有 cell 和 battery 两种不同的称呼,不同国家的商人,往往会选择不同的叫法,这就要求我方外销业务员对同一种商品的不同英文称呼要全面掌握,以便把握好商机。

学习案例 2－1

深圳某电池生产企业外销业务员小 A,在某网站上发布产品,对于品名这样表示:2 volt deep cycle 2V 1500Ah gel Dry Solar Cell opzv2－1500。试问:小 A 的操作有没有改进的地方? 为什么?

国贸常识

国际上为了便于对商品的统计征税时有共同的分类标准,早在 1950 年,由联合国经济理事会发布了《国际贸易标准分类》(SITC)。其后,世界各主要贸易国又在比利时布鲁塞尔签订了《海关合作理事会商品分类目录》(CCCN),又称《布鲁塞尔海关商品分类目录》(BTN)。CCCN 与 SITC 对商品分类有所不同,为了避免采用不同目录分类在关税和贸易、运输中产生分歧,在上述两个规则的基础上,海关合作理事会主持制定了《协调商品名称及编码制度》(The Harmonized Commodity Description and Coding System,简称 H. S.)。该制度于 1988 年 1 月 1 日起正式实施,我国于 1992 年 1 月 1 日起采用该制度。根据目前各国海关的统计,普惠制待遇等都按 H. S. 进行。因此,我国在采用商品名称时,应与 H. S. 规定的品名相适应。

典型工作任务二 国际贸易销售合同品质条款的操作

工作困惑

作为一名外销业务员,与外商签订销售合同,商品的品质条款应该注意哪些问题? 品质条款怎样确定最规范? 为什么品质条款不能定得太高或太低?

工作认知

商品的品质(quality of goods)是指商品的内在质量和外观形态的综合反映。前者包括商品的物理性能、机械性能、生物特征、化学成分等自然属性;后者包括商品的外形、色泽、款式、味觉和嗅觉等。

根据《联合国国际货物销售合同公约》的规定,卖方交货必须符合合同规定的质量。如果卖方交货不符合规定的品质条件,则买方有权要求损害赔偿,也可以要求修理或交付替代货物,甚至拒收货物和撤销合同。

如果交货品质低于合同要求,显然是违约行为,而如果交货品质高于合同要求,也有可能构成违约。原因有多方面,如品质过高,买方办理进口手续时可能会多交税;另外,品质过高,可能会使货物不能适应买方的使用目的,买方需重新加工后使用,从而增加买方的额外费用。B2B 出口平台中商品品质条款的示例如图 2.2 所示。

Quick Details

Type：	Living Room Furniture	Specific Use：	Living Room Chair
Material：	Plastic	Appearance：	Modern
Folded：	No	Size：	58cm＊42cm＊85cm,45cm＊42cm＊85cm
Brand Name：Zhongpai		Model Number：3001	
Plastic：	PP	Package：	1PCS/Bag

图2.2　品质条款示例

一、品质的表示方法

在国际贸易中,由于交易的商品种类繁多,特点各异,故表示品质的方法也不相同。概括起来,主要有实物样品表示法和文字说明表示法两大类。

(一)实物样品表示法

以实物表示商品品质通常包括凭成交商品的实际品质和凭样品两种表示方法。前者为看货买卖,后者为凭样品买卖。

1. 看货买卖

看货买卖(sales by looking at goods)是指买卖双方根据成交商品的实际品质进行交易,通常是先由买方或其代理人在卖方所在地验看货物,达成交易后,卖方即应按验看过的商品交付货物。只要卖方交付的是验看的商品,买方就不得对品质提出异议。这种做法多用于寄售、拍卖和展卖业务中。

2. 凭样品买卖

样品(sample)通常是指从一批商品中抽取出来的或由生产、使用部门加工、设计出来的,足以反映和代表整批商品品质的少量实物。凡是以样品表示商品品质并以此作为交货依据的称为凭样品买卖(sale by sample)。

在国际贸易中,样品种类很多,根据提供方的不同可分为以下几种。

①凭卖方样品买卖(sale by seller's sample)。凡凭卖方提供的样品作为品质依据进行买卖的,称为凭卖方样品买卖。以卖方提供样品作为双方交货的依据,卖方所交货物必须与样品一致。因此,卖方提供的样品必须具有足够的代表性,能够代表整批货物的平均品质。

②凭买方样品买卖(sale by buyer's sample)。以买方提供的样品的品质作为交货的品质依据进行的买卖,称为凭买方样品买卖。为减少贸易纠纷,一般应在合同中明确规定,发生由买方来样引起的工业产权第三者权益问题时,与卖方无关,由买方负责。

③凭对等样品买卖。卖方根据买方提供的样品,加工复制出一个类似的样品提供买方确认,这个样品称为对等样品(counter sample),有时也称"回样""确认样"。

凭样品买卖一般适用于一些在造型上有特殊要求或具有色、香、味方面特征的商品。目前,我国出口的某些工艺品、服装、轻工业品等常采用这种方式表示其品质。

学习案例 2-2

某自行车厂向菲律宾出口自行车共计3 000辆,合同中规定黑色、墨绿色、湖蓝色各1 000辆,不得分批装运。该厂在发货时发现湖蓝色的自行车库存仅有950辆,因而短缺50辆,便用黑色自行车50辆顶替湖蓝色自行车出口。请问:该厂的这种做法会产生什么后果?

国贸常识

为了避免日后履约困难,卖方可以根据买方来样仿制或选择品质相近的样品提交买方,即"回样"或"对等样品"请其确认。买方一旦确认即作为双方交货的依据,这样就把"凭买方样品买卖"变成了"凭卖方样品买卖"。

(二)文字说明表示法

凡以文字、图表、相片等方式来说明商品的品质的,均属凭说明(description)表示商品品质的范畴。它具体包括以下几种。

1. 凭规格买卖(sales by specification)

商品规格(specification of goods)是指一些足以反映商品品质的主要指标,如化学成分、含量、纯度、性能、容量、长短、粗细等。这种方式在国际贸易中应用较广。

2. 凭等级买卖(sales by grade)

商品的等级(grade of goods)是指同一类商品,按其规格上的差异,分为品质优劣各不相同的若干等级,通常是由制造商或出口商根据其长期生产和了解该项商品的经验,在掌握其品质规律的基础上制定出来的。

国贸常识

我国出口的冻带骨兔肉,按净重的等级分为以下4级。

特级:每只净重不低于 1 500 克。

大级:每只净重不低于 1 000 克。

中级:每只净重不低于 600 克。

小级:每只净重不低于 400 克。

3. 凭标准买卖(sales by standard)

商品的标准(standard of goods)是指将商品的规格和等级予以标准化。这一般是指由国家机关或有关部门规定并公布实施的标准化品质指标。标准分为生产商标准、团体标准、国家标准、区域标准,以及国际标准等,在援引标准买卖时,一定要明确标准的版本年份,以免引起争议。

在国际贸易实际业务中,对于某些农副产品,有时还采用良好平均品质(Fair Average Quality,FAQ)。FAQ 一般是指中等货,但我国的 FAQ 一般是指"大路货",是与"精选货"(selected)相对而言的,其交货品质一般以我国产区当年生产该项农副产品的平均品质为依据而确定。在合同中,除要注明 FAQ 字样和年份外,还需要订立具体规格。

上好可销品质(Good Merchantable Quality,GMQ),是指品质上好,可以销售。在国际上,有些商品没有公认的规格和等级,如冷冻鱼、冻虾等,有时卖方在交货时,只要保证所交的商品在品质上具有"商销性"即可。

4. 凭说明书和图样买卖(sales by illustrations)

在国际贸易中,有些机器、电器和仪表等技术密集型产品,因其结构复杂,数据较多,很难用几个简单的指标来表明其品质的全貌,而且有些产品,即使其名称相同,但由于所使用的材料、设计和制造技术的某些差别,也可能导致功能上的差异。因此,对这类商品的品质,通常是以说明书并附以图样、照片、设计、图纸、分析表及各种数据来说明其具体性能和结构特点。按此方式进行交易,称为凭说明书和图样买卖。采用它时,除列入说明书的具体内容外,往往要订立卖方品质保证条款和技术服务条款。

5. 凭商标或牌号买卖（sales by trade mark of brand）

商标（trade mark）是指生产者或商号用来说明其所生产或出售的商品的标志，它可由一个或几个具有特色的单词、字母、数字、图形或图片等组成。牌号（brand）是指工商企业给其制造或销售商品所冠的名称，以便与其他企业的同类产品区别开来。一个牌号可用于一种产品，也可用于一个企业的所有产品。凭商标或牌号买卖，一般只适用于一些品质稳定的工业制成品或经过科学加工的初级产品。

6. 凭产地名称买卖（sales by origin）

在国际货物买卖中，有些产品，因产区的自然条件、传统加工工艺等因素的影响，在品质方面具有其他产区的产品所不具有的独特风格和特色。对于这类产品，一般也可用产地名称来表示其品质，如四川涪陵榨菜、良乡板栗等。

上述表示商品品质的6种方法，可以单独运用，也可以根据商品的特点、市场或交易的习惯，将几种方式结合运用。但要注意，在规格与样品同时使用的进出口贸易中，必须明确表明是以规格为准，还是以样品为准。根据国外一些法律的规定（如英国），凡是既凭样品又凭规格达成的交易，卖方所交货物必须既符合样品，又要与规格保持一致，否则买方有权拒收货物，并可以提出索赔要求。

学习案例 2－3

我国某出口公司向外商出口一批苹果。合同及对方开来的信用证上均写的是三级品，但卖方交货时才发现三级苹果库存告罄，于是该出口公司改以二级品交货，并在发票上加注"二级苹果仍按三级计价不另收费"。请问：卖方的这种做法是否妥当？为什么？

二、合同中的品质条款

（一）品质条款的基本内容

品质条款是合同中的一项主要条款，它是买卖双方对商品质量、规格、等级、标准、商标、牌号等的具体规定。卖方必须以约定品质交货，否则买方有权提出索赔或拒收货物，以致撤销合同。合同中的品质条款也是商检机构进行品质检验、仲裁机构进行仲裁和法院解决品质纠纷案件的依据。

品质条款的基本内容是商品的品质、规格、等级、标准和商标、牌号等。在凭样品买卖时，应列明样品的编号和寄送日期，有时还加列交货品质与样品一致或相符的说明。在凭标准买卖时，一般应列明所采用的标准及标准版本的年份。

（二）品质机动幅度和品质公差

在国际货物买卖中，卖方交货质量必须严格与买卖合同规定的品质条款相符。但是某些产品由于在生产过程中存在着自然损耗，以及受生产工艺等诸多方面的影响，很难保证所交货物的质量与合同所规定的内容完全一致。为了避免交货品质与合同稍有不符而造成违约，保证交易的顺利进行，可以在合同质量条款中做出某些灵活规定，只要卖方所交货物的质量在其规定的范围之内，即可以认为交货质量与合同相符，买方无权拒收。常见的规定办法有以下两种。

1. 品质机动幅度

品质机动幅度是指卖方所交商品品质指标可以在一定幅度内机动。它的规定方法有规定范围、规定极限、规定上下差异等，适用于初级产品。规定质量机动幅度主要有以下3种方法。

① 规定范围。例如，棉布幅阔35″/36″，只要布的幅阔在35英寸（1英寸＝2.54厘米）到36英寸的范围之内都算符合要求。

② 规定极限。对有些产品的品质规格,标明上下极限的字样。例如,Maximum/Max.(最大、最多、最高),Minimum/Min.(最小、最少、最低);中国大米:碎粒最高 20%,杂质最高 0.2%,水分最高 10%,等等。

③ 规定上下差异。例如,C708 中国灰鸭绒,含绒量为 90%,允许±1%。

2. 品质公差

品质公差(quality tolerance)是指由于科学技术水平、生产水平的限制而导致某些工业品在该行业质量上公认的误差。例如,机器加工的零件尺寸、钟表的走时,都存在一定误差。但只要卖方所交货物的品质差异在品质公差范围内,就被认为达到了合同中的品质要求。

在卖方交货品质的机动幅度允许的范围内,货物价格一般按合同计算,不再另作调整。卖方交货品质在品质公差范围内,一般不另行调整价格,超出合同规定的品质条款,则必须在合同中规定质量增减价条款,以体现“优质优价,同质同价,劣质劣价”。

学习案例 2-4

我国某粮油食品出口公司与马来西亚 A 公司在广交会上签订芝麻出口合同。由于出口公司刚刚取得进出口经营权,缺乏外销经验,在客人的要求下,合同品质条款规定为“水分 8%,杂质 6%,含油量 50%”。试问:如此规定芝麻品质条款对我方是否有利?为什么?

三、订立商品品质条款应注意的事项

(一)根据商品的特性,正确使用表示商品品质的方法

在出口交易中,凡可用一种方式表示的,就不要采用两种或两种以上的方式表示,以免给自己造成不必要的交货或生产困难。

(二)要从生产实际出发,实事求是

品质条款要根据国际市场的需求并结合国内生产的实际来订立,不能订得过高,以免造成生产和对外履约的困难,也不能订得过低,以免影响售价与销路。

(三)要有科学性和灵活性

品质条款的内容和文字应注意科学性、严密性、准确性。但对有些商品,特别是品质规格不易做到完全统一的商品,如某些农副产品、轻工业品及矿产品等,要有一定的灵活性,规定合理的品质机动幅度或品质公差。

在使用网络出口平台发布产品时,应该客观全面地表示商品的品质,便于买家比较,尽可能获得买家的询盘。在跨境电商贸易中,买家往往希望在最短的时间内了解出口产品的全部品质信息,以便做出决定是否进一步与卖方进行业务洽谈。

学习案例 2-5

我国某出口公司向英国出口一批大豆,合同规定:“水分最高为 14%,杂质不超过 2.5%。”在成交前,该出口公司曾向买方寄过样品,订约后该出口公司又电告买方成交货物与样品相似。当货物运至英国后,买方提出货物与样品不符,并出示了当地检验机构的检验证书,证明货物的品质的数据比样品的数据低 7%,但未提出品质不符合合同的品质规定。买方以此要求该出口公司赔偿其 15 000 英镑的损失。试问:该出口公司是否该赔偿?本案给我们什么启示?

拓展工作任务　广交会出口商品的分类

工作困惑

作为一名外销业务员,怎样才能正确掌握进出口商品中的英文品名?世界最大的出口展会——广州进出口商品交易会对出口商品是如何划分的?

工作认知

目前,我国每年出口金额超过 10 000 亿美元,出口商品品种数以万计,随着科学技术的发展,新商品不断出现。正确掌握进出口商品分类与具体中英文品名,是外销从业人员的一项基本技能。由于出口商品繁多,不能一一具体罗列,这里以广州进出口商品交易会的分类标准,将我国出口商品分为 15 大类,其中英文如下。

1. 电子及家电类　　　　　Electronics & Household Electral Appliances
   （1）家用电器　　　　　Household Electrical Appliances
   （2）电子消费品　　　　Consumer Electronics
   （3）电子电气产品　　　Electronic & Electical Products
   （4）计算机及通信产品　Computer & Communication Products
2. 照明类　　　　　　　　Lighting Equipment
3. 车辆及配件类　　　　　Vehicles & Spare Parts
   （1）自行车　　　　　　Bicycles
   （2）摩托车　　　　　　Motorcycles
   （3）汽车配件　　　　　Vehicles Spare Parts
   （4）车辆　　　　　　　Vehicles
4. 机械类　　　　　　　　Machinery
   （1）大型机械及设备　　Large Machinery & Equipment
   （2）小型机械　　　　　Small Machinery
   （3）工程机械　　　　　Construction Machinery
5. 五金工具类　　　　　　Hardware & Tools
   （1）五金　　　　　　　Hardware
   （2）工具　　　　　　　Tools
6. 建材类　　　　　　　　Building Materials
   （1）建筑及装饰材料　　Building & Decorative Materials
   （2）卫浴设备　　　　　Sanitary & Bathroom Equipment
7. 化工产品类　　　　　　Chemical Products
   （1）化工产品　　　　　Chemical Products
   （2）矿产冶金及有色金属　Minerals Metallurgy & Non-ferrous Metal Minerals
8. 日用消费品类　　　　　Consumer Goods
   （1）餐厨用具　　　　　Kitchenware & Tableware
   （2）日用陶瓷　　　　　General Ceramics
   （3）家居用品　　　　　Household Items

（4）个人护理用具　　　　　　Personal Care Products

（5）浴室用品　　　　　　　　Toiletries

9. 礼品类　　　　　　　　　　Gifts

　　（1）钟表眼镜　　　　　　　Clocks，Watches & Optical Instruments

　　（2）玩具　　　　　　　　　Toys

　　（3）礼品及赠品　　　　　　Gifts & Premiums

　　（4）节日用品　　　　　　　Festival Products

10. 家居装饰品类　　　　　　　Home Decorations

　　（1）工艺陶瓷　　　　　　　Art Ceramics

　　（2）编织及藤铁工艺品　　　Weaving，Rattan & Iron Arts

　　（3）玻璃工艺品　　　　　　Glass Artware

　　（4）家居装饰品　　　　　　Home Decrations

　　（5）园林用品　　　　　　　Gardening Products

　　（6）铁石制品　　　　　　　Stone & Iron Products

　　（7）家具　　　　　　　　　Furniture

11. 办公、箱包及休闲用品类　　Office Supplies，Cases & Bags，& Recreation Products

　　（1）办公文具　　　　　　　Office Supplies

　　（2）箱包　　　　　　　　　Cases & Bags

　　（3）体育及旅游休闲用品　　Sports，Travel & Recreation Products

12. 医药及医疗保健类　　　　　Medicines，Medical Devices & Health Products

　　（1）医药及保健品　　　　　Medicines & Health Products

　　（2）医疗器械、耗材、敷料　Medical Devices，Disposables & Dressings

13. 鞋类　　　　　　　　　　　Shoes

　　（1）鞋类　　　　　　　　　Shoes

14. 纺织服装类　　　　　　　　Textiles & Garments

　　（1）男女装　　　　　　　　Men & Women's Clothes

　　（2）童装　　　　　　　　　Kids' Wear

　　（3）内衣　　　　　　　　　Underwear

　　（4）运动服及休闲服　　　　Sports & Casual Wear

　　（5）裘革皮羽绒及制品　　　Fur，Leather，Downs & Related Products

　　（6）服装饰物与配件　　　　Fashion Accessories & Fittings

　　（7）家用纺织品　　　　　　Home Textiles

　　（8）纺织原料面料　　　　　Textiles，Raw Materials & Fabrics

　　（9）地毯及挂毯　　　　　　Carpets & Tapestries

　　（10）抽纱　　　　　　　　　Artex

15. 食品及土特产品类　　　　　Food & Native Produce

　　（1）食品　　　　　　　　　Food

　　（2）土特产品　　　　　　　Native Produce

国贸常识

一年两届、一届三期的广交会,将琶洲展馆按照15大类划分,组织出口商参展,海外采购商一般根据采购计划,前往大类区洽谈。根据广交会分类标准,我国部分出口商品归类存在交叉现象,如生产洗澡使用的花洒产品,出口商既可以选择建材类的卫浴设备展区,也可以选择日用消费品类的浴室用品展区。广交会不同的展区往往具有不同的客户群,在一定程度上可能会影响企业出口市场的开拓。

学习案例 2-6

广州某五金制品厂计划通过广交会参与国际经营,出口产品是滑轮与金属导轨。2010年秋季广交会(第108届)选择五金展区参展,洽谈客户数量不理想。2011年春季广交会(第109届)该企业选择建筑及装饰材料展区参展,洽谈客户数量大幅度增加,出口成交额上升一倍。试问:该企业两届广交会选择展区产生不同的业务效果,给我们带来哪些启发?

-------------------- 综合实训 --------------------

一、实训目的

1. 通过实训,理解商品品名、品质的含义,明确《联合国国际货物销售合同公约》关于商品品名、品质的规定。

2. 通过实训,在实际业务中准确使用商品品名,正确表示商品品质。

二、实训内容

围绕国际贸易销售合同品名、品质条款,通过实训,能够全面掌握《联合国国际货物销售合同公约》的相关规定与专业知识,具备扎实的理论基础与职业能力。根据学生的认知规律,实训分为基础理论部分与实践技能操作部分。

-------------------- 基础理论部分 --------------------

一、模块核心概念

品名　品质　样品　对等样品　标准　FAQ　品质机动幅度　品质公差　规格　等级

二、填空题

1. 商品的名称又称_____,在国际贸易销售合同中称为_____。

2. 商品的品质是商品的_____和_____的综合。

3. 表示品质条款的方法主要有_____和_____两种。

4. 以文字说明表示商品品质的方法有_____、_____、_____、_____、_____。

5. 商品品质的好坏,不仅关系到商品的_____、_____,还影响商品的_____和_____。

6. 样品一般有两种形式:一是_____样品,二是_____样品。

7. 一种样品如果没有表明是参考样品还是标准样品,应看作_____样品。

8. 品质机动幅度条款,允许_____可在一定范围内_____或_____合同规定。

9. 品质条款既是构成_____的组成部分,又是买卖双方_____的基本依据之一。

10. 凭样品买卖一般适用于在_____上有特殊要求和具有_____、_____、_____方面特征的商品,如_____、_____、_____等。

三、单项选择题

1. 珠宝、首饰等商品具有独特性质,在出口确定其品质时(　　　)。
   A. 最好用样品磋商　　　　　　　　B. 最好用文字说明
   C. 最好看货洽谈成交　　　　　　　D. 最好凭图纸

2. 我们所说的 FAQ 一般是指(　　　)。
   A. 精选货　　　　B. 一级品　　　　C. 大路货　　　　D. 次品

3. 与我国进行进出口贸易关系最大,也是最重要的一项国际条约是(　　　)。
   A.《联合国国际货物销售合同公约》　　B.《国际贸易术语解释通则》
   C.《跟单信用证统一通则》　　　　　　D.《托收统一规则》

4. 凭商标或牌号买卖,一般只适用于(　　　)。
   A. 一些品质稳定的工业制成品　　　　B. 经过科学加工的初级产品
   C. 机器、电器和仪表等技术密集产品　　D. 造型上有特殊要求的商品

5. 凭样品买卖时,如果合同中无其他规定,那么卖方所交货物(　　　)。
   A. 可以与样品大致相同　　　　　　　B. 必须与样品完全一致
   C. 允许有合理公差　　　　　　　　　D. 允许在包装规格上有一定幅度的差异

6. 卖方按照买方提供的样品,复制一个类似的产品交买方确认,确认后的样品被称为(　　　)。
   A. 买方样品　　　B. 卖方样品　　　C. 对等样品　　　D. 参考样品

7. 在凭卖方样品交易时,卖方为防止日后出现有关品质的异议,通常备份一些样品,以作为品质评定的依据。这些样品被称为(　　　)。
   A. 对等样品　　　B. 参考样品　　　C. 留存复样　　　D. 回样

8. 凭对等样品买卖实质上是(　　　)。
   A. 买方样品买卖　　　　　　　　　　B. 将买方样品买卖转变为卖方样品买卖
   C. 卖方样品买卖　　　　　　　　　　D. 将卖方样品买卖转变为买方样品买卖

9. 机电设备在选择确定其品质的方式时,最好采用(　　　)。
   A. 说明书和图样　　　　　　　　　　B. 应该既用样品又用文字说明
   C. 样品磋商　　　　　　　　　　　　D. 看样洽谈成交

10. 在以规格与样品同时使用的出口贸易中,国外买方验货的品质依据一般为(　　　)。
    A. 规格　　　　B. 样品　　　　C. 任意确定　　　　D. 规格和样品

11. 对一些质量不稳定的初级产品,在规定品质条款时,其灵活制定品质指标常用(　　　)。
    A. 品质机动幅度　　　　　　　　　　B. 品质公差
    C. 交货品质与样品大体相等　　　　　D. 规定一个约量

12. 对工业制成品交易,一般在品质条款中灵活制定品质指标,通常使用(　　　)。
    A. 品质公差　　　　　　　　　　　　B. 品质机动幅度
    C. 交货品质与样品大体相等　　　　　D. 规定一个约量

13. 在国际贸易中,质量稳定、容易掌握的产品适合(　　　)。
    A. 凭样品买卖　　B. 凭规格买卖　　C. 凭等级买卖　　D. 凭产地名称买卖

14. 如果合同规定有质量公差条款,则在公差范围内,买方(　　)。
    A. 不得拒收货物　　　　　　　　　　B. 可以拒收货物
    C. 可以要求调整价格　　　　　　　　D. 可以拒收货物,也可以要求调整价格

15. 凡货、样不能做到完全一致的商品,一般都不适宜凭(　　)买卖。
    A. 规格　　　　　B. 号码　　　　　C. 标准　　　　　D. 样品

16. 凭说明书和图样买卖,一般适用于(　　)。
    A. 一些品质稳定的产品　　　　　　　B. 经过科学加工的初级产品
    C. 机器、电器和仪表等技术密集型产品　D. 有独特加工工艺的传统农副产品

17. 我国某出口公司拟出口一批服装,在洽谈合同条款时,就服装的款式可要求买方提供(　　)。
    A. 样品　　　　　B. 规格　　　　　C. 商标　　　　　D. 产地

18. 根据现有商品的实际品质进行买卖叫作(　　)。
    A. 凭样品成交　　B. 看货买卖　　　C. 凭规格买卖　　D. 凭产地买卖

19. "标的物"条款就是合同的(　　)。
    A. 品质条款　　　B. 数量条款　　　C. 品名条款　　　D. 说明条款

20. 下列商品中可以凭品牌买卖的是(　　)。
    A. 轿车　　　　　B. 小麦　　　　　C. 衬衫　　　　　D. 乌砂矿

四、多项选择题

1. 在国际货物买卖中要构成标的物必须具备的条件是(　　　　)。
    A. 必须是跨国公司生产的　　　　　　B. 必须是被卖方所占有的
    C. 必须是合法的　　　　　　　　　　D. 必须是由国家出口的
    E. 必须是双方当事人一致同意的

2. 商品的内在质量包括(　　　　)。
    A. 物理性能　　　B. 色泽　　　　　C. 化学成分　　　D. 透明度
    E. 生物特征

3. 商品的品质是(　　　　)因素的综合。
    A. 外形　　　　　B. 色泽　　　　　C. 化学成分　　　D. 内在质量
    E. 外观形态

4. 按照《公约》的规定,如果卖方交付的货物不符合约定的品质,买方拥有的权利是(　　　　)。
    A. 有权要求赔偿　　　　　　　　　　B. 可以要求修理或交付替代物
    C. 拒收货物　　　　　　　　　　　　D. 撤销合同
    E. 要求双倍偿还

5. 以实物表示商品品质的贸易是(　　　　)。
    A. 加工贸易　　　　　　　　　　　　B. 展卖
    C. 拍卖　　　　　　　　　　　　　　D. 凭卖方样品买卖
    E. 寄售

6. 根据我国实际情况,品质增减价条款主要的规定方法有(　　　　)。
    A. 对机动幅度内的品质差异,可根据交货时的实际品质,按规定予以增价和减价
    B. 只规定交货幅度的下限,对高于合同规定者,不予增价
    C. 对于在机动幅度范围内的品质差异,按低劣的程度采用不同的扣价办法

D. 对于在机动幅度内的品质差异不予增加和减价

E. 高于或低于机动幅度也不得拒收

7. 卖方根据买方来样复制样品,寄送买方并经其确认的样品,被称为(　　　　　)。

　　A. 复样　　　　　　B. 回样　　　　　　C. 原样　　　　　　D. 确认样

　　E. 对等样品

8. 如果合同规定有品质公差条款,则在公差范围内,买方(　　　　　)。

　　A. 不得拒收货物　　　　　　　　B. 可以拒收货物

　　C. 不可以要求调整价格　　　　　　D. 可以拒收货物也可以要求调整价格

9. 以实物表示商品品质的方法有(　　　　　)。

　　A. 看货买卖　　　B. 凭样品买卖　　　C. 凭规格买卖　　　D. 凭等级买卖

10. 符合 FAQ 标准的商品,称为(　　　　　)。

　　A. 上等品　　　B. 中等货　　　C. 大路货　　　D. 低等品

　　E. 良好平均品质

11. 除凭规格和等级外,以说明表示商品质量的方法还有(　　　　　)。

　　A. 凭标准　　　　　　　　　　B. 凭说明书和图样

　　C. 凭商标　　　　　　　　　　D. 凭产地名称

12. 表示品质方法的分类可归纳为(　　　　　)。

　　A. 凭样品表示商品的品质　　　　B. 凭实物表示商品的品质

　　C. 凭说明表示商品的品质　　　　D. 凭商标表示商品的品质

13. 按照广交会的分类方法,(　　　　　)商品属于建筑材料。

　　A. 建筑及装饰材料　　　　　　B. 工程机械

　　C. 卫浴设备　　　　　　　　　D. 五金

14. 品质机动幅度的规定方法有(　　　　　)。

　　A. 规定一定的范围　　　　　　B. 规定一定的极限

　　C. 规定上下差异　　　　　　　D. 规定品质公差

15. 商品中(　　　　　)属于凭产地买卖。

　　A. 云南白药　　　B. 四川榨菜　　　C. 金华火腿　　　D. 广东米酒

五、判断题

1. 国际贸易的货物必须从一国运往另一国。　　　　　　　　　　　　　　(　　)

2.《联合国国际货物销售合同公约》的缔约国必须履行其全部内容。　　　(　　)

3. 某外商来电要我方提供芝麻一批,按含油量 45%、水分 12%、杂质 3% 的规格订立合同。对此,在一般情况下,我方可以接受。　　　　　　　　　　　　　　　　　(　　)

4. 按照买方来样复制一样品供买方确认,这一样品称为复样。　　　　　　(　　)

5. 我国每年出口金额超过 10 000 亿美元,出口商品品种数以万计,随着科学技术的发展,新商品不断出现,按广州进出口商品交易会的分类标准,将我国出口商品分为 18 大类。　(　　)

6. 在出口贸易中,为了明确责任,最好采用既凭样品买卖,又凭规格买卖的方法成交。(　　)

7. 在合同中规定的品质机动幅度和品质公差范围内,货物的品质差异一般不另行增减价格。
　　　　　　　　　　　　　　　　　　　　　　　　　　　　　　　　　(　　)

8. 在开展跨境电商业务时,出口产品的品质表述应该体现客观与全面的要求。　(　　)

9. 回样又称对等样品,指卖方收到买方来样后,做一个复制品寄交对方。　　(　　)

10. 采用凭样品成交时,为了争取国外客户,应选择质量最好的样品给对方,以达成交易。
( )

11. 凭样品买卖能直接、明确地表示商品的质量,在国际贸易中应用最广。 ( )

12. 在国际贸易中,农副产品的买卖大多采用凭说明书买卖。 ( )

13. 在国际贸易中,FAQ 的意思是良好平均品质。 ( )

14. 某生产内衣的制造企业计划通过广交会开拓国际市场,该企业应该在日用消费品类展区展示商品。
( )

15. 在国际贸易中,大部分交易是以实物表示商品的品质。 ( )

16. 国际货物买卖中标的物必须是卖方所占有的、没有侵犯他人知识产权的、交易双方意见一致的。
( )

17. 在进行国际贸易业务洽谈时,为了节省时间、提高工作效率,对品名条款可以笼统规定。
( )

18. 《联合国国际货物销售合同公约》规定,卖方所交付的货物必须与合同所规定的一致,否则买方可以要求降低价格、修理或交替代货物以致拒收货物,但是不得宣告合同无效和提出损害赔偿。
( )

19. 在国际贸易中,最好采用凭买方样品买卖,以体现尊重进口商,扩大出口。 ( )

20. 在国际贸易中,可以根据机动幅度内的商品品质差异,对价格进行调整。例如,大豆水分每±1%,价格可以∓1%。
( )

六、案例分析

1. 韩国 KM 公司向我国 BR 土畜产公司订购大蒜 650 公吨,双方当事人几经磋商最终达成了交易。但在缮制合同时,由于山东胶东半岛是大蒜的主要产区,通常我国公司都以此为大蒜货源基地,所以 BR 公司就按惯例在合同品名条款打上了"山东大蒜"。可是在临近履行合同时,大蒜产地由于自然灾害导致歉收,货源紧张,BR 公司紧急从其他省份征购,最终按时交货。但 KM 公司来电称,所交货物与合同规定不符,要求 BR 公司做出选择,要么提供山东大蒜,要么降价,否则将撤销合同并提出贸易赔偿。**试分析**:KM 公司的要求是否合理? 并评述此案。

2. 河北某石材出口企业在广交会上与新加坡 A 公司签订天然大理石的出口合同,A 公司进口天然大理石用于装修豪华五星级酒店,对天然大理石的品质要求比较高。最后在合同中规定:"纯天然大理石,黑色,颜色均匀,不得有石纹。"广交会结束后,A 公司如期开来信用证,但是石材出口企业的业务员走遍河北的采石场,发现完全符合对方要求的大理石数量太少,而且每块大理石上多多少少均有石纹,最后又联系山东采石场,才勉强凑够合同规定的数量。货到新加坡后,客人以货物品质与合同约定不符为由,提出退货并要求索赔。**试分析**:该石材出口企业是否有责任? 应从中吸取哪些教训?

3. 我国出口公司与美商凭样成交一批高级瓷器,复验期为 60 天。货到国外经美商复验后,未提出任何异议。但事隔一年,买方来电称:"瓷器全部出现'釉裂',只能削价处理销售。"因此要求我方按成交价赔偿 60%。我方接电话后立即查看留存的复样,发现其釉下也有裂纹。**试分析**:该出口公司应如何处理?

实践技能操作部分

一、国际贸易销售合同品名、品质条款环节认知

1. 翻译

（1）Counter Sample

（2）Confirmation Sample

（3）Household Electrical Appliances

（4）Computer & Communication Products

（5）Vehicles Spare Parts

（6）Large Machinery & Equipment

（7）Building & Decorative Materials

（8）Weaving，Rattan & Iron Arts

（9）Furniture

（10）Men & Women's Clothes

2. 请为面粉、MP3、自行车、绒毛玩具这 4 项产品拟写合同中的商品品质条款。

3. 翻译：绒毛兔，白色，17 厘米，货号 JB602，交货品质与确认样品大致相同。

二、国际贸易销售合同的填制

根据业务资料，完成出口合同约首、本文（品名条款、品质条款）、约尾。

出　口　方：广州蓝天调味品有限公司　　Guangzhou Blue Sky Seasoning Co，Ltd.

地　　　址：广州市友谊路45号　　No. 45，Friendship Road Guangzhou，China

出口经理：黄力

联系方式：Tel：0086－20－65428844　　Fax：0086－20－65418840

E－mail：gzbluesky@126.com

进　口　方：Mauritius ABC Company

地　　　址：No. 721　Princess Street，Port Louis

买　　家：Jackie

联系方式：Tel：00231－22331880　　Fax：00231－22331881

E－mail：jackieportlouis@163.com

合同编号：BS2020011　　　　　　　签订合同时间：2020－01－06

货物品名：蓝天牌酱油（Blue Sky Brand Soy Sauce）

货物规格：	数量：
Superior Soy Sauce 750GX24Bottles	200CTNS
生抽王 750 克×24 瓶/箱	200 箱
Mushroom Soy Sauce750GX24Bottles	380CTNS
草菇老抽 750 克×24 瓶/箱	380 箱

售　货　合　同
SALES CONTRACT

1. 卖方：(3)　　　　　　　　　　合同编号：(1)

The Sellers：(4)

2. 地址：(5)　　　　　　　　　　合同日期：(2)

Address：(6)

Tel：(7)　　　　　　　　　　　Fax：(8)

E-mail：(9)

3. 买方：

The Buyers：(10)

4. 地址：

Address：(11)

Tel：(12)   Fax：(13)

E-mail：(14)

买卖双方同意按下列条件购进、售出下列商品：

The Sellers agree to sell and the Buyers agree to buy the undermantioned goods according to the terms and conditions as stipu-

lated below

商品名称及规格 NAME OF COMMODITY & SPECIFICATION	数量 QUANTITY	单价 UNIT PRICE	总值 TOTAL VALUE
（15）		CFR PORT LOUIS （INCOTERMS 2020）	
	200 CTNS	USD10.00/CTN	USD2,000.00
	380 CTNS	USD12.00/CTN	USD4,560.00
	580 CTNS		USD6,560.00

Say US Dollars six thousand five hundred and sixty only.

5. 包装：

Packing：IN CARTONS,Per 24 BOTTLES TO ONE CARTON

6. 唛头：

Shipping Marks：N/M

7. 装船港口：

Port of Shipment：Huangpu,China(中国黄埔港)

8. 目的港口：

Port of Destination：Port Louis,Mauritius(毛里求斯路易港)

9. 装船期限：

Time of Shipment：During March,2020(2020 年 3 月装运)

10. 付款条件：T/T Payment(电汇)

11. 保险：……

12. 检验：……

13. 不可抗力：……

14. 异议索赔：……

15. 仲裁：……

卖方：   买方：

The Sellers：   The Buyers：

（16）   （17）

模块三

国际贸易销售合同数量、包装条款

典型工作任务	1. 国际贸易销售合同数量条款的操作 2. 国际贸易销售合同包装条款的操作
拓展工作任务	商品条形码的认知
主要学习目标	1. 掌握国际贸易计量单位和数量的表示方法 2. 掌握国际贸易包装的种类、作用及要求 3. 熟悉商品条形码 4. 掌握《联合国国际货物销售合同公约》对数量、包装条款的规定
基础理论知识	《联合国国际货物销售合同公约》
工作操作技能	1. 能够根据业务资料,正确订立国际贸易销售合同的数量条款 2. 能够根据业务资料,正确订立国际贸易销售合同的包装条款

典型工作任务一 国际贸易销售合同数量条款的操作

工作困惑

作为一名外销业务员,于拟定合同时,在商品的问题上应采用什么单位、什么方法进行计量?所有国家使用的都是同一种度量衡吗?所有商品都应列出具体的数量吗?哪些商品应列出具体的数量?签订合同时要考虑订明交货数量的机动幅度,如何规定?

工作认知

商品的数量条款是国际贸易销售合同中不可缺少的主要交易条件之一。《公约》规定,按约定的数量交付货物是卖方的一项基本义务。

国际贸易销售合同数量条款(clause of quantity)是指买卖双方以一定的度量衡单位或个数表示商品的质量、数量、长度、面积、体积、容积,进行贸易磋商并达成共识。这是构成合同的主要条款之一。

由于国际贸易销售合同数量条款是交接货物的依据,因此,正确掌握成交数量和合理规定合同中的数量条款具有十分重要的意义。买卖合同中的成交数量的确定,不仅关系到进出口任务的完成,而且还涉及对外政策和经营意图的贯彻。正确掌握成交数量,对促成交易的达成和争取有利的价格,也具有一定的作用。

一、国际贸易中常用的度量衡制度

目前常用的度量衡制度有米制、英制、美制及国际单位制。

（一）米制(the metric system)

米制又称公制,采用十进制,换算方便,使用较多,如米(meter)、升(litre)、吨(ton)等。

（二）英制(the British system)

它不采用十进制,换算不方便,在英联邦国家范围中使用较多,使用范围目前呈现逐渐缩小的趋势,如英尺(foot)、英寸(inch)等。

（三）美制(the US. system)

以英制为基础,多数计量单位的名称与英制相同,但含义有差别,主要体现在质量和容量单位中。它的主要使用地区是美国等国家,如短吨(short ton)等。

4. 国际单位制(the International System of Units,SI)

它是在米制的基础上发展起来的,有利于计量单位的统一和计量制度的标准化。我国法定计量单位是国际单位制。《中华人民共和国计量法》第三条中明确规定:"国家采用国际单位制。国际单位制计量单位和国家选定的其他计量单位为国家法定计量单位。业务操作中,除非另有规定,均应使用法定计量单位。"

度量衡制度质量单位的表示如表 3.1 所示。

表 3.1　度量衡制度质量单位的表示

度量衡制度及采用国家	表示方法	与千克的换算关系
公制(如东欧、拉美、东南亚等地区的国家)	吨(ton)	1 t=1 000 kg
英制(如英国、新西兰、澳大利亚等国家)	长吨(long ton)	1 lt=1 016.047 kg
美制(如北美地区的国家)	短吨(short ton)	1 st=907 kg

二、国际贸易常用计量单位

在国际贸易业务中,确定买卖商品的数量时,必须根据商品的属性选择正确的计量单位。由于商品的种类和性质不同,采用的计量单位也不同,通常采用的计量单位如表 3.2 所示。

表 3.2　常用计量单位

计量单位	计量单位名称表示	适 用 商 品
质量	吨(ton,t)、长吨(Long Ton,L/T)、短吨(Short Ton,S/T)、千克(kilogram,kg)、克(gram,g)、盎司(ounce,oz)、磅(pound,lb)等	一般适用农产品、矿产品及部分制成品,如棉花、羊毛、谷物、矿产品。对黄金、白银等贵重商品常采用克、盎司来计量,钻石则采用克拉计量
数量	件(Piece,PC.)、双(pair)、套(set)、打(Dozen,DZ.)、罗(gross,GR.)、卷(roll)、令(ream,纸张的计量单位,一般为 500 张)、袋(bag)、包(bale)、纸箱(ctn.)	适用于工业制成品,尤其是日用消费品、轻工业品、机械产品及部分土特产品,如文具、玩具、衣服、车辆等
长度	米(meter,m)、英尺(foot,ft)、码(yard,yd)等	适用于金属绳索、丝绸、布匹等
面积	平方米(square meter,m^2)、平方英尺(square foot,ft^2)、平方码(square yard,yd^2)	适用于建筑材料、地毯、皮革等
体积	立方米(cubic meter,m^3)、立方英尺(cubic foot,ft^3)、立方码(cubic yard,yd^3)	适用于木材、天然气和化学气体等
容积	升(liter,L)、加仑(gallon,约等于 4.546 L)、蒲式耳(bushel,1 蒲式耳的小麦、大豆为 60 磅)	适用于谷物和流体货物,如小麦、汽油、酒精

国贸常识

在日常生活中,英、美国家的消费者以英镑为质量单位,而在我国则以斤为质量单位。1 斤等于500克,1磅只有454克,这就不难理解英、美国家的消费者购买1磅的商品约相当于我国质量概念中的9两。

三、国际贸易常用计量方法

在国际贸易中,使用的计量方法通常有6种:按质量计量,按容积计量,按个数计量,按长度计量,按面积计量,按体积计量,具体交易时采用何种计量方法,视货物的性质、包装、种类、运输方法及市场习惯等而定。由于很多货物采用按质量计量的方法,因此下面重点介绍该方法。

(一) 按毛重计算

毛重(Gross Weight,G. W.),是指货物本身的质量加上皮重,即加上包装材料的质量。这种方法适用于低值商品。某些产品如农副产品中的大豆、大米等,商品和自身包装不便分开,所以采用以毛重计算。这种计量和计价方法,在国际贸易中称作"以毛作净"(gross for net)。

(二) 按净重计算

净重(Net Weight,N. W.),是指货物的本身质量,即不包括皮重(包装材料的质量)时货物的实际质量。如果合同中未明确规定用毛重还是净重计量、计价的,则按惯例以净重计价。皮重的计算方法一般有以下几种。

① 按实际皮重计:对所有包装物称重所得的质量。

② 按平均皮重计的计算公式表述如下。

$$总皮重 = 抽样平均单件皮重 \times 总件数$$

③ 按习惯皮重计的计算公式表示如下。

$$总皮重 = 习惯单件皮重 \times 总件数$$

④ 按约定皮重计的计算公式表示如下。

$$总皮重 = 约定单件皮重 \times 总件数$$

(三) 按公量计算

公量(Conditioned Weight,C. W.),是指用科学方法抽出商品中的水分后,再加上标准含水量所求得的质量。这种方法通常用于价值较高而水分含量极不稳定的货物,如羊毛、生丝等。公量是以货物的标准回潮率计算出来的。回潮率是水分与干量之比。标准回潮率是交易双方约定的货物中的水分与干量之比。货物中的实际水分与干量之比称为实际回潮率。其计算公式表示如下。

$$公量 = \frac{实际重量 \times (1 + 标准回潮率)}{1 + 实际回潮率}$$

(四) 按理论重量计算

理论重量(Theoretical Weight,T. W.),是指某些有固定规格形状和尺寸的商品,如马口铁、钢铁等,只要规格一致,每件质量大体上相同,就可以从其件数推算出总质量。

(五) 按法定重量计算

法定重量(Legal Weight,L. W.),是指海关在征收从量税时的征税质量,即商品的实物净重加上商品的销售包装质量。

除此之外,体积容积法也是比较常用的计量方法。所有的较轻货物,如纺织品、日用百货等,一般以1立方米或40立方英尺(相当于1.132 8立方米)为计量单位。

学习案例 3-1

我国某外贸公司以CIF条件与外商达成一笔进口合同,进口500公吨的大豆。信用证规定:采用麻袋包装,每袋装 25 千克。但是货到后买方检查发现,交货时每袋毛重为 25 千克,净重 24 千克。该外贸公司马上致电询问,并要求扣除短量部分的货款。试问:该外贸公司的要求是否合理? 为什么? 作为外商应该如何处理?

四、数量机动幅度

在国际贸易销售合同中应明确规定具体的买卖数量。但是由于有些商品的数量难以精确计量,如大宗散货可能受包装条件和运输工具的限制及自然损耗等,实际交货数量往往不容易做到绝对准确,为了避免日后争执,买卖双方应事先谈妥并在合同中订明交货数量的机动幅度。

数量机动幅度是指卖方可按买卖双方约定某一具体商品多交或少交若干量的幅度。规定数量机动幅度的方法主要有两种:一是溢短装条款;二是约定"大约"数量。

(一)溢短装条款

溢短装条款(more or less clause),是指允许交货时可以多交或少交一定百分比的数量。

溢短装条款中一般包括 3 个方面的内容,即溢短装的伸缩幅度、选择权、溢短装部分计价方式。

学习案例 3-2

(1) Datong steam coal 620 000MlT shipment 5% more or less at seller's option.

中国大同煤 620 000 公吨,允许溢短装 5%,由卖方决定。

(2) Rice,1,000 M/T,5% more or less at buyer's option.

大米,1 000 公吨,5% 的溢短装由买方决定。

一般而言,溢短装条款由卖方决定,但是在买方负责租船接货的情况下,为了便于同租船合同衔接,也可规定由买方或船方决定。在机动范围内多装或少装的货物,有 3 种计价方式:按合同规定的价格计算;按装运时的市场价格计算;按到货时的市场价格计算。后两种方法主要是为了避免享有溢短装权利的一方在商品价格波动时人为地故意多装或少装。合同中如果未规定溢短装部分的作价方法,一般按合同规定的价格计算。

学习案例 3-3

某公司订购钢板 400 公吨,计 6 英尺、8 英尺、10 英尺、12 英尺 4 种规格各 100 公吨,并附每种数量可增减 5% 的溢短装条款,由卖方决定。今卖方交货为:6 英尺 70 公吨;8 英尺 80 公吨;10 英尺 60 公吨;12 英尺 210 公吨,总量未超过 420 公吨的溢短装上限的规定。试问:对于出口商按实际装运数量出具的跟单汇票,进口商是否有权拒收、拒付?

(二)"大约"的数量

在合同数量前加"大约"(about/circa/approximate)字样,也可使具体交货数量作适当机动,即可多交或少交一定百分比的数量。

国贸常识

国际上对"大约"的具体含义没有统一解释,为了防止争议,UCP 600 第 30 条 a 款规定,"约""大约"用于信用证金额或信用证规定的数量或者单价时,应解释为允许有关金额、数量、单价有不超过 10% 的增减幅度。

学习案例 3-4

合同中的数量条款规定 About 1,000 M/T 或 1,000 M/T 5% more or less at seller's option 有什么区别？卖方按照数量条款多交或少交的部分如何计价？

（三）合同数量条款未明确规定机动幅度

《公约》规定,卖方必须按合同数量条款的规定如数交付货物。如果卖方交货数量多于约定数量,买方可以收取或拒收多交部分货物的全部或者一部分;如果卖方实际交货数量少于约定数量,卖方应在规定的交货期期满前补交,但不得使买方遭受不合理的不便或承担不合理的开支,且买方有保留要求损害赔偿的任何权利。

国贸常识

买方如果采用的是信用证方式付款,根据《跟单信用证统一惯例》(UCP 600)第 30 条 b 款规定:"在信用证未以包装单位件数或货物自身件数的方式规定货物数量时,货物数量允许有 5% 的增减幅度,只要总支取金额不超过信用证金额。但数量以包装单位或个数计数时,此增减幅度不适用。"

学习案例 3-5

我国某出口公司与外商签订合同:出口大米 1 000 公吨,每公吨 USD 300 FOB 大连,以装运数量条件计价,不可撤销跟单信用证支付,信用证最高金额为 30 万美元。试问:如果实际装运数量为 1 050 公吨(货款为 31.5 万美元),结果会怎么样？

五、订立合同数量条款应注意的问题

（一）正确掌握成交数量

对出口商品数量的掌握应该考虑国外市场的供求情况、国内市场的供应情况、国际市场的价格动态及国外客户的资信状况和经营能力。对进口商品数量的掌握应该考虑国内实际需要、国内支付能力及市场行情变化等。

学习案例 3-6

我国某出口公司向日本出口驴肉一批,合同规定:每箱净重 16.6 千克,共 1 500 箱,合 24.9 公吨。但货抵国外后,经日本海关查验,每箱净重并非 16.6 千克而是 20 千克,计 1 500 箱,共 30 公吨。海关认为单货不符,进口商以多报少。试问:此案例带给我们什么启示？

（二）数量条款的各项内容应具体、明确

在数量条款中应明确计量单位、计量方法和计量工具,并选择使用买卖双方共同接受的度量衡制度。数量条款切忌模糊不清,避免使用笼统的字眼,应使买卖双方的责任分明,以避免履约时发生纠纷。

（三）规定合理的数量机动幅度

数量机动幅度大小应合理。存在分批装运时,应争取每批都有机动幅度,否则,应争取前几批装运数量准确,最后一批留作调整。机动幅度的选择权应合理,同时,溢短装数量的计价方法也要合理。

（四）数量条款示例

① 数量:15 000 套,750 箱,每箱装 20 套。

quantity:15,000 sets,750 cartons,20 sets/carton.

② 数量:1×20FCL 588 箱生抽王 500 毫升×24 瓶。

quantity:1 * 20FCL 588 CTNS.Superior Soy Sauce 500 mL * 24 bottles.

③ 数量:20 000 公吨,卖方可溢短装 5%。

quantity:20,000 M/T,5% more or less,at seller's option.

典型工作任务二　国际贸易销售合同包装条款的操作

工作困惑

在签订国际贸易销售合同时,除了要考虑商品的数量,还要考虑商品的包装。那么,在国际贸易中有哪些包装? 我们要用哪种包装材料、哪种包装方式进行包装? 包装的规格、标志是什么? 包装费用应由谁承担?

工作认知

商品的包装条款是国际贸易销售合同中不可缺少的主要交易条件之一。《公约》规定:"按约定的数量交付货物是卖方的一项基本义务。"《公约》第35 条第1 款规定:"卖方交付的货物必须与合同所规定的数量、质量和规格相符,并需按照合同所规定的方式装箱或包装。"第35 条第2(d)款进一步规定:"货物按照同类货物通用的方式装箱或包装,如果没有这种通用方式,则按照足以保全和保护货物的方式装箱或包装。"商品的包装是为了有效地保护商品品质的完好和数量的完整,根据商品的特性,使用适当的材料或容器,将商品加以包封,并加以适当装潢和标志的一种措施。

一、商品包装的作用

（一）构成生产的一个环节

商品包装是商品生产的延续,绝大多数商品在进入流通和消费前,都必须进行必要的包装。

（二）实现商品的价值和使用价值

绝大多数商品生产出来后,只有进行必要的包装,才能使其价值得以体现,甚至在某种意义上提高了商品的价值和使用价值。

（三）便于储存、运输、销售和使用

国际贸易商品运输路线长、流通环节多,在运输和流通的过程中,这些商品容易受到一些自然因素,如天气变化、外力破坏等的影响,使商品品质受损。对商品进行包装可以使商品免遭温度、光线及各种外力的损害,而且商品经过包装以后,外形具有一定的规律,为商品的搬运、存放、销售及使用提供了方便。

（四）美化、宣传商品

通过包装装潢的设计,利用结构、造型、色彩、图案和文字来美化、宣传商品,可以改善商品的陈列效果,使消费者通过商品包装达到了解商品、喜爱商品,并最终购买、消费商品的效果。

（五）反映商品制造国的科学技术、工业水平和文化艺术水平

通过包装,可以综合、全面地反映商品制造国的科学技术、工业水平和文化艺术水平,同时包装的好坏也关系到制造国、企业及其产品的声誉。

二、我国出口商品包装的要求

（一）科学性

商品包装的用料和设计必须既符合商品的特性，又适应各种不同的运输方式和沿途气温条件变化，以保护商品品质的完好和数量的完整。例如，水泥的包装应具有防潮功能，玻璃制品、陶瓷、灯具的包装应具有防震功能，液体货物的包装应具有防漏功能等。

（二）经济性

商品包装的用料和设计要适应国际市场的消费习惯，特别是符合进口国家对包装、装潢方面的有关规定。要坚持节约的原则，包装成本的增加必然会提高出口报价，降低出口竞争力。

（三）牢固性

国际货物运输中的商品包装，要根据不同国家的地理位置、气候和自然环境及运输方式等不同条件，采用不同的包装。例如，海洋货物运输要采用坚固的包装，航空货物运输要采用轻便包装。无论什么样的包装，材料一定要经得起长途运输的搬运、颠簸等。

（四）美观性

商品包装的装潢设计还应考虑艺术性，力求外形美观、醒目、有吸引力。实践表明，包装美观可以大大提高出口商品的"身价"。

（五）实用性

商品包装的实用性是指出口企业应努力实现出口商品包装的机械化和标准化。商品包装机械化是指用机械包装代替手工包装，提高劳动生产率；商品包装标准化主要是指对出口商品的包装实行统一用料、统一规格、统一容量、统一标志和统一封装方法。实现商品包装标准化可以简化包装容器规格，易于识别、计量，便于统一对外销售，同时还能节约包装用料、合理压缩体积、节省运费，并便于运输装卸，为集合包装和成组运输创造有利条件。

三、商品包装的种类

商品包装种类繁多，常用的几种如表 3.3 所示。

表 3.3　商品包装的种类

分类标准	包装种类
按包装形态划分	内包装、中包装和外包装
按运输方式划分	铁路货物包装、船舶货物包装、航空货物包装等
按包装在流通中的作用划分	销售包装和运输包装
按包装的材料划分	木箱包装、纸箱包装、塑料包装、危险品包装等
按包装商品划分	食品包装、药品包装、液体包装、粉粒包装等
按包装技术和方法划分	收缩包装、充气包装、防潮包装、缓冲包装等

以下具体介绍销售包装和运输包装。

（一）销售包装

销售包装又称小包装或内包装，是指直接接触商品，随着商品进入零售环节与消费者直接见面的包装，实际上也是零售包装。因此，销售包装除了要求具备保护商品的作用外，更重要的是要美化商品，便于广告宣传及消费者识别、选购、携带和使用。有的商品，如照相胶卷、罐头食品等，只有进行了销售包装，生产才真正完成。常见的内包装有：挂式包装、堆叠式包装、便携式包装、易开包装、一次用包装、复用包装、喷雾包装、配套包装、礼品包装等。

1. 销售包装的装潢和文字说明

商品销售包装上的装潢和文字说明,是美化商品、宣传商品、吸引消费者,使消费者了解商品的特性和妥善使用商品的必要手段。装潢、图案和文字说明通常直接印刷在商品包装上,或者在货物上粘贴标签、挂吊牌等。出口货物的包装装潢应具有艺术性,突出商品特点,其图案和色彩要适应有关国家的民族习惯和爱好。销售包装上的文字说明应包括商标、品牌、品名、产地、数量、规格、成分、用途、使用说明、生产日期、有效期等内容,它们要同装潢紧密配合、互相衬托,以达到树立产品及企业的形象,提高宣传和促销的目的。

🖊 国贸常识

荷兰某超市中有黄色竹制罐装的茶叶一批,茶叶包装的一面只写"中国制造",另一面刻有我国古装仕女图,看上去精致美观,具有民族特色,但很少有人问津。原因是包装上没有商标、产地、数量、规格、成分、用途和使用方法等文字说明,人们只知道是茶叶,而不知是红茶还是绿茶,分量多少,质量如何。此外,在销售包装上使用文字说明和制作标签时,要注意有关国家标签管理条例的规定。例如,加拿大政府规定,销往该国的商品必须同时使用英语和法语两种文字说明。

🐻 学习案例 3-7

我国某公司向加拿大某商人出售一批货物,约定用塑料袋包装,并要求同时使用英文和法文的贴头,但该公司在交货时,却改用其他包装,且仅使用英文贴头。加拿大商人自行更换了包装的贴头,以由此产生的额外费用向该公司索要赔偿。试问:此项索赔是否合理? 该公司应如何处理?

2. 销售包装的要求

国际市场上对销售包装的用料、造型、装潢和文字说明等方面都有很高的要求,提高销售包装的水平是加强产品国际竞争力的一个重要方面。要使销售包装适应国际市场的需要,在设计制作销售包装时应体现下列要求:便于陈列展售;便于识别商品;便于携带和使用;具有艺术吸引力。

(二)运输包装

运输包装习惯上称为大包装或外包装。运输包装要具有通风、防潮、防震、防锈蚀、防失散、防盗等功能,从而起到保护货物的作用,并且便于运输、储存、计数和分拨。运输包装又分为单件运输包装和集合运输包装,前者是指在运输过程中作为一个计件单位的包装,如箱、桶、袋、包、篓、罐、捆等,每种形式又可以采用木、纸、麻、铁等材料;后者是指将若干单件运输包装组合成一件大包装,以便更有效地保护商品,提高装卸效率和节省运输费用,常见的集合运输包装有集装袋、集装包、集装箱和托盘等。

包装标志是为了方便货物运输、装卸及储存,便于识别货物和防止货物损坏而在货物外包装上刷写的标志。制作包装标志时要简明清晰,易于辨认;着色牢固,防止海水或雨水冲湿退脱;在每件相反的部位上刷制相同的标志以便工作人员在货物调换摆放位置时也能看到该标志;防止印刷错误,以免影响货物报关和装卸工作。包装标志主要包括运输标志、指示性标志、警告性标志及其他标志等。

1. 运输标志

运输标志(shipping mark)俗称唛头,通常由一个简单的几何图形和一个字母、数字及简单的文字组成。刷唛的目的是便于运输、仓储、商检和验关,便于发货人同承运人、收货人之间的货物交接,避免错发错运,做到安全运输。运输标志通常刷印在外包装明显的部位,是唯一体现在装运单据上的包装标志。由国际标准化组织和国际货物装卸协会推荐使用的标准运输标志由以下4个要素构成。

①　收货人的代号或名称缩写。

②　参考号码:如运单号、订单号、发票号、合同号。

③　目的地的名称或代号:货物最终目的地或目的港的名称。

④　件数号码、批号:包装货物的每件货物的顺序号和总件数。

学习案例 3-8

唛　头

SMCO ······························收货人或买方名称的英文缩写字母或简称

New York ························目的港(地)

2020 S/C No.845789 ·············合同号(发票号、信用证号)

No.1-20 ··························件号

运输标志中的目的港(地)表明货物的最终运抵地点,通常为港口,如果需转运则标明转运地点。例如,London Via Hongkong,这里的 London 是卸货港,而 Hongkong 则是转运港。

运输标志中的件号主要说明整批货与本件货物的关系。如果该批货物只有一种规格,货物的件号可以只是一个,如 C/NOS.1-100;如果一批货物有 100 箱,每箱的包装件数和品种规格均不相同,则可采用顺序件号的方法,即在货物包装上用 C/NOS.1-100、C/NOS.2-100、C/NOS.3-100 等来表示,以便理货清查短损。C/NOS.3-100 中的 C 表示纸箱(carton),3-100 中的 100 表示该批货物共计 100 件,3 则表示本件是 100 件中的第 3 件。在业务往来函电有时会见到 C/No.1-UP,这表明包装件数待定,装运时按实际情况确定。

2. 指示性标志

在实际业务中往往根据货物的特性,如怕热、怕湿、怕震、怕倾斜等,在货物的外包装上刷制一些提示人们注意的标志,以便指示搬运人员、仓储保管人员及开箱拆包人员等在装卸、搬运、操作、储存过程中注意。这就是指示性标志(indicative mark),如图 3.1 所示。它通常用图形或文字表示。

①　易碎物品 表明运输包装件内装易碎品,因此搬运时应小心轻放		②　禁用手钩 表明搬运运输包装时禁用手钩	
③　向上 表明运输包装件的正确位置是竖直向上		④　怕晒 表明运输包装件不能直接照射	
⑤　怕辐射 表明包装物品一旦受辐射便会完全变质或损坏		⑥　怕雨 表明包装件不能被雨淋	

图 3.1　指示性标志图例

⑦ 重心 表明一个单元货物的重心		⑧ 禁止翻滚 表明不能翻滚运输包装	
⑨ 此面禁用手推车 表明搬运货物时此面禁止放在手推车上		⑩ 堆码层数极限 相同包装的最大堆码层数,n表示层数极限	
⑪ 堆码重量极限 表明该运输包装件所能承受的最大重量极限		⑫ 禁止堆码 表明该包装件不能堆码,并且上面也不能放置其他负载	

续图 3.1

3. 警告性标志

警告性标志(warning mark)又称危险品标志,是指在易燃品、爆炸品、有毒品、腐蚀性物品、放射性物品等危险品的运输包装上,清楚、明显地标明危险性质的文字说明和图形等标志。警告性标志用来警告一切有关人员加强防护措施,保护人身和货物的安全。常用警告性标志如图 3.2 所示。

在制作危险品的标志时,应注意参照我国和国际上的有关规定。我国已颁布了《包装储运指示标志》和《危险货物包装标志》,联合国海事协商组织对危险货物标志的规定是《国际海运危险品标志》。我国在出口危险品时,应在运输包装上刷制我国和国际海运所规定的两套危险品标志,以防货到国外港口时,不能靠岸卸货,需要移泊或改港绕航,导致多付外汇。

包装标志 1 爆炸品标志 (符号:黑色;底色:橙红色)	包装标志 2 爆炸品标志 (符号:黑色;底色:橙红色)	包装标志 3 爆炸品标志 (符号:黑色;底色:橙红色)
包装标志 4 易燃气体标志 (符号:黑色或白色;底色:正红色)	包装标志 5 不燃气体标志 (符号:黑色或白色;底色:绿色)	包装标志 6 有毒气体标志 (符号:黑色;底色:白色)
包装标志 7 易燃液体标志 (符号:黑色或白色;底色:正红色)	包装标志 8 易燃固体标志 (符号:黑色;底色:白色红条)	包装标志 9 自燃物品标志 (符号:黑色;底色:上白下红)

图 3.2 警告性包装标志

包装标志 10 遇湿易燃物品标志 （符号:黑色或白色;底色:蓝色）	包装标志 11 氧化剂标志 （符号:黑色;底色:柠檬黄色）	包装标志 12 有机过氧化物标志 （符号:黑色;底色:柠檬色）
包装标志 13 剧毒品标志 （符号:黑色;底色:白色）	包装标志 14 有毒品标志 （符号:黑色;底色:白色）	包装标志 15 有害品标志 （符号:黑色;底色:白色）
包装标志 16 感染性物品标志 （符号:黑色;底色:白色）	包装标志 17 一级放射性物品标志 （符号黑色;底色:白色, 附 1 条红竖线）	包装标志 18 二级放射性物品标志 （符号:黑色;底色:上黄下白, 附 2 条红竖线）
包装标志 19 三级放射性物品标志 （符号:黑色;底色:上黄下白, 3 条红竖线）	包装标志 20 腐蚀品标志 （符号:上黑下白;底色:上白下黑）	包装标志 21 杂类标志 （符号:黑色;底色:白色）

续图 3.2

4. 其他标志

除上述包装标志外,在货物的包装上一般还需刷制每件货物的品名、货号、装箱数量及配比、毛重、净重、包装容器的体积和货物的产地等标志。其中,磅、码、产地等标志必须刷制。

学习案例 3-9

Safety Boots　安全靴

Art No.JL608TS　货号:JL608TS

QTY.12PRS.　数量:12 双

G.W.27kg　毛重:27 千克

N.W.21.6kg　净重:21.6 千克

MST.50cm＊35cm＊78cm　体积:50 厘米×35 厘米×78 厘米

Made in China　中国制造

四、合同中的包装条款

（一）包装条款的基本内容

包装是主要交易条件之一,是国际贸易销售合同的主要条款。买卖双方必须认真洽商包装条款,取得一致意见,并且在合同中做出明确、具体的规定。包装条款一般包括包装材料、包装方式、包装规格、包装标志和包装费用负担等内容。

学习案例 3—10

(1) Each set packed in one export carton,810 cartons transported in one 40ft container.

每台装 1 个出口纸箱,810 个纸箱装在一只 40 英尺的集装箱中运送。

(2) To be packed in poly bags,25 pound in a bag,4 bags in a sealed wooden case which is lined with metal.The cost of packing is for seller's account.

用涤纶袋包装,25 磅装一袋,4 袋装一箱,箱子需用金属做衬里的木箱。包装费用由卖方承担。

(3) Packing must be press - packed and hooped, with adequate inside waterproof protection and the outer wrapping must comprise good quality canvas.Packages must bear full shipping marks stencilled in good quality ink on two side and one end of each package,and marked "HANDLE WITH CARE".

紧压打包,外加紧箍,内有防水保护层,外部以优质帆布包装。包装两侧和一端需完整地以优质颜料印刷运输标志,并标明"小心轻放"。

(4) Packed in cartons,4 blocks to a carton,weighing 20kg net,each block wrapped in polyethylene sheets.

纸箱装,每箱净重 20 千克,每箱内装 4 块,每块用聚乙烯薄膜包裹。

(5) In cartons,each containing 4 boxes about 9lb,each fruit waxed and wrapped with paper.

纸箱装,每箱 4 盒,每盒约 9 磅,每颗涂蜡、包纸。

(二)订立包装条款需要注意的问题

买卖双方在约定有关包装的事项时,应着重注意以下几个问题。

1. 对包装的规定要明确、具体

规定包装时,应明确、具体,不宜笼统。例如,适合海运包装(seaworthy packing)、习惯包装(customary packing)和卖方惯用包装(seller's usual packing)。此类术语无统一解释,易引起纠纷,因此,除非是长期合作的贸易伙伴,对包装已经取得一致认识,否则不宜采用。

2. 要结合货物特点和不同运输方式选择包装要素

货物的特性、形状和使用的运输方式不同,对包装的要求也不相同。在规定包装材料、包装方式、包装规格和包装标志时,必须考虑货物在储运和销售过程中的实际需要,以此确定适宜的包装。

3. 明确包装材料提供与费用负担的相关事项

出口货物的包装通常由卖方提供;包装费用除另有规定外,一般包括在货价之内(packing charges included),不另计价。如果买方有额外包装要求,超出惯常包装的费用应由买方承担,并应在合同中具体规定负担的费用和支付方法。如果经双方商定,全部或部分包装材料由买方供应,应在合同中规定包装材料最迟到达卖方的时限和逾期到达的责任,该时限应与合同的交货时间相衔接。在进口合同中,特别是对包装技术性较强的商品,通常要在单价条款后注明"包括包装费用"(packing charges included),以免事后发生纠纷。

4. 明确装箱细数及其配比

装箱细数是指每个包装单位内所装的商品个数。如果整批货只有一个规格或尺码,则按要求的数量装箱即可;如果有多个规格、尺码或颜色,则要注意每件包装内容的搭配。例如,T恤衫500打,尺码有32、34、36、38、40,每个尺码各100打,分装在5个箱中。如果把上述尺码的T恤衫各单独装入一个纸箱,则会给进口方带来很大不便。因为有时因资金周转、储存地点等问题,要分批提货,而每箱只装单一尺码或尺码不全,那么一定要等5种规格箱都到货后才能出售。因此,对混色、混码包装的货物一定要明确装箱配比,并严格按要求办理。

5. 明确唛头的指定

按照国际贸易惯例,唛头一般由卖方决定,无须在合同中做出具体规定。如果买方要求特定唛头,可在合同中具体列明,以便卖方据此刷制唛头;如果买方要求在合同订立以后由其指定,则应明确指定最后时限,并标明"如果到时未收到有关唛头通知,卖方可自行决定"。

6. 定牌、无牌和中性包装

（1）定牌

定牌是指卖方按照买方要求在其出售的商品或包装上使用买方指定的商标或牌名的做法。采用定牌往往是为了利用买方的品牌知名度及经营能力,扩大商品出口。需要注意买方商标或品牌的合法性,防止侵犯他人工业产权。定牌只是权宜之计,发展我们自己的民族品牌才是长远之计。

（2）无牌

无牌是指买方要求在我方出口货物或包装上免除任何商标或牌名的做法,主要用于待进一步加工的半制成品。无牌商品无须广告宣传,可避免浪费,降低销售成本。除非另有约定,采用定牌和无牌时在货物和包装上均应标明"中国制造"字样。

（3）中性包装

中性包装是指在商品和内外包装上不注明生产国别的包装。中性包装有定牌中性和无牌中性之分:定牌中性是指商品和包装上使用买方指定的商标;无牌中性是指在商品和包装上均不使用任何商标或牌名。两者均不注明生产国别。

中性包装是适应转口销售,打破进口国家和地区的歧视和限制而采取的一种方法。使用定牌中性包装时要特别慎重,避免发生侵权事件。

学习案例 3-11

2002年世界杯期间,日本一进口商为了促销运动饮料,向中国某出口商订购T恤衫,要求以红色为底色,并印制"韩日世界杯"字样,此外不需印制任何标志,以便在世界杯期间作为促销手段随饮料销售赠送给现场球迷。合同规定2002年5月20日为最后装运期,我方组织生产后于2002年5月25日将货物按质按量装运出港,并备齐所有单据向银行议付货款。然而货到时由于日本队止步16强,日方估计可能会积压损失,以单证不符为由拒绝赎单。在多次协商无效的情况下,我方只能将货物运回在国内销售以减少损失。但是在货物途经海关时,海关认为"韩日世界杯"字样及英文标志的知识产权为国际足联所持有,而我方外贸公司不能出具真实有效的商业使用权证明文件,因此以侵犯知识产权为由扣留并销毁了这一批T恤衫。试问:海关的处理是否正确?

拓展工作任务　商品条形码的认知

工作困惑

在国际贸易中,往往要求在商品的销售包装上打印条形码标志,以便发展国际贸易和实现现代化经营管理。那么,到底什么是条形码?条形码表示什么意思?目前世界上常见的条形码有哪些?

工作认知

条形码是由一组配有数字的黑白及粗细间隔不等的平行条纹所组成的,是一种利用光电扫描阅读设备为计算机输入数据的特殊代码语言。从条形码中可以判断出该商品的生产国别或地区、生产厂家、品种规格和售价等一系列信息,从而有效地提高了结算的效率和准确性,方便了商家和消费者。国际通用包装上的条形码有两种:一种是由美国、加拿大组织的统一编码委员会编制的,其使用的物品标志符号为 UPC 码;一种是由欧共体成立的欧洲物品编码协会编制的,该组织后改为国际物品编码协会,其使用的物品标志符号为 EAN 码。EAN 码由 12 位数字的产品代码和 1 位校验码组成,前 3 位为国别码,中间 4 位数字为厂商号,后 5 位数字为产品代码。1991年 4 月,我国正式加入国际物品编码协会,该协会分配给我国的国别号为 690,凡标有 690、691、692、693、694 条形码的商品,即表示是中国出产的商品。此外,我国的书籍代码为 978,杂志代码为 977。

国贸常识

如表 3.4 所示,列出了部分前缀码所代表的 EAN 组织,EAN 码示例如图 3.3 所示。

表 3.4　EAN 已分配给各编码组织的前缀码

前缀码	各编码组织所在国家(地区)	前缀码	各编码组织所在国家(地区)
00—13	美国和加拿大	609	毛里求斯
20—29	店内码(对无条码商品自行编码)	611	摩洛哥
30—37	法国	613	阿尔及利亚
380	保加利亚	619	突尼斯
383	斯洛文尼亚	622	埃及
385	克罗地亚	625	约旦
387	波黑	626	伊朗
400—440	德国	64	芬兰
45、49	日本	690—694	中国
460—469	俄罗斯联邦	70	挪威
471	中国台湾	729	以色列
474	爱沙尼亚	73	瑞典
475	拉脱维亚	740	危地马拉
477	立陶宛	741	萨尔瓦多
479	斯里兰卡	742、744	洪都拉斯、哥斯达黎加

（续表）

前缀码	各编码组织所在国家（地区）	前缀码	各编码组织所在国家（地区）
480	菲律宾	743	尼加拉瓜
481	白俄罗斯	745	巴拿马
482	乌克兰	746	多米尼加
484	摩尔多瓦	750	墨西哥
485	亚美尼亚	759	委内瑞拉
486	格鲁吉亚	76	瑞士
487	哈萨克斯坦	770	哥伦比亚
489	中国香港	773	乌拉圭
50	英国	775	秘鲁
520	希腊	777	玻利维亚
528	黎巴嫩	779	阿根廷
529	塞浦路斯	780	智利
531	马其顿	2784	巴拉圭
535	马耳他	786	厄瓜多尔
539	爱尔兰	789	巴西
54	比利时和卢森堡	80—83	意大利
560	葡萄牙	84	西班牙
569	冰岛	850	古巴
57	丹麦	858	斯洛伐克
590	波兰	859	捷克
594	罗马尼亚	860	南斯拉夫
599	匈牙利	869	土耳其
600—601	南非	893	越南
87	荷兰	899	印度尼西亚
880	韩国	90、91	奥地利
885	泰国	93	澳大利亚
888	新加坡	94	新西兰
890	印度	955	马来西亚

693　1987　04270　4

前缀码

制造厂商代码

商品项目代码

校验码

6 931987 042704

图 3.3　EAN 编码标准版

综合实训

一、实训目的

1. 通过实训,正确掌握《公约》对数量、包装条款的规定。

2. 通过实训,掌握商品的数量表示方法,学会订立合同的数量条款。

3. 通过实训,掌握商品包装的作用、要求和种类,学会正确订立合同的包装条款。

二、实训内容组成说明

围绕国际贸易销售合同包装、数量条款,通过实训,全面掌握《公约》的相关规定与专业知识,具备扎实的理论基础与职业能力。根据学生的认知规律,实训分为基础理论部分与实践技能操作部分。

基础理论部分

一、模块核心概念

溢短装条款　唛头　中性包装　公量　警告性标志

二、填空题

1. 包装标志按其作用、用途的不同,可分为_____、_____、_____等。

2. 根据有关法律规定,在买卖合同中未规定按毛重和净重计算商品价格的情况下,应按照_____计价,它等于_____减去_____。

3. 出口国家厂商为加强对外竞销和扩大出口,常常在包装的时候,采用既不标明生产国别、地名和厂商名称,也不标明商标或品牌的包装。这种包装称为_____。

4. 运输标志又称_____。标准化的运输标志,其内容主要包括_____、_____、_____和_____。

5. 国际贸易中通常使用的度量衡制度主要有_____、_____、_____、_____。

6. "堆码重量极限"属于_____标志。

7. 包装条款订立的考虑因素有_____、_____、_____、_____、_____等。

三、单项选择题

1. 目前,国际贸易中使用最多的一类计量单位是(　　　)。

　　A. 按质量计算　　　B. 按数量计算　　　C. 按体积计算　　　D. 按面积计算

2. 在国际贸易中,最常见的计重方法是(　　　)。

　　A. 毛重　　　　　　B. 净重　　　　　　C. 理论质量　　　　D. 法定质量

3. 出口生丝的质量通常是按(　　　)计算的。

　　A. 毛重　　　　　　B. 净重　　　　　　C. 公量　　　　　　D. 理论质量

4. 国外来证规定数量为 10 000 公吨的散装货,总金额为 50 万美元,未标明溢短装,不准分批装运。根据《跟单信用证统一惯例》(UCP600)的规定,卖方发货(　　　)。

　　A. 数量可以有 10%的伸缩

　　B. 数量和金额均可以有 5%的伸缩

　　C. 数量可以有 5%的伸缩,金额不得超过 50 万美元

D. 数量和金额均不得增减

5. 当货物是以质量计算价格时,如果在买卖价格上发生异议,根据《公约》的规定,应按( )计价。

    A. 毛重   B. 净重   C. 理论质量   D. 法定质量

6. 属于指示性标志的是( )。

    A. 小心轻放   B. 有毒品   C. 易燃物   D. 爆炸物

7. 我国采用的是以( )为基础的法定计量单位。

    A. 公制   B. 市制   C. 米制   D. 国际单位制

8. 以毛重作为计算价格和支付货款的计量基础,此计重方法称为( )。

    A. net weight   B. gross weight

    C. conditioned weight   D. gross for net

9. 提示人们在装运、保管过程中应注意事项的标志是( )。

    A. shipping mark   B. trade mark   C. indicative mark   D. product code

10. 对溢短装部分货物的价格,如果合同中无其他规定,一般按( )计算。

    A. 装船时国际市场价格   B. 合同价格

    C. 买方国家市场价格   D. 买卖双方议价

11. 我方向国外出口某商品 50 公吨,每公吨 300 美元,合同规定数量可增减 5%。国外开来的 L/C 规定数量约为 50 公吨。卖方交货时,市场价格下跌,我方应交货( )公吨。

    A. 45   B. 55   C. 52.5   D. 47.5

12. 货物的外包装上印刷有一只酒杯,这种标志属于( )。

    A. 危险性标志   B. 指示性标志   C. 警告性标志   D. 易燃性标志

13. 根据《跟单信用证统一惯例》(UCP600)的解释,信用证中货物的数量规定有"约""大约""近似"或类似意义的词语时,应理解为:其有关数量增减幅度不超过( )。

    A. 3%   B. 5%   C. 10%   D. 15%

14. 我方以每箱 100 美元 CIF 纽约价出口货物 100 箱,合同允许 5% 的数量增减,实际交货 105 箱,我方应收款( )。

    A. 10 000 美元   B. 10 500 美元   C. 9 500 美元   D. 双方再协议

15. 国外来证两份,均规定不允许分批装运:①棉布 10 万码,每码 0.40 美元,信用证总金额 42 000 美元;②服装 1 000 套,每套 20 美元,信用证总金额 20 000 美元。根据《跟单信用证统一惯例》(UCP600)的规定,两证出运的最高数量和金额可分别掌握为( )。

    A. 棉布 100 000 码,40 000 美元;服装 1 000 套,20 000 美元

    B. 棉布 105 000 码,42 000 美元;服装 1 000 套,20 000 美元

    C. 棉布 100 000 码,40 000 美元;服装 1 050 套,21 000 美元

    D. 棉布 105 000 码,42 000 美元;服装 1 050 套,21 000 美元

16. 定牌中性包装是指( )。

    A. 有商标、牌名,无产地、厂名   B. 无商标、牌名,无产地、厂名

    C. 有商标、牌名,有产地、厂名   D. 无商标、牌名,有产地、厂名

17. 直接接触商品并随商品进入零售网点与消费者见面的包装叫( )。

    A. 运输包装   B. 销售包装   C. 中性包装   D. 定牌包装

18. 国际物品编码协会使用的物品标志符号为( )。

    A. UPC 码   B. EAN 码   C. UPN 码   D. IAN 码

19. 采用 FOB 条件成交时，数量机动幅度一般由（   ）。
　　A. 买方确定　　　　　　　　　　　　B. 买方和船方协商而定
　　C. 卖方确定　　　　　　　　　　　　D. 卖方和船方协商而定

20. 按照国际贸易惯例，在合同中不作规定时运输标志的提供方一般是（   ）。
　　A. 开证行　　　B. 卖方　　　C. 买方　　　D. 船方

四、多项选择题

1. 数量关系正确的是（   ）。
　　A. 1 kg = 12 oz　　　　　　　　　　B. 3 grosses = 36 dozens
　　C. 1 bushel < 6 gallons　　　　　　D. 1 yard = 36 inches
　　E. 1 gallon > 3 liter

2. 采用公量作为计算重量的产品有（   ）。
　　A. 矿砂　　　B. 大豆　　　C. 羊毛　　　D. 马口铁
　　E. 生丝

3. 国际贸易中常用的度量衡有（   ）。
　　A. metric system　　B. UN system　　C. US system　　D. British system
　　E. International System of Units

4. 根据不同情况，买卖合同中"溢短装条款"的选择权（   ）。
　　A. 可以归卖方　　　　　　　　　　　B. 可以归买方
　　C. 一般归卖方，也可以归买方　　　　D. 必要时可以归承运人
　　E. 不可以归承运人

5. 运输包装的主要作用是（   ）。
　　A. 保护商品　　B. 防止货损货差　　C. 促进销售　　D. 宣传商品
　　E. 吸引客户

6. 在卖方同意接受买方提供包装时，合同中包装条款除一般内容外还要订明（   ）。
　　A. 寄送包装的方法　　　　　　　　　B. 包装送达的日期
　　C. 送交包装迟延的责任　　　　　　　D. 运费，包括包装费用的负担
　　E. 包装的技术性能

7. 按照国际标准化组织的建议和推荐，标准运输标志的内容包括（   ）。
　　A. 收货人的英文缩写字母或简称　　　B. 参考号
　　C. 目的地　　　　　　　　　　　　　D. 件数号码
　　E. 条形码

8. 属于包装标志的是（   ）。
　　A. 运输标志　　　　　　　　　　　　B. 条形码
　　C. 指示性标志　　　　　　　　　　　D. 警告性标志

9. 在国际贸易中，溢短装条款的内容包括（   ）。
　　A. 溢短装的百分比　　　　　　　　　B. 溢短装的选择权
　　C. 溢短装部分的作价　　　　　　　　D. 买方必须收取溢短装的货物

10. 根据《跟单信用证统一惯例》（UCP600）的规定，只要同时符合（   ）的条件，货物的出运数量允许有 5% 的增减幅度。
　　A. 信用证未规定数量不得增减
　　B. 信用证规定不准分批

    C. 支取金额不超过信用证金额

    D. 货物的数量不是包装单位或个数计数的,如长度(米、码)、体积(立方米)、容量(升、加仑)、质量(公吨、磅)

11. 凡是运输包装内装有(　　　　　),都必须在运输包装上标明警告性标志。

    A. 爆炸品　　　　　B. 易燃物品　　　　　C. 易潮湿商品　　　　　D. 腐蚀物品

12. EAN 码由 13 位数字组成,它们分别代表(　　　　　)。

    A. 国别代码　　　　B. 厂商代码　　　　　C. 商品项目代码　　　D. 校验码

13. 销售包装中的文字说明包括(　　　　　)。

    A. 商标、品牌　　　　　　　　　　　　B. 品名、产地、数量、规格

    C. 成分　　　　　　　　　　　　　　　D. 用途和使用方法

14. 1991 年 4 月,我国正式加入国际物品编码协会,该协会分配给我国的国别代码是(　　　　　)。

    A. 690　　　　　　　B. 691　　　　　　　C. 692　　　　　　　D. 693

15. 如果采用 CIF 条件成交,数量的机动幅度一般由(　　　　　)来确定。

    A. 卖方　　　　　　B. 买方　　　　　　C. 船方　　　　　　D. 保险公司

五、判断题

1. 在出售的商品或包装上标明卖方指定的商标或牌号,即为定牌生产。（　　）

2. 在出口贸易中,我国一般不接受中性包装和定牌生产。（　　）

3. 按照国际贸易惯例,运输标志可以由卖方提供,而且不必在合同中做出具体规定。（　　）

4. 按照国际贸易惯例,包装费用一般都包括在货价之内,不另计价,在包装条款中无须另行订明。（　　）

5. 货物外包装上的标志就是运输标志,也就是通常所说的唛头。（　　）

6. 毛重是指净重加上皮重。（　　）

7. 卖方为了在交货时有一定的灵活性,签订合同时最好在数量前加上一个“约”字。（　　）

8. 定牌中性与无牌中性的共同点在于两者在商品和内外包装上都注明生产国别。（　　）

9. 溢短装条款是指在装运数量上可增减一定幅度,该幅度可由卖方决定,也可由买方决定,但应视合同中的具体规定而定。（　　）

10. 包装是指按照一定的要求,采用一定的技术方法将货物用某些容器、材料及辅助材料包裹商品,达到保护商品、方便运输、易于储存、便于销售及提高销售价值的目的。（　　）

11. 在国际贸易中,对以质量计价的商品,如果没有明确规定,按惯例应以净重计价。（　　）

12. 如果合同和信用证中均未规定具体唛头,货物为大宗散装货物,则发票的唛头栏可以留空不填。（　　）

13. 信用证中的数量和金额可以冠以“大约”(about)或类似文字,但是在缮制单证时,发票中的数量和金额不能冠以“大约”(about)或类似的文字。（　　）

14. 交货数量的机动幅度可由卖方选择,也可由买方选择,不论由哪一方选择,每次装货均不得超过承运人宣布的船舶装载量。（　　）

15. 销售包装又称内包装、大包装或直接包装。（　　）

16. 集装箱运输是以集装箱作为运输单位进行运输的一种现代化的运输方式,适用于海洋运输、铁路运输、公路运输和国际多式联运等。（　　）

17. 中国 A 公司向《公约》缔约国 B 公司出口大米,合同规定数量为 50 000 公吨,允许卖方可溢短装 10%,A 公司在装船时共装了 49 000 公吨,遭到买方拒收。根据《公约》的规定,买方有

权这样做。　　　　　　　　　　　　　　　　　　　　　　　　　　　　　（　　）

18. 在任何情况下,卖方所交货物的数量都必须与合同规定的数量相符,否则买方有权拒收所有的货物并提出索赔。　　　　　　　　　　　　　　　　　　　　　　　（　　）

19. 包装标志包括运输标志、指示性标志、警告性标志。在买卖合同及有关运输单据中,对上述 3 种标志又必须做出具体的规定。　　　　　　　　　　　　　　　　　　（　　）

20. 对棉花、生丝等商品,一般采用公量计算质量。　　　　　　　　　　　　　（　　）

六、案例分析

1. 我国某外贸公司向日本某公司出口一批红枣,双方签订的合同中规定:"数量 2 000 公吨,单价 CIP YOKOHAMA 150 美元/公吨。不允许分批装运,没有数量增减幅度。"对方如期开来信用证,信用证规定:"总金额为 320 000 美元,数量 2 000 公吨。"该外贸公司未要求改证,直接发货 2 100 公吨。**试分析**:如果按发货数量制单,该外贸公司能否安全收汇? 为什么?

2. 我国某公司与日本一客户签署出售驴肉 25 公吨的合同。按合同规定,该批货物应该装于 1 500 只箱子,每箱净重 16.6 千克。按此规定装货,则所装总质量应该为 24.9 公吨,所差 100 千克可以不再补交。当货物运抵日本后,海关人员在抽查该批货物时发现每箱净重不是 16.6 千克而是 20 千克,即每箱多装了 3.4 千克,因此,该批货物实际总质量为 30 公吨,但是所有单据上均注明装了 24.9 公吨。由于货物单据上的净重与实际质量不符,日本海关认为我方有帮助客户偷税嫌疑,向我方提出疑义。日本客户也以所交货物包装不符合同规定,不利于在当地市场销售为由,拒绝提货、付款。**试分析**:我方应该如何解决此事? 应该从中吸取哪些教训?

3. 国外某公司与上海某自行车厂洽谈进口业务,打算从我国进口永久牌自行车 1 000 辆,但要求我方改用"剑"牌商标,并在包装上不得注明 Made in China 字样。**试分析**:我方是否可以接受? 在处理此项业务时,应注意什么问题?

4. 我国某企业出口商品,在与外商签订合同时规定由我方出运输标志,因此,我方在备货时就将运输标志刷好,但在装船前不久,国外开来信用证上又指定了运输标志。**试分析**:在这种情况下我方应如何处理?

5. 内蒙古某出口公司向韩国出口 10 公吨羊毛。在合同中规定按公量计算,标准回潮率为 11%。经抽样证明,10 千克纯羊毛用科学方法去掉水分净剩羊毛 8 千克,即该批货物的实际回潮率为 25%。通过"公量=实际质量×(1-实际回潮率)×(1+标准回潮率)"计算,求得上述货物的公量为 8.325 公吨。**试分析**:这一计算方法是否正确?

实 践 技 能 操 作 部 分

一、国际贸易销售合同中数量、包装条款的运用

1. 请根据合同中的内容为出口商品编制标准唛头。

SALES CONFIRMATION
S/C No. 21SSG - 017
Date:Aug. 8,2020
The Seller:Shanghai Textile Corp.　　The Buyer:Crystal Kobe Ltd.
Address:27. Zhongshan Road　　Address:1410. Broadway,Room
Shanghai China　　300NY,NY10018USA
Commodity and Specifications:Ladies' knitted blouse,55% acrylic,45% cotton

Quantity:600 dozens

Packing:In 120 cartons

Port of Loading & Destination:Shipment from Shanghai to NewYork,USA

2. 编制数量、包装条款。

（1）50 000 公吨,卖方可溢短装 5%。

（2）纸箱装,每箱 60 盒,每盒 2 套。

二、国际贸易销售合同的填制

根据以下贸易资料,填制出口合同约首、本文（品名、品质、数量、包装条款）、约尾。

出口方:广州和鑫工贸有限公司

Exporter:Guangzhou Hexin Industrial Trade Company Limited

地址:#125 Huangpu Road,Guangzhou,China

出口经理:王伟

联系方式:Tel:0086-20-84350098　Fax:0086-20-84350098

E-mail:hexin@ hotmail. com

进口方:西班牙和平贸易公司

Importer:Peace Trading Co.,Spain

地址:#8128-25 Yuchong Street,Spain

买家:POLITOV

联系方式:Tel:007-812-495 8527　Fax:007-812-4958527

E-mail:yashin@ peace. spa

合同编号:HXI2020001　　签订合同时间:2020 年 1 月 6 日

货物品名:PU LEATHER PAPER BAG"Hui Wen"Brand（汇文牌 PU 皮文件袋）

货物品质:TP-9813

100g 23cm * 6cm * 18cm

合同数量:6,000 pcs.

2,000 pcs. Red/2,000 pcs. Green/2,000 pcs. Black

包装情况:In cartons,one bag to a box,200 boxes to a carton.（纸箱包装,每个装一个纸盒,200 个纸盒装一个纸箱。）

售 货 合 同
SALES CONTRACT

1. 卖方:（3）　　　　　　　　　　合同编号:（1）

The Sellers:（4）

2. 地址:　　　　　　　　　　　　合同日期:（2）

Address:（5）

Tel:（6）　　　　　　　　　　　Fax:（7）

E-mail:（8）

3. 买方:

The Buyers:（9）

4. 地址:

Address:（10）

Tel:（11）　　　　　　　　　　　Fax:（12）

E-mail:（13）

买卖双方同意按下列条件购进、售出下列商品:

The Sellers agree to sell and the Buyers agree to buy the undermantioned goods according to the terms and conditions as stipulated below:

商品名称及规格 Name of commodity & specification	数量 Quantity	单价 Unit Price	总值 Total Value
(14)	(15)	CFR BARCELONA (INCOTERMS 2020) USD13. 20/PC. USD13. 00/PC. USD12. 80/PC.	USD26, 400. 00 USD26, 000. 00 USD25, 600. 00
			USD78, 000. 00

SAY US DOLLARS SEVENTY-EIGHT THOUSAND ONLY.

5. 包装：

Packing：(16)

6. 唛头：

Shipping Marks：(17)

7. 装船港口：

Port of Shipment：Nansha Port, China(中国广州, 南沙港)

8. 目的港口：

Port of Destination：Barcelona, Spain(西班牙, 巴塞罗那)

9. 装船期限：

Time of Shipment：During Feb. and March, 2020.(2020 年 2、3 月间)

10. 付款条件：By L/C at 30 days sight(30 天远期信用证支付)

11. 保险：……

12. 检验：……

13. 不可抗力：……

14. 异议索赔：……

15. 仲裁：……

卖方：   买方：

The Sellers：   The Buyers：

(18)   (19)

国际贸易术语

典型工作任务	1. 国际贸易术语与惯例的认知 2. INCOTERMS 2020 适用于任何单一或多种运输方式的术语的运用 3. INCOTERMS 2020 适用于海运和内河水运的术语的运用
拓展工作任务	INCOTERMS 2010、2000 贸易术语与术语变形的认知
主要学习目标	1. 掌握国际贸易术语的含义、作用与有关贸易术语的惯例 2. 掌握 INCOTERMS 2020 中 EXW、FCA、CPT、CIP、DAP、DPU、DDP 七种贸易术语买卖双方的风险、费用与责任 3. 掌握 INCOTERMS 2020 中 FAS、FOB、CFR、CIF 四种贸易术语买卖双方的风险、费用与责任 4. 熟悉 INCOTERMS 2010 中 11 种贸易术语
基础理论知识	1. 《联合国国际货物销售合同公约》 2. INCOTERMS 2020 3. INCOTERMS 2010 4. INCOTERMS 2000
工作操作技能	能够根据业务资料,正确选择、使用国际贸易术语

典型工作任务一 国际贸易术语与惯例的认知

工作困惑

作为一名外销业务员,与外商签约时,有关买卖双方的风险、责任与费用如何约定与表示? 目前在国际上有较大影响力的有关贸易术语的国际惯例有多少种?

工作认知

在国际货物买卖中,出口方交货,进口方付款,双方均要承担一定的风险、责任与费用。但是由于国际贸易中的交易双方往往相距较远,在一般情况下不可能当面交接货物和单据,这就需要双方通过国际贸易的习惯做法,明确买卖双方的交货地点、有关风险、责任和费用的划分。

一、贸易术语的含义与作用

(一)贸易术语的含义

贸易术语也称贸易条件,是用简短的文字或英文缩写字母来表示商品的价格构成和买卖双方在货物交付过程中各自承担的费用、手续等责任及风险。

贸易术语可以用文字表示,如"成本、保险费加运费"(Cost, Insurance and Freight),也可以用 3 个英文字母组成的代码表示,如 CIF。

（二）贸易术语的作用

1. 明确了责任，简化了贸易手续

由于使用简单明了的术语，非常准确地规定了买卖双方在交易中各自应该承担的责任、费用和风险，所以简化了贸易洽谈的内容，大大缩短了成交时间，节省了业务费用。例如，"每箱酱油（生抽王）14 美元，CFR 纽约（NEW YORK）"，虽然只有几个字母，但是买卖双方都可以明确得知各自的费用、责任与风险。

2. 有利于买卖双方核算成本

以营利为目的的国际买家通过贸易术语，可以在最短的时间内明白所洽谈商品价格的构成，以及运费、保险费、装卸费、关税、仓储费用等从属费用，便于买卖双方进行价格比较和加强成本核算。

3. 有利于解决买卖双方在履行合同中所产生的各种纠纷

在履行合同的过程中，由于买卖双方对于合同的理解不同或某些事项在合同中未加注明而产生的纠纷，可以通过援引有关贸易术语的一般解释来处理。

二、有关贸易术语的国际惯例

在漫长的国际贸易业务活动中，一国与另一国开展国际贸易，对交货风险划分、买卖双方的责任与义务、单据交接等问题往往很容易引起误解，产生贸易纠纷，影响国际贸易的开展，不利于世界经济的发展。为了解决这一问题，一些世界性的贸易组织、团体通过长期不懈的努力，分别制定了规则，对国际贸易术语做出详细解释，而这些规则在国际贸易中被广泛使用，逐渐形成国际惯例。需要明确的是，国际惯例不是法律，没有普遍的法律约束力，只有当事人在国际贸易合同中规定采用某一贸易术语时，才对当事人具有法律约束力。

目前在国际上有较大影响力的有关贸易术语的国际惯例有如下 3 种。

（一）《1932 年华沙-牛津规则》（*Warsaw-Oxford Rules* 1932）

该规则是由国际法协会（International Law Association）制定的。该协会于 1928 年在华沙举行会议，制定了关于 CIF 买卖合同的统一规则，共 22 条，称为《1928 年华沙规则》。后又经过 1930 年纽约会议、1931 年巴黎会议和 1932 年牛津会议修订为 21 条，定名为《1932 年华沙-牛津规则》（*Warsaw-Oxford Rules* 1932，简称 W. O. Rules 1932）。该规则对 CIF 买卖合同的性质进行了说明，并具体规定了在 CIF 合同中买卖双方所承担的费用、责任和风险。

（二）《1990 年美国对外贸易定义修订本》（*Revised American Foreign Trade Definitions* 1990）

1919 年，美国 9 个大商业团体制定了《美国出口报价及其缩写》（*The U. S. Export Quotations and Abbreviations*）。其后因贸易习惯发生了很多变化，在 1940 年举行的美国第 27 届全国对外贸易会议上对其进行了修订，并于 1941 年 7 月 31 日，经美国商会、美国进口协会和美国全国对外贸易协会所组成的联合委员会通过，称为《1941 年美国对外贸易定义修订本》（*Revised American Foreign Trade Definitions* 1941）。1990 年再次对该定义进行了修订，称为《1990 年美国对外贸易定义修订本》（*Revised American Foeign Trade Definitions* 1900）。该修订本对 6 种贸易术语做出了解释：①EXW（Ex Works）；②FOB（Free On Board）；③FAS（Free Alongside Ship）；④CFR（Cost and Freight）；⑤CIF（Cost Insurance and Freight）；⑥DEQ（Delivered Ex Quay）。

其中，FOB 术语又有 6 种不同的解释，所以《1990 年美国对外贸易定义修订本》实际上有 11 种贸易术语。《1990 年美国对外贸易定义修订本》对 FOB 术语的特殊解释主要表现在以下几个方面。

① 在适用范围上，FOB 适用于各种运输方式。如果贸易合同采用水上运输方式，则必须在 FOB 后加缀 Vessel（船）字样并列明装运港名称，表明在装运港船上交货。

② 在风险划分上，FOB Vessel 的风险划分以装运港船舱为界，而不是装运港船舷，即卖方承

担货物装入船舱为止所发生的一切丢失和残损责任。

③ 在费用负担上,规定买方要支付卖方协助提供出口单证的费用和出口税,以及因出口而产生的其他费用。该惯例在美洲国家被大量采用。美国在国际贸易中的重要地位使《1990 年美国对外贸易定义修订本》在世界贸易中的影响力仅次于《2020 年国际贸易术语解释通则》(IN-COTERMS 2020),排名第二。在实际业务中,美国是我国的重要贸易伙伴,双方贸易活跃,在与美商的业务洽谈中,合同与信用证中必须明确规定采用哪种惯例,以避免不必要的贸易纠纷。

学习案例 4-1

我国某公司从美国进口玉器 500 件,美商报价每件 100 美元,FOB Vessel New York。该公司按合同要求如期开立金额为 50 000 美元的信用证,但是美商要求其修改信用证,将信用证金额增加至 50 800 美元,否则有关的出口关税及签证费用由该公司另行汇付。试问:美商的要求是否合理? 为什么?

(三)《2020 年国际贸易术语解释通则》(INCOTERMS 2020)

国际商会(International Chamber of Commerce,ICC)自 20 世纪 20 年代初即开始对重要的贸易术语做统一解释的研究,于 1936 年在法国巴黎提出了一套国际性的解释贸易术语的统一规则,定名为 INCOTERMS 1936,其副标题为 *International Rules for the Interpretation of Trade Terms*,故译为《1936 年国际贸易术语解释通则》。随后国际商会为适应国际贸易实践的不断发展,于 1953 年、1967 年、1976 年、1980 年、1990 年、2000 年、2010 年对 INCOTERMS 1936 进行了 7 次修订和补充。

2019 年 9 月 16 日,国际商会正式推出《2020 国际贸易术语解释通则》(INCOTERMS 2020),以取代已经在国际货物贸易领域使用了近 10 年的 INCOTERMS 2010。新版本于 2020 年 1 月 1日正式生效。

1.《2020 年国际贸易术语解释通则》(INCOTERMS 2020)的分类

(1) E terms-(Departure)发货组

EXW(Ex Works)工厂交货

(2) F terms-(Main Carriage Unpaid)主运费未付组

FCA(Free Carrier)货交承运人

FAS(Free Alongside Ship)船边交货

FOB(Free On Board)船上交货

(3) C terms-(Main Carriage Paid)主运费已付组

CFR(Cost And Freight)成本加运费

CIF(Cost,Insurance And Freight)成本、保险加运费

CPT(Carriage Paid To)运费付至

CIP(Carriage and Insurance Paid To)运费、保险费付至

(4) D terms-(Arrival)到达组

DAP(Delivered At Place)目的地交货

DPU(Delivered At Place Unload)卸货地交货

DDP(Delivered Duty Paid)完税后交货

2.《2020 年国际贸易术语解释通则》(INCOTERMS 2020)买卖双方义务

《2020 年国际贸易术语解释通则》(INCOTERMS 2020)对于买卖双方权利义务的规定更加具体、详细,如表 4.1 所示。它采用一一对应的方式规定了 10 项义务,如表 4.2 所示。

表 4.1　INCOTERMS 2020 贸易术语买卖双方权利义务一览

序号	贸易术语	交货地点	风险转移界限	出口报关责任、费用负责方	进口报关责任、费用负责方	适用的运输方式
1	EXW	商品产地、所在地	买方处置货物后	买方	买方	任何运输方式
2	FOB	装运港口	货交装运港船上后	卖方	买方	水上运输方式
3	FCA	出口国内地、港口	承运人处置货物后	卖方	买方	任何运输方式
4	FAS	装运港口	货交装运港船边后	卖方	买方	水上运输方式
5	CFR	装运港口	货交装运港船上后	卖方	买方	水上运输方式
6	CIF	装运港口	货交装运港船上后	卖方	买方	水上运输方式
7	CPT	出口国内地、港口	承运人处置货物后	卖方	买方	任何运输方式
8	CIP	出口国内地、港口	承运人处置货物后	卖方	买方	任何运输方式
9	DAP	进口国内	买方处置货物后	卖方	买方	任何运输方式
10	DPU	进口国内	在指定目的港或目的地的卸货地货交买方后	卖方	买方	任何运输方式
11	DDP	进口国内	买方在指定地点收货后	卖方	卖方	任何运输方式

表 4.2　INCOTERMS 2020 贸易术语买卖双方的 10 项基本义务

A 卖方义务	B 买方义务
A1 卖方一般义务	B1 买方一般义务
A2 许可证、授权、安检和其他手续	B2 许可证、授权、安检和其他手续
A3 运输合同与保险合同	B3 运输合同与保险合同
A4 交货	B4 收货
A5 风险转移	B5 风险转移
A6 费用划分	B6 费用划分
A7 通知买方	B7 通知卖方
A8 交货凭证	B8 交货证明
A9 查对—包装—标志	B9 货物检验
A10 协助提供信息和相关费用	B10 协助提供信息和相关费用

3.《2020 年国际贸易术语解释通则》(INCOTERMS 2020)使用注意事项

① 调整了贸易术语的名称。《2020 年国际贸易术语解释通则》总数依然是 11 个贸易术语,但是调整了《2010 年国际贸易术语解释通则》中的 DAT 术语为 DPU 术语,同时将 DAP 术语的出场顺序排列在 DPU 之前,DAP 和 DPU 两个术语则有助于船舶管理公司认清码头处理费(THC)的责任方。这样更加科学合理,符合国际贸易实际操作。

国贸常识

THC,the Terminal Handling Charge 码头处理费,一是来自卖方,一是来自船公司。DPU 和 DAP 可以清楚地解决 THC 纠纷,卖方欲在目的地指定地点交货,且愿意承担货物运送到该地点的费用(卸货费除外)和风险时,可考虑选择 DAP。如卖方除承担 DAP 所必须履行的义务外,还愿意承担货物运送到该地点从运输工具上卸货产生的费用时,可考虑选择 DPU。买方就要注意避免为一次服务付两次费,一次包含在货物价格中付给卖方,一次单独付给承运人或码头的运营方。

学习案例 4-2

我某企业向美国 A 公司出口货物一批,A 公司要求我方在美国实际交货,同时要求我方承担在美国港口产生的码头处理费。在这种情况下,双方应该采用 INCOTERMS 2020 中的哪个贸易术语?

② 需要标明 INCOTERMS 2020 版本。对国际贸易销售合同而言,INCOTERMS 2020 并不是自动适用的,具有选择性。如果合同买卖双方决定选择 INCOTERMS 2020 时,其应当在合同中清楚具体地订明,如"所用术语,选择于 2020 通则"(FOB GUANGZHOU《INCOTERMS 2020》)等语句。

国贸常识

INCOTERMS 属于国际惯例,只有买卖双方在国际贸易合同中引用才具有法律效力;同时也不存在新版本替代旧版本,INCOTERMS 2020 版本的实施不等于以前的各版本自动失效,只要买卖双方愿意选择 INCOTERMS 旧版本中的任意一款贸易术语,对双方当事人就仍然具有法律效力。

学习案例 4-3

2020 年 3 月,沙特某采购商向我国某企业发来询盘,欲订购 T-shirt shopping plastic bag 一个货柜,客户要求我报 FOB 广州价。请问客户在使用贸易术语时是否正确? 为什么?

③ 再次强化电子文件在国际贸易中的地位与作用。INCOTERMS 1990、2000、2010 版本已经明确规定电子单据与纸张单据具有同等法律效力。INCOTERMS 2020 关于电子通信更加明确和细化,只要各方当事人达成一致,在 A1/B1 中明确了双方如果有约定或惯例,电子形式与纸质单据具备同等的效力。

④ 细化了 CIF、CIP 术语中保险的险种。在条款中规定除非是双方约定或特殊的贸易习惯,卖方使用 CIF 术语必须购买最少 ICC C 条款;但是在使用 CIP 术语时,对于保险提出更高的要求,将 ICC C 级提升至 ICC A 条款,特别是当下计算机、汽车、手机等行业的产品高价值对于保险的约束更有利于保护双方的权利。

国贸常识

ICC C 条款相当于平安险,ICC A 条款相当于一切险,与使用 CIF 术语相比,卖方使用 CIP 术语时必须选择保险责任大的险种,支付更高的保险费。这是因为在制定 INCOTERMS 2020 时,国际商会认为,CIF 术语更多地使用在铁矿石、煤炭等这些低值商品上,而 CIP 术语则更多地使用在高端日用品、奢侈品上。

学习案例 4-4

2020 年 8 月,欧洲 G 客户向我国 X 公司采购平板电脑一批,双方约定 CIP HAMBURG(INCOTERMS 2020)成交,我方业务员在办理保险时,购买了平安险。请问欧洲 G 客户是否会提出异议? 为什么?

⑤ 明确了 FCA、DAP、DPU 和 DDP 的运输安排。在 INCOTERMS 2010 中,都是假定在卖方运往买方的过程中货物是由第三方承运人负责的,而承运人受控于哪一方则取决于买卖双方使用哪一条贸易术语。但是在 INCOTERMS 2020 中,采用 DAP、DPU、DDP 时,卖方完全可以选择自己的运输工具,同样在采用 FCA 时,买方也完全可以选择自己的运输工具,不受条款限制,两种情况下对方很有可能要承担不必要的运输费用。INCOTERMS 2020 明确规定,采用 FCA、DAP、DPU

和 DDP 术语时不仅要订立运输合同,而且只允许安排必要的运输。

⑥ 装船批注提单和 FCA 术语条款的修改。在信用证结算方式下,卖方或者买方需要带装船批注的提单,在使用 FCA 术语时,卖方已经将货物的风险转移给买方,交货是在货物装船之前完成的,但是承运人很可能只有在货物实际装船后才有签发已装船提单的权利,导致卖方不能及时从承运人处获得装船提单。

INCOTERMS 2020 中 FCA A6/B6 条款提供了一个附加选项。买卖双方可以约定,买方可指示其承运人在货物装船后向卖方签发装船提单,卖方有义务向买方或者结汇银行提交提单,但是运输合同的义务仍然由买方承担。

⑦ 成本的列出位置。INCOTERMS 2020 规定成本显示在 A9/B9 处,会列出每个规则分配的所有成本,其目的是向用户提供一个一站式的成本清单,以便卖方或买方可以在一个地方找到其根据 INCOTERMS 2020 规则应承担的所有成本。

⑧ 在运输义务和费用中列入与安全有关的要求。在 INCOTERMS 2010 中,与安全相关的要求放在 A2/B2 和 A10/B10 项中,但是在 INCOTERMS 2020 中,与安全相关的义务明确分配在 A4 和 A7 项下,所产生的费用归类在 A9/B9 项下。

此外,INCOTERMS 2020 与 INCOTERMS 2010 一样,使用范围扩大了,不仅适用于国际贸易销售合同,也适用于国内销售合同;进一步清楚地区分买卖双方责任、风险、费用划分,INCOTERMS 2020 与 INCOTERMS 2010 一样,放弃了"船舷"(Ship's Rail)的概念。在原先的 FOB、CFR 和 CIF 术语解释中"船舷"的概念被删除,取而代之的是"装上船"(Placed On Board),有利于减少贸易纠纷;重视运输中的安检要求,INCOTERMS 2020 也要求货物的买方、卖方和运输承包商有义务为各方提供相关资讯,知悉涉及货物在运输过程中能否满足安检要求。此举将帮助船舶管理公司了解船舶运载的货物是否触及危险品条例,防止在未能提供相关安全文件下,船舶货柜中藏有违禁品;对于连环贸易(String Sales)做出补充,大宗货物买卖中,货物常在一笔连环贸易下的运输期间被多次买卖,即连环贸易。着眼于贸易术语在这种贸易中的应用,INCOTERMS 2020 同样对此连环贸易模式下卖方的交付义务做了细分,在相关术语中同时规定了"设法获取已装船货物"和"将货物装船的义务",弥补了以前版本中在此问题上未能反映的不足。

三、贸易术语的选用

国际贸易术语的选用直接关系到买卖双方所承担的风险、责任和费用,同时也关系到买卖双方的收入与支出。在实际业务洽谈中,双方必须考虑自身的实际情况,采用正确、合理的贸易术语,从而顺利地执行合同,提高经济效益。结合近年来贸易方式与运输方式的变化,集装箱运输普及和多式联运的广泛使用,在使用贸易术语时应该考虑以下因素。

(一)增加外汇收入,发展服务贸易

在实际业务中,努力贯彻"平等互利、多创汇、少用汇"原则。通常在出口报价时,出口企业应尽量使用 CIF/CIP 术语,一方面由我国出口方负责租船订舱和投保,在实际工作中便于船货衔接;另一方面使用我方船公司和保险公司,可以增加运费和保险费收入,从而促进我国远洋运输和保险业的发展。在进口业务中,则应尽量使用 FOB/FCA 术语,由我国进口方租船订舱和投保,发展我国对外服务贸易。通过办理货物运输和保险等服务业务,提高这些服务企业的世界知名度。

(二)考虑运输方式

不同的运输方式对应使用不同的贸易术语,如 FOB、CFR 和 CIF 术语只适用于海运和内河运输,而 FCA、CPT 和 CIP 却广泛使用于任何运输方式。目前,由于集装箱运输和多式联运的广泛使用,在实际业务中贸易术语由传统的 FOB、CFR 和 CIF 发展到目前的 FCA、CPT 和 CIP。在出口

业务中,我们应该大力使用 FCA、CPT 和 CIP 三种新的贸易术语。其中的原因是:①FOB、CFR 和 CIF 的风险划分界限为装运港船上,而 FCA、CPT 和 CIP 的风险划分界限为货交承运人,我国出口方可以降低风险责任;②FCA、CPT 和 CIP 比 FOB、CFR 和 CIF 出具运输单据的时间早,可以缩短我国出口方的交单结汇时间,加速我方的资金周转。

(三)考虑贸易对方国的相关政策与规定

在国际贸易中,有些国家对结关手续有特别限制,规定只能由所在国当事人或其代理办理。如果某出口国政府规定,买方不能直接或间接办理出口结关手续,则不宜使用 EXW 术语成交;如果进口国政府规定,卖方不能直接或间接办理进口结关手续,则不宜使用 DDP 术语成交。有些国家规定,进出口保险必须由该国保险公司办理。在这种情况下,我国出口公司只能报 FOB/FCA、CFR/CPT 价,如果对外报出 CIF/CIP 价,则属于多此一举。

(四)考虑运价动态

运费是商品成本的一个组成部分,对一些低值出口商品,运费占成本的比重较大。国际运输价格受石油价格影响而上下波动,所以在选用贸易术语时,应考虑各运输公司在各航线的比较优势,以及运价的变动趋势。

国贸常识

2008 年前后,国际油价一路攀升,各大船运公司大幅提高燃油附加费,纷纷调高运价。在这种情况下,许多出口企业以 FOB 术语对外成交,目的是避免由运价上升带来的利润损失。一般来说,当运费看涨时,可以要求采用由对方安排运输的贸易术语。通常的做法是,按 F 组术语出口,按 C 组术语进口。如果必须由我方安排运输,不论是进口还是出口,必须在核算商品成本时预先考虑运价上升的因素,避免运价波动带来的风险。

(五)货物特性及运输数量

由于商品的不同特性,在国际货运时,可以分为普通货、冷藏货、冷冻货、危险品等不同种类,理所当然在核算运费时,收取的费用也是有较大差异的。此外在实际业务中,贸易的数量也是决定运价的一个重要因素。在大宗商品出口时,进口商往往会自己联系船公司与保险公司,争取运价与保费的折扣,故要求卖方报 FOB/FCA 价。为了与客户保持良好长久的业务关系,出口方应该大力配合,积极以 FOB/FCA 价成交。

(六)考虑海上风险

在实际业务中,交易的商品一般需要长途运输,货物在运输过程中可能会遇到各种自然灾害、意外事故等风险,特别是当遇到战争或正常的国际贸易容易遭到人为障碍与破坏的时期和地区,运输途中的风险更大。因此,买卖双方洽谈时,必须根据不同时期、不同地区、不同运输线路和运输方式的风险情况,并结合购销意图来选用适当的贸易术语。

综上所述,应该综合考虑多方面的因素,为了本企业、国家及贸易伙伴的共赢,选择正确、合理的贸易术语。

典型工作任务二　INCOTERMS 2020 适用于任何单一或多种运输方式的术语的运用

工作困惑

作为一名外销业务员,在使用 INCOTERMS 2020 时,适用于任何单一或多种运输方式术语的种类有哪些？如何定义？买卖双方的基本义务有哪些？使用时应该注意哪些问题？

工作认知

根据 INCOTERMS 2020 的规定,适用于任何单一或多种运输方式的术语包括 EXW、FCA、CPT、CIP、DAT、DAP 和 DDP。

一、EXW

EXW 的全称为 Ex Works(…named place of delivery)[工厂交货(……指定地点)]。

(一)含义

工厂交货是指当卖方在其所在地或其他指定地点(如工厂、车间或仓库等)将货物交由买方处置时,即完成交货。

(二)买卖双方的基本义务

卖方必须提供符合销售合同规定的货物及商业发票,即表 4.2 中 A1 到 A10 所提及的任何单据;当需要办理出口通关手续时,应买方要求并由买方承担风险与费用,协助买方取得货物出口所需要的任何出口许可证或其他官方批准文件;卖方必须在指定地交货,承担交货前的一切风险与费用。

买方必须依据销售合同的规定支付货物价款,提供表 4.2 中 B1 到 B10 所提及的任何单据;当需要办理通关手续时,买方承担风险与费用,取得货物出口与进口所需要的任何许可证或其他官方批准文件,并办理货物出口与进口的一切通关手续;买方必须在指定地接货,承担交货后的一切风险与费用。

(三)使用 EXW 时应注意的问题

① EXW 是卖方承担责任最小的术语,适合国内贸易。

② 卖方没有义务为买方装载货物,即使在实际中由卖方装载货物可能更方便。如果由卖方装载货物,则买方承担相关的风险和费用。如果卖方在装载货物中处于优势地位,则使用由卖方承担装载费用与风险的 FCA 更为合适。

③ 卖方不需将货物装上任何前来接收货物的运输工具,卖方没有义务主动办理出口清关手续,仅在买方要求办理出口手续时负有协助的义务。

④ 买方不能直接或间接办理出口清关手续时,建议不要使用 EXW 术语。

国贸常识

我国加入世界贸易组织之后,进出口规模不断扩大,在许多沿海开放城市中聚集了大量外籍人士,仅在广州就达 20 万之多,其中有大量的国际买家从事进出口业务,部分客商直接深入工厂采购,自己负责仓储、拼柜、报关、运输等环节。因此在实际业务中 EXW 术语的使用频率不断增加。

学习案例 4-5

中东 A 客户在浙江义乌小商品城向我国 B 公司采购日用品一批,A 客户负责向海关办理出口手续,并办理海上运输与保险。试问:这笔生意 A 客户与 B 公司应采用 INCOTERMS 2020 中的哪个贸易术语?

二、FCA

FCA 的全称为 Free Carrier(…named place of delivery)[货交承运人(……指定地点)]。

（一）含义

货交承运人是指卖方于其所在地或其他指定地点将货物交付给承运人或买方指定人。建议当事人最好明确说明具体指定交货地点，风险将在此点转移给买方。

（二）买卖双方的基本义务

卖方必须提供符合销售合同规定的货物及商业发票，即表4.2中A1到A10所提及的任何单据；当需要办理出口通关手续时，卖方必须自负风险与费用，取得货物出口所需要的任何出口许可证或其他官方批准文件，并办理货物出口所需的一切通关手续；卖方必须在指定地点将货物交给买方指定的承运人；卖方必须承担交货前的一切风险与费用，在买方承担风险与费用的情况下，帮助买方取得运输单据；在承运人接管货物后及时通知买方。

买方必须依据销售合同的规定支付货物价款，提供表4.2中B1到B10所提及的任何单据；当需要办理通关手续时，买方承担风险与费用，取得货物进口所需要的任何许可证或其他官方批准文件，并办理货物进口及通过任何国家运输的一切通关手续；买方必须自付费用订立自指定交货地起至目的地（港）的运输合同；买方必须在指定地接货，承担交货后的一切风险与费用；买方必须自付费用订立保险合同。

（三）使用FCA时应注意的问题

① 如果当事人意图在卖方所在地交付货物，则应当确定该所在地的地址，即指定的交货地点。

② FCA要求卖方在需要时办理出口清关手续，但是卖方没有办理进口清关手续的义务，也无须交纳任何进口关税或办理其他进口海关手续，否则适用DDP术语。

学习案例 4—6

我国某出口公司向澳大利亚某公司出口香料15公吨，对外报价FCA湛江每公吨2 500美元，集装箱海运，装运期为9月。我国该出口公司8月底接到澳大利亚公司装运指示，于9月2号将货物送入承运人湛江码头仓库等待装船。9月3日凌晨，发生水灾将湛江码头仓库淹没，货物全部灭失。试问：我国该出口公司是否对损失承担责任？可否免责？

三、CPT

CPT的全称为 Carriage Paid To（... named place of destination）［运费付至（……指定目的地）］。

（一）含义

运费付至是指卖方在指定交货地向承运人或卖方指定的其他人交货，并且卖方需与此承运人订立运输合同，载明并实际承担将货物运送至指定目的地所产生的必要费用。

（二）买卖双方的基本义务

卖方必须提交符合销售合同规定的货物及商业发票，以及表4.2中A1至A10所提及的任何单据；当需要办理出口通关手续时，卖方必须自负风险与费用，取得货物出口所需要的任何出口许可证或其他官方批准文件，并办理货物出口所需的一切通关手续；卖方必须自付费用订立自指定交货地起至目的地（港）的运输合同；卖方必须于规定日期或期限内，将货物交给承运人；卖方必须承担交货前的一切风险与费用；卖方必须通知买方已交付货物；卖方必须自付费用和风险向买方提供运输单据。

买方必须依据销售合同的规定支付货物价款，提供表4.2中B1到B10所提及的任何单据；当需要办理通关手续时，买方必须自负风险与费用，取得任何进口许可证或其他官方批准文件，并办理货物进口及通过任何国家运输的一切通关手续；买方必须接受卖方提供的运输单据；买方必须在指定地接货,承担交货后的一切风险与费用;买方必须自付费用订立保险合同。

(三)使用 CPT 时应注意的问题

① 在 CPT 术语情形下,卖方的交货义务在将货物交付承运人,而非货物到达指定目的地时,即告完全履行。

② 重视 CPT 术语的两个关键点,因为风险和成本会在不同的地方发生转移,所以合同当事人必须在合同中明确发生风险转移的交货地点与运输条款或运输合同中指定的目的地。

③ 如果使用多个承运人将货物运至指定目的地,则货物交给第一承运人时风险就发生转移。

④ CPT 术语要求卖方办理货物出口清关手续,但是卖方没有义务办理货物进口清关手续、支付进口关税及办理进口所需的任何海关手续。

四、CIP

CIP 的全称为 Carriage and Insurance Paid to(…named place of destination)[运费、保险费付至(……指定目的地)]。

(一)含义

运费和保险费付至是指在约定的地方,卖方向承运人(或是卖方指定的另一个承运人)发货,卖方必须签订合同和支付将货物运至目的地的运费,卖方还必须订立保险合同以防货物在运输途中灭失或损坏。

(二)买卖双方的基本义务

卖方必须提交符合销售合同规定的货物及商业发票,以及表 4.2 中 A1 至 A10 所提及的任何单据;当需要办理出口通关手续时,卖方必须自负风险与费用,取得货物出口所需要的任何出口许可证或其他官方批准文件,并办理货物出口所需的一切通关手续;卖方必须自付费用订立自指定交货地起至目的地(港)的运输合同;卖方必须于约定日期或期限内,将货物交给承运人;卖方必须承担交货前的一切风险与费用;当需要办理出口通关手续时,卖方承担出口所需的通关手续费用与出口关税等费用;卖方必须通知买方已交付货物;卖方必须自己承担费用和风险向买方提供运输单据;卖方必须自付费用订立保险合同。

买方必须依据销售合同的规定支付货物价款,提供表 4.2 中 B1 到 B10 所提及的任何单据;当需要办理通关手续时,买方必须自负风险与费用,取得任何进口许可证或其他官方批准文件,并办理货物进口及通过任何国家运输的一切通关手续;买方必须接受卖方提供的运输单据;买方必须在指定地接货,承担交货后的一切风险与费用。

(三)使用 CIP 时应注意的问题

① 与 CPT 术语一样,在 CIP 术语情形下,卖方将货物交付承运人而不是货物到达指定目的地时,卖方已经完成其交货义务。

② 重视 CIP 术语的两个关键点,因为风险和成本会在不同的地方发生转移,所以合同当事人必须在合同中明确发生风险转移的交货地点与运输条款或运输合同中指定的目的地。

③ 如果使用多个承运人将货物运至指定目的地,则货物交给第一承运人时风险就发生了转移。

④ CIP 术语要求卖方办理货物出口清关手续,但是卖方没有义务办理货物进口清关手续、支付进口关税及办理进口所需的任何海关手续。

⑤ 买方应该注意到 CIP 术语只要求卖方投保最低限度的保险险别,如果买方需要更多的保险保障,则需要与卖方明确达成协议,或者自行做出额外的保险安排。

五、DAP

DAP 的全称为 Delivered At Place(…named place of destination)[目的地交货(……指定目的地)]。

(一)含义

目的地交货是指卖方在指定的交货地点,将仍处于交货的运输工具上尚未卸下的货物交给买方处置,即完成交货。

(二)买卖双方的基本义务

卖方必须提交符合销售合同规定的货物及商业发票,以及表 4.2 中 A1 至 A10 所提及的任何单据;当需要办理出口通关手续时,卖方必须自负风险与费用,取得货物出口所需要的任何出口许可证或其他官方批准文件,并办理货物出口所需的一切通关手续;卖方必须自付费用订立运输合同将货物运至指定目的地;卖方必须于规定日期或规定期限内,在指定目的地(如有)将货物放置于到达的运输工具上准备卸货的货物交由买方处置;卖方必须承担交货前的一切风险与费用;卖方必须给予买方所需的任何通知,以便买方能够采取通常必要的措施接收货物;卖方必须自付费用提供买方能够接收货物的单据。

买方必须依据合同的规定支付货物价款,提供表 4.2 中 B1 到 B10 所提及的任何单据;当需要办理通关手续时,买方必须自负风险与费用,取得任何进口许可证或其他官方批准文件,并办理货物进口及通过任何国家运输的一切通关手续;买方必须接受卖方提供的运输单据;买方必须在指定地接货,承担交货后的一切风险与费用。

(三)使用 DAP 时应注意的问题

① 卖方需承担货物运至指定目的地的一切风险。

② 卖方承担货物到达目的地前的风险,建议买卖双方在合同中明确目的地,卖方签订合适的运输合同。

③ 如果卖方按照运输合同承担了货物在目的地的卸货费用,除非双方达成一致,卖方无权向买方追讨这笔费用。如果卖方不承担目的地卸货费用,则建议使用 DPU 贸易术语。

④ DAP 术语要求卖方办理货物出口清关手续,卖方没有义务办理货物进口清关手续、支付任何进口关税或办理任何进口海关手续。

六、DPU

DPU 全称为 Delivered At Place Unloaded(…named place of destination,where seller unloads)[卸货地交货(……指定目的地)]。

(一)含义

卖方在指定目的地卸货后完成交货,卖方承担货物运至指定目的地的运输风险和费用。

(二)买卖双方的基本义务

卖方必须提交符合销售合同的货物及商业发票,以及自 A1 至 A10 项中所提及的任何单据;当需要办理出口通关手续时,卖方必须自负风险与费用,取得货物出口所需要的任何出口许可证或其他官方批准文件,并办理货物出口所需的一切通关手续;卖方必须自付费用订立运输合同将货物运至卸货地;卖方必须于约定日期或约定期限内,在卸货地,将货物自到达的运输工具上完成卸货,并交由买方处置;卖方必须承担交货前的一切风险与费用;卖方必须给予买方所需的任何通知,以便于买方能够采取通常必要的措施以接收货物;卖方必须自付费用提供买方能够接收货物的单据。

买方必须依据销售合同约定支付货物价款,提供 B1 到 B2 中所提及的任何单据;当需要办理通关手续时,买方自负风险与费用,以取得任何进口许可证或者其他官方批准证书,并办理货物进口及通过任何国家运输的一切通关手续;买方必须接受卖方提供的运输单据;买方必须在指定地接货,承担交货后的一切风险与费用。

（三）使用 DPU 时应注意的问题

① 强调卸货地不一定是"终点站",不论该地点是否有遮盖,如码头、仓库集装箱堆积场或公路、铁路、空运货站。任何地点,只要可以卸货就可以。卖方应承担将货物运至指定目的地和卸货所产生的一切风险和费用。

② 建议当事人尽量明确卸货地,因为货物到达这一地点的风险是由卖方承担的,建议卖方签订一份与这样一种选择准确契合的运输合同。

③ DPU 术语要求卖方办理货物出口清关手续,但是卖方没有义务办理货物进口清关手续并支付任何进口关税或办理任何进口报关手续,否则建议使用 DDP。

七、DDP

DDP 的全称为 Delivered Duty Paid(...named place of destination)[完税后交货(……指定目的地)]。

（一）含义

完税后交货是指卖方在指定的目的地,将货物交给买方处置,并办理进口清关手续,准备好将在交货运输工具上的货物卸下交给买方,卖方承担将货物运至指定目的地的一切风险和费用,并有义务办理出口和进口清关手续。

（二）买卖双方的基本义务

卖方必须提交符合销售合同规定的货物及商业发票,以及表4.2中A1至A10所提及的任何单据;当需要办理出口通关手续时,卖方必须自负风险与费用,取得货物出口所需要的任何出口许可证或其他官方批准文件,并办理货物出口所需的一切通关手续;卖方必须自付费用订立运输合同将货物运至指定目的地;卖方必须于约定日期或约定期限内,在指定目的地,将货物放置于到达的运输工具上准备卸货的货物交由买方处置;卖方必须给予买方所需的任何通知,以便买方能够采取通常必要的措施接收货物;卖方必须自付费用提供买方能够接收货物的单据。

买方必须依据销售合同的规定支付货物价款,提供表4.2中B1到B10所提及的任何单据;当需要办理通关手续时,买方必须应卖方请求并由卖方承担费用和风险,给予卖方协助,以取得货物进口所需的任何进口许可证或其他官方批准文件,并办理货物进口及通过任何国家运输的一切通关手续;买方必须接受卖方提供的运输单据;买方必须在指定地接货,承担交货后的一切风险与费用。

（三）使用 DDP 时应注意的问题

① 在 DDP 术语情形下,卖方承担责任最大。

② 卖方承担货物到达指定地点前的费用和风险,建议买卖双方在合同中明确目的地,并由卖方签订合适的运输合同。

③ 如果卖方不能取得进口许可证,不建议当事人使用 DDP 术语。

国贸常识

在实际业务中,DDP 术语适用于在一些自由贸易区及订有关税同盟的国家之间使用。DDP 术语属于实际交货,卖方的义务是将货物运到进口国内的指定目的地,实际交付买方。使用 DDP 术语之前,必须了解进口国海关管理的实际情况,对于一些结关困难、费时较多的国家,出口方必须慎用 DDP 术语。

学习案例 4-7

我国某企业向美国 A 公司出口货物一批,A 公司要求该企业报 DDP 价,但该企业规模较小,无法办理货物通过美国海关的进口手续。试问:在此情况下能否使用 DDP 术语?

典型工作任务三 INCOTERMS 2020 适用于海运和内河水运的术语的运用

工作困惑

作为一名外销业务员,在使用 INCOTERMS 2020 时,适用于海运和内河水运的术语种类有哪些? 如何定义? 买卖双方的基本义务有哪些? 使用时应该注意哪些问题?

工作认知

根据 INCOTERMS 2020 的规定,适用于海运和内河水运的术语包括 FAS、FOB、CFR 及 CIF。

一、FAS

FAS 的全称为 Free Alongside Ship(…named port of shipment)[船边交货(……指定装运港)]。

(一)含义

船边交货是指卖方在指定装运港将货物交到买方指定的船边(如码头上或驳船上),即完成交货。

(二)买卖双方的基本义务

卖方必须提交符合销售合同规定的货物及商业发票,以及表 4.2 中 A1 至 A10 所提及的任何单据;当需要办理出口通关手续时,卖方必须自负风险与费用,取得货物出口所需要的任何出口许可证或其他官方批准文件,并办理货物出口所需的一切通关手续;卖方必须在指定装运港于买方指明的装载地点,将货物放置于买方指定船舶边;卖方必须承担交货前的一切风险与费用;卖方必须给予买方所需的任何通知,以便买方能够采取通常必要的措施接收货物;卖方必须自付费用提供买方能够接收货物的单据。

买方必须依据销售合同的规定支付货物价款,提供表 4.2 中 B1 到 B10 所提及的任何单据;当需要办理通关手续时,买方必须自负费用和风险取得货物进口所需的任何进口许可证或其他官方批准文件,并办理货物进口及通过任何国家运输的一切通关手续;买方必须自付费用订立自指定装运港起的货物运输合同;买方必须将船舶名称、装载地点及时通知给卖方;买方必须接受卖方提供的运输单据;买方必须在指定地接货,承担交货后的一切风险与费用;买方必须自付费用订立保险合同。

(三)使用 FAS 时应注意的问题

① 买卖双方以装运港船边为风险划分界限。

② 当事人应尽可能指定装运港,因为货物到达装运港船边之前的一切风险与费用由卖方承担,并且根据港口交付惯例相关费用可能会发生变化。

③ 卖方在船边交付货物或获得已经交付装运货物。这里的"获得"符合链式销售。

④ 当货物通过集装箱运输时,卖方通常在集装箱堆场将货物交给承运人,而不是在船边。

在这种情况下,应当使用 FCA 术语。

⑤ FAS 术语要求卖方办理货物出口清关手续,但是卖方没有义务办理货物进口清关手续,并支付任何进口关税或办理任何进口报关手续。

二、FOB

FOB 的全称为 Free On Board(...named port of shipment)[船上交货(……指定装运港)]。

(一)含义

船上交货是指卖方在指定的装运港将货物交至买方指定的船上,或者中间销售商设法获取这样交付的货物。

(二)买卖双方的基本义务

卖方必须提交符合销售合同规定的货物及商业发票,以及表4.2中A1至A10所提及的任何单据;当需要办理出口通关手续时,卖方必须自负风险与费用,取得货物出口所需要的任何出口许可证或其他官方批准文件,并办理货物出口所需的一切通关手续;卖方必须在指定装运港于买方指明的装载地点,将货物放置于买方指定船舶上;卖方必须承担交货前的一切风险与费用;卖方必须给予买方所需的任何通知,以便买方能够采取通常必要的措施接收货物;卖方必须自付费用提供买方能够接收货物的单据。

买方必须依据销售合同的规定支付货物价款,提供表4.2中B1到B10所提及的任何单据;当需要办理通关手续时,买方必须自负费用和风险取得货物进口所需的任何进口许可证或其他官方批准文件,并办理货物进口及通过任何国家运输的一切通关手续;买方必须自付费用订立自指定装运港起的货物运输合同;买方必须将船舶名称、装载地点及时通知给卖方;买方必须接受卖方提供的运输单据;买方必须在指定地接货,承担交货后的一切风险与费用;买方必须自付费用订立保险合同。

(三)使用 FOB 时应注意的问题

① 买卖双方以装运港船上为风险划分界限。

② FOB 术语要求卖方办理货物出口清关手续,但是卖方没有义务办理货物进口清关手续,并支付任何进口关税或办理任何进口报关手续。

③ FOB 术语对于货物在装到船上前即交给承运人的情形不适用,建议使用 FCA。

④ FOB 术语要求卖方办理货物出口清关手续,但是卖方没有义务办理货物进口清关手续并支付任何进口关税或办理任何进口报关手续。

国贸常识

在实际业务中,FCA 术语适合使用的运输方式比 FOB 术语适合使用的运输方式范围广。在出口业务中应尽量使用 FCA 术语,其好处是 FCA 术语的风险划分点是货交承运人,出口方所承担的风险和责任比 FOB 术语要小,所承担的费用比 FOB 术语要少,而且可以比使用 FOB 术语提前拿到运输单据,进而可以提前结汇,从而缩短了收汇时间,便于企业资金周转。

学习案例 4-8

我国出口企业 A 公司以 FOB GUANGZHOU(INCOTERMS 2020)与外商 B 公司成交酱油2 400瓶,共100箱。在广州港装货时,不幸掉下 5 箱,其中 2 箱落在海里,另外 3 箱掉在甲板上。试问:这 5 箱损失分别由谁承担?

三、CFR

CFR 的全称为 Cost and Freight（…named port of destination）［成本加运费（……指定目的港）］。

（一）含义

成本加运费是指卖方在指定的装运港将货物交至卖方指定的船上，或者中间销售商设法获取这样交付的货物，卖方承担将货物运至目的港的运费。

（二）买卖双方的基本义务

卖方必须提交符合销售合同规定的货物及商业发票，以及表 4.2 中 A1 至 A10 所提及的任何单据；当需要办理出口通关手续时，卖方必须自负风险与费用，取得货物出口所需要的任何出口许可证或其他官方批准文件，并办理货物出口所需的一切通关手续；卖方必须自付费用订立自指定装运港起的货物运输合同；卖方必须承担交货前的一切风险与费用；卖方必须给予买方所需的任何通知，以便买方能够采取通常必要的措施以接收货物；卖方必须自付费用提供买方能够接收货物的单据。

买方必须依据销售合同的规定支付货物价款，提供表 4.2 中 B1 到 B10 所提及的任何单据；当需要办理通关手续时，买方必须自负费用和风险，取得货物进口所需的任何进口许可证或其他官方批准文件，并办理货物进口及通过任何国家运输的一切通关手续；买方必须接受卖方提供的运输单据；买方必须在指定地接货，承担交货后的一切风险与费用；买方必须自付费用订立保险合同。

（三）使用 CFR 时应注意的问题

① 买卖双方以装运港船上为风险划分界限。

② 在 CFR 术语下，风险转移点与费用转移点是分离的，风险转移点是装运港船上，而费用转移点是目的港。

③ 使用 CFR 术语时，必须明确装运港与目的港。

④ CFR 术语对于货物在装到船上前即交给承运人的情形不适用，建议使用 CPT 术语。

⑤ CFR 术语要求卖方办理货物出口清关手续，但是卖方没有义务办理货物进口清关手续，并支付任何进口关税或办理任何进口报关手续。

学习案例 4-9

我国某公司以 CFR(INCOTERMS 2020) 贸易术语出口货物一批。装运后由于业务员的疏忽，没有及时向买家发出装船通知，结果班轮在开航后 24 小时沉没，货物全部损失，买方向该公司提出索赔。试问：买方索赔是否有理？

四、CIF

CIF 的全称为 Cost, Insurance and Freight（…named port of destination）［成本、保险加运费（……指定目的港）］。

（一）含义

成本、保险加运费是指卖方在指定的装运港将货物交至卖方指定的船上，或者中间销售商设法获取这样交付的货物，卖方订立运输合同与保险合同，并承担将货物运至目的港的运费和保险费。

（二）买卖双方的基本义务

卖方必须提交符合销售合同规定的货物及商业发票，以及表 4.2 中 A1 至 A10 所提及的任何单据；当需要办理出口通关手续时，卖方必须自负风险与费用，取得货物出口所需要的任何出口许可证或其他官方批准文件,并办理货物出口所需的一切通关手续;卖方必须自付费用订立自指定装运港起的货物运输合同;卖方必须承担交货前的一切风险与费用;卖方必须给予买方所需的任何通知,以便买方能够采取通常必要的措施接收货物;卖方必须自付费用提供买方能够接收货物的单据;卖方必须自付费用订立保险合同。

买方必须依据销售合同的规定支付货物价款,提供表 4.2 中 B1 到 B10 所提及的任何单据;当需要办理通关手续时,买方必须自负费用和风险,取得货物进口所需的任何进口许可证或其他官方批准文件,并办理货物进口及通过任何国家运输的一切通关手续;买方必须接受卖方提供的运输单据;买方必须在指定地接货,承担交货后的一切风险与费用。

（三）使用 CIF 时应注意的问题

① 买卖双方以装运港船上为风险划分界限。

② 在 CIF 术语下,风险转移点与费用转移点是分离的,风险转移点是装运港船上,而费用转移点是目的港。

③ 使用 CIF 术语时,必须明确装运港与目的港。

④ CIF 术语对于货物在装到船上前即交给承运人的情形不适用,建议使用 CIP 术语。

⑤ CIF 术语要求卖方办理货物出口清关手续,但是卖方没有义务办理货物进口清关手续,并支付任何进口关税或办理任何进口报关手续。

国贸常识

在实际业务中,我国一些外销业务员在与客户进行业务洽谈时,往往将 FOB 合同称为离岸合同,而将 CIF 合同称为到岸合同,错误地认为如果按照 CIF 术语签订合同,我方就一定要保证将货物准确无误地运送到目的港。

在 INTCOTERMS 2020 所解释的 11 种贸易术语中,属于象征性交货的有 FOB、CFR、CIF、FCA、CPT 和 CIP,其余的术语均为实际交货术语。在象征性交货方式下,卖方只负责交货和交单,无须保证到货。如果货物安全全达,但是单证不符,也不算完成交货责任。在实际业务中,这6 种贸易术语被经常使用,出口业务员应该意识到单据的重要性。

学习案例 4-10

我国出口方与德国进口方以 CIF 汉堡(INCOTERMS 2020)成交某商品一批,合同规定以信用证方式付款。买方按照合同规定开证,卖方及时办理装运与投保手续,并将全套单据提交结汇银行。但此时卖方收到买方来电,被告知载货船只在航行途中沉没,货物灭失,买方表示不同意银行向卖方付款。试问:卖方能否安全、及时收到货款? 为什么? 买方应如何争取自己的合法权利?

拓展工作任务　INCOTERMS 2010、2000 贸易术语与术语变形的认知

工作困惑

在业务洽谈中,INCOTERMS 2010、2000 贸易术语能否与 INCOTERMS 2020 贸易术语同时使用? INCOTERMS 2020 贸易术语的种类有哪些? 贸易术语的变形有哪些?

工作认知

INCOTERMS 2020 贸易术语是 INCOTERMS 2010、2000 贸易术语的升级,但是 INCOTERMS

2020 贸易术语的问世不等于宣告 INCOTERMS 2010、2000 贸易术语自动失效。在国际贸易实际中,INCOTERMS 2020 贸易术语与 INCOTERMS 2010、2000 贸易术语是否同时并存,关键是看买卖双方的选择。

一、INCOTERMS 2010、2000 贸易术语介绍

INCOTERMS 2000 中也对 13 种术语做出了解释,并按其共同特性归纳为 E、F、C、D 四组。

（一）E 组只有 EXW 一种术语

按此术语,卖方在自己的处所将货物提供给买方。

（二）F 组包括 FCA、FAS 和 FOB 术语

在 F 组术语下,卖方必须按买方的指示交运货物,因为是由买方订立运输合同和指定承运人的。

（三）C 组包括 CFR、CIF、CPT 和 CIP 术语

在 C 组术语下,卖方必须按通常条件自费订立运输合同。在 CIF 和 CIP 术语下,卖方还必须办理保险并支付保险费。

（四）D 组包括 DAF、DES、DEQ、DDU 和 DDP 术语

按照 D 组术语,卖方必须负责将货物运送到规定的目的地和目的港,并负担货物交至该处为止的一切风险和费用。因此,按 D 组术语订立的买卖合同属于"到货合同"。在 D 组术语下,除 DDP 外,卖方在边境或进口国交货时无须办理进口清关。

INCOTERMS 2000 贸易术语的分类如表 4.3 所示。

表 4.3 INCOTERMS 2000 贸易术语分类

组 别	英文全称与简称	中文全称	适用运输方式
E 组(起运)	EXW(Ex Works)	工厂交货	各种运输方式
F 组 (主运费未付)	FCA(Free Carrier)	货交承运人	各种运输方式
	FAS(Free Alongside Ship)	船边交货	海运及内河运输方式
	FOB(Free On Board)	装运港船上交货	海运及内河运输方式
C 组 (主运费已付)	CFR(Cost and Freight)	成本加运费	海运及内河运输方式
	CIF(Cost,Insurance and Freight)	成本、保险费加运费	海运及内河运输方式
	CPT(Carriage Paid To)	运费付至	各种运输方式
	CIP(Carriage and Insurance Paid to)	运费、保险费付至	各种运输方式
D 组(到达)	DAF(Delivered At Frontier)	边境交货	陆地边界交货的各种运输方式
	DES(Delivered Ex Ship)	目的港船上交货	海运、内河运输方式及目的港船上交货的多式运输
	DEQ(Delivered Ex Quay)	目的港码头交货	海运、内河运输方式及目的港船上交货的多式运输
	DDU(Delivered Duty Unpaid)	未完税交货	各种运输方式,包括多式运输
	DDP(Delivered Duty Paid)	完税后交货	各种运输方式

INCOTERMS 2010 中对 11 种术语做出解释,分为适用于任何单一或多种运输方式的术语,包括 EXW、FCA、CPT、CIP、DAT、DAP 和 DDP;适用于海运和内河水运的术语,包括 FAS、FOB、CFR、和 CIF。

国贸常识

根据 INCOTERMS 2000 贸易术语的规定,FOB 术语买卖双方的划分界限是装运港船舷,而根据 INCOTERMS 2020、2010 贸易术语的规定,FOB 术语买卖双方的划分界限是装运港船上。INCOTERMS 2020、2010 贸易术语对 FOB 术语风险划分界限比 INCOTERMS 2000 贸易术语对 FOB 术语风险划分界限更加科学,在实际业务中更加容易操作。

二、FOB、CFR、CIF 术语变形

无论是 INCOTERMS 2000 还是 INCOTERMS 2010,在上述 3 种贸易术语使用过程中都存在变形。需要指出的是,贸易术语的变形只是改变了买卖双方费用的划分,并不改变风险的划分。

(一)FOB 术语变形种类

在使用 FOB 术语的大宗商品交易中,买方通常采用程租船运输。按照惯例,船方不负担装卸费用出租船舶,运费不包含装货费用和理舱费用,买卖双方容易就装货费用及理舱费用、平舱费用由谁承担产生争议。为了明确上述这些费用的划分,可以使用以下 FOB 术语变形。

① FOB 班轮条件(FOB Liner Terms)。这是指在运费中包含装卸费用(装运港装船、在目的港卸货及装船后平舱、理舱费用),由支付运费的买方负担。

② FOB 吊钩下交货(FOB Under Tackle)。这是指卖方承担的费用截止到买方指定船只的吊钩所及之处,由买方承担包括装运港驳船费在内有关装船的各项费用。

③ FOB 船上交货并理舱(FOB Stowed/FOBS)。这是指卖方负责将货物装入船舱,并支付包括理舱费在内的装船费用。它多用于包装货。

④ FOB 船上交货并平舱(FOB Trimmed/FOBT)。这是指卖方负责将货物装入船舱,并支付包括平舱费在内的装船费用。它多用于散装货。如果买方租用自动平舱船,卖方应退回平舱费用。

⑤ FOB 船上交货包括理舱和平舱(FOB Stowed and Trimmed/FOBST)。这是指卖方负责将货物装上船,并支付包括理舱费和平舱费在内的装船费用。它多用于一部分是包装货,一部分是散装货的情况。

FOB 术语变形涉及的费用及对应承担方如表 4.4 所示。

表 4.4 FOB 术语变形的涉及费用及对应承担方

序号	FOB 术语变形种类	涉及费用	承担方
1	FOB 班轮条件(FOB Liner Terms)	装运港装船、在目的港卸货及装船后平舱、理舱费用	买方
2	FOB 吊钩下交货(FOB Under Tackle)	包括装运港驳船费在内有关装船的各项费用	买方
3	FOB 船上交货并理舱(FOB Stowed/FOBS)	理舱费	卖方
4	FOB 船上交货并平舱(FOB Trimmed/FOBT)	平舱费	卖方
5	FOB 船上交货包括理舱和平舱(FOB Stowed and Trimmed/FOBST)	理舱费和平舱费	卖方

学习案例 4-11

我国出口企业 A 公司与外商 B 公司成交出口大米 20 000 公吨 FOB Dalian(INCOTERMS 2020),由于客人出价较低,双方约定由 B 公司负责装船。试问:在这种情况下,买卖双方在合同中应该使用 FOB 哪一种变形来正确反映双方的意思?

（二）CFR、CIF 术语变形种类

CFR、CIF 术语下采用班轮运输时,由卖方负担包括卸货费用在内的运费。按照 CFR、CIF 术语成交大宗商品,卖方采用程租船运输时,由于船方按照不负担装卸费用(Free In and Out)条件出租船舶,运费中包括卸货费用,因此卸货费用由谁负担买卖双方容易产生争议。为了明确卸货费用的划分,可以使用以下 CFR、CIF 术语变形。

① CFR/CIF 班轮条件(CFR/CIF Liner Terms)。这是指按照班轮的办法处理,卸货费用由支付运费的卖方承担。

② CFR/CIF 卸到岸上(CFR/CIF Landed)。这是指由卖方负担货物由载货船舶上卸到目的港岸上的卸货费,包括可能发生的驳船费和码头捐税。

③ CFR/CIF 吊钩下交接(CFR/CIF Ex Tackle)。这是指由卖方负担货物从舱底吊至船边卸离吊钩为止的费用。

④ CFR/CIF 舱底交接(CFR/CIF Ex Ship' Hold)。这是指由买方负担货物从目的港船舱舱底吊卸到码头的费用。

CFR、CIF 术语变形涉及的费用及对应承担方如表 4.5 所示。

表 4.5　CFR、CIF 术语变形的涉及费用及对应承担方

序号	CFR、CIF 术语变形种类	涉及费用	承担方
1	CFR/CIF 班轮条件(CFR/CIF Liner Terms)	卸货费	卖方
2	CFR/CIF 卸到岸上(CFR/CIF Landed)	卸货费 驳船费 码头捐税	卖方
3	CFR/CIF 吊钩下交接(CFR/CIF Ex Tackle)	从舱底吊至船边卸离吊钩为止的费用	卖方
4	CFR/CIF 舱底交接(CFR/CIF Ex Ship' Hold)	目的港船舱舱底吊卸到码头的费用	买方

学习案例 4-12

我国 A 公司与美国 B 公司就出口成交大宗商品一批,双方经过洽谈决定以租船运输方式 CFR(INCOTERMS 2020)成交,A 公司不愿负担目的港卸货费用。试问:买卖双方在合同中应该以 CFR 的哪种变形明确双方承担的费用?

综合实训

一、实训目的

1. 通过实训,掌握 INCOTERMS 2020 和 INCOTERMS 2010 贸易术语的含义、买卖双方的基本义务和使用注意事项。

2. 通过实训,在订立国际贸易合同时,正确、合理地选择与使用贸易术语。

二、实训内容

围绕国际贸易合同中的贸易术语,通过实训,使学生全面掌握 INCOTERMS 2020 和 INCOTERMS 2010 相关术语的解释,具备扎实的理论基础与职业能力。根据学生的认知规律,实训分为基础理论部分与实践技能操作部分。

----------------------- 基 础 理 论 部 分 -----------------------

一、模块核心概念

FOB CFR CIF FCA CPT CIP EXW DDP Trade Terms INCOTERMS 2020

二、填空题

1. 目前在国际上有较大影响的有关贸易术语的惯例有 3 个,分别是_____、_____和_____。

2. 目前国际商会制定的_____在国际贸易中影响最大,使用最广泛。其中,有 6 种贸易术语经常被使用,分别是_____、_____、_____、_____、_____和_____,另外_____使用频率不断增加。

3. 根据 INCOTERMS 2020 的规定,卖方责任最小的贸易术语是_____,买方责任最小的贸易术语是_____。

4. 根据 INCOTERMS 2020 的规定,FOB、CFR、CIF 的风险划分界限是_____,FCA、CPT、CIP 的风险划分界限是_____。

5. 根据 INCOTERMS 2020 的规定,仅适用于海运或内河运输方式的贸易术语有 4 个,分别是_____、_____、_____和_____。

6. 我国某内地出口企业向美国纽约出口服装一批,我方负责运输和保险,对该企业最有利的贸易术语是_____。

7. 我方出口大宗商品,按 CIF Osaka 术语成交,合同规定采用租船运输,如果我方不愿意负担卸货费用,则应采用的贸易术语变形是_____。

8. 《1932 年华沙-牛津规则》对_____买卖合同的性质做了说明,并具体规定了买卖双方所承担的费用、责任和风险。

9. 《1990 年美国对外贸易定义修正本》中,FOB 术语细分为_____种,其中_____并列明装运港名称,才表明卖方在装运港船上交货,但是买卖双方的风险划分界限是_____,出口税及其他税捐由_____方负担。

10. 贸易术语选择的考虑因素有_____、_____、_____、_____、_____、_____等。

三、单项选择题

1. 从贸易实务的观点来看,贸易术语是决定价格高低的条件。一般来说,(   )。
   A. 卖方承担的责任大,支付的费用多,负担的风险大,则商品的价格就高;反之则低
   B. 买方承担的责任大,支付的费用多,负担的风险大,则商品的价格就高;反之则低
   C. 卖方承担的责任小,支付的费用少,负担的风险小,则商品的价格就高;反之则低
   D. 买方承担的责任小,支付的费用少,负担的风险小,则商品的价格就低;反之则高

2. 按照《1932 年华沙-牛津规则》的规定,如果该规则与合同具体内容发生冲突,则应该以(   )为准。
   A. 规则   B. 法律   C. 合同   D. 惯例

3. 按照 INCOTERMS 2020 的解释,CFR 纽约国际贸易合同,买卖双方风险划分界限是(   )。
   A. 船到纽约港为止   B. 在纽约港卸下船为止
   C. 装运港船上   D. 装运港船舷

4. 根据 INCOTERMS 2020 的规定,就卖方承担的货物风险而言,应该是(   )。

A. E 组术语风险最小,F 组术语其次,风险最大的是 C 组术语和 D 组术语

B. D 组术语风险最小,F 组术语和 C 组术语其次,E 组术语风险最大

C. D 组术语风险最大,E 组术语其次,F 组术语和 C 组术语风险最小

D. E 组术语风险最小,F 组术语和 C 组术语其次,D 组术语风险最大

5. 根据 INCOTERMS 2020 的规定,FOB 条件下的贸易合同,买方在办理租船订舱手续后,应及时向卖方发出(　　　),以便其备货装船。

    A. 装船须知　　　B. 发货通知　　　C. 保险通知　　　D. 付款通知

6. CIF Ex Ship's Hold 与 CIF 相比,买方承担的风险(　　　)。

    A. 前者大　　　　　　　　　　B. 两者相同

    C. 后者大　　　　　　　　　　D. 买方不承担任何责任

7. 象征性交货是指卖方的交货义务是(　　　)。

    A. 不交货　　　　　　　　　　B. 既交单又实际交货

    C. 凭单交货　　　　　　　　　D. 将实际货物交到买方手中

8. 按 CIF Dalian 成交的进口合同中,卖方完成交货的地点最有可能是在(　　　)。

    A. 大连机场　　　B. 大连港　　　C. 上海港　　　D. 汉堡港

9. 某出口企业对外以 CFR 报价,当该企业先将货物交到货站或使用滚装与集装箱运输时,应采用(　　　)为宜。

    A. FCA　　　　　B. CIP　　　　　C. CPT　　　　　D. DDP

10. 就卖方承担的费用而言,术语排列顺序正确的是(　　　)。

    A. CIF<CFR<FOB　　　　　　　B. CFR<CIF<FOB

    C. FOB<CFR<CIF　　　　　　　D. CFR<FOB<CIF

11. 按照 INCOTERMS 2020 的解释,FAS 条件下买卖风险划分的界限是(　　　)。

    A. 装运港船边　　B. 装运港船上　　C. 装运港船舷　　D. 装运港船上

12. 根据 INCOTERMS 2020 的解释,FOB 与 FAS 的主要区别在于(　　　)。

    A. 风险划分的界限不同　　　　B. 租船订舱的责任方不同

    C. 办理出口手续的责任方不同　D. 办理进口手续的责任方不同

13. 有关国际贸易惯例的论述,错误的是(　　　)。

    A. 惯例不同于法律,它对合同的当事人不具有任何约束力

    B. 当事人可以明确的合同条款,使惯例对当事人产生约束力

    C. 当事人可以明确的合同条款,排除惯例对当事人的约束力

    D. 根据有关法律,司法部门处理争议时要参照国际贸易惯例

14. 根据 INCOTERMS 2020 的解释,下列术语中卖方责任最小的是(　　　)。

    A. EXW　　　　　B. FOB　　　　　C. CFR　　　　　D. CIF

15. 按照 INCOTERMS 2020 的解释,按 DES 成交,其合同性质属于(　　　)。

    A. 装运合同　　　B. 到达合同　　　C. 装运合同　　　D. 启运合同

16. 根据 INCOTERMS 2020 的解释,DAT 和 DAP 贸易术语的适用范围是(　　　)。

    A. 只适用于水上运输方式　　　B. 只适用于航空运输方式

    C. 只适用于单一运输方式　　　D. 适用于任何运输方式

17. 有关 D 组术语的说明,与 INCOTERMS 2020 的规定不符的是(　　　)。

    A. 采用 D 组术语成交的合同属于到达合同

    B. 采用 D 组术语成交时,卖方无义务办理货运保险

C. 采用 D 组术语成交时,均由卖方办理出口通关手续

D. 采用 D 组术语成交时,均由买方办理进口通关手续

18. 就卖方承担的货物风险而言,术语排列顺序正确的是(   )。

    A. C 组>D 组>F 组>E 组   B. E 组>F 组>C 组>D 组

    C. D 组>E 组>F 组>C 组   D. D 组>F 组和 C 组>E 组

19. INCOTERMS 2020 中,C 组术语与其他组术语明显不同的特点是(   )。

    A. 交货地点不同

    B. 风险划分界限不同

    C. 适用的运输方式不同

    D. 买卖双方的费用划分点与风险划分点相分离

20. 在贸易术语中,由出口人办理进口清关手续的是(   )。

    A. DAP   B. DPU   C. DDP   D. EXW

四、多项选择题

1. 贸易术语是表示商品价格的构成及买卖双方在货物交接过程中有关(   )方面的划分。

    A. 手续   B. 数量   C. 费用   D. 责任

    E. 风险

2. 国际贸易惯例是指在国际贸易的长期实践中具有普遍意义的习惯做法。目前,有关贸易术语的国际贸易惯例主要有(   )。

    A.《1932 年华沙-牛津规则》   B.《1941 年美国对外贸易定义修订本》

    C.《2020 年国际贸易术语解释通则》   D.《联合国国际货物销售合同公约》

3. 根据 INCOTERMS 2020 的解释,CFR 术语要求卖方承担的义务有(   )。

    A. 订立运输合同,在规定期限内将货物装上船,并及时通知买方

    B. 提供商业发票及买方可提货或转让的运输单据,或者有同等作用的电子信息,以及其他所需的任何凭证

    C. 取得出口许可证和其他官方批准文件,办理出口报关手续

    D. 承担货物越过船舷前的一切风险和费用

    E. 接受符合合同规定的运输单据,受领货物,交付货款

    F. 承担货物交到船上后的一切风险和费用

    G. 取得进口许可证及其他官方批准文件,办理进口报关

4. 根据 INCOTERMS 2020 的解释,下列贸易术语中,适用于各种运输方式的是(   )。

    A. FCA   B. FOB   C. CPT   D. FAS

    E. DAP   F. DPU   G. DDP

5. 在贸易术语中,对出口商而言主运费未付的是(   )。

    A. FAS   B. FCA   C. DPU   D. CPT

    E. EXW

6. 对贸易术语变形的说法正确的是(   )。

    A. 不改变交货地点   B. 不改变费用的负担

    C. 不改变风险划分的界限   D. 不改变货款的结算方式

    E. 不改变进出口手续的办理

7. 根据 INCOTERMS 2020 的解释,由买方负担卸货费的贸易术语有(   )。

A. CIF　　　　　B. CIP　　　　　C. DAP　　　　　D. DPU

E. DDP

8. 根据 INCOTERMS 2020 的解释,FCA、CPT、CIP 三个术语的相同点有(　　　　)。

A. 交货地点相同　　　　　　　　B. 风险界限相同

C. 卖方承担的责任相同　　　　　D. 适用的运输方式相同

E. 在目的地完成交货

9. 根据 INCOTERMS 2020 的解释,CIF 与 CIP 的主要差异有(　　　　)。

A. 适用的运输方式不同　　　　　B. 风险划分的界限不同

C. 交货地点不同　　　　　　　　D. 提交的单据不同

E. 卖方承担的费用不同

10. 根据 INCOTERMS 2020 的解释,FOB、CFR 和 CIF 三个术语的相同点是(　　　　)。

A. 适合于海运或内河运输　　　　B. 风险转移界限为装运港船上

C. 交货地点在装运港　　　　　　D. 由卖方保险

E. 由买方租船订舱

11. 采用 CFR 术语时,买方不想承担包括驳船费在内的卸货费用时,可以使用(　　　　)。

A. CFR Liner Terms　　　　　　B. CFR Trimmed

C. CFR Ex Tackle　　　　　　　D. CFR Ex Ship's Hold

E. CFR Landed

12. 根据 INCOTERMS 2020 的解释,按 EXW 术语成交时,买卖双方责任和义务描述正确的是(　　　　)。

A. 卖方承担的风险、责任及费用是最小的

B. 在交单方面卖方只需提供商业发票或电子数据,合同有要求时才需提供证明所交货物与合同规定相符的证件

C. 卖方无义务办理货物出境所需的出口许可证或官方批准文件

D. 如果买方办理出口证件有困难,卖方应买方的要求,并在由买方承担风险和费用的情况下,也可协助办理出口手续

E. 在买卖双方达成的合同中必须涉及运输和保险

13. INCOTERMS 2020 与《1941 年美国对外贸易定义修正本》在 FOB 贸易术语上的主要区别有(　　　　)。

A. 风险划分界限不同　　　　　　B. 适用的运输方式不同

C. 表达方式多寡不同,前者只有 1 种,后者有 6 种

D. 投保手续不同　　　　　　　　E. 出口清关手续不同

14. 根据 INCOTERMS 2020 的解释,与 FOB 术语比较,CIF 贸易术语卖方的基本义务增加了(　　　　)。

A. 卖方负责办理出口手续　　　　B. 卖方负责办理运输手续

C. 卖方负责办理投保手续　　　　D. 卖方负责办理商品检验手续

15. F 组术语的共同特点是(　　　　)。

A. 风险划分点和费用划分点相分离

B. 签订的销售合同都是装运合同

C. 卖方需按买卖合同规定的时间,在指定的装运地点将货物交至买方指定的承运人,或者装上买方指定的运输工具

D. 买方应自付费用订立运输合同

五、判断题

1. 按照国际贸易惯例,不论是 FOB、CFR 还是 CIF 合同,出口方只有在 L/C 规定受益人必须提供装船通知的情况下,才有必要向买方发出装船通知。 （ ）

2. CFR Ex Ship's Hold Rotterdam 是指卖方必须把货物运到鹿特丹,在舱底交货。 （ ）

3. 国际贸易惯例是指在国际贸易的长期实践中具有普遍意义的习惯性做法,对买卖合同当事人具有法律约束力。 （ ）

4. 一般来说,当运价看涨时,为了避免承担运价上涨的风险,可以选用由对方安排运输的贸易术语成交,如按 C 组术语进口,按 F 组术语出口。 （ ）

5. 根据 INCOTERMS 2020 的解释,FCA 同 FAS 一样,都可以由进口方办理货物的出口手续。 （ ）

6. CIF Liner Terms 和 CIF Landed 合同的主要区别是在后一种贸易术语下,买方不仅要承担卸货费,而且还需要支付有可能产生的驳船费与码头费。 （ ）

7. 在 INCOTERMS 2020 的 11 种贸易术语中,买方承担风险最大的贸易术语是 EXW,最小的是 DDP。 （ ）

8. 象征性交货的特点是卖方凭单交货,买方凭单付款。 （ ）

9. 根据 INCOTERMS 2020 的解释,采用 F 组术语成交时,除非有相反规定,卖方没有义务办理保险,所以不必提交保险单。 （ ）

10. 根据《公约》的规定,卖方对货物的风险转移到买方之后,对发现的货物短少和损坏一律不负责任。 （ ）

11. 根据 INCOTERMS 2020 的解释,买卖双方交接的单据,可以是纸质单据,也可以是电子单据。 （ ）

12. 在装运合同下,卖方在约定的时间和地点,将货物交给承运人或装上运输工具,即完成交货,无义务保证货物一定按时运抵目的地。 （ ）

13. 在 CIF 或 CIP 术语合同中,即使货物安全运抵目的港(目的地),买方也有权拒收单据,拒收货物。 （ ）

14. 贸易术语的变形不仅涉及买卖双方的费用划分,也涉及风险划分。 （ ）

15. 在使用 CIF 术语时,出口方不仅要负责货物成本,而且还要租船订舱,办理投保,所以出口方有责任将货物运抵目的港,因此我们将 CIF 合同称为"到岸价"。 （ ）

16. 根据 INCOTERMS 2020 的解释,FOB、CFR 和 CIF 均为装运港交货的贸易术语,风险转移以货物越过船舷为界限。 （ ）

17. 根据 INCOTERMS 2020 的解释,FCA、CIP、CPT 三种贸易术语就卖方承担的风险而言,CIP 最大,CPT 其次,FCA 最小。 （ ）

18. 根据 INCOTERMS 2020 的解释,在 CFR 合同中,卖方在货物装船后必须发出装船通知,以便买方办理投保手续。如果由于卖方未及时发出装船通知而导致买方漏保,货物在运输途中遭受损坏或灭失,卖方可以以货交装运港船上为由,要求免责。 （ ）

19. 根据 INCOTERMS 2020 的解释,DAP 术语仅仅适用于海运和内河水运运输方式。 （ ）

20. 根据 INCOTERMS 2020 的解释,按 DPU 术语成交,由买方负责承担目的地卸货费用。 （ ）

六、案例分析

1. 罗马尼亚 A 公司需要从我国 B 公司进口一批塑料袋,A 公司要求报 DDP Constanta/

Romania(INCOTERMS 2020),B 公司则希望以 CIF(INCOTERMS 2020)成交。**试分析**:A、B 两家公司为什么这样做? DDP、CIF 哪个风险大?

2. 我国出口公司 A 公司与美国 B 公司签订合同出口一批服装,采用贸易术语 FCA(INCOTERMS 2020),集装箱海运,B 公司要求装运期为 7 月。A 公司于 2019 年 7 月 15 日上午将货物交给承运人在上海码头的仓库,当天晚上货物因仓库火灾全部灭失。**试分析**:A 公司是否应该承担责任? 为什么?

实践技能操作部分

一、国际贸易合同贸易术语认知

根据买卖双方业务洽谈的要求,给出正确的贸易术语。

1. 我方出口企业与美国某客户一致同意,选择海运方式,主运费、保险费由客户在美国支付,装运港为广州南沙港。　　　　　　　　　　　　　　　　　　　　　(　　)

2. 我方出口企业与日本某客户一致同意,选择空运方式,主运费、保险费由我方在中国支付,起运地为广州白云机场。　　　　　　　　　　　　　　　　　　　(　　)

3. 我方出口企业与非洲某客户一致同意,由客户来我出口企业提货,自行报关、运输。(　　)

二、国际贸易销售合同的填制

根据业务资料,完成出口合同约首、本文(品名条款、品质、数量条款、贸易术语)、约尾。

出口方:上海金雕贸易有限公司
　　　　Shanghai Golden Eagle Trading Co,Ltd.

地址:中国上海浦东路 20 号
　　　　No. 20 Pudong Road,Shanghai,China

出口经理:李伟

联系方式:Tel:0086-021-58818844;58818766
　　　　　Fax:0086-021-58818840
　　　　　E-mail:golden_eagle@ 163. com

进口方:M/S Fazlu Brothers Import & General Merchant

地址:140/23,Mohammad Ali Market CHALWK Mogoaltoly,Dhaka,Bangladesh

买家:Md. Bazlur Rahman

联系方式:Tel:0088-02-7314674
　　　　　Fax:0088-02-7314523
　　　　　E-mail:mab-ep@ agnionline. com

合同编号:HY2020CS009　　签订合同时间:2020 - 03 - 03

货物品名:Plush Toys

货物规格	数量	单价
		FOB Shanghai
		(INCOTERMS 2020)
Art. No. KB2161 New Design Yellow Dog	3,000pcs.	USD9. 80/pc.
Art. No. KB2273 Charming Pig	2,000pcs.	USD3. 20/pc.

包装:纸箱装,每一打装一纸箱

装运港:上海港

目的港:Chittagong

船期:2020 年 7、8 月

分运:可以

转运:可以

售 货 合 同
SALES CONTRACT

1. 卖方:(3)   合同编号:(1)

The Sellers:(4)

2. 地址:(5)   合同日期:(2)

Address:(6)

Tel:(7)   Fax:(8)

E-mail:(9)

3. 买方:

The Buyers:(10)

4. 地址:

Address:(11)

Tel:(12)   Fax:(13)

E-mail:(14)

买卖双方同意按下列条件购进、售出下列商品。

The Sellers agree to sell and the Buyers agree to buy the undermantioned goods according to the terms and conditions as stipulated below.

商品名称及规格 Name of commodity & specification	数量 Quantity	单价 Unit Price	总值 Total Value
(15)	(16)	(17)	(18)

Say:(19)

5. 包装:

Packing:(20)

6. 唛头:

Shipping Marks:(21)

7. 装船港口:

Port of Shipment:(22)

8. 目的港口:

Port of Destination:(23)

9. 装船期限:(24)

10. 付款条件:……

11. 保险:……

12. 检验:……

13. 不可抗力:……

14. 异议索赔:……

15. 仲裁:……

卖方: 买方:

The Sellers: The Buyers:

(25)   (26)

模块五

国际贸易销售合同装运条款

典型工作任务	1. 国际贸易运输方式的认知 2. 海运班轮航线与港口的操作 3. 运输单据的认知 4. 国际贸易销售合同装运条款的操作
拓展工作任务	集装箱运输的认知
主要学习目标	1. 熟悉海运、空运、铁路、公路、邮包、联合运输等各种运输方式 2. 掌握海运班轮航线 3. 熟悉集装箱运输方式 4. 掌握海运提单的作用与使用 5. 掌握《联合国国际货物销售合同公约》对装运条款的规定
基础理论知识	1. 《联合国国际货物销售合同公约》 2. 《UCP600》
工作操作技能	1. 能够根据航线资料,正确选择运载船舶 2. 能够根据业务资料,正确理解提单各栏目内容 3. 能够根据业务资料,正确订立国际贸易销售合同的装运条款

典型工作任务一　国际贸易运输方式的认知

工作困惑

当签订国际贸易销售合同时,交易双方应采用哪种运输方式进行运输? 是否每种运输方式都适用? 各种运输方式具有什么特点? 如何选择运输方式?

工作认知

国际货物运输有多种方式,包括海洋运输、铁路运输、航空运输、邮包运输、管道运输和联合运输等。在实际业务中,应根据进出口货物的特点、货运量大小、距离远近、运费高低、风险程度、自然条件和装卸港口的具体情况等因素,选择合理的运输方式。

一、海洋运输

海洋运输(ocean transportation)是指利用商船在国内外港口之间通过一定的航区和航线运输货物的方式。目前,海洋运输运量在国际货物运输总量中占 80% 以上,我国 2/3 以上的进出口货物都是通过海洋运输方式完成的,海洋运输成为国际货物运输中最主要、最广泛使用的运输方式。海洋运输与其他国际货物运输方式相比,主要有下列明显的优点。

① 通行能力强。海洋运输可以利用四通八达的天然航道,不像铁路、公路运输方式那样受轨道和道路的限制。

② 运量大。海洋运输船舶的运输能力远远大于铁路、公路运输车辆,如一艘万吨船舶的载

重量一般相当于 250~300 个车皮的载重量。

③ 运费低。与航空、铁路、公路运输方式相比,海洋运输方式因为运量大、航程远,分摊于每货运吨的运输成本少,所以运价相对低廉。

海洋运输虽有上述优点,但也有不足之处。例如,海洋运输受气候和自然条件的影响较大,航期不易准确,而且风险较大。此外,海洋运输的速度也相对较慢。

按照船舶的经营方式来分类,海洋运输可分为班轮运输和租船运输两种方式。

(一) 班轮运输

1. 班轮的含义

班轮(liner)是指按照规定的时间,在一定的航线上,以既定的港口顺序往返运载货物的船舶。

2. 班轮运输的特点

班轮运输(liner transportation)的特点是"四定""两管"。"四定"是指固定航线、固定航期、固定停靠港口和固定的收费;"两管"是指管装、管卸,货物由承运人负责配载装卸并负担装卸费用。

班轮出租的是部分舱位,所以凡是班轮停靠的港口,不论货物数量的多少,都能接受装运。班轮运输适用于零星成交、批次较多、到港分散的货物运输。班轮运输由承运人负责货物的装卸及中途转运,且定期公布船期表,从而为货主提供了极大的方便。目前,班轮运输越来越受到货主的欢迎,已成为国际海洋货物运输中的主要运输方式。船、货双方的权利、义务与责任豁免,以船方签发的提单条款为依据。

3. 班轮运费

班轮运费包括基本运费和附加费两部分。

(1) 基本运费

基本运费的计算标准有以下 8 种。

① 按货物毛重计算。毛重又称质量吨(weight ton),用 W 表示,以每公吨、每长吨或每短吨为计算运费的单位。

② 按货物体积/容积计算。体积/容积也称尺码吨(measurement ton),用 M 表示,以每立方米或 40 立方尺为 1 尺码吨。

③ 按质量吨或尺码吨计算。在二者中选择收费较高的作为计算吨,用 W/M 表示。

以上质量吨和尺码吨统称为运费吨。

④ 按商品价格计算。它也称从价运费,即按 FOB 总价值以一定的百分率收费。这种计算标准适用于贵重或高价商品,如古玩、名贵药材、精密仪器等。它用 A. V. 或 Ad. val 表示。

⑤ 按件数计算。它在运费表内用 Per Unit 表示,如卡车按辆,拖拉机按台,牛、羊等活牲畜按头等。

⑥ 按船货双方议价标准计算。这种标准针对大宗低值货物,如粮食、煤炭、矿砂等。此类货物容易装卸,不规定运价,采取临时议价的方法,收取较低运费。在运价表中,用 Open 表示。

⑦ 按质量、体积、价值三者中收取费用较高者计取费用。这种方式用 W/M or A. V. 表示。

⑧ 先按体积或质量较高的一种计收运费,再收取一定百分比的从价运费。这种方式用 W/M plus A. V. 表示。

(2) 附加费

除此以外,有时由于某些特殊的或临时性的因素需加收附加费,以弥补班轮公司在航运中的额外开支或损失。常见的附加费有如下几种。

① 燃油附加费(Bunker Adjustment Factor or Bunker Surcharge,BAF or BS)。

② 货币贬值附加费(Currency Adjustment Factor,CAF)。

③ 直航附加费(Direct Additional,DA)。

④ 转船附加费(Transshipment Surcharge,TS)。

⑤ 港口拥挤附加费(Port Congestion Surcharge,PCS)。

⑥ 选港附加费(Additional on Optional Discharge Port,AODP)。

此外,还有应急燃油附加费(EBS)、港口附加费(PSC)、超长附加费(LSC)、超重附加费(WSC)、旺季附加费(PSS)、空箱调运费(ERC)和整体费率上调附加费(GRI)等。

班轮公司运送货物所收取的运送费用按照班轮运价表(liner's freight tariff)的规定计收,不同的班轮公司或班轮公会有不同的班轮运价表。班轮运价表一般包括货物分级表、各航线费率表、附加费率表、冷藏货及活牲畜费率表等。目前,我国海洋班轮运输公司使用的是等级运价表,即将承运的货物分成若干等级(一般分为20个等级),每一个等级的货物有一个基本费率——1级费率最低,20级费率最高。

学习案例 5-1

我国某公司出口商品100箱,每箱的体积为30 cm×60 cm×50 cm,毛重为40千克。查运费表得知该货为9级,计费标准为W/M,基本运费为每运费吨109港元,另收燃油附加费为20%,港口拥挤费为20%,货币贬值附加费为10%。试计算该批货物的运费。

解:M=0.30 m×0.60 m×0.50 m=0.09 m³　　　M=0.09 m³>W=0.04 t

由于基本运费的计收方法是W/M,因此应选择M(0.09 m³)来计算运费。

运费=计费标准×基本运费×商品数量×(1+各种附加费率)

　　=0.09×109×100×(1+20%+20%+10%)=1 471.50(港元)

国贸常识

在日常生活中,有些货物密度大,导致体积很小,但是质量很大,如钢铁;有些货物正好相反,密度小,导致体积很大,但是质量很小,如棉花。船务公司在运输时,装运钢铁等商品所占货船的仓位体积较小,但是运载的质量较大,如果让船务公司按体积向货主收费,费用就小于按质量收费,船务公司明显吃亏,因此对像钢铁那样的重货必须按质量来收费。同样,对像棉花这样的轻货,必须按体积来收费;对金银珠宝等这些质量既低,体积又小,但是价值较高的商品,只能按商品的价值收费。

(二)租船运输

租船运输(charter transportation)是指货主或其代理人向船公司包租整条船舶用于运输货物。租船运输主要适用于大宗货物运输,如粮食、石油、煤炭、木材、化肥等。租船运输根据运输货物的多少,一般可以分为整船租赁和部分舱位租赁两种;根据租船的形式与时间,可以分为定程租船和定期租船两种。

国贸常识

租船运输程序包括这样5步。1)租船询价,通常是指承租人根据自己对货物运输的需要或对船舶的特殊要求,通过租船经纪人在租船市场上要求租用船舶。2)租船报价,是指船舶所有人或船舶经纪人向承租人提出自己所能提供的船舶情况和运费率或租金率。报价有硬性报价和条件报价:硬性报价是报价条件不可改变的报价;条件报价是可以改变报价条件的报价。3)租船还价,是指在条件报价的情况下,承租人与船舶所有人对报价条件中不能接受的条件提出修改或增删的内容。4)租船报实盘,是指列举租船合同中的必要条款,将双方已经同意的条款和尚未最后确定的条件在实盘中加以确定。5)接受订租,是指双方当事人对实盘所列条件在有效期内明确表示承诺。至此,租船合同即告成立。

1. 定程租船

(1) 定程租船的含义

定程租船(voyage charter)又称程租船或航次租船,是按照航程租赁船舶的一种方式,分为单程租船、来回程租船、连续单程租船、连续来回程租船、包运等方式。采用定程租船方式,船方必须按照合同规定的航程完成货物运输任务,并负责船舶的经营管理和船舶在航行中的一切开支。

定程租船是在租船市场上最活跃,且对运费水平的波动最为敏感的一种租船方式。在国际现货市场上成交的绝大多数货物(主要包括液体散货和干散货两大类)都通过定程租船方式运输。

(2) 定程租船的特点

定程租船的特点主要是:无固定航线、无固定装卸港口和无固定航行船期,根据租船人(货主)的需要和船东的可能,经双方协商,在定程租船合同中规定;定程租船合同需规定装卸率和滞期、速遣费条款;运价受租船市场供需情况的影响较大;租船人和船东双方的其他权利、义务一并在定程租船合同中规定。定程租船以运输货值较低的粮食、煤炭、木材、矿石等大宗货物为主。

2. 定期租船

定期租船(time charter)又称期租船,是按照一定期限(一年或几年)租赁船舶的一种方式。定期租船的特点是:在租赁期间,租船人根据租船合同规定的航区,可自行掌握、调度和使用船舶。一般定期租船在各航次中所产生的燃料费、港口费、装卸费等各项费用,都由租船人负责,船方仅负担船员薪金、伙食等费用及因保持船舶在租赁期间具有适航性而产生的其他有关费用。

国贸常识

定程租船与定期租船的区别如下。

① 定程租船是按航程租赁船舶,而定期租船则是按期限租赁船舶。关于船、租双方的责任和义务,前者以定程租船合同为准,后者以定期租船合同为准。

② 定程租船的船方直接负责船舶的经营管理,除负责船舶航行、驾驶和管理外,还应对货物运输负责。但定期租船的船方,仅对船舶的维护、修理、机器正常运转和船员工资与给养负责,而船舶的调度、货物运输、船舶在租期内的营运管理和日常开支,如船用燃料、港口费、税捐及货物装卸、搬运、理舱、平舱等费用,均由租船方负责。

③ 定程租船的租金或运费一般按装运货物的数量计算,也有按航次包租总金额计算的,而定期租船的租金一般按租期每月每吨若干金额计算。同时,采用定程租船时要规定装卸期限和装卸率,凭此计算滞期费和速遣费;采用定期租船时,船、租双方不规定装卸率和滞期速遣费。

近年来,国际上出现了一种介于定程租船和定期租船之间的租船方式,即航次期租(Time Charter on Trip basis, TCT)。这是以完成一个航次运输为目的,按完成航次所花的时间,按约定的租金率计算租金的方式。

二、铁路运输

铁路运输(rail transportation)是一种以两条平行的铁轨引导火车运行的陆上运输方式。在国际货物运输中,铁路运输是仅次于海洋运输的主要运输方式。海洋运输的进出口货物,部分依靠铁路运输进行货物的集中和分散。

（一）铁路运输的优点

① 运输能力大。这使它适合大批量低值产品的长距离运输。

② 单车装载量大。配上多种类型的车辆,它几乎能承运任何商品,几乎不受质量和容积的限制。

③ 铁路运输受气候和自然条件的影响较小。

④ 可以方便地实现集装箱运输及多式联运。

此外,铁路运输还有其他优点,如运量较大,速度较快,有高度的连续性,运转过程中遭受风险的可能性也较小;办理铁路货运手续比海洋运输简单,而且发货人和收货人可以在就近的始发站（装运站）和目的站办理托运及提货手续。

（二）铁路运输的缺点

① 铁路线路是专用的,固定成本很高,原始投资较大,建设周期较长。

② 铁路按列车组织运行,在运输过程中需要有列车的编组、解体和中转、改编等作业环节,占用时间较长,因而增加了货物运输时间。

③ 铁路运输中的货损率较高,而且由于装卸次数多,货物损毁或丢失事故通常比其他运输方式多。

④ 不能实现"门对门"运输,通常要依靠其他运输方式配合,才能完成运输任务,除非托运人和收货人均有铁路支线。

（三）我国的国际货物铁路运输种类

我国铁路运输主要有国际铁路联运和国内铁路运输两种。

1. 国际铁路联运

凡是使用一份统一的国际联运票据,由铁路部门负责经过两国或两国以上铁路的全程运送,并由一国铁路部门向另一国铁路部门移交货物时,不需发货人和收货人参加,这种运输称为国际铁路联运（international railway trough transportation）。目前,我国对朝鲜、俄罗斯的大部分进出口货物及中东、中东欧一些国家的小部分进出口货物,都采用国际铁路联运的方式运送。

国际铁路联运主要是根据《国际货约》与《国际货协》所进行的铁路运输。它的主要特点如下。

① 它在跨国之间进行,运输范围局限在缔约国之间,涉及国家众多。

② 它具有手续简便、省时、风险小、费用低等优点。

③ 运单有正、副本之分,一式五联,副本用于结算货款。

④ 运费按运输里程和车型/次收取。

2. 国内铁路运输

国内铁路运输（inland railway transportation）是指仅在本国范围内按《国内铁路货物运输规程》办理的货物运输。我国出口货物经铁路运至港口装船及进口货物卸船后经铁路运往各地,均属于国内铁路运输的范围。

供应港、澳地区的物资经铁路运往香港、九龙,也属于国内铁路运输的范围。对港铁路运输由内地段和港段铁路运输两部分构成,是一种特殊的、租车方式的两票运输。其具体做法是:从发货地至深圳北站的内地段铁路运输,由发货人或发货地外运机构按照对港铁路运输计划的安排,填写国内铁路运单内地段,先行运往深圳北站,收货人为中国对外贸易运输公司深圳分公司;深圳分公司作为各外贸企业的代理,负责在深圳同铁路局办理货物运输单据的交换,并向深圳铁路局租车,然后申报出口,经查验放行后,将货物运输至九龙港;货车过轨后,由深圳外运分公司在香港的代理人——香港中国旅行社,向香港九广铁路公司办理港段铁路运输的托运、报关等手续,货车到达九龙目的站后,由香港中国旅行社将货物卸交给香港收货人。

对港铁路运输的主要特点如下。

① 运输过程。从内地始发站托运到深圳北站,交由设在深圳的外贸运输机构接货,然后由该机构会同香港的有关中资机构负责其后的运输至收货人。

② 运输需求。优质、适量、均衡、及时。

③ 使用单据。凭承运货物收据和提单可以在目的地提货。

④ 运输费用。内地段用人民币支付,香港段用港币结算。

国贸常识

目前世界铁路总长度约为140万公里,但分布极不均衡。世界铁路主要集中在美洲和欧洲,美洲铁路约占世界铁路总长的1/2,欧洲约占1/3,而非洲、澳洲和亚洲只占1/6左右。美国拥有铁路41.2万千米,居世界第1位;俄罗斯的电气化铁路居世界首位;日本因拥有2 034千米的高速客运线路(新干线)而著称于世。美国铁路承担的客运量很少,主要担当煤炭、铁矿等大宗货物运输;俄罗斯铁路客货运输都很繁忙,客货列车共线运行;西欧各国及日本铁路均以客运为主。截至2015年底,我国铁路营运里程超过12万千米,居世界第2位,其中高铁1.9万千米,居世界第1位。2006年,青藏铁路通车并投入运营。2018年底,我国高铁营业里程2.9万公里,位居世界第一。以进出口货运量计算,在我国的对外贸易运输中铁路运输仅次于海运而位居第二。

三、航空运输

航空运输(air transportation)是使用飞机、直升机及其他航空器运送人员、货物和邮件的一种现代化的运输方式。它与海洋运输、铁路运输相比,具有运输速度快、准确、方便、节省包装和减少储存费用等优点。在国际贸易中,航空运输适合于易腐烂商品、鲜活商品、精密仪器、贵重物品和季节性较强商品的运输。

(一)航空运输的种类

承运人有航空公司和航空货运代理人两种形式。运单不是物权凭证,不能流通转让。运单形式有空运单(AWB)、主运单(MAWB)和分运单(HAWB)等。

1. 班机运输

班机是指在固定时间、固定航线、固定始发站和目的站运输的飞机。通常,班机使用客货混合型飞机,一些大的航空公司也开辟有全货机航班。因为班机具有定时、定航线、定站等特点,所以班机运输(scheduled airline)适用于运送急需物品、鲜活商品及时令性商品。

2. 包机运输

包机运输(chartered carrier),是指包租整架飞机或由几个发货人(或航空公司货运代理公司)联合包租一架飞机来运送货物。包机运输是我国现阶段将商品输入俄罗斯的主要方式之一。

3. 集中托运

集中托运(consolidation),是指航空货运公司把若干单独发运的货物(每一货主货物要出具一份航空运单)组成一整批货物,用一份总运单(附分运单)整批发送到预定目的地,由航空公司在那里的代理人收货、报关,分拨后交给实际收货人。集中托运的运价一般比国际空运协会公布的班机运价低7%~10%。

4. 航空速递运送

航空速递运送(air courier/air express service)也称快件和外运业务,是当前国际航空运输中迅速发展的、最快捷的运输方式。这种方式以运送急需的药品、精密仪器、电子元件、图纸资料、货样和商务文件为主,被称为桌到桌运输(desk to desk service)。

(二)航空运费的计算

1. 计费公式

由于飞机装载的货物受最大载重、地板承受力和货舱容积的限制,因此航空运费根据每票货物所适用的运价和货物的计费质量计算而得。其计算公式如下。

$$航空运费=运价×计费质量$$

2. 计费质量

计费质量是指用以计算货物航空运费的质量。货物的计费质量为货物总的实际毛重与总的体积质量两者较高者,或者较高质量分界点质量。其计算公式如下。

$$计费质量=实际毛重(适用于高密度货物,俗称重货)$$
$$或　　=体积质量(适用于低密度货物,俗称轻泡货)$$
$$或　　=较高质量分界点质量$$

3. 体积质量

体积质量是指根据国际航协的规定,将货物的体积按一定比例折算出的质量。它的计算规则为以0.006立方米作为1千克来计算。根据这一基数,体积质量的计算公式如下。

$$体积质量(千克)=货物体积(立方米)÷0.006(立方米/千克)$$

学习案例 5-2

某企业出口一批货物,毛重为2 300千克,体积为16.7立方米,自上海空运至日本东京,运价为每千克人民币13.58元(100千克起算)。

解:① 体积质量=16.7立方米÷0.006立方米/千克=2 783.33(千克)
　　② 因为体积质量大于实际毛重,所以按体积质量计算,即计费质量=2 783.33(千克)
　　③ 航空运费=2 783.33千克×13.58元/千克=37 797.62(元)

国贸常识

航空公司代码如表5.1、表5.2所示。

表5.1　部分国内航空公司代码

中文名称	英文名称	2位代码	3位代码
中国国际航空公司	Air China	CA	CCA
中国北方航空公司	China Northern Airlines	CJ	CBF
中国南方航空公司	China Southern Airlines	CZ	CSN
中国西南航空公司	China Southwest Airlines	SZ	CXN
中国西北航空公司	China Northwest Airlines	WH	CWN
中国东方航空公司	China Eastern Airlines	MU	CES
厦门航空公司	Xiamen Airlines	MF	CXA
山东航空公司	Shandong Airlines	SC	CDG

（续表）

中文名称	英文名称	2 位代码	3 位代码
上海航空公司	Shanghai Airlines	FM	CSF
深圳航空公司	Shenzhen Airlines	4G	CSJ
中国新华航空公司	China Xinhua Airlines	X2	CXH
云南航空公司	Yunnan Airlines	3Q	CYH
新疆航空公司	Xinjiang Airlines	XO	CXJ
四川航空公司	Sichuan Airlines	3U	CSC
武汉航空公司	Wuhan Airlines	WU	CWU
贵州航空公司	Guizhou Airlines	G4	CGH
海南航空公司	Hainan Airlines	H4	CHH
福建航空公司	Fujian Airlines	FJ	CFJ

表 5.2　部分国际航空公司代码

中文名称	英文名称	2 位代码	3 位代码
港龙航空公司	Dragon Air	KA	KDA
大韩航空公司	Korean Air	KE	AKA
韩亚航空公司	Asiana Airways	OZ	AAR
日本航空公司	Japan Airlines	JL	JAL
全日空公司	All Nippon Airways	NH	ANA
新加坡航空公司	Singapore Airlines	SQ	SIA
泰国国际航空公司	Thai Airways International	TG	THA
美国西北航空公司	Northwest Airlines	NW	NWA
美国联合航空公司	United Airlines	UA	UAL
英国航空公司	British Airways	BA	BAW
德国汉莎航空公司	Lufthansa German Airlines	LH	DLH
法国航空公司	Air France	AF	AFR
瑞士航空公司	Swiss Air	SR	SWR
奥地利航空公司	Austrian Airlines	OS	AUA
俄罗斯国际航空公司	Aeroflot Russian International	SU	AFL
澳洲航空公司	Qantas Airways	QF	QFA
芬兰航空公司	Finnair Airlines	AY	FIN
意大利航空公司	Italia Airlines	AZ	AZA
斯堪的纳维亚（北欧）航空公司	Scandinavian Airlines	SK	SAS
文莱皇家航空公司	Royal Brunei Airlines	BI	RBA
印度尼西亚鹰航空公司	Garuda Indonesia Airlines	GA	GIA
新加坡胜安航空公司	Singapore Silk Air	MI	MMP
马来西亚航空公司	Malaysian Airlines	MH	MAS
埃塞俄比亚航空公司	Ethiopian Airlines	ET	RTH
美国长青国际航空公司	Evergreen Int Airlines	EZ	EIA
波兰航空公司	Lot-Polish Airlines	LO	LOT
罗马尼亚航空公司	Torom Romanian Air Transport	RO	ROT
乌兹别克斯坦航空公司	Uzbekistan Airlines	HY	UZB
伏尔加第聂伯航空公司	Volga-Dnepr Airlines	VI	VDA

（续表）

中文名称	英文名称	2 位代码	3 位代码
哈萨克斯坦航空公司	Kazakhstan Airlines	K4	KXA
蒙古航空公司	Miat Mongolian Airlines	OM	MGL
菲律宾航空公司	Philippine Airlines	PR	PAL
尼泊尔航空公司	Nepal Airlines	RA	RNA
伊朗航空公司	Iran Air-the Airlines of Isamic	IR	IRA
朝鲜航空公司	Air Koryo	JS	KOR
以色列航空公司	Ei Ai Israel Airlines	LY	ELY
澳门航空公司	Air Macau	NX	AMU
缅甸国际航空公司	Myanmar Airways	UB	UBA
越南航空公司	Vientnam Airlines	VN	HVN
巴基斯坦国际航空公司	Pakistan International Airlines	PK	PIA

四、公路、内河、管道和邮包运输

（一）公路运输

公路运输（road transportation）是一种现代化的运输方式，主要承担短途客货运输，当前所用运输工具主要是汽车。它不仅可以运进或运出对外贸易货物，而且也是车站、港口和机场集散进出口货物的重要手段。

公路运输与铁路、水路、航空运输方式相比，具有机动灵活、速度快和方便投资且投资少、见效快等特点，尤其是"门到门"运输中更离不开公路运输。公路运输的不足之处是载货量有限，运输成本高，容易造成货损事故等。

公路运输在我国对外贸易中占有重要地位，我国同许多周边国家有公路相通，同这些国家的进出口货物可以经由国境公路运输。我国内地对香港、澳门两个特别行政区的部分进出口货物，也通过公路运输来实现。随着我国公路，尤其是高速公路的修建、扩展，公路运输在对外贸易中将发挥更重要的作用。

（二）内河运输

内河运输（inland water transportation）是现代化运输的重要组成部分，是连接内陆腹地与沿海地区的纽带，在运输和集散进出口货物中起着重要作用。在欧洲，货物运输的43%左右是通过内河航运完成的。

我国拥有四通八达的内河航运网，长江、珠江等主要河流中的一些港口已对外开放，同一些邻国还有国际河流相通。这为我国进出口货物通过河流运输和集散提供了有利条件。

（三）管道运输

管道运输（pipeline transportation），是货物在管道内借助于高压气泵的压力输往目的地的一种运输方式，主要适用于运输液体、气体及粉末、颗粒状货物。它的固定投资大，但建成后运输成本低。

管道运输在美国、欧洲的许多国家及石油输出国组织（OPEC）的石油运输方面起到了积极的作用。我国的管道运输始于20世纪70年代初。迄今为止，我国不少油田均有输油管道直通海港，向一些国家出口的石油（如朝鲜）也是通过管道运输的。

近年来，管道运输在世界范围内发展迅速，2000年美国新建管道8 333千米，世界总计新建管道26 885千米（以上数据均包括天然气管道、原油管道、成品油管道和海上管道）。目前，我国正规划建设"西气东输"和"俄气南送"两大能源项目。通过"俄气南送"，将从俄罗斯进口300亿立方米天然气，投资逾500亿元人民币。

（四）邮包运输

邮包运输（parcel post transportation）是一种较简便的运输方式，适用于质量轻、体积小的货物传递。

国际邮包运输具有国际多式联运和"门到门"运输的性质，托运人只需按邮局章程一次托运、一次付清足额邮资，取得邮政包裹收据（parcel post receipt），交货手续即告完成。

近年来，快递业务迅速发展。目前，快递业务主要有以下几种。

① 国际特快专递（international Express Mail Service，EMS）。这是我国邮政部门办理的特快专递业务。

② DHL信使专递（DHL courier service）。这是国际信使专递行业中具有代表性的专递公司。它的总部设在美国纽约，在世界140多个国家和地区设有分支公司和代理机构，传递范围遍及世界各地。它进入中国市场后，打破了国内由EMS一统天下的垄断地位。

五、联合运输

联合运输（combined transportation）是指使用两种或两种以上运输工具完成运输任务的综合运输方式。联合运输主要存在以下几种具体形式。

（一）陆空、陆空陆、海空和陆海联运

陆空、陆空陆、海空和陆海联运是将陆运、海运和空运有机组合而成的运输方式。

（二）大陆桥运输

大陆桥运输（land bridge transportation）是指使用横贯大陆的铁路（公路）运输系统作为中间桥梁把大陆两端海洋运输连接起来的连贯运输方式。在形式上，大陆桥运输就是海—陆—海的连贯运输。大陆桥运输一般以集装箱为媒介，因而具有集装箱运输的优点。

国贸常识

大陆桥运输是集装箱运输开展以后的产物，始于1967年。目前，世界上的大陆桥有3条。①北美大陆桥，包括美国大陆桥和加拿大大陆桥。美国大陆桥有两条运输线路：一条是从西部太平洋沿岸至东部大西洋沿岸的铁路和公路运输线；另一条是从西部太平洋沿岸至东南部墨西哥沿岸的铁路和公路运输线。加拿大大陆桥则从西太平洋的温哥华经铁路到达蒙特利尔或哈利法克斯，再与大西洋海运相接。北美大陆桥是世界上历史最悠久、影响最大、服务范围最广的大陆桥运输线。②西伯利亚大陆桥，又称欧亚大陆桥，利用俄罗斯西伯利亚铁路作为陆地桥梁，将太平洋远东地区与波罗的海和黑海沿岸及西欧大西洋口岸连接起来。这条大陆桥是目前世界上最长的一条陆桥运输线，全长约13 000千米。我国通过该大陆桥向西欧、北欧和伊朗运输货物，运输距离能缩短1/3或1/2，运输时间能节省1/2，运输费用能节省20%~30%。③新亚欧大陆桥。1990年9月12日，我国北疆铁路与苏联土西铁路顺利接轨，形成了继西伯利亚大陆桥之后又一条横贯亚欧大陆的更为便捷的铁路通道。这条大陆桥东起我国的连云港、日照等沿海港口城市，西行出境穿越哈萨克斯坦等中亚国家，经俄罗斯、乌克兰、波兰等欧洲国家，抵达大西洋东岸荷兰的鹿特丹、比利时的安特卫普等欧洲口岸，全长10 800千米。使用新亚欧大陆桥将货物自我国运至欧洲，每个20英尺标准集装箱较海运节省运费最多达600美元，且能减少50%的运输时间。相比西伯利亚大陆桥，它缩短了2 000~2 500千米，节省5天左右的运输时间，节省运费10%以上。截至2018年8月底，我国中欧班列累计开行超过11 000列，运行线路达65条，通达欧洲15

个国家的 44 个城市,累计运送货物 92 万标箱。

(三)国际多式联运

国际多式联运(international multimodel transportation),是指按照多式联运合同,以至少两种不同的运输方式,由多式联运经营人将货物从一国境内接受货物的地点运往另一国境内指定交付货物的地点的一种运输方式。

国际多式联运是在集装箱运输的基础上发展起来的一种新的运输方式,它把过去那种海、陆、空、内河运输等互不关联的单一运输有机地结合起来,不管路途多么遥远,手续多么复杂,货主只需办理一次托运,支付一笔运费,取得一张包括全程运输的联运单据。如果货物在运输途中发生货损或丢失之类的问题,只需找多式联运经营人解决即可。

多式联运经营人(multimodal transport operator),是指多式联运经营人或通过其代表订立多式联运合同的任何人。它是事主,不是发货人的代理人、代表或参加多式联运的承运人的代理人、代表,负有履行合同的责任。它可以充当实际承运人,办理全程或部分运输业务,也可以是无船承运人(Non-Vessel Operating Common Carrier, NVOCC),即将全程运输交由各段实际承运人来履行。

典型工作任务二　海运班轮航线与港口的操作

工作困惑

当签订销售合同时,在海洋运输方式下,如何选择海运班轮航线?如何选择海运港口?

工作认知

一、航线的概念和分类

从经济角度来说,海洋成了各国各地区之间贸易往来的重要通道。目前,世界海运航线纵横于各大洋。从不同角度出发,海运航线主要有以下几种分类方法。

(一)按船舶营运方式划分

① 定期航线。这是指使用固定的船舶,按固定的船期和港口航行,并以相对固定的运价经营客货运输业务的航线。定期航线又称班轮航线,主要装运杂件货物。

② 不定期航线。这是指临时根据货运的需要而选择的航线。其船舶、船期、挂靠港口均不固定,以经营大宗、低值货物运输业务为主。不定期航线又称租船运输。

(二)按航运范围划分

① 国际大洋航线(ocean going shipping line),也称远洋航线。这是指贯通一个或数个大洋的海上运输路线。它的航线距离较长,是世界性的航线,包括大西洋航线、太平洋航线、印度洋航线及穿越两个以上大洋的航线。

② 地区性国际海上航线(near-sea shipping line),也称近洋航线。这是指不跨越大洋,在局部海域较邻近国家间港口运作的航线,航程比国际大洋航线短。

③ 沿海航线(coastal shipping line)。这是指连接同一国家沿海各港口之间的海运航线,属于一国的国内航线。

国贸常识

世界主要船东名称如表5.3所示。

表5.3 世界主要船东名称（中英文对照）

序号	船东名称（中文）	英文缩写	序号	船东名称（中文）	英文缩写
1	阿拉伯轮船	UASC	40	阳明海运	YML
2	阿联酋船务	EMI	41	宁波海运	NBO
3	澳航	ANL	42	南星海运	NSS
4	台湾航业	TNC	43	南美邮船	CSAV
5	长江轮船	CJS	44	以星航运	ZIM
6	太平船务	PIL	45	萨姆达拉	SAMUD
7	太荣商船	TYS	46	山东远东	SDYD
8	北欧亚	NCL	47	伊朗国航	IRISL
9	长锦商船	SINKO	48	正利航业	CNC
10	长荣海运	EMC	49	商船三井	MOL
11	川崎汽船	KKK	50	荷兰塔斯曼	TSM
12	达飞轮船	CMA	51	智利航运	CCNI
13	达贸	DEL	52	中日轮渡	CJF
14	德国胜利	SEN	53	洋浦中诚	CULINES
15	德利航运	HUB	54	万海航运	WHL
16	德翔航运	TSL	55	大连威兰德	WINL
17	地中海航运	MSC	56	中外运	SINO
18	东方海外	OOCL	57	山东海丰	SITC
19	东进商船	DJS	58	兴亚海运	HAL
20	东映海运	DYS	59	烟台国际海运	SYMS
21	津神	TJF	60	斗宇	DOOW
22	俄远东	FESCO	61	中海集运	CSCL
23	泛洲海运	PCS	62	中远/泛亚	COSCO
24	上海海华	HAS	63	秦皇岛秦仁海运	QININ
25	民生	MSS	64	马来西亚航运	MISC
26	韩进海运	HJS	65	比利时南航（南非航运）	SAFMR
27	汉堡航运	HBS	66	日本奥林汽船	ORIENT FERRY
28	日本邮船	NYK	67	威东	WEIDONG FERRY
29	重庆海运	CQMS	68	泰国宏海箱运有限公司	RCL
30	锦江航运	JJS	69	捷尼克株式会社	GENEQ
31	京汉海运	CHS	70	印度国家航运公司	SCI
32	神原汽船	KKC	71	东南亚海运	DNS
33	马鲁巴	MARUB	72	高丽海运	KMTC
34	马士基航运	MSK	73	安通国际株式会社	ONTO
35	玛丽亚那	MARI	74	赫伯罗特（CP）	HLC
36	现代商船	HMM	75	上海国际轮渡有限公司	SIF

（续表）

序号	船东名称（中文）	英文缩写	序号	船东名称（中文）	英文缩写
37	美国轮船	USL	76	天敬海运株式会社	CK
38	美森航运	MATSON	77	烟台中韩轮渡有限公司	YZF
39	美国总统	APL	78	连云港中韩轮渡	LIANYUNGANG C-K

二、世界主要大洋航线

世界主要大洋航线如下。

（一）北大西洋航线

西欧（鹿特丹、汉堡、伦敦、哥本哈根、圣彼得堡）；北欧（斯德哥尔摩、奥斯陆等）—北大西洋—北美洲东岸（纽约、魁北克等）、南岸（新奥尔良港，途经佛罗里达海峡）。

（二）亚欧航线

该航线也称苏伊士运河航线：东亚（大阪、上海、香港等港口，途经台湾、巴士海峡等）、东南亚（新加坡、马尼拉等）—马六甲海峡—印度洋（南亚科伦坡、孟买、加尔各答、卡拉奇等）—曼德海峡（亚丁）—红海—苏伊士运河（亚历山大）—地中海（突尼斯、热那亚、马赛）—直布罗陀海峡—英吉利（多佛尔）海峡—西欧各国。

（三）好望角航线

西亚（阿巴丹等，途经霍尔木兹海峡）、东亚、东南亚、南亚—印度洋—东非（达累斯萨拉姆）—莫桑比克海峡—好望角（开普敦）—大西洋—西非（达喀尔）—西欧。载重量在25万吨以上的巨轮无法通过苏伊士运河，需绕行非洲南端的好望角。

（四）北太平洋航线

亚洲东部、东南部—太平洋—北美西海岸（旧金山、洛杉矶、温哥华、西雅图等）。这是亚洲同北美洲各国间的国际贸易航线，随着东亚（特别是中国）外向型经济的迅速发展，这条航线上的贸易量在不断增加。

（五）巴拿马运河航线

北美洲东海岸—巴拿马运河（巴拿马城）—北美洲西海岸各港口。这是沟通大西洋和太平洋的捷径，对美国东西海岸的联络具有重要意义。

（六）南太平洋航线

亚太地区国家（悉尼、惠灵顿）—太平洋（火奴鲁鲁）—南美洲西海岸（利马、瓦尔帕莱索等）。

（七）南大西洋航线

西欧—大西洋—南美洲东海岸（里约热内卢、布宜诺斯艾利斯等）。

（八）北冰洋航线

东亚（海参崴）—太平洋—白令海峡—北冰洋—北欧（摩尔曼斯克）—大西洋—西欧。

其中，前4条航线是世界上比较繁忙的航线：北大西洋航线是世界最繁忙的海上运输路线；好望角航线是石油运量最大的航线，被称为西方国家的"海上生命线"。

三、我国对外贸易主要海运航线

我国同世界上200多个国家和地区有贸易往来，中国对外贸易运输集团和中国远洋公司已开辟了我国至世界各地的60多条定期航线（不包括香港特别行政区航线在内）。

习惯上，我国海运业把我国沿海港口去往世界各地的航线按航程远近分为近洋航线和远洋航线两类。

① 近洋航线（local line）。这是指由我国沿海出发去往太平洋及印度洋部分水域的对外贸易海运航线。

② 远洋航线（ocean line）。这是指除近洋航线以外的中国至世界各地港口的航线。

学习案例 5-3

2019 年现代商船公布的中国—东南亚航线船期表如表 5.4 所示。

表 5.4　2019 年现代商船公布的中国—东南亚（China-Southeast Asia）航线船期表

Vessel	Voy	Shanghai	Xiamen	Singapore	Port Kelang	Madras
Tiger Pear	1028	0910	0912	0916	0917	0921
Tiger Jade	028	0917	0919	0923	0924	0928
H. Future	414	0924	0926	0930	1001	1005
H. Stride	414	1001	1003	1007	1008	1012

如果你是外销业务员，要将货物从上海出口至 Port Kelang，客户要求在 2019 年 9 月 15 日之前装船，请问可以选择哪艘船？几号可以到达目的港 Port Kelang？

四、世界主要港口

（一）世界港口介绍

世界上国际贸易海港约 2 500 个。其中，吞吐量不足 100 万吨的占 3/4，吞吐量超过 1 000 万吨的有 100 多个，5 000 万吨以上的有 20 多个。主要港口有上海、宁波、鹿特丹港、纽约港、神户港、横滨港、新加坡港、汉堡港、安特卫普港、伦敦港、长滩港及洛杉矶港等。

（二）我国对外贸易主要港口

伴随着我国对外经贸事业的不断发展，我国沿海港口建设近十多年来进入了速度快、成绩最显著的时期。现在我国主要贸易港口（含台湾省港口）主要有：大连港、秦皇岛港、天津港、青岛港、连云港港、上海港、宁波港、广州港、湛江港、高雄港、基隆港和香港港等。我国沿海的重要港口还有烟台港、福州港、厦门港、珠海港、北海港、汕头港、深圳港等。

国贸常识

世界主要港口如下。

加拿大（Canada）

蒙特利尔港（Port of Montreal）　　　　多伦多港（Port of Toronto）

埃尔波尼港（Port of Alberni）　　　　达尔豪西港（Port of Dalhousie）

魁北克港（Port of Québec）　　　　哈密尔顿港（Port of Hamilton）

贝塞德港（Port of Bayside）　　　　彻奇尔港（Port of Churchill）

锡得尼港（Port of Sydney-Canada）

墨西哥（Mexico）

维拉克鲁斯港（Puerto de Veracruz）　　　　马萨特兰港（Port of Mazatlan）

美国（United States）

安那柯的斯港（Port of Anacortes）　　　　巴尔的摩港（Port of Baltimore）

贝灵哈姆港（Port of Bellingham, Wa.）　　　　查尔斯顿港（Port of Charleston）

克珀斯-克里斯堤港（Port of Corpus Christi）　　　　卡拉玛港（Port of Kalama）

格雷斯港(Port of Grays Harbor)　　维特曼港(Port of Whitman)

洛杉矶港(Port of Los Angeles)　　莫比尔港(Port of Mobile)

波特兰港(Port of Portland)　　塔科马港(Port of Tacoma)

新罕布什尔港(New Hampshire Port Autority)　　奥克兰港(Port of Oakland)

威尔明顿港(Port of Willmington)　　亚瑟港(Port of Port Arthur)

斯托克顿港(Port of Stockton)　　西雅图港(Port of Seattle)

纽约-新泽西港(Port Authority of New York and New Jersey)　　休斯敦港(Autoridad Portuaria de Houston)

杰克森维尔港(Port of Jacksonville)

非洲(Africa)

罗安达港(Port of Luanda)　　德班港(Port of Durban)

理查德湾港(Port of Richards Bay)　　塞丹哈港(Port of Saldanha)

开普敦港(Port of Capetown)

欧洲(Europe)

鹿特丹港(Port of Rotterdam)　　奥斯陆港(Port of Oslo)

安特卫普港(Port of Antwerp)　　赫尔辛基港(Port of Helsinki)

波尔多港(Port of Bordeaux)　　汉堡港(Port of Hamburg)

热那亚港(Port of Geneva)　　巴塞罗那港(Port of Barcelona)

毕尔巴鄂港(Port of Bilbao)　　南安普顿港(Port of Southampton)

哥德堡港(Port of Goteborg)

亚洲(Asia)

釜山港(Port of Busan)　　仁川港(Port of Inchon)

神户港(Port of Kobe)　　名古屋港(Port of Nagoya)

横滨港(Port of Yokohama)　　川崎港(Port of Kawasaki)

酒田港(Port of Sakata)　　千叶港(Port of Chiba)

迪拜港(Port of Dubai)　　孟买港(Port of Mumbai)

卡拉奇港(Port of Karachi)　　新加坡港(Port of Singapore)

加尔各答港(Port of Calcutta)

中国(China)

上海港(Port of Shanghai)　　宁波港(Port of Ningbo)

连云港港(Port of Lianyungang)　　大连港(Port of Dalian)

青岛港(Port of Qingdao)　　香港港(Port of Hongkong)

高雄港(Port of Kaohsiung)　　花莲港(Port of Hualien)

基隆港(Port of Keelung)　　台中港(Port of Taichung)

典型工作任务三　运输单据的认知

工作困惑

在国际贸易中,出口方需要提供哪些运输单据?这些运输单据在国际贸易中的作用有哪些?

📖 工作认知

运输单据是指出口人将货物交给承运人办理装运时或在装运完毕后,由承运人签发给出口人的证明文件。它是交接货物、处理索赔与理赔及向银行议付、结算货款的重要单据。在国际贸易货物运输中,运输单据的种类很多,包括海运提单、铁路运单、承运货物收据、航空运单、邮包收据、联运提单及多式联运单据等。现将主要运输单据介绍如下。

一、海运提单

(一) 海运提单的性质和作用

海运提单(ocean Bill of Lading,B/L)简称提单,是由船公司或其代理人签发的,证明已收到特定货物,允诺将货物运至特定目的地,并交付给收货人的书面凭证。它的性质和作用如下。

① 提单是承运人或代理人签发的货物收据(receipt for the Goods),证明已按提单所列内容收到货物。

② 提单是货物所有权的凭证(document of title)。提单的合法持有人有权凭提单向承运人提取货物,也可以在载货船舶到达目的港交货之前办理转让,或者凭此提单向银行办理抵押贷款。

③ 提单是承运人与托运人之间订立运输合同的证明(evidence of contract),也是承运人与托运人或收货人处理双方权利、义务的依据。

(二) 海运提单的种类

提单可以从不同角度加以分类,主要有以下几种。

1. 根据货物是否已装船,可分为已装船提单和备运提单

已装船提单(on board B/L 或 shipped B/L)是指船公司将货物装上指定轮船后签发的提单;备运提单(received for shipment B/L)是指船公司已收到托运货物等待装船期间所签发的提单。

2. 根据提单有无不良批注,可分为清洁提单和不清洁提单

① 清洁提单(clean B/L)。这是指货物在装船时表面状况良好,船公司在提单上未加任何有关货物受损或包装不良等批注的提单。

② 不清洁提单(unclean B/L 或 foul B/L)。这是指船公司在提单上加有对货物表面状况、包装不良或有缺陷等批注的提单。

3. 根据提单收货人抬头的不同,可分为记名提单、不记名提单和指示提单

① 记名提单(straight B/L)。这是指在"收货人"栏内填明特定收货人名称,只能由该特定收货人提货的提单。由于这种提单不能通过背书方式转让给第三方,因此不能流通,在国际贸易中很少使用。

② 不记名提单(bearer B/L)。这是指在"收货人"栏内没有指明任何收货人,谁持有提单,谁就可以提货,承运人交货只凭单、不凭人的提单。这种提单风险很大,在国际贸易中也很少使用。

③ 指示提单(order B/L)。这是指在"收货人"栏填写"凭指定"(to order)或"凭某人指定"(to order of…)字样的提单。"收货人"栏内不明确写明收货人的名称,但需写上"凭发货人指定"(to order 或 order of shipper)、"凭收货人指定"(order of consignee)或"凭某银行指定"(order of×××bank)等。这种提单可经过背书转让,故在国际贸易中广为使用,而且这种提单必须经过背书才能生效、提货。目前在实际业务中,使用最多的是"凭指定"并经空白背书的提单,俗称"空白抬头、空白背书提单"。

4. 按运输方式的不同,可分为直达提单、转船提单和联运提单

① 直达提单(direct B/L)。这是指货物从装运港装船后,中途不经换船而直接驶达目的港

卸货的提单。

② 转船提单（transhipment B/L）。这是指船舶从装运港装货后，不直接驶往目的港，而需在中途港口换船所签发的提单。其转运手续由第一程船承运人负责代办，费用也由它承担，但责任由各程船公司分段承担。

③ 联运提单（through B/L）。这是指经过海运和其他运输方式联合运输时由第一程承运人所签发的包括全程运输的提单。它的性质同转船提单一样，途中转运的手续和费用都由第一程承运人承担，但转运及以后的责任由各段的承运人分别承担。

5. 按船舶经营性质（营运方式）的不同，可分为班轮提单和租船提单

① 班轮提单（liner B/L）。这是指经营班轮运输的轮船公司或代理人出具的提单，提单上列有详细的运输条款。

② 租船提单（charter party B/L）是指船方根据租船合同签发的一种提单，提单上注有"根据×××租船合同出立"字样，不另外详列条款。因此，这种提单要受到租船合同的约束，不成为一个完整的独立文件。银行或买方在接受这种提单时，往往要求卖方提供租船合同副本，以了解提单和租船合同的全部情况。

6. 集装箱提单

集装箱提单（container B/L）是指以集装箱装运货物所签发的提单。它有两种形式：一种是普通的海运提单上加注"用集装箱装运"字样；另一种是使用"多式联运提单"（combined transport B/L），这种提单增加了集装箱号码（container number）和封号（seal/number）的内容。使用多式联运提单，应在信用证上注明"多式联运提单可以接受"（combined transport B/L acceptable）或类似的条款。

7. 根据提单内容的繁简，可分为全式提单和略式提单

① 全式提单（long form B/L）。这是指在背面详细列有承运人和托运人的权利、义务条款的提单。

② 略式提单（short form B/L）。这是指背面无条款，而只列出正面必须记载事项（如船名、货名、标志、件数、质量或体积、装运港、目的港、托运人名称、收货人名称与地址、运费预付或到付等项目）的提单。这种提单一般都列有"本提单货物的收受、保管、运输和运费等项，均按本公司全式提单上的条款办理"字样。此外，在租船合同项下所签发的提单通常也是略式提单，在这种提单上应注明"所有条件根据×年×月×日签订的租船合同"字样。

8. 按提单使用有效性的不同，可分为正本提单和副本提单

① 正本提单（original B/L）。这是指其上有承运人、船长或代理人签字盖章并注明签发日期的提单。正本提单上需标有"正本"（original）字样，以示与副本的区别。

② 副本提单（copy B/L）。这是指其上没有承运人、船长或代理人签字盖章，而仅供参考的提单。副本提单上一般都有"副本"（copy）或"不作流通转让"（non-negotiable）字样，以示与正本提单有别。

9. 其他提单

除上述各组提单外，国际贸易中还有过期提单、预借提单、倒签提单和舱面提单等。

① 过期提单（stale B/L）。这是指错过规定的交单日期或晚于货物到达目的港的提单。前者是指卖方超过提单签发日期后 21 天才交到银行议付的提单，按惯例如果信用证无特殊规定，银行一般拒绝接受这种过期提单；后者是在近洋运输中容易出现的情况，故在近洋国家间的贸易合同中，一般都订有"过期提单可以接受"（stale B/L is acceptable）条款。

② 预借提单（advanced B/L）。这是指因信用证规定的装运日期和议付日期已到，货物因故

未能及时装船,但已被承运人接管,或者已经开始装船但尚未装完,托运人出具保函,要求承运人签发,以便如期办理结汇的提单。但是,如果被收货人发现,可以以"伪造提单"为由诉诸法律,承运人和托运人将难逃合谋欺诈之责。

③ 倒签提单(ante-dated B/L)。这是指承运人应托运人的请求,签发日期早于实际装运日期的提单。使用倒签提单是为了符合信用证对装船日期的规定,便于在该信用证下结汇。倒签提单在性质上同预借提单一样,也是违法的欺诈行为。

④ 舱面提单(on deck B/L),也称甲板货提单。这是指对装在甲板上的货物所签发的提单。根据《海牙规则》(1924 年签署的《统一提单的若干法律规则的国际公约》),承运人对舱面货(deck cargo)的损坏或丢失不负责任,所以买方和银行一般都不愿接受舱面提单,除非信用证中有"允许货物装在甲板上"的类似条款。但在集装箱运输方式下,按国际惯例装于舱面的集装箱是"船舱的延伸",因而与舱内货物地位等同,银行和买方不能拒绝这种提单。

学习案例 5-4

我国出口企业 A 公司与美国 B 公司签订了 50 万美元的合同,出口一批服装。B 公司反复强调这批服装是应对圣诞销售季节的,要求货物于 10 月 30 日前到达目的港。9 月初开来信用证,规定 L/C 的最迟装运期为 9 月 30 日,有效期至 10 月 14 日。由于原材料的原因,A 公司等到 10 月 1 日才备妥货物,经与船公司联系,10 月 7 日装货。为了顺利结汇,要求船务公司签发日期为 9 月 30 日的倒签提单。货物到达目的港后,恰逢经济衰退,B 公司无法售出这批服装。无奈之下,B 公司查证实际装运期为 10 月 7 日,故向当地法院提出诉讼,要求 A 公司退回货款,并承担相关费用。试问:A 公司是否需要承担相关责任? 为什么?

(三)海运提单的格式和内容

尽管每个船公司都有自己的提单格式,但基本内容大致相同,一般包括提单正面的记载事项和提单背面印就的运输条款。

1. 提单正面的内容

提单正面的记载事项分别由托运人和承运人或代理人填写,通常包括如表 5.5 所示的事项。

表 5.5　提单正面的记载事项

序号	项　　目	序号	项　　目
1	提单号码	8	唛头及件号
2	托运人	9	货名及件数
3	收货人	10	质量和体积
4	被通知人	11	运费预付或运费到付
5	收货地或装货港	12	正本提单的份数
6	目的地或卸货港	13	船公司或代理人的签章
7	船名及航次	14	签发提单的地点及日期

2. 提单背后的条款

在班轮提单背后通常印有运输条款,这些条款是作为确定承运人与托运人之间、承运人与收货人及提单持有人之间的权利和义务的主要依据。提单中的运输条款,起初是由船方自行规定的,后来船方在提单中加列越来越多的免责条款,使货方的利益失去了保障,并降低了提单作为物权凭证的作用。

国贸常识

为了缓解船货双方的矛盾并照顾到双方的利益,国际上为了统一提单背面条款的内容,曾先后签署了有关提单的国际公约。其中包括:①1924 年签署的《关于统一提单的若干法律规则的国际公约》,简称《海牙规则》(*The Hague Rules*);②1968 年签署的《布鲁塞尔议定书》,即《维斯比规则》(*The Visby Rules*);③1978 年签署的《联合国海上货物运输公约》,简称《汉堡规则》(*The Hamburg Rules*)。由于上述 3 项公约签署的背景不同,内容不一,各国对这些公约所持的态度也不相同,所以各国船公司签发的提单背面条款也就有差异。提单的样例如图 5.1 所示。

二、铁路运输单据

铁路运输分为国际铁路联运和国内铁路运输两个部分。国际铁路联运使用国际铁路联运运单,国内铁路运输使用国内铁路运单。通过铁路对港澳出口货物,也属于国内铁路运输的范畴,但涉及一些特定的做法,由于国内铁路运单不能作为结汇凭证,故使用承运货物收据这种特定性质和格式的运单。现将国际铁路联运运单和承运货物收据介绍如下。

(一)国际铁路联运运单

国际铁路联运运单(international railway through transport bill)是指铁路承运国际联运货物时出具的凭证,也是铁路与货主之间缔结的运输契约。该运单正本从始发站随同货物附送至终点站并交给收货人,作为铁路与货主交接货物、核收运杂费用及处理纠纷的依据。国际铁路联运运单副本在铁路加盖承运日期戳记后还给发货人,作为卖方向银行结算货款的主要凭证。铁路运单不能通过背书转让,也不能用此提取货物,不是所有权的凭证。收货人凭铁路到货通知单提货。

(二)承运货物收据

承运货物收据(cargo receipt)是指在对香港、澳门的铁路运输中,承运人(一般是中国对外贸易运输公司)在货物装上火车并取回铁路证明后签发给托运人的货物收据。承运货物收据既代表货物所有权,又是港澳收货人的提货凭证,类似于海运提单。

对港澳地区的铁路运输是一种特定的国内铁路运输方式。铁路部门承运供港澳货物后,只负责发至深圳北站或广州南站;货抵深圳后,由深圳外运公司代表发货人向铁路办理租车,然后过轨去香港,由外运公司在香港的代理中国旅行社货运公司继续办理港段运输,或者货抵广州后,由广州外运公司办理转船至澳门。因为国内铁路运单不能作为对外结汇的凭证,各地外运公司以货运代理人的身份向发货人签发承运货物收据,作为向银行办理结汇的凭证。

三、航空运单

航空运单(air way bill)是指承运货物的航空公司或代理人,在收到承运货物、接受货物托运人空运要求后签发给托运人的一种运输货物收据。

航空运单也是托运人与承运人之间的运输合同,但与海运提单不同,它不具有物权凭证的性质,不能通过背书转让。收货人提货不是凭航空运单,而是凭航空公司的提货通知单,但托运人可凭航空运单向银行办理议付结汇。另外,航空运单还可作为承运人核收运费的依据和报关时海关查验放行的基本单据。

Shipper

LAIN FUNG INTERNATIONAL (H. K.) LTD.

Booking Ref:

B/L No.: ZDMTDARP0930849

S/O NO. GZF2903059

PIL

PACIFIC INTERNATIONAL LINES (PTE) LTD
(Incorporated in Singapore)
CO. REG. NO. 196700080N

PORT-TO-PORT OR COMBINED TRANSPORT BILL OF LADING

Consignee (not negotiable unless consigned "to order" or "to order of" a named Person or "to order of bearer")

TO ORDER

Received in apparent good order and condition except as otherwise noted the total number of packages or units enumerated below for transportation from the Port of Loading (or the Place of Receipt if mentioned below) to the Port of Discharge (or the Place of Delivery if mentioned below), subject to all the terms and conditions hereof, including the terms and conditions on the reverse hereof. One of the signed original Bills of Lading must be surrendered duly endorsed in exchange for the Goods or delivery order. In accepting this Bill of Lading, the Merchant expressly accepts and agrees to all the terms and conditions hereof, including the terms and conditions on the reverse hereof, and the rights and liabilities arising in accordance with the terms and conditions hereof shall (without prejudice to any rule of common law or statute rendering them binding on the Merchant) become binding in all respects between the Carrier and the Merchant as though the contract evidenced hereby had been made between them.

Notify Party
ROMEXCO LIMITED

Vessel and Voyage Number	Port of Loading	Port of Discharge
JIAN GONG 558 V-000009031809	HUANGPU, CHINA	DAR ES SALAAM

Place of Receipt*	Place of Delivery*	Number of Original Bs/L
HUANGPU, CHINA	DAR ES SALAAM	THREE (3)

PARTICULARS AS DECLARED BY SHIPPER - BUT WITHOUT REPRESENTATION AND NOT ACKNOWLEDGED BY CARRIER

Container Nos. / Seal Nos. Marks / Numbers	No. of Containers / Packages / Description of Goods	Gross Weight (Kilos)	Measurements (cu-metres)
N/M	2 CNTRS 2200 CTNS	"SHIPPER'S LOAD & COUNT SAID TO CONTAIN" BATTERIES	52800. 000KGS	60. 290M3
			PCIU3149277/20' /CY-CY 1100CTNS/26400. 000KGS/30. 145M3 SEAL NO:L438937	
		FREIGHT PREPAID DAR ES SALAAM IN TRANSIT UNDER CNEE'S OWN ARRANGEMENT, A/C & OWN RISK CARRIER'S LIABILITY CEASES AT DAR ES SALAAM	PCIU3856460/20' /CY-CY 1100CTNS/26400. 000KGS/30. 145M3 SEAL NO:L438932	
		2ND VESSEL:KOTA WARIS V.WRS190		
		SWITCH B/L IN HONG KONG		
		"FREIGHT PREPAID" CY-CY		

FREIGHT & CHARGES

OCEAN FREIGHT   AS ARRANGED

Total number of containers or packages received by the Carrier (in words)

TWO (2) 20' CONTAINERS ONLY.

Shipped on Board Date: MAR. 19, 2019

PIL (TANZANIA) LTD
PEUGEOT HOUSE, 2ND FLR, ALI HASSAN
MWINYI ROAD, DAR-ES-SALAAM, TANZANIA
TEL:+255 22 2126061/2126048
FAX:+255 22 2118602

Place and Date of Issue:
GUANGZHOU   MAR. 19, 2019

In Witness Whereof the number of Original Bills of Lading stated above have been issued, all of the same tenor and date, one of which being accomplished, the others to stand void.
Signed for the Carrier
PACIFIC INTERNATIONAL LINES (PTE) LTD
太平船务(中国)有限公司广州分公司
PACIFIC INTERNATIONAL LINES (CHINA) LTD. GUANGZHOU BRANCH

applicable only when this document is used as a Combined Transport Bill of Lading

IST ORIGINAL

图 5.1　提单样例

四、邮包收据

邮包收据（parcel post receipt）是邮包运输的主要单据。它是邮局收到寄件人的邮包后所签发的凭证，是寄件人向银行议付结汇的凭证，也是收件人提取邮件的凭证。当邮包发生损坏或丢失时，它还可以作为索赔和理赔的依据。但邮包收据不是物权凭证。

五、多式联运单据

多式联运单据（multimodal transport documents）是在国际货物多种运输情况下，由多式联运经营人所签发的证明货物已由其接管，并对货物运输全程负责，按照合同条款交付货物的一种单据。这种单据虽与海运中的联运提单有相似之处，但性质与联运提单有别，主要表现在以下几个方面。

① 联运提单限于在海运与其他运输方式所组成的联合运输时使用。多式联运单据使用范围较广，既可以用于海运与其他运输方式的联运，也可用于不包括海运的其他任何两种或两种以上运输方式的联运。

② 联运提单由承运人、船长或代理人签发；多式联运单据由多式联运经营人或授权人签发。多式联运经营人可以是完全不掌握运输工具的无船承运人，全程运输由经营人安排并负责，而联运提单的签发人仅对第一程运输（海运）负责。

③ 联运提单是货物装船之后，由第一承运人签发的全程联运提单，属于已装船提单；多式联运单据可以是已装船的，但大部分是在联运经营人接管货物后准备装运时签发的单据，银行对这种待运性质的单据是接受的。

④ 联运提单是物权凭证，而多式联运单据可以是物权凭证，也可以不是物权凭证。根据国际商会第 298 号出版物《联合运输单据统一规则》的规定，联运单据可以以可转让形式出立，从而成为物权凭证，也可以以不可转让形式出立，从而不是物权凭证。

典型工作任务四　国际贸易销售合同装运条款的操作

工作困惑

在签订国际贸易销售合同时，有关装运条款的内容有哪些？如何规定装运时间、装运港（地）、目的港（地）？如何约定转运与分运？

工作认知

在国际贸易销售合同中，装运条款是重要的条款之一，其中装运时间、装运地点与目的地、能否分批装运和转船、转运等事项的规定是装运条款的主要内容。

一、装运时间

装运时间（time of shipment）又称装运期，国际贸易销售合同对于装运时间的规定大致有以下几种方法。

（一）明确规定具体的装运时间或装运期限

这种方法简单明了，不容易发生误解和争议，在国际贸易中广泛使用。在实际操作中，一般有以下 3 种做法。

① 明确规定具体装运日期。例如,"于 2019 年 10 月 16 日装运"(shipment on October 16, 2019)。这种规定对于卖方来说有明显的不利——卖方不仅不能提前装运,更不能延迟装运,只要不是在规定的装运日(10 月 16 日)装运即构成违约。因此,卖方一般不愿意接受这种规定方法。

② 规定具体的装运期限。例如,"九月份装运"(shipment during September)。由于这种规定方法给卖方装运提供了很大的灵活性,所以这种规定方法在国际贸易中最为常见。

③ 规定最迟装运期限。例如,"不迟于 6 月 15 日装运"(shipment not later than June 15)。这种规定方法使卖方也拥有具体装运日期安排上的灵活性,在国际贸易中也很常见。

(二)规定以某一特定的事件作为装运日期确定的依据

这种规定方法最常见的是以卖方收到信用证后若干天确定装运日期。这是卖方为防止出现收汇风险而采取的重要对策,否则一般适用于一些规格比较特殊或专为买方的需要加工制造且不容易转售的商品。例如,"买方必须不迟于 9 月 15 日前将信用证开到卖方,卖方收到信用证后 45 天内装运"(The relevant L/C must reach the seller not later than September 15, shipment within 45 days after receipt of L/C)。不过,这种规定方法对卖方来说也有不利的方面,因为在这种方法下,卖方实际装运期的确定取决于买方的实际开证日期,多少有些被动。

(三)规定近期术语作为装运时间

在买方急需而卖方又备有现货的情况下,国际上习惯采用近期术语作为装运时间。目前,常用的近期术语有"尽速装运"(shipment as soon as possible)、"立即装运"(immediate shipment)、"即刻装运"(prompt shipment)、"优先装运"(shipment by first)、"有船即装"(shipment by first available steamer)等。

但是应该指出的是,由于上述术语没有确定的含义,各个国家、行业乃至不同的商人有不同的理解,因此容易引起争议。除非双方事先有约定(共识),或者在以往的交易中已经确立了习惯做法,否则一般不宜使用上述术语来规定装运期。

装运时间是合同的重要制约因素之一,卖方必须按合同规定的装运时间履行自己的装运义务,如果卖方不能做到这一点,将承担违约责任。从国际贸易的实际操作来看,卖方受商品的生产、收购和运输等因素的限制,在不少情况下往往难以按合同的规定装运出口。这就要求业务员在进行业务洽谈的时候,充分考虑这些因素,做到胸有成竹。如果确实在实际业务中无法按合同或信用证要求安排装运,现在国际上的一般做法是:卖方在得到买方允许的情况下可以适当延迟装运时间。这种行为可以看成是买卖双方对原合同中装运时间的更改,所以更改后的装运时间即成为新的具有约束力的合同条款。习惯上,买方可以要求卖方赔偿因延迟交货而给自己造成的损失。如果买方未提出类似要求,则一般作为放弃权利处理。

另外,要弄清装运时间与交货时间的关系。在国际贸易中,交货做法有两种:①装运地点(装运港)交货,如 FAS、FOB、CFR、CIF、FCA 等,装运期和交货期(time of delivery)重叠在一起,装运就是交货;②目的地(目的港)交货,装运期早于交货期,如在 DDP 条件下,确定了装运期也可大概推算出交货期。

二、装运地点和目的地

从法律上说,如果合同规定了装运地点,那么该地点便成为货物买卖说明的一个组成部分,同时构成合同的主要交易条件。如果出口人违反规定,则必须承担违约责任,轻者被索赔,重者被拒收。因此,对于合同的装运地点,出口人一定要谨慎订立。

装运地点既可以是装运港口,也可以是内陆的任何地点。在实际操作中,装运地点往往由卖方提出,但是需要得到买方的确认。

同样,目的地的确定也非常重要,尽管不是每一种合同都规定一个目的地,但对于按 C 组和 D 组术语成交的合同来说,它不仅绝对必要,而且十分重要。因为在这些合同中,目的地的确定直接关系到运费,甚至影响到保险险别和保险费率,从而影响合同的价格水平。同时,目的地的选择是否合适也直接关系到合同本身的履行是否顺利的问题。即使在用 FOB、FAS 等术语成交的合同中,有时卖方为了限制货物输往别国或禁止转口到某些地区,也可能用规定目的港的办法约束买方的行为。

在采用海洋或内河运输的情况下,装运地点为装运港,目的地为目的港。装运港(port of shipment)是指货物起始装运的港口,目的港(port of destination)是指最终卸货的港口。由于国际贸易中海洋运输的比例最大,在实际业务中经常使用,所以下面着重介绍装运条款中确定装运港和目的港时应注意的几个问题。

(一) 装运港和目的港的规定方法

一般来说,装运港都是由卖方提出来,经买方同意后确定,而目的港则是由买方提出,经卖方同意后确定。在买卖合同中,装运港和目的港的规定方法有以下几种。

① 在一般情况下,装运港和目的港分别规定为一个。例如,Port of Shipment:Shanghai Port; Port of Destination:Singapore Port。

② 有时按实际业务需要,也可分别规定两个或两个以上装运港和目的港。例如,"装运港:天津和青岛;目的港:伦敦和利物浦"。

③ 选择港(optional ports)。规定选择港有两种方式:一种是在两个或两个以上港口中选择一个,如"CIF 阿姆斯特丹/汉堡/鹿特丹";一种是笼统规定某一航区为装运港或目的港,如"地中海主要港口""美西主要港口""中国口岸"等。

(二) 确定国外目的港应当注意的问题

① 要服从我国外交政策,不能接受我国政策不允许往来的港口为装卸港。

② 对国外装卸港的规定应力求具体、明确。一般不要使用"欧洲主要港口(EMP)""非洲主要港口(AMP)"等笼统的规定办法,因为欧洲或非洲港口众多,究竟哪些港口为主要港口并无统一解释,且各港口距离远近不同,港口条件也有区别,运费和附加费相差很大。

但在实际业务中,有时也可允许在同一航区规定两个或两个以上的邻近港口为装运港或目的港,如在卖方尚未确定货源所在地时或买方为中间商时。

③ 货物运往没有直达船只或虽有直达船但航次很少的港口,合同中应规定"允许转船"的条款,以利装运。

④ 一般不接受内陆城市为卸货地条件,因为接受这一条件,我方必须额外承担从港口到内陆城市这段路程的运费和风险。

⑤ 要注意装卸港的具体条件,如必须是船舶可以安全停泊的港口等。

⑥ 应注意国外港口有无重名的问题。凡有重名的港口,应加注国家和地区名称,以防发生差错。

此外,在采用选择港的办法时,需按运费最高的港口为基础核算售价。这些港口还应在同一条航线上,且有班轮停靠,才能接受,并明确选择附加费由买方负担。规定选择港的港口数目一般不超过 3 个。

学习案例 5—5

我国某公司签订合同出口一批货物,合同与信用证规定目的港为"London,Canada"。业务员在执行出口合同时,将货物装上了驶往英国 London 的班轮。试问:后果将会如何? 应吸取哪些教训?

国贸常识

在实际业务中,船务公司出具的提单上有"卸货港"(port of discharge)与"交货地"(place of delivery),应该明确卸货港肯定是港口,而交货地可以是港口,也可以是内陆城市。

(三) 规定国内装运港或目的港应注意的问题

在出口业务中,对国内装运港的规定一般以接近货源地的对外贸易港口为宜,同时应考虑港口和国内运输的条件和费用水平;在进口业务中,对国内目的港的规定原则上应选择接近用货单位或消费地区的对外贸易港口。

三、分批装运和转船

(一) 分批装运

分批装运(partial shipment)是指一笔成交数量较大的货物分若干批次于不同的航次、车次、班次的装运。在国际贸易中,有些交易由于成交数量大,卖方备货有困难,不能做到一次交付,或者受到备货资金、运输条件、船源紧张、市场销售、目的港装卸条件、期货成交后需要逐批生产等因素的限制,有必要采取分批交货,可在进出口合同中规定允许分批装运条款。按照此惯例规定,在信用证业务中,如果信用证规定不准分批装运,卖方就无权分批装运。因此,合同双方应就是否允许分批装运达成一致。一般有以下 3 种做法。

① 明确规定"不准分运"(partial shipment not to be allowed)。这意味着货物必须由同一运输工具在同一航次装运完毕。

② 明确规定"准许分运"(partial shipment to be allowed)。这表明货物可以根据货源、船舶情况多批次装运。在允许分运的情况下,还有许多具体的做法。一是对货量、运输工具及装运时间(仍需在合同规定的装运期内)均不加限制。这种做法给负责运输的一方带来很大的灵活性。其他的做法是定量分运、定期分运、等量分运、按比例分运等。这些做法对分运做了不同的限制。例如,"7 月至 10 月分 4 批装运,每月平均装"(shipment during July/Oct. in four equal monthly lots)。

③ 未规定禁止分运。按 UCP600 的规定,这种情况应理解为准许分运,但实际上是否分运,由受益人自行掌握。

(二) 转船

转船(transhipment)是指远洋货运中货物装运后允许在运输途中换装其他船舶转至目的港。在国际贸易运输中,如果没有直达船只至目的港,或者原装货船舶进港受限制,班轮不能或不愿停靠,或者是属于联运货物,一般均需要转船。但对是否允许转船,有关当事人应达成一致意见并写进合同。在允许转船的情况下,负责运输的卖方一般不应接受买方指定中转港口、二程船公司或船名等限制条件。在通常情况下,国际上的习惯做法是第一承运人根据具体情况确定转船港口和其他具体转船事宜的办理,无须得到他人(包括货主)的同意。

进出口合同中的分批装运和转运条款通常与装运时间结合订立。例如,"10/11/12 月份装运,允许分批和转运"(shipment during Oct./Nov./Dec., with partial shipments and transhipment allowed)。

学习案例 5—6

我国 A 公司与德国 B 公司签订合同出口大米 600 公吨,信用证规定:"2019 年 5 月、6 月、7 月每月平均装运 200 公吨。"A 公司于 5 月按信用证规定发货 200 公吨并顺利结汇,6 月 29 号在上海港将 200 公吨大米装上 PEACE 轮 V.043 航次,7 月 5 日在广州港将合同规定的最后 200 公吨大米也装上 PEACE 轮 V.043 航次。试问:A 公司能否顺利结汇? 为什么?

国贸常识

根据 UCP600 第 31 条 B 款的规定,提交的数套运输单据中表明货物是使用同一运输工具并经由同一路线运输的,即使运输单据上注明的装运日期不同或装货港、接受监管地、发运地点不同,只要注明的目的地相同,将不视为分批装运。如果提交的单据由数套单据构成,在所有单据中注明的最后一个发运日将被视为装运日。

四、装运通知

按照 FOB 条件成交的合同,应由买方派船接货。为保证船货衔接,在合同中还应注明卖方备妥货物通知买方和买方派船通知卖方的相关条款。

① 备货通知。这是指卖方应在预备交货前若干天(如 30 天或 45 天等)将备货情况电告买方,以便买方能安排派船接货。

② 派船通知(装船须知)。这是指买方收到卖方的备货通知并办妥租船订舱手续后,将有关船只的情况,包括船名、船籍、吨位、预计到达的日期等内容用电报通知卖方,以便卖方安排装船。

③ 装船通知。这是指在 FOB、CFR 和 CTF 合同下,卖方在货物装船完毕后,必须迅速通知买方有关货物和船舶的情况,以便买方办理保险和准备接货。这是卖方的一项重要法律责任。在实际业务中,无论合同中是否明确规定这一内容,卖方装货后都必须迅速发出此通知。

五、滞期、速遣费等条款

买卖双方成交的大宗商品一般采用租船运输。负责租船的一方在签订买卖合同之后还要负责签订租船合同,租船合同通常都需要订立装卸时间、装卸率和滞期、速遣费条款。为了明确买卖双方的装卸责任,并使买卖合同与租船合同的内容相互衔接和吻合,在签订大宗商品的买卖合同时,应结合商品特点和港口装卸条件,对装卸时间、装卸率和滞期、速遣费的计算与支付办法做出具体规定。

（一）装卸时间

装卸时间(laytime,laydays)是指允许完成装卸任务所约定的时间。它一般用天数或小时数来表示。装卸时间的规定方法主要有下列几种。

① 按"连续日"(running days,consecutive days)计算。明确每天装多少、若干天装完。这种规定对租船人很不利。

② 按"累计 24 小时好天气工作日"(weather working days of 24 hours)计算。

③ 按"连续 24 小时好天气工作日"(weather working days of 24 consecutive hours)计算。这是普遍的规定方法。

④ 按"港口习惯速度尽快装卸"(to load/discharge in Customary Quick Despatch,CQD)计算。

（二）装卸率

买卖大宗商品时,交易双方在约定装卸时间的同时,还应约定装卸率。装卸率是指每日装卸货物的数量。装卸率的高低关系到运费水平,从而在一定程度上影响货价,所以装卸率规定得偏高或偏低都不合适,应根据货物品种和有关港口的正常装卸速度来确定。

(三)滞期费、速遣费条款

买卖双方在大宗交易中,除约定装卸时间和装卸率外,还应相应规定滞期费、速遣费条款,以明确货物装卸方的责任。负责装卸货物的一方,如果未按照约定的装卸时间和装卸率完成装卸任务,则需要向船方交纳延误船期的罚款,这项罚款称为滞期费(demurrage money);反之,如果负责装卸货物的一方在约定装卸时间内提前完成装卸任务,有利于加快船舶的周转,则可以从船方取得奖金,这项奖金称为速遣费(despatch money)。按一般惯例,速遣费通常为滞期费的一半。在规定买卖合同的滞期费、速遣费条款时,应注意其内容与将要订立的租船合同的相应条款保持一致,以免造成不应有的损失。

六、OCP 条款

在对美国和加拿大进行贸易时,有时出口商为了取得运费优惠,要求采用 OCP 条款。OCP 是 Overland Common Points 的缩写,意为"内陆地区"或"陆上公共点"。根据美国运费率的规定,以美国西部 9 个州为界,也就是以落基山脉为界,其以东地区,北起北达科他州,南至新墨西哥州,直到东海岸均划为 OCP 地区。凡从太平洋彼岸的货物经美国西岸各港口向东运往 OCP 地区的铁路运费率均较本地费率低 3%~5%。这就促成美国经营远东航运业的商人可订立较一般运费低廉的 OCP 费率。例如,从我国口岸至美国西岸的 OCP 运费每吨约低 3~4 美元。加拿大受美国的影响,也划有 OCP 地区和类似的运费优惠方法。因此,在签订 CFR 或 CIF 出口到美国和加拿大 OCP 地区的物资合同时,应注明目的港为美、加西岸的港口,且货物最终目的地必须属于 OCP 地区;提单上也必须注明 OCP 字样,并且在提单"目的港"一栏内除填写美、加西海岸港口的名称外,还要加注内陆地区的城市名称。例如,我方与美商按 CIF Los Angeles 成交一批出口货物,而后国外来证要求所有装运单据上要注明 CIF Los Angeles OCP New Orleans,则我方在了解上述情况后完全可以在制单、包装等方面照办。

拓展工作任务 集装箱运输的认知

工作困惑

在现今的国际贸易中,大都使用集装箱作为运输载体。集装箱的种类有哪些?如何理解集装箱运输货物的交接地点及装箱方式?

工作认知

一、集装箱的含义及种类

(一)集装箱的含义

集装箱是指具有一定强度、刚度和规格,专供周转使用的大型装货容器。集装箱运输有许多优越性,它可以减少货差、货损,节省包装费用,简化转运手续,提高装卸效率,缩短运输时间,节约运费,降低成本。集装箱自 1966 年正式应用于国际航运以后,已成为国际运输上的一次革命。它不仅改变了传统的运输格局,而且对传统的运输惯例和其他贸易惯例也产生了巨大的冲击。20 世纪 70 年代以来,国际海上集装箱运输发展尤为迅速,迄今已形成了一个世界性的集装箱运输体系。集装箱海运已成为国际主要班轮航线上占有支配地位的运输方式。在我国,集装箱运输尤其是集装箱海运已成为普遍使用的一种重要的运输方式。

(二)集装箱的种类

1. 按规格划分

国际上通常使用的干货柜有:外尺寸为 20 英尺×8 英尺×8 英尺 6 英寸,简称 20 尺货柜;外尺寸为 40 英尺×8 英尺×8 英尺 6 英寸,简称 40 尺货柜;外尺寸为 40 英尺×8 英尺×9 英尺 6 英寸,简称 40 尺加高柜。

为了便于统计、计算集装箱运输的货运量,目前国际上都用 20 尺集装箱作为计算衡量单位,用 TEU(Twenty-feet Equivalent Unit)表示,意为"相当于 20 尺单位"。在统计不同型号的集装箱时,应按集装箱的长度换算成 20 尺单位(TEU)加以计算。

2. 按所装货物划分

① 杂货集装箱。这是最普通的集装箱,主要用于运输一般杂货,是适合各种不需要调节温度的货物使用的集装箱。一般称其为通用集装箱。

② 散货集装箱。这是用于装载粉末、颗粒状货物等各种散装货物的集装箱。

③ 液体货集装箱。这是用于装载液体货物的集装箱。

④ 冷藏集装箱。这是一种附有冷冻机设备,并在内壁敷设热传导率较低的材料,用于装载冷冻、保温、保鲜货物的集装箱。

⑤ 牲畜集装箱。这是一种专门设计用于装运活牲畜的集装箱。它有通风设施,带有喂料和除粪装置。

⑥ 兽皮集装箱。这是一种专门设计用于装运生皮等带汁渗漏性质的货物,有双层底,可储存渗漏出来的液体的集装箱。

3. 按制备材料划分

按制备材料划分,可分成 3 种:钢制集装箱、铝合金集装箱、玻璃钢集装箱。此外,还有木集装箱、不锈钢集装箱等。其中,钢制集装箱用钢材制成,优点是强度大、结构牢、焊接性高、水密性好、价格低廉,缺点是重量大、防腐性差;铝合金集装箱用铝合金材料制成,优点是重量轻、外表美观、防腐蚀、弹性好、加工方便及加工费低、修理费低、使用年限长,缺点是造价高、焊接性能差;玻璃钢集装箱用玻璃钢材料制成,优点是强度大、刚性好、内容积大、隔热、防腐、耐化学性好、易清扫、修理简便,缺点是重量大、易老化、拧螺栓处强度较低。

二、集装箱运输货物的交接地点及装箱方式

(一)集装箱运输货物的交接地点

在集装箱运输中,集装箱货物的交接地点一般有 3 类,即发、收货人的工厂或仓库(door),集装箱码头堆场(CY)及集装箱货运站(CFS)。

1. 发、收货人的工厂或仓库交接

发、收货人的工厂或仓库交接是指集装箱承运人或代理人,在发货人的工厂或仓库接收货物,或者在收货人的工厂、仓库交付货物。交接的集装箱货物都是整箱交接,一般意味发货人或收货人自行装(拆)箱。运输经营人负责自接收货物地点到交付货物地点的全程运输。

2. 集装箱码头堆场交接

集装箱运输中的集装箱货物码头堆场交接,一般意味着发货人应自行负责装箱和集装箱到发货港码头堆场的运输,承运人或代理人在码头堆场接收货物,开始承担责任。货物运达卸货港后,承运人或代理人在码头堆场上向收货人交付货物时,责任终止,由收货人自行负责集装箱货

物到最终目的地的运输和掏箱。

3. 集装箱货运站交接

货物交接通常是拼箱交接,发货人自行负责将货物送到集装箱货运站,承运人或代理人在货运站以原来形态接收货物并负责安排装箱,然后组织海上运输或陆海联运。货物运到目的地货运站后,运输经营人负责拆箱并用货物的原来形态向收货人交付。收货人自行负责提货后的事宜。

(二) 集装箱的装箱方式

1. 整箱

整箱(Full Container Load,FCL)是指货方自行将货物装满整箱以后,以箱为单位托运的集装箱。这种情况通常在货主有足够货源装载一个或数个整箱时采用,除有些大的货主自己置备有集装箱外,一般都是向承运人或集装箱租赁公司租用一定数量的集装箱。空箱运到工厂或仓库后,在海关人员的监管下,货主把货装入箱内,加锁,铝封后交承运人并取得站场收据,最后凭收据换取提单或运单。

2. 拼箱

拼箱(Less than Container Load,LCL)是指承运人(或代理人)接受货主托运的数量不足整箱的小票货后,根据货类性质和目的地进行分类整理,将运往同一目的地的货集中拼装入箱。由于一个箱内有不同货主的货拼装在一起,所以叫拼箱。这种情况在货主托运数量不足装满整箱时采用。拼箱货的分类、整理、集中、装箱(拆箱)、交货等工作均在承运人码头、集装箱货运站或内陆集装箱转运站进行。

三、集装箱运输的费用

集装箱运输的费用构成和计算方法与传统的运输方式不同,它包括内陆或装运港市内运输费、拼箱服务费、堆场服务费、海运运费、集装箱及设备使用费等。

集装箱海运运费由船舶运费和一些有关的杂费组成。目前,有下列两种计算方法。

① 按件杂货基本费率加附加费。这是按照传统的按件杂货计算方法,以每运费吨为计算单位,再加收一定的附加费。

② 按包箱费率。这是以每个集装箱为计费单位进行计算。包箱费率视船公司和航线等不同因素而有所不同。

经营集装箱运输的船公司为保证营运收入不低于成本,通常还有最低运费的规定。在拼箱货的情况下,最低运费的规定与班轮运输中的规定基本相同,即在费率表中都定有最低运费,任何一批货运运费金额低于规定的最低运费金额时,按最低运费金额计收。在整箱货的情况下,由货主自行装箱,如果箱内所装货物没有达到规定的最低计费标准,亏舱损失由货主负担。因此,提高集装箱积载技术,充分利用集装箱容积,有利于节省运输费用。

🖊 国贸常识

在实际进出口业务中,当装运货物时,一定要注意到:20 英尺集装箱的载货质量是 17.5 吨,有效容积是 25 立方米;40 英尺集装箱的载货重量是 24.5 吨,有效容积是 55 立方米。一方面,集装箱的载重量与容积是有极限的;另一方面,世界上有一些港口的起重设备对集装箱载重货物有一定的限制。在实际业务中,业务员一定要深入装柜现场,探寻装箱规律。如果货物整齐划一,20 英尺集装箱的载货质量完全可以超过 17.5 吨,有效容积超过 25 立方米,从而增加出口数量,提高出口效益。

在外销出口业务中,货代集装箱班轮运输的操作流程为:接受货主委托—纸质托运或电子托运—订舱并取得配舱回单—货物装箱并进港—代理报检并取得通关单—代理报关并取得装货单—装船并取得场站收据—持场站收据换取已装船提单—提单交给货主—发装船通知给目的地代理或收货人。集装箱实物如图5.2所示。

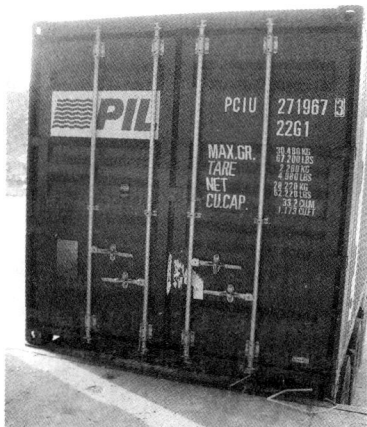

图 5.2　集装箱实物

综 合 实 训

一、实 训 目 的

1. 通过实训,了解国际货物运输的基本形式,熟悉海洋运输的相关知识。

2. 通过实训,掌握集装箱相关知识,掌握《公约》及 UCP600 对装运条款的规定和主要运输单据的含义及作用。

3. 通过实训,学会订立国际贸易销售合同装运条款。

二、实 训 内 容

围绕国际贸易销售合同装运条款,通过实训全面掌握《公约》的相关规定和专业知识,使学生具备扎实的理论基础与职业技能。根据学生的认知规律,实训分为基础理论部分和实践技能操作部分。

基 础 理 论 部 分

一、模块核心概念

班轮　租船运输　大陆桥运输　集装箱运输　海运提单　分批装运

二、填空题

1. 海洋运输的特点:_____、_____、_____。

2. 按照船舶的经营方式的不同,海洋运输可分为_____和_____两种方式。

3. 班轮运输的特点是"四定""两管"。"四定"是指_____、_____、_____和_____;"两管"是指_____和_____。

4. 世界主要港口有 _____、_____、_____、_____、_____、_____、_____、_____和_____。

5. 根据提单收货人抬头的不同,可分为_____、_____和_____。

6. 按照集装箱尺寸划分,在国际航运上经常使用的集装箱为_____和_____两种。

7. 明确规定具体的装运时间或装运期限有 3 种方法:_____、_____和_____。

三、单项选择题

1. 在班轮运费的计收标准中,对高价值货物一般采用( )法计收。
    A. 质量吨　　　　　 B. 尺码吨位　　　　 C. 从价运费　　　　 D. 议价

2. 某商品由上海港海运至美国洛杉矶港,托运人应查询( )航线的船期表和运价表。
    A. 远东—北美西岸　　　　　　　B. 远东—北美东岸
    C. 远东—欧洲　　　　　　　　　D. 远东—地中海

3. 目前,世界最长的大陆桥是( )。
    A. 北美大陆桥　　 B. 南美大陆桥　　 C. 西伯利亚大陆桥　 D. 新亚欧大陆桥

4. 中国国际航空公司、中国南方航空公司、中国东方航空公司及中国北方航空公司的 2 位代码分别是( )。
    A. CA/CZ/FM/MU　 B. CA/SZ/MU/CJ　 C. CZ/CA/MU/CJ　 D. CA/CZ/MU/CJ

5. 美国联合航空公司、德国汉莎航空公司、新加坡航空公司及法国航空公司的 2 位代码分别是( )。
    A. UA/LH/SR/AF　 B. UA/LH/SQ/AF　 C. UA/PK/SQ/AF　 D. UA/LH/SR/AF

6. 我国对外贸易货物运输最常采用的运输方式是( )。
    A. 国际货物多式联运　　　　　 B. 江海运输
    C. 铁路运输　　　　　　　　　 D. 航空运输

7. 太平船务、日本邮船、马士基航运及东方海外这 4 家船东的英文缩写是( )。
    A. PIL/CMA/MSK/OOCL　　　　 B. NYK/PIL/MSK/CSCL
    C. NYK/CMA/HJS/OOCL　　　　 D. PIL/NYK/MSK/OOCL

8. 如果货物从广州黄埔港出口至新西兰惠灵顿,应该选择( )。
    A. 南太平洋航线　 B. 北太平洋航线　 C. 北大西洋航线　 D. 欧亚航线

9. 下列费用中,不属于班轮运费的是( )。
    A. 装卸费　　　　 B. 速遣费　　　　 C. 平舱费　　　　 D. 理舱费

10. 按提单收货人分类,有记名提单、不记名提单、空白抬头提单和指示提单。经过背书才能转让的提单是( )。
    A. 空白抬头提单　 B. 指示提单　　 C. 记名提单　　　 D. 不记名提单

11. 根据 UCP600 的解释,如果信用证条款未明确规定是否"允许分期装运""允许转运",应理解为( )。
    A. 允许分期装运,但不允许转运　　　 B. 允许转运,但不允许分期装运
    C. 不允许分期装运,不允许转运　　　 D. 允许分期装运,允许转运

12. 海运提单的抬头是指提单的( )。
    A. shipper　　　　 B. consignee　　　 C. notify party　　 D. title

13. 我国某公司向新加坡出口一批货物,信用证规定最后装运期为 10 月 15 日,则选项中

（　　）操作正确。

    A. 货物于 10 月 15 日送交船公司   B. 货物于 10 月 15 日开始装船

    C. 货物于 10 月 15 日全部装完   D. 货物于 10 月 15 日抵达新加坡

14. 国际航空货物运输中,将货物的体积按一定的比例折合成的体积、质量,换算标准为（　　）立方厘米折合为 1 千克。

    A. 3 000   B. 5 000   C. 6 000   D. 9 000

15. 被称为集装箱标准箱位的 TEU 是指（　　）集装箱。

    A. 8 英尺×8 英尺×10 英尺   B. 8 英尺×8 英尺×20 英尺

    C. 8 英尺×8 英尺×30 英尺   D. 8 英尺×8 英尺×40 英尺

16. 当发货人在出口地集装箱货运站拼箱交货,收货人在进口地集装箱货运站拼箱接货时,应采用的方式为（　　）。

    A. CY-CY   B. CFS-CY   C. CY-CFS   D. CFS-CFS

17. 按照有关规定,不同包装种类的货物混装在一个集装箱内时,货物的总件数显示数字之和,包装种类用统称（　　）来表示。

    A. cartons   B. pieces   C. packages   D. pallets

18. 国外来证规定"迅速装运"。根据《跟单信用证统一惯例》(UCP600)的规定,银行对此将不予置理,则受益人应于（　　）装运。

    A. 合同签订之日起 30 天内   B. 信用证开立之日起 30 天内

    C. 信用证通知之日起 30 天内   D. 信用证有效期内任何一天

19. 国际货物买卖业务中,对某些外汇管制比较严的国家和地区,或者专为买方制造的特定产品,为防止买方不履约或不按时履约而造成损失,合同中的装运期可采用（　　）。

    A. 规定具体的装运期   B. 合理时间为装运期

    C. 收到信用证后若干天内装运   D. "立即""快速"装运

20. 国际多式联运是用两种或两种以上不同的运输方式,将货物从一国境内接收货物的地点运至另一国境内指定交付货物的地点的运输,它由（　　）。

    A. 一个联运经营人负责货物的全程运输,运费按全程单一费率一次计收

    B. 多个联运经营人实行分段责任制,运费按全程单一费率一次计收

    C. 一个联运经营人负责货物的全程运输,运费按不同运输方式分别计收

    D. 多种运输方式,各承运人分别经营,分别计费

四、多项选择题

1. 国际班轮运输具有（　　　　　　）的特点。

    A. 固定时间、固定航线、固定港口   B. 有相对稳定的运费费率

    C. 以运送大宗货物为主者   D. 不规定速遣费和滞期费

    E. 船方负责货物的装卸,运费中包括装卸费

2. 目的港口（　　　　　　）属于我国始发的地中海航线。

    A. Genova,IT   B. Istanbul,TK   C. Barcelona,SP   D. Hamburg,GM

3. （　　　　　　）航空公司属于中国大陆。

    A. BA、JL   B. KA、KE   C. CA、CZ   D. LH、AF

    E. SZ、CJ

4. （　　　　　　）船东属于美国。

    A. COSCO   B. NYK   C. PIL   D. APL

E. USL   F. HJS

5. 信用证中对装运期规定的表示方法有多种,符合 UCP600 规定的有(   )。

  A. immediately(立即装运)   B. on or about(在或大概在)

  C. at the beginning of the month(月初) D. between(在……之间)

6. 国际贸易中,合同规定了交货期,倘若卖方在规定的日期之前交付货物,根据《公约》的规定,买方(   )。

  A. 必须收取货物

  B. 可以收取货物,但需承担已发生的额外费用

  C. 可以拒绝收取货物

  D. 收取货物,即改变了交货期

  E. 同意收取货物,并不意味改变了合同的交货期

7. (   )会产生法律纠纷。

  A. 记名提单   B. 倒签提单   C. 已装船提单   D. 清洁提单

  E. 预借提单

8. (   )会导致银行拒付。

  A. 预借提单   B. 倒签提单   C. 过期提单   D. 已装船提单

9. 集装箱的主要交接方式有(   )。

  A. 整箱/整箱(FCL/FCL)   B. 整箱/拼箱(FCL/LCL)

  C. 拼箱/整箱(LCL/FCL)   D. 拼箱/拼箱(LCL/LCL)

10. 根据《公约》的规定,国际多式联运必须是两种或两种以上不同运输方式在国际间的连贯运输,同时还应具备(   )。

  A. 一个多式联运合同   B. 一份多式联运单据

  C. 全程单一的运费费率   C. 各承运人实行分段责任制

  E. 由一个多式联运经营人对全程负责

11. 在指示提单中,需要由托运人背书后才可以转让的提单是(   )。

  A. to order   B. to order of shipper

  C. to order of applicant   D. to order of issuing Bank

12. 有关滞期费与速遣费表述正确的是(   )。

  A. 未按照约定的装卸时间和装卸率完成装卸任务,需要向船方交纳延误船期的罚款,此项罚款称为滞期费(demurrage money)

  B. 负责装卸货物的一方在约定装卸时间内提前完成装卸任务,有利于加快船舶的周转,则可以从船方取得奖金,此项奖金称为速遣费(despatch money)

  C. 按一般惯例,滞期费通常为速遣费的一半

  D. 按一般惯例,速遣费通常为滞期费的一半

13. 装卸时间(laytime,laydays)是指允许完成装卸任务所约定的时间,有(   )的计算方法。

  A. 按"连续日"(running days、consecutive days)计算

  B. 按"累计 24 小时好天气工作日"(weather working days of 24 hours)计算

  C. 按"连续 24 小时好天气工作日"(weather working days of 24 consecutive hours)计算

  D. 按"港口习惯速度尽快装卸"(to load/discharge in customary quick despatch,CQD)计算

14. 海运提单的作用是(   )。

A. 提单是承运人或代理人签发的货物收据

B. 提单是货物所有权的凭证

C. 提单是承运人与托运人之间订立运输合同的证明

D. 提单是出口商与进口商之间的业务证明

15. 提单中的"托运人"一栏,填写托运人的全称、街名等信息。托运人可以是( )。

A. 货主   B. 货主的贸易代理人

C. 货主的货运代理人   D. 信用证的受益人

五、判断题

1. 对香港地区货物出口铁路运输的特点是"租车方式,两票运输"。 ( )

2. UCP600 将运输单据分成 7 类,这 7 类单据都是承运人或其代理人签发给托运人的货物收据,都是承运人保证凭以交付货物的物权凭证。 ( )

3. 我国航运业所指的近洋航线(local line)是指由我国沿海出发去往大西洋及印度洋部分水域的对外贸易海运航线。 ( )

4. 集装箱运输的特点是:货损货差小、包装费用低、转运手续简单、装卸效率高、运输时间短、运输成本高。 ( )

5. 在集装箱运输业务中,整箱货用 LCL 表示。 ( )

6. 海运提单的签发日期是指货物全部装船完毕的日期。 ( )

7. 指示提单和记名提单同样可以背书转让。 ( )

8. 根据 UCP600 的规定,如果信用证中没有明确规定是否允许转运,则应该理解为允许。 ( )

9. 如果合同中规定装运期为"2019 年 7/8 月装运",那么我出口公司必须在 7 月、8 月两个月内,每月各装一批。 ( )

10. Free In and Out 是定程租船合同中有关装卸费用负担的规定,是指船方管装又管卸。 ( )

11. W/M Plus A. V. 表示按质量吨或尺码吨或者从价运费计收,即选择较高的一种作为计算运费的标准。 ( )

12. 不清洁提单是指承运人在提单上加注货物表面或包装状况有不良或存在缺陷等批注的提单。 ( )

13. 航空运单与海运提单一样,也是物权凭证,可以凭此提取货物。 ( )

14. 信用证规定在指定的时间内段内分期发运,如果有任意一期未按信用证规定期限发运时,则信用证对该期及以后各期均告失效。 ( )

15. 海运出口货物一批,信用证规定最迟装运期为 5 月 10 号,信用证有效期为 5 月 24 号。我出口公司业务员 5 月 15 号装船完毕,16 号取得提单,要求船务公司显示提单日期为 5 月 10 号,这种做法叫作预借提单。 ( )

16. 在租船货物运输中,租船人与船东双方的权利、义务和责任以租船提单为依据。 ( )

17. 按照国际航运界惯例,速遣费通常是滞期费的一半。 ( )

18. 如果运输合同中约定采用"班轮条件",则运输公司必须派出班轮船只来装运货物。 ( )

19. 对于 FOB 合同,由于是买方负责租船订舱,所以出口方无须向买方发出装船通知。 ( )

20. 凡装在同一艘船只或同一架飞机上的货物,即使装运时间或地点不同,也将不能视为分期装运。   ( )

六、案例分析

1. 广东某进出口公司向南太平洋岛国瓦努阿图 Tarawa 港出口食品一批,客户开来信用证注明 transhipment prohibited,在执行装运时业务员发现从广州港没有直达班轮到达 Tarawa 港,无奈之下通过香港转船。**试分析**:我方向银行提交的单据是否会遭到拒付?为什么?

2. 我国某出口企业与美国 A 公司达成出口合同,A 公司开来信用证装运期规定为"on or about September 10,2019",我方业务人员于 2019 年 9 月 15 日完成装货取得提单,提单日期为 9 月 15 日,我方业务员将全套单据送交银行,遭拒付。**试分析**:银行拒付是否有理?为什么?

-------------- **实 践 技 能 操 作 部 分** --------------

一、国际贸易销售合同装运条款认知

根据业务资料,用英文制定国际贸易销售合同中的装运条款。

1. 2020 年 10 月装运,允许分批、允许转运。

2. 不迟于 6 月 15 日装运,不允许分批、不允许转运。

3. 装运港:宁波港;目的港:纽约港。

二、国际贸易销售合同的填制

根据以下业务资料,完成出口合同的约首、本文(品名条款、品质、数量、包装、装运条款)、约尾。

出口方:广州蓝天调味品有限公司   Guangzhou Blue Sky Seasoning Co.,Ltd.

地址:广州市友谊路 45 号   No. 45,Youyi Road Guangzhou,China

出口经理:黄力

联系方式:Tel:0086-20-65428844   Fax:0086-20-65418840

E-mail:gzbluesky@126. com

进口方:FOOD & TECH LIMITED

地址:94,Folagbade Street,P. O. BOX 1544,ijebu-ode,Nigeria

买家:OTUNBA TOYIN TAIWO

联系方式:Tel:00234-6552565   Fax:00234-3777100

E-mail:foodandtech@163. com

合同编号:BS2020033   签订合同时间:2020-03-29

货物品名:Blue Sky Brand Soy Sauce(蓝天牌酱油)

货物规格:	数量:	单价 CIF LAGOS (INCOTERMS 2020)
Superior Soy Sauce 500mL＊24bottles	300CTNS.	
生抽王 500mL×24 瓶/箱	300 箱	USD15.00/箱
Soy Superior Sauce750g＊24bottles	300CTNS.	
老抽王 750 克×24 瓶/箱	300 箱	USD18.00/箱

包装情况:In cartons,per 24 bottles to one carton

装运港:盐田   目的港:拉各斯

装运期:2020 年 4、5 月

分运:不允许　　　　　　　　　转运:允许

售 货 合 同
SALES CONTRACT

1. 卖方:(3)　　　　　　　　　　　　　　　合同编号:(1)

The Sellers:(4)

2. 地址:(5)　　　　　　　　　　　　　　　合同日期:(2)

Address:(6)

Tel:(7)　　　　　　　　　　　　　　　　Fax:(8)

E-mail:(9)

3. 买方:

The Buyers:(10)

4. 地址:

Address:(11)

Tel:(12)　　　　　　　　　　　　　　　Fax:(13)

E-mail:(14)

买卖双方同意按下列条件购进、售出下列商品。

The Sellers agree to sell and the Buyers agree to buy the undermantioned goods according to the terms and conditions as stipulated below.

商品名称及规格 Name of commodity & specification	数量 Quantity	单价 Unit Price	总值 Total Value
(15)	(16)	(17)	(18)

Say:(19)

5. 包装:

Packing:(20)

6. 唛头:

Shipping Marks:(21)

7. 装船港口:

Port of Shipment:(22)

8. 目的港口:

Port of Destination:(23)

9. 装船期限:(24)

Time of Shipment:

Partial Shipment:

Transhipment:

10. 付款条件:……

11. 保险:……

12. 检验:……

13. 不可抗力:……

14. 异议索赔:……

15. 仲裁:……

卖方:　　　　　　　　　　　　　　　　买方:

The Sellers:　　　　　　　　　　　　　The Buyers:

(25)　　　　　　　　　　　　　　　　　(26)

模块六
国际贸易销售合同保险条款

典型工作任务	1. 国际货物运输保险的认知 2. 海运货物保险险别及承保范围的认知 3. 其他运输方式货物保险的认知 4. 国际货物运输保险的操作
拓展工作任务	英国伦敦保险协会海运货物保险条款的认知
主要学习目标	1. 熟悉海上货物运输的风险、损失和费用的含义,区分单独海损与共同海损 2. 掌握我国《海洋运输货物保险条款》海运货物基本险与附加险的责任范围 3. 熟悉陆运、航空、邮包货物运输保险的责任范围 4. 掌握办理国际货物运输保险的流程与手续 5. 熟悉英国伦敦保险协会海运货物保险条款 6. 掌握《联合国国际货物销售合同公约》对保险条款的规定
基础理论知识	1.《联合国国际货物销售合同公约》 2.《海洋运输货物保险条款》
工作操作技能	1. 能够根据业务资料,正确计算保险金额与保险费 2. 能够根据业务资料,正确订立国际贸易销售合同的保险条款

典型工作任务一　国际货物运输保险的认知

工作困惑

在国际贸易中,货物在运输过程中存在各种风险,有的是天灾,有的是人为造成的,一旦发生,对于买卖双方而言,都要受到很大的损失。那么,在运输过程中有哪些风险? 如何规避货物运输过程中的风险? 如果发生意外,损失应如何界定?

工作认知

在国际贸易中,货物一般都要经过长途运输、装卸和储存等环节,遇到各种风险而遭受损失的可能性较大。为了在货物遭受损失时能得到经济补偿,就需要办理货物运输保险。

一、国际货物运输保险的含义与种类

(一)国际货物运输保险的含义

货物运输保险(cargo transportation insurance)是指被保险人或投保人在货物装运前,估计一定的投保金额向保险公司或承保人、保险人投保各种货物运输险,被保险人按投保金额、投保险别及保险费率向保险人支付保险费并取得保险单据。被保险的货物如果在运输途中遭受保险事故造成损失,由保险人负责对保险险别责任范围内的损失按保险金额及损失程度赔偿给保险单

据的持有人。

（二）国际货物运输保险的种类

国际货物运输保险因运输方式的不同,可分为海上货物运输保险、陆上货物运输保险、航空货物运输保险和邮包运输保险等,其中最重要的是海上货物运输保险。

二、海上货物运输涉及的风险、海上损失和海上保险费用

海上货物运输主要涉及 3 方面的问题,即风险、海上损失和海上保险费用。风险是客观存在的,一旦发生就会造成损失,救助船货的过程中就会有费用产生。

（一）风险

海上货物运输的风险分为海上风险和外来风险。

需要指出的是,保险可保的风险应具有几个基本条件:风险必须是偶然的;风险必须是意外的;风险不是投机性的;风险导致的损失必须是可以确定的;必须是大量的标的均有遭遇此种风险的可能性;风险造成的损失应是相当重大的。

风险的种类如图 6.1 所示。

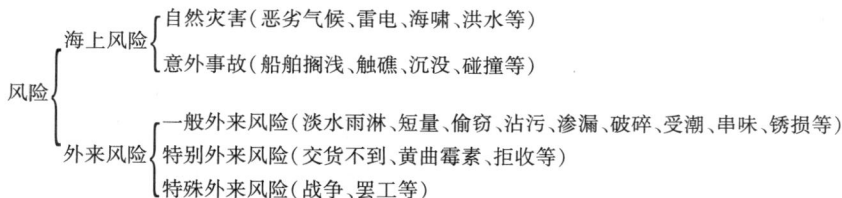

图 6.1 风险的种类

1. 海上风险

海上风险(perils of sea)又称海难,一般是指在海上航行途中发生的或随附海上运输发生的风险。它包括海上发生的自然灾害和意外事故,但并不包括海上的一切风险,如海运途中因战争引起的损失不含在内。另外,海上风险不仅仅局限于海上航运过程中发生的风险,还包括与海运相连接的内陆、内河、内湖运输过程中的自然灾害和意外事故。

（1）自然灾害

自然灾害(natural calamities)是指不以人的意志为转移的自然界力量所引起的灾害。例如,恶劣气候、雷电、海啸、洪水、火山爆发、浪击落海等人力不可抗拒的力量所造成的灾害。

（2）意外事故

意外事故(fortuitous accidents)是指由于偶然的、难以预料的原因造成的事故。它包括运输工具搁浅、触礁、沉没、与流冰或其他物体碰撞、火灾、爆炸及失踪等造成的货物损失。

① 搁浅是指船舶与海底、浅滩或堤岸在事先无法预料到的意外情况下发生触礁,并搁置一段时间,使船舶无法继续行进以完成运输任务。但规律性的潮汐造成的搁浅不属于保险搁浅的范畴。

② 触礁是指载货船舶触及水中岩礁或其他阻碍物(包括沉船)。

③ 沉没是指船体的全部或大部分已经没入水面以下,并已失去继续航行的能力。如果部分船体入水,但仍具有航行能力,则不视为沉没。

④ 碰撞是指船舶与船或其他固定的、流动的固定物猛力接触。例如,船舶与冰山、桥梁、码头、灯标等相撞。

⑤ 火灾是指船舶本身、船上设备及载运的货物失火燃烧。

⑥ 爆炸是指船上锅炉或其他机器设备发生爆炸和船上货物因气候条件(如温度)影响产生化学反应引起的爆炸。

⑦ 失踪是指船舶在航行中失去联络,音讯全无,并且超过了一定期限后仍无下落和消息。

2. 外来风险

外来风险(extraneous risks)是指由海上风险以外的其他外来原因引起的风险。它可分为一般外来风险、特别外来风险和特殊外来风险3种。

(1) 一般外来风险

一般外来风险是指由于一般外来原因引起的风险,如偷窃、提货不着、短少短量、渗漏、破碎、碰损、钩损、淡水雨淋、锈损、沾污、受潮受热、串味等。

(2) 特别外来风险

特别外来风险是指交货不到、黄曲霉素、舱面货物损失、进口关税、拒收等特别外来原因引起的风险。

(3) 特殊外来风险

特殊外来风险是指由于国家政策法规、行政法令及政治、军事等特殊外来原因造成的风险,如罢工、战争等。

(二) 海上损失

海上损失(loss of sea)是指货物在运输途中遭遇海上风险,货物本身遭到损坏或灭失而造成的损失。总体而言,海上损失可分为全部损失和部分损失:全部损失可分为实际全损和推定全损;部分损失可分为共同海损和单独海损。海上损失的分类如图6.2所示。

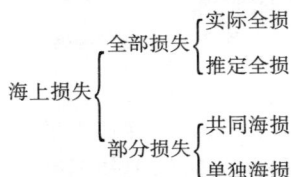

图6.2　海上损失的分类

1. 全部损失

全部损失(total loss)简称全损,是指在运输中整批货物或不可分割的一批货物的全部损失。就其损失情况不同,全部损失又可分为实际全损和推定全损。

(1) 实际全损

实际全损是指这批保险货物完全灭失或货物受损后已失去原有的用途。例如,整批货物沉入海底无法打捞、船被海盗劫去、货物被敌方扣押、船舱进水、舱内水泥经海水浸泡后无法使用、船舶失踪半年仍无音讯等。具体来讲,构成被保险货物实际全损的情况有以下几种。

① 保险标的的完全灭失。这是指保险标的的实体已经完全毁损或不复存在。例如,大火烧掉船舶或货物,糖、盐这类易溶货物被海水溶化,船舶遭遇飓风沉没,船舶碰撞后沉入深海等。

② 保险标的的丧失属性。这是指保险标的的属性已被彻底改变,不再是投保时描述的内容。例如,货物发生了化学变化使得货物分解,在这类情况下,保险标的丧失了商业价值或使用价值,属于实际全损。但如果货物到达目的地时损失虽然严重,但属性没有改变,经过一定的整理,还可以以原来的商品名义降价处理,那就只是部分损失。

③ 被保险人无法挽回地丧失了保险标的。在这种情况下,保险标的仍然实际存在,可能没有丝毫损失,或者有损失而没有丧失属性,但被保险人已经无可挽回地丧失了对它的有效占有。例如,战时保险货物被敌方捕获并宣布为战利品。

④ 保险货物的神秘失踪。按照海上保险的惯例,船舶失踪时间到一定合理的期限,就会被宣布为失踪船舶。在和平时期,如无相反证据,船舶的失踪被认为是由海上风险造成的实际全损。船舶如果失踪,船上所载货物也随之发生"不明原因失踪",货主可以向货物保险人索赔实际全损。

（2）推定全损

推定全损（constructive total loss）是指货物发生事故后,被保险货物的实际损失已不可避免,或者为避免实际全损所需的费用和继续运送货物到达目的地的费用总和超过保险价值。具体来讲,构成被保险货物推定全损的情况有以下几种。

① 保险标的的实际全损不可避免。例如,船舶触礁地点在偏远而危险的地方,因气候恶劣不能进行救助,尽管货物实际全损还没有发生,但实际全损将不可避免地发生;又如,货物在运输途中严重受损,虽然当时没有丧失属性,但可以预计当到达目的地时丧失属性不可避免。在这类情况下,被保险人可以按推定全损索赔。

② 被保险人丧失对保险标的的实际占有,而且在合理的时间内不可能收回该标的,或者收回标的的费用要大于标的回收后的价值,这就构成了推定全损。

③ 保险货物严重受损,其修理、恢复费用和续运费用的总和大于货物本身的价值,这批货物就构成了推定全损。

2. 部分损失

部分损失（partial loss）是指被保险货物的损失没有达到全部损失的程度。部分损失又可分为共同海损和单独海损两种。

（1）共同海损

1974 年国际海事委员会制定的《约克·安特卫普规则》规定:"共同海损（general average）是指载货船舶在海运上遇难时,船方为了船货的共同安全,以使同一航程中的船货脱离危险,有意而合理地做出的牺牲或引起的特殊费用,这些损失和费用被称为共同海损。"

构成共同海损的条件如下。

① 共同海损的危险必须实际存在或不可避免,而非主观臆测,因为不是所有的海上灾难、事故都会引起共同海损。

② 必须是自愿地和有意识地采取合理措施造成的损失或发生的费用。

③ 必须是为船货共同安全采取的谨慎行为或措施时所做的牺牲或者引起的特殊费用。

④ 必须是属于非常性质的牺牲或发生的费用,并且是以脱险为目的。

国贸常识

暴风雨把部分货物卷入海中,使船身发生严重倾斜,如果不及时采取措施,船货会全部沉入大海,这时船长下令扔掉部分货物以维持船身平衡,那么这部分牺牲就属于共同海损。

由于共同海损范围内的牺牲和费用是为了使船舶、货物或其他财产免于遭受整体损失而支出的,因而应该由船方、货方和运费收入方根据最后获救价值按比例分摊,这叫共同海损的分摊。

（2）单独海损

单独海损（particular average）是指保险标的物在海上遭受承保范围内的风险所造成的船舶或货物所有人单方面的损失,即除共同海损以外的部分损失。这种损失只能由标的物所有人单独负担。它与共同海损的主要区别有以下几点。

① 造成海损的原因不同。单独海损是承保风险直接导致的船货损失;共同海损不是承保风险直接导致的损失,而是为了解除船货共同危险有意采取的合理措施造成的损失。

② 损失的承担责任不同。单独海损由受损方自行承担;共同海损由各受益方按照受益大小的比例共同分摊。

🖋 国贸常识

共同海损分摊(general average contribution)时,涉及的受益方包括货方、船方和运费收入方。遵循《约克·安特卫普规则》,共同海损的分摊一般有两个原则:①分摊以实际遭受的损失或额外增加的费用为准;②无论受损方还是未受损方均应按标的物价值比例分摊。

🐭 学习案例 6-1

某货轮从天津新港驶往新加坡,航行途中船舶货舱起火,大火蔓延到机舱,船长为了船货的共同安全,决定采取紧急措施,往舱中灌水灭火。火虽被扑灭,但由于主机受损无法继续航行,于是船长决定雇用拖轮拖回天津新港修理,检修后重新驶往新加坡。经事后调查得知,这次事故造成的损失为:①1 000箱货物被火烧毁;②600箱货物由于灌水灭火而受损;③主机和部分甲板被烧坏;④拖轮费用和额外增加的燃料费及船长、船员的工资。试问:以上损失分别属于什么性质的损失?

(三)海上保险费用

海上保险费用是指为营救被保险货物所支出的费用,主要有如图6.3所示的几种。

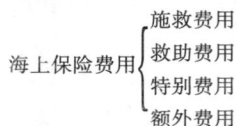

$$
海上保险费用
\begin{cases}
施救费用 \\
救助费用 \\
特别费用 \\
额外费用
\end{cases}
$$

图6.3　海上保险费用的构成

1. 施救费用

施救费用(sue and labour expenses)是指被保险货物在遭受保险责任范围内的灾害事故时,被保险人、船方或其他有关人员为避免和减少损失,采取各种措施而支付的合理费用。这种费用属于自救费用的支出。

2. 救助费用

救助费用(salvage charge)是指被保险标的物在遭遇保险责任范围内的灾害事故时,由保险人和被保险人以外的第三者采取救助行为而向其支付的报酬费用。

3. 特别费用

特别费用(special charge)是指货物的运载工具遭遇海上灾害或意外事故不能继续航行,必须把货物卸下存仓再由原船装载续运,或者由其他船受载代运等产生的费用。

4. 额外费用

额外费用(extra charge)是指为索赔举证等而支付的必要费用。这项费用只有在保险标的确有损失、赔偿确实成立的情况下,保险人才予以负责。

典型工作任务二　海运货物保险险别及承保范围的认知

🎁 工作困惑

在国际贸易中,外销业务员采用海运方式出口货物需要投保时,有哪些险别可以选择? 每一类险别的承保范围是什么?

📖 **工作认知**

中国人民保险公司分别对海运、陆运、空运、邮包等运输方式保险条款做出了相应的规定。中国人民保险公司于1981年1月1日修订并正式生效的《海洋运输货物保险条款》(ocean marine cargo clauses)规定了海运货物保险的责任范围、除外责任、责任起讫、被保险人的义务和索赔期限等内容。

海运货物保险险别分为基本险(主险)和附加险两种。附加险包括一般附加险、特别附加险和特殊附加险。

一、基本险

中国人民保险公司规定的基本险别(主险)包括平安险、水渍险和一切险。在实际业务中,可以单独投保和承保。

(一)基本险险种

1. 平安险

平安险(Free from Particular Average,FPA)的英文原意是指单独海损不负责赔偿。根据国际保险界对单独海损的解释,平安险是指部分损失,因此,平安险的原来保障范围只赔全部损失。但在长期实践的过程中,对平安险的责任范围进行了补充和修订,当前平安险的责任范围已经超出只赔全损的限制。概括起来,这一险别的责任范围主要包括以下几点。

① 在运输过程中,由于地震、洪水、雷电、海啸等自然灾害造成整批货物的全部损失(实际全损或推定全损)。例如,用驳船载货时,每一驳船货物视为一整批。

② 由于运输工具遭搁浅、触礁、沉没、互撞、与流水或其他物体碰撞,以及火灾、爆炸等意外事故造成被保险货物的全部或部分损失。

③运输工具曾经发生搁浅、触礁、沉没、焚毁等意外事故,不论这个意外事故发生之前或以后是否在海上遭遇恶劣气候、雷电、海啸等自然灾害造成的被保险货物的部分损失。

④ 在装卸转船过程中,被保险货物一件或数件,甚至整批落海造成的全部损失或部分损失。

⑤ 被保险人在保险标的物遭受承保责任内的风险时,采取抢救、防止或减少货损措施所支付的合理、额外费用,但以不超过保险标的物的保险金额为限。

⑥ 运输工具遭遇自然灾害或意外事故,需要在中途港口或避难港口停靠,由此引起的卸货、装货、存仓及运送货物产生的特别费用。

⑦ 发生共同海损引起的牺牲、公摊费和救助费用。

⑧ 运输契约订有《船舶互撞责任条款》,根据该条款规定应由货方偿还船方的损失。

✏️ **学习案例 6-2**

(1) I'll have the goods covered against Free from Particular Average.我将为货物投保平安险。

(2) The goods are to be insured FPA. 这批货需要投保平安险。

2. 水渍险

水渍险(With Particular Average,WPA)英文原意是负责单独海损,责任范围包括以下两部分。

① 平安险所承保的全部责任。

② 被保险货物在运输途中,由于恶劣气候、雷电、海啸、地震、洪水等自然灾害造成的部分损失。

学习案例 6-3

(1) The coverage is WPA. 投保的险别为水渍险。

(2) A WPA policy covers you against partial loss in all cases. 水渍险在任何情况下都给保部分损失险。

学习案例 6-4

我国某出口企业出口装饰纸 1 000 卷,根据中国人民保险公司《海洋货物保险条款》投保了水渍险。货物到达目的港后,进口商发现 500 卷装饰纸有水渍。经实验室化验,确定其中 200 卷的水渍为海水,另外 300 卷的水渍为淡水。试问:保险公司是否会对这 500 卷装饰纸做出赔偿? 为什么?

3. 一切险

一切险(All Risks,AR)的责任范围包括以下两部分。

① 水渍险承保的全部责任。

② 被保险货物在运输途中由于一般外来风险造成的损失。

不论全部损失还是部分损失,除对某些运输途耗的货物,经保险公司与被保险人双方约定在保险单上载明的免赔率外,保险公司都给予赔偿。

学习案例 6-5

(1) We'd like to cover the porcelain ware against All Risks. 我们想为这批瓷器投保一切险。

(2) Generally,the term "all marine risks" is liable to be misinterpreted and its use should be avoided in L/C. 一般情况下,"一切海洋险"容易被误解,应该避免在信用证中使用。

上述 3 种险别都是货物运输的基本险别,被保险人可以从中选择一种投保。

(二) 基本险的除外责任

除外责任是指保险公司明确规定不予承保的损失和费用。保险公司对以下损失不负赔偿责任。

① 被保险人的故意行为或过失造成的损失。

② 属于发货人责任引起的损失。

③ 在保险责任开始前,被保险货物已经存在品质不良或数量短差造成的损失。

④ 被保险货物的自然损耗、本质缺陷、特性及市价涨落、运输延迟引起的损失或费用。

⑤ 属于《海洋货物运输战争条款》和货物运输罢工险。

学习案例 6-6

我国某企业向海湾某国出口一批花生糖,投保的是一切险。由于货轮陈旧、速度慢,再加上该货轮沿途到处揽载,结果航行 3 个月后才到达目的港。卸货时发现,花生糖因受热时间过长已全部潮解软化,无法销售。试问:这种情况下,保险公司是否应该赔偿? 为什么?

（三）基本险责任起讫

1. 基本概念

责任起讫期是指保险人对被保险货物承担保险责任的有效时间。《中国人民保险公司海洋运输货物保险条款》规定，平安险、水渍险、一切险的承包责任起讫期均同国际保险市场的习惯一样，采用"仓至仓"条款（Warehouse to Warehouse Clause，W/W Clause）。其含义是：保险公司的保险责任自被保险货物运离保险单上载明的起运地仓库或储存处所开始运输时生效，包括正常运输过程中的海上、陆上、内河航运和驳船运输在内，直至该货物到达保险单上载明的目的地收货人的最后仓库、储存处所或被保险人用作分配、分派或非正常运输的其他储存处所为止。

① "到达"是指被保险货物一旦进入收货人仓库或储存处所，保险公司对被保险货物在仓库或储存处所中发生的损失不负责保险。如果被保险货物从海轮上卸下后放在码头仓库、货场或海关仓库，而未到达收货人仓库，保险责任将继续有效，但最长的保险期限以卸离海轮后 60 天为限。

② 如果在上述 60 天内被保险货物需转运到非保险单载明的目的地，则以该货物开始转运时终止。

③ 如果被保险货物在到达保险单上所载明的目的地仓库或储存处所之前，在某仓库或处所发生分配、分派等情况，则该仓库或处所就作为收货人的最后仓库，保险责任也自被保险货物到达此处所为止。

④ 被保险人在特殊情况下可以申请扩展保险期限，经保险公司批准后，加收保险费即可使保险期延长。延长保险期的申请应及时办理。一般应在交易磋商中订明有关延长保险期的问题，并征得保险公司的同意。

⑤ "仓至仓"条款对活牲畜、家禽是例外的，保险责任从被保险的活牲畜或家禽装上运输工具开始，到卸离运输工具即行终止。如果不卸离，则以运输工具抵达目的港 15 天为限。

2. 不同价格术语影响 W/W 的责任起讫点

① 在 CIF 条件下，保险责任起讫期间是"仓至仓"。

② 在 FOB、CFR 条件下，保险责任起讫期间是"船至仓"。

学习案例 6-7

有一份出售大米 50 吨的在 CIP 条件下的合同，卖方在装船前投保了一切险加战争险，自南美内陆仓库起，直至英国伦敦买方仓库为止。货物从卖方仓库运往码头途中，发生了承保范围内的损失。试问：当卖方凭保险单向保险公司提出索赔时，能否得到赔偿？如果采用的术语改为 FOB 或 CFR，则卖方能否得到保险公司的赔偿？

二、附加险

附加险是对基本险的补充和扩大，投保人只能在投保一种基本险的基础上才能加保一种或数种附加险。

（一）一般附加险

一般附加险（general additional risk）所承保的是由于一般外来风险所造成的全部损失或部分损失。其险别共有如下 11 种。

① 偷窃提货不着险（Theft Piferage and Non-Delivery，TPND）。在保险有效期内，保险货物被偷走或窃走，以及货物运抵目的地以后整件未交的损失，由保险公司负责赔偿。

② 淡水雨淋险（Fresh Water Rain Damage，FWRD）。货物在运输中，由于淡水、雨水及雪融所造成的损失，保险公司都应负责赔偿。淡水包括船上淡水舱、水管漏水及汗等。

③ 短量险(risk of shortage)。该险负责保险货物数量短少和质量的损失。通常对包装货物的短少,保险公司必须要查清外包装是否发生异常现象,如破口、破袋、扯缝等。如果属于散装货物,往往用装船和卸货质量之间的差额作为计算短量的依据,但不包括正常的途耗。

④ 混杂、沾污险(risk of intermixture & contamination)。该险种保险货物在运输过程中,混进了杂质造成的损坏。例如,矿石等混进了泥土、草屑等而使质量受到影响。此外,保险货物因为与其他物质接触而被玷污,如布匹、纸张、食物、服装等被油类或者带色的物质污染而引起的经济损失也在该险种之内。

⑤ 渗漏险(risk of leakage)。渗漏是指流质、半流质的液体物质和油类物质,在运输过程中因为容器损坏而引起的渗漏损坏。例如,用液体装存的湿肠衣,因为液体渗漏而使肠衣发生腐烂、变质等损失,均由保险公司负责赔偿。

⑥ 碰损、破碎险(risk of clash & breakage)。碰损主要是对金属、木质等货物来说的,破碎则主要是对易碎性物质来说的。前者是指在运输途中,因为受到震动、颠簸、挤压造成货物本身的损失;后者是在运输途中由于装卸野蛮、粗鲁,运输工具的颠震造成货物本身破裂、断碎的损失。

⑦ 串味险(risk of odour)。例如,茶叶、香料、药材等在运输途中受到一起堆储的大蒜、樟脑等散发出的异味的影响使品质受到损失。

⑧ 受热、受潮险(heating & sweating risk)。例如,船舶在航行途中,由于气温骤变,或者因为船上通风设备失灵等使舱内水汽凝结,以及发潮、发热引起货物的损失。

⑨ 钩损险(hook damage risk)。这是指保险货物在装卸过程中因为使用手钩、吊钩等工具造成的损失。例如,粮食包装袋因吊钩钩坏造成粮食外漏所造成的损失,保险公司在承保该险的情况下,应予赔偿。

⑩ 包装破裂险(breakage of packing risk)。这是指因为包装破裂造成物资的短少、沾污等损失。此外,对于因保险货物在运输过程中续运安全需要产生的候补包装、调换包装支付的费用,保险公司也应负责。

⑪ 锈损险(risk of rust)。这是指保险公司负责保险货物在运输过程中因为生锈造成的损失。这种生锈必须在保险期内发生,如果原包装时就已生锈,保险公司不负责任。

上述11种附加险不能独立承保,必须附属于基本险。也就是说,只有在投保了主要险别以后,投保人才被允许投保附加险。投保"一切险"后,上述11种附加险别均自动包括在内。

国贸常识

在实际国际贸易业务中,一切险的承保范围是在水渍险的基础上加11种附加险。当然也可以在投保时,选择以平安险或水渍险为主险,再根据货物的特征选择加保11种附加险中的一种或几种。很显然,前者比后者支出的保费要高一些。

学习案例 6-8

我国某出口企业出口一批茶叶,在办理保险业务时,业务员投保了中国人民保险公司海洋货物保险条款水渍险并附加串味险。试问:业务员为什么这样操作? 是否可以投保一切险? 两者有什么区别?

(二) 特别附加险

特别附加险(special additional risk)对应特别外来风险。目前中国人民保险公司承保的特别附加险别有交货不到险(failure to delivery risk)、进口关税险(import duty risk)、黄曲霉素险(aflatoxin risk)、舱面险(on deck risk)、拒收险(rejection risk)和出口货物到香港(包括九龙在内),或者澳门存储仓火险责任扩展条款(Fire Risk Extention Clause for storage of cargo at destination Hongkong,including Kowloon or Macao,FREC)6 种。

(三)特殊附加险

特殊附加险对应特殊外来风险,包括战争险(war risk)和罢工险(strikes risk)等。

特别附加险和特殊附加险均不能单独投保。在实际业务中,只有投保了主险之后,保险承保人才允许加保一种或数种特别附加险或特殊附加险。

知识扩充

中国人民保险公司海洋运输货物保险条款(节选)

(1981 年 1 月 1 日修订)

一、责任范围

本保险分为平安险、水渍险及一切险三种。被保险货物遭受损失时,本保险按照保险单上订明承保险别的条款规定,负赔偿责任。

(一)平安险

本保险负责赔偿:

货物在运输途中由于恶劣气候、雷电、海啸、地震、洪水自然灾害造成整批货物的全部损失或推定全损。当被保险人要求赔付推定全损时,须将受损货物及其权利委付给保险公司。被保险货物用驳船运往或运离海轮的,每一驳船所装的货物可视作一个整批。推定全损是指被保险货物的实际全损已经不可避免,或者恢复、修复受损货物以及运送货物到原目的地的费用超过该目的地的货物价值。由于运输工具遭受搁浅、触礁、沉没、互撞、与流冰或其他物体碰撞以及失火、爆炸意外事故造成货物的全部或部分损失。在运输工具已经发生搁浅、触礁、沉没、焚毁意外事故的情况下,货物在此前后又在海上遭受恶劣气候、雷电、海啸等自然灾害所造成的部分损失。在装卸或转运时由于一件或数件整件货物落海造成的全部或部分损失。被保险人对遭受承保责任内危险的货物采取抢救、防止或减少货损的措施而支付的合理费用,但以不超过该批被救货物的保险金额为限。运输工具遭遇海难后,在避难港由于卸货所引起的损失以及在中途港、避难港由于卸货、存仓以及运送货物所产生的特别费用。共同海损的牺牲、分摊和救助费用。运输契约订有"船舶互撞责任"条款,根据该条款规定应由货方偿还船方的损失。

(二)水渍险

除包括上列平安险的各项责任外,本保险还负责被保险货物由于恶劣气候、雷电、海啸、地震、洪水自然灾害所造成的部分损失。

(三)一切险

除包括上列平安险的各项责任外,本保险还负责被保险货物在运输途中由于外来原因所致的全部或部分损失。

二、除外责任

本保险对下列损失不负赔偿责任:

被保险人的故意行为或过失所造成的损失;属于发货人责任所引起的损失;在保险责任开始前,被保险货物已存在的品质不良或数量短差所造成的损失;被保险货物的自然损耗、本质缺陷、特性以及市价跌落、运输延迟所引起的损失或费用;本公司海洋运输货物战争险条款和货物运输罢工险条款规定的责任范围和除外责任。

三、责任起讫

(一)本保险负"仓至仓"责任,自被保险货物运离保险单所载明的起运地仓库或储存处所开始运输时生效,包括正常运输过程中的海上、陆上、内河和驳船运输在内,直至该项货物到达保险单所载明目的地收货人的最后仓库或储存处所或被保险人用作分配、分派或非正常运输的其他储存处所为止。如未抵达上述仓库或储存处所,则以被保险货物在最后卸载港全部卸离海轮后满六十天为止。如在上述六十天内被保险货物需转运到非保险单所载明的目的地时,则以该项货物开始转运时终止。

(二)由于被保险人无法控制的运输延迟、绕道、被迫卸货、重行装载、转载或承运人运用运输契约赋予的权限所做的任何航海上的变更或终止运输契约,致使被保险货物运到非保险单所载明目的地时,在被保险人及时将获知的情况通知保险人,并在必要时加缴保险费的情况下,本保险仍继续有效,保险责任按下列规定终止。1.被保险货物如在非保险单所载明的目的地出售,保险责任至交货时为止,但不论任何情况,均以被保险货物在卸载港全部卸离海轮后满六十天为止。2.被保险货物如在上述六十天期限内继续运往保险单所载原目的地或其他目的地时,保险责任仍按上述第(一)款的规定终止。

四、被保险人的义务

被保险人应按照以下规定的应尽义务办理有关事项,如因未履行规定的义务而影响保险人利益时,本公司对有关损失,有权拒绝赔偿。

(一)当被保险货物运抵保险单所载明的目的港(地)以后,被保险人应及时提货,当发现被保险货物遭受任何损失,应即向保险单上所载明的检验、理赔代理人申请检验,如发现被保险货物整件短少或有明显残损痕迹应即向承运人、受托人或有关当局(海关、港务当局等)索取货损货差证明。如果货损货差是由于承运人、受托人或其他有关方面的责任所造成,并应以书面方式向他们提出索赔,必要时还须取得延长时效的认证。

(二)对遭受承保责任内危险的货物,被保险人和本公司都可迅速采取合理的抢救措施,防止或减少货物的损失,被保险人采取此项措施,不应视为放弃委付的表示,本公司采取此项措施,也不得视为接受委付的表示。

(三)如遇航程变更或发现保险单所载明的货物、船名或航程有遗漏或错误时,被保险人应在获悉后立即通知保险人并在必要时加缴保险费,本保险才继续有效。

(四)在向保险人索赔时,必须提供下列单证:保险单正本、提单、发票、装箱单、磅码单、货损货差证明、检验报告及索赔清单。如涉及第三者责任,还须提供向责任方追偿的有关函电及其他必要单证或文件。

(五)在获悉有关运输契约中"船舶互撞责任"条款的实际责任后,应及时通知保险人。

五、索赔期限

本保险索赔时效,从被保险货物在最后卸载港全部卸离海轮后起算,最多不超过二年。

典型工作任务三　其他运输方式货物保险的认知

工作困惑

在国际贸易中,外销业务员采用陆运、空运、包裹等运输方式出口货物需要投保时,有哪些险别可以选择? 每一类险别的承保范围是什么?

工作认知

在国际贸易中,货物运输除了主要采用海洋运输方式之外,还有陆上运输、航空运输、邮政包裹运输及由海运、陆运、空运等两种或两种以上运输方式衔接起来组成的多式联运方式。随着国际贸易的发展,陆上、航空、邮政运输的保险,在整个保险业务中的重要性也日益显著。

一、陆上运输货物保险

陆上运输货物保险是货物运输保险的一种,分为陆运险和陆运一切险两种。

(一)陆运险的责任范围

陆运险(overland transportation risks)是指保险公司负责被保险货物在运输途中遭受暴风、雷电、地震、洪水等自然灾害,或者由于陆上运输工具(主要是指火车、汽车)遭受碰撞、倾覆或出轨,或者在驳运过程中因驳运工具搁浅、触礁、沉没、碰撞,或者由于遭受隧道坍塌、崖崩或火灾、爆炸等意外事故造成的全部损失或部分损失。此外,被保险人对遭受承保责任内风险的货物采取抢救,防止或减少货损而支付的不超过该批被救助货物保险金额的合理费用也在陆运险范围内。保险公司对陆运险的承保范围大致相当于海运险中的水渍险。

(二)陆运一切险的责任范围

陆运一切险(overland transportation all risks)的承保责任范围除包括上述陆运险的责任外,保险公司对被保险货物在运输途中由于外来原因造成的短少、短量、偷窃、渗漏、碰损、破碎、钩损、雨淋、生锈、受潮、霉、串味、沾污等全部损失或部分损失,也负责赔偿。这与《海洋运输货物保险条款》中的一切险相似。

(三)陆上运输货物保险的除外责任

① 被保险人的故意行为或过失造成的损失。
② 属于发货人所负责任或被保险货物的自然消耗引起的损失。
③ 由于战争、工人罢工或运输延迟造成的损失。

(四)陆上货物运输保险责任起讫

陆上货物运输保险责任的起讫期限与海洋运输货物保险的仓至仓条款(W/W clause)基本相同,是从被保险货物运离保险单所载明的起运地发货人的仓库或储存处所开始运输时生效,包括正常陆运和有关水上驳运在内,直至该货物送交保险单所载明的目的地收货人仓库或储存处所,或者被保险人用作分配、分派或非正常运输的其他储存处所为止。如果未运抵上述仓库或储存处所,则保险责任以被保险货物到达最后卸载的车站后60天为限。

但是,在陆上运输货物保险中,被保险货物除了可保陆运险和陆运一切险外,经过协商还可以加保陆上运输货物保险的附加险,如陆运战争险(仅以铁路运输为限),其责任起止不是仓至仓,而是以货物置于运输工具为限。对于陆运战争险与海运战争险,由于二者的运输工具有其本身的特点,因此具体责任有一些差别,但就战争险的共同负责范围来说,二者基本上是一致的,即保险公司对直接由于战争、类似战争行为及武装冲突所导致的损失,如货物由于捕获、扣留、禁制和扣押等行为引起的损失应负责赔偿。

二、航空运输货物保险

保险公司承保通过航空运输的货物,保险责任是以飞机作为主体来加以规定的。航空运输货物保险分为航空运输险和航空运输一切险两种。

(一)航空运输险

航空运输险(air transportation risks)的承保责任范围与《海洋运输货物保险条款》中的水渍险相似。保险公司负责赔偿被保险货物在运输途中遭受雷电、火灾、爆炸,或者由于飞机遭受恶劣气候或其他危难事故而被抛弃,或者由于飞机遭遇碰撞、倾覆、坠落或失踪等意外事故造成的全部损失或部分损失;被保险人对遭受承保责任内的事故采取的抢救、防止或减少货损的措施而支付的合理费用,但以不超过被抢救货物的保险金额为限。

(二)航空运输一切险

航空运输一切险(air transportation all risks)的承保责任范围与《海洋运输货物保险条款》中的一切险相似,除上述航空运输险的各项责任外,还包括被保险货物由于一般外来原因造成的全部损失或部分损失。

(三)航空货物运输保险的除外责任

航空运输险、航空运输一切险的除外责任与《海洋运输货物保险条款》中基本险的除外责任基本相同。

(四)航空货物运输保险责任起讫

航空运输货物保险的责任起讫期限也采用仓至仓条款,但与海运险条款中的仓至仓条款有所不同:航空货物运输保险责任从被保险货物运离保险单所载明起运地仓库或储存处所开始运输生效,在正常运输过程中继续有效,直至该货物抵运保险单所载明目的地,交到收货人仓库或储存处所,或者被保险人用作分配、分派或非正常运输的其他存处所,被保险货物在最后卸载地卸离飞机后满30天为止。如果在上述30天内被保险货物需转送到非保险单载明的目的地,则以该货物开始转运时终止。

该保险的索赔期限从被保险货物在最后卸载地卸离飞机起算,最多不超过两年。

与上述陆运货物保险一样,被保险货物在投保航空运输险和航空运输一切险后,还可经协商加保航空运输货物战争险等附加险。航空运输货物战争险条款包括:直接由于战争、类似战争及敌对行为、武装冲突所致的损失;各种常规武器,如地雷、炸弹所致的损失;因特殊附加险中引起的拘留、扣留、禁制、捕获、扣押损失;因敌对行为使用原子武器或热核武器所致的损失和费用。但是,对于由于执政者、当权者或其他武装集团的扣留、扣押引起的航程丧失和挫折而提出的索赔要求,保险公司不予负责。

航空运输货物战争险的保险责任自被保险货物装上保险单所载起运地飞机时开始,到卸离保险单所载目的地飞机时为止。如果被保险货物不卸离飞机,则最长期限以飞机到达目的地的当日午夜起满15天为止;如果中途转运,保险责任以飞机到达转运地的当日午夜起满15天为止,待货物在上述期限内重新装机续运,本保险才恢复有效。

航空运输货物保险的附加险,除战争险外,还可加保罢工险。

三、邮包保险

邮包保险承保通过邮政局邮包寄递的货物在邮递过程中发生保险事故所致的损失。以邮包方式将货物发送到目的地可能通过海运,也可能通过陆上或航空运输,或者经过两种、两种以上的运输工具运送。不论通过何种运送工具,凡是以邮包方式将贸易物货运达目的地的保险均属于邮包保险。邮包保险按其保险责任分为邮包险和邮包一切险两种。前者与《海洋运输货物保险条款》中水渍险的责任相似,后者与《海洋运输货物保险条款》中一切险的责任基本相同。

(一)邮包险

邮包险(parcel post risks)的承保责任范围是被保险货物在运输途中由于恶劣气候、雷电、海啸、洪水、自然灾害,或者由于运送工具遭受搁浅、触礁、碰撞、沉没、倾覆、出轨、坠落、失踪,或者由于失火、爆炸等意外事故所造成的全部损失或部分损失。另外,还负责被保险人对遭受保险责任范围内的货物采取抢救、防止或减少货损的措施支付的合理费用,但以不超过该被抢救货物的保险金额为限。

（二）邮包一切险

邮包一切险(parcel post all risks)的承保责任范围除上述邮包险的各项责任外,还负责被保险的邮包在运输途中由于外来原因所致的全部损失或部分损失。

（三）邮政包裹运输险的除外责任

邮包险、邮包一切险的除外责任与《海洋运输货物险条款》中基本险的除外责任相同。

（四）邮包险责任起讫期限

邮包险的责任起讫期限是自被保险邮包离开保险单载明的起运地点、寄件人的处所运往邮局时开始生效,直至被保险邮包运达保险单所载明的目的地邮局,自邮局签发到货通知书当日午夜起算,满15天终止。但在此期限内,邮包一经递交至收件人的处所时,保险责任即行终止。

此外,在附加险方面,除战争险外,《海洋运输货物保险条款》中的一般附加险和特殊附加险别及条款均可适用于陆、空、邮运输货物保险。

国贸常识

中国人民保险公司承保的险种如表6.1所示。

表6.1　中国人民保险公司承保险种一览表

保险种类	保险责任	保险险别
海洋运输货物险	承保海洋运输的货物,保险责任以海上运输工具为主要考虑	① 海洋运输货物保险。该险承保海运途中因自然灾害或意外事故造成货物的损失。这种保险险别分为平安险(FPA)、水渍险(WPA)和一切险(all risks)3种,是海运中主要的3种 ② 海洋运输货物战争险。它属于特殊附加险,承保海上发生战争等行为造成货物的损失 ③ 海洋运输冷藏货物保险。它属于海洋运输专门保险,承保海运冷藏货物因灾害事故造成的货物损坏,分为水渍险和一切险两种 ④ 海洋运输散装桐油险。该险承保不论任何原因造成的短少、渗漏、沾污和变质等损失
陆上运输货物险	承保陆上货物运输,保险责任以火车、汽车来考虑	① 陆上运输货物保险。该险承保陆运途中因自然灾害或意外事故造成货物的损失,分为陆运险和陆运一切险,是陆运险中主要的险种 ② 陆上运输冷藏货物险。该险属于陆上运输中的专门保险,承保冷藏货物因自然灾害或意外事故造成货物的损失
航空运输货物险	承保航空运输的货物,保险责任以飞机为主要考虑	① 航空运输货物保险。该险承保航空运输中因自然灾害或意外事故造成的货物损失,分为航空运输险和航空运输一切险,是航空运险中主要的险种 ② 航空运输货物战争险,属附加险,承保空运途中发生战争等行为造成的损失
邮包险	承保通过邮局递运的货物,因邮包的邮运采用海、陆、空3种运输方式,所以保险责任的考虑兼顾了海、陆、空3种运输工具	① 邮包保险。它是邮包险中主要的一种,承保邮递途中因自然灾害或意外事故造成货物的损失。不论邮包采用何种运输工具,保险公司对海、陆、空的邮包都负责,3种联成也负责。该险分为邮包险和邮包一切险 ② 邮包战争险属附加险,承保邮途中发生战争等情况造成货物的损失

注:1. 自然灾害是指由于自然力量造成的灾害,如恶劣气候(暴风雨)、雷电、海啸、地震、洪水等。
　　2. 意外事故是指由于意外原因造成的事故,如船舶搁浅、触礁、沉没、互撞、与流冰或其他物体相撞,以及失火和爆炸等。
　　3. 附加险包括由于外来原因所引起的如偷窃、碰损、破碎、钩损、短少、短量、雨漏、生锈、受潮、发霉、串味、沾污等;此外,还有一些由于特殊外来原因造成的风险,如战争、罢工、交货不到等。

典型工作任务四　国际货物运输保险的操作

工作困惑

在国际贸易中,办理货物保险的手续具体包括哪些环节?投保的金额如何计算?保险单据如何填写？一旦发生损失,如何进行索赔？

工作认知

在国际贸易货物运输保险操作中,进出口企业需要完成投保方式、选择险别、确定保险金额、支付保险费、填制保险单据等环节。

一、进出口货物投保的方式

（一）出口货物投保的方式

按 CIF 和 CIP 价格成交的出口货物,货运保险由卖方办理投保。具体步骤如下。

① 确定装运日期和装运工具。

② 填写投保单。

③ 投保。

④ 交纳保险费。

⑤ 取得保险单据。

按我国保险公司的有关规定,出口货物的投保一般采取预约保险单和逐笔投保的方式。逐笔投保即每发生一笔出口货物业务,出口方即向保险公司办理一次投保手续。在投保时,出口方向保险公司提出书面申请,在空白投保单上据实填写其中的有关项目,如被保险人名称、被保险货物名称、数量、包装及标志、起讫地点、运输工具名称、启航日期、投保的险别、保险金额等,并附有关单据(如信用证、提单等)一并交给保险公司。投保单经保险公司接受后,由保险公司签发保险单。货物运输投保单的样式如表6.2所示。

表6.2 货物运输投保单

货 物 运 输 保 险 投 保 单

投保人:宏昌国际股份有限公司　　　　　　　　投保日期:2019－08－25

发票号码	STINV000001	投保条款和险别	
被保险人	客户抬头 宏昌国际股份有限公司 过户 Carters Trading Company,LLC	（ ）PICC CLAUSE （√）ICC CLAUSE （ ）ALL RISKS （ ）W. P. A./W. A. （ ）F. P. A	（ ）AIR TPT ALL RISKS （ ）AIR TPT RISKS （ ）O/L TPT ALL RISKS （ ）O/L TPT RISKS （ ）TRANSHIPMENT RISKS
保险金额	USD12, 320		
启运港	Nanjing		
目的港	Toronto		
转内陆		（√）WAR RISKS （ ）S. R. C. C （ ）STRIKE （√）ICC CLAUSE A （ ）ICC CLAUSE B （ ）ICC CLAUSE C	（ ）WTOW （ ）T. P. N. D. （ ）F. R. E. C. （ ）R. F. W. D. （ ）RISKS OF BREAKAGE （ ）I. O. P.
开航日期	2019－09－10		
船名航次	Zaandam, DY105－09		
赔款地点	Canada		
赔付币别	USD		
保单份数			
其他特别条款			
以下由保险公司填写			
保单号码		签单日期	

如果时间急促,也可采用口头或电话方式向保险公司申请投保。如果获批准,保险也可生效,但随后一定要补填投保单。

(二) 进口货物投保的方式

按 FOB、CFR 价格成交的进口货物,货物的运输保险由国内买方办理投保,投保的方式有以下两种。

1. 订立预约保险合同

在我国的实际保险业务中,为了简化保险手续,并防止进口货物在国外装运后因信息传送不及时而发生漏保或来不及办理投保等情况,专营进口业务的公司,可同保险公司签订海运进口货物运输预约保险合同。同保险公司签有预约保险协议的各进口公司,对每批进口货物无须填制投保单,只需在获悉所投保的货物在国外某港口装运时,将装运情况通知保险人。通知的内容包括:转运货物的船名、货物名称和数量、货物价值和保险金额等。

目前国内保险业务的通常做法是:《国际运输预约保险启运通知书》由投保人填写,保险公司依据此通知书签发保险单。由于是预约保险,国内保险公司也往往不再出具保险单,仅以上述货运通知书作为投保人投保的依据,代替保险单。如果被保险人要求依据预约保险合同分批转运的货物签发保险单证,保险人应当照办。如果分别签发的保险单证内容与预约保险单证内容不一致,应以分别签发的保险单证为准。

2. 逐笔办理投保

这种投保方式适用于不经常进口货物的单位。采用这种投保方式时,货主必须在接到国外的发货通知后,立即向保险公司申请办理海运货物保险手续,即填写投保单,并交纳保险费,保险人根据投保单签发保险单。

二、选择适当的保险险别

买卖双方根据价格术语确定了办理投保的责任之后,接下来的一个问题就是选择保险险别。货物运输保险有不同的保险险别(如基本险和附加险)和各种不同的险种(如平安险、水渍险、一切险等),投保人选择时应将货物在运输中可能面临的各种损失及所需获得的保障,作为考虑的主要因素。它主要包括以下几个方面。

① 考虑货物的性质和特点。
② 考虑货物的包装。
③ 考虑运输路线和船舶停靠港口。
④ 考虑运输季节。

国贸常识

基本险的选择一般遵循的规律是:水渍险的费率相当于一切险的1/2,平安险的费率相当于一切险的1/3。平安险的适用范围为低值、裸装的大宗货物,如矿砂、钢材、铸铁制品;一切险的适用范围为毛、棉、麻、丝、绸、服装类和化学纤维类商品,遭受损失的可能性较大,如沾污、钩损、偷窃、短少、雨淋等。

三、确定保险金额

保险金额又称投保金额,是指保险人承担赔偿或给付保险金责任的最高限额,也是保险人计算保险费的基础。投保人在投保货物运输保险时应向保险人申报保险金额,保险金额是根据保险价值确定的。保险价值一般包括货价、运费、保险费及预期的利润等。如果保险人与被保险人未约定保险价值,根据《中华人民共和国海商法》(以下简称《海商法》)第219条(2)的规定:"货物的保险价值是保险责任开始时货物在起运地的发票价格或者非贸易商品在起运地的实际价格以及运费和保险费的总和。"也就是说,保险价值相当于CIF价格,不包括预期利润。我国《海商法》第220条规定:"保险金额由保险人与被保险人约定,保险金额不得超过保险价值;超过保险价值的,超过部分等于无效。"

保险金额的计算公式如下。

$$保险金额=CIF(或CIP)价×(1+投保加成率)$$

学习案例6-9

某批货物CIF货价为1 000美元,加成率为10%,试计算保险金额。

解:保险金额=CIF价×(1+投保加成率)=1 000×(1+10%)=1 100.00(美元)

国贸常识

"投保加成"是由国际贸易的特定需要决定的。如果合同对此未作决定,按惯例规定,卖方有义务按CIF价的总值另加10%作为保险金额。这部分增加的保险金额就是买方进行交易所支付的费用和利润。如果买方要求按较高的金额投保,保险公司也同意承保,卖方也可接受,则由此增加的保险费在原则上应由买方承担。

四、支付保险费

投保人交付保险费是保险合同生效的前提条件,也是保险公司经营保险业务的收入和用作经济补偿的后备资金的主要来源。投保人在向保险公司办理投保手续,并被保险公司接受后,必须交纳保险费,否则保险人可以拒绝签发保险单据。

国贸常识

保险费率是计算保险费的依据。一般来说,保险公司都列有各条航线运抵各国的不同的保险费率。我国进出口货物保险费率是我国保险公司在货物损失率和赔付率的基础上,参照国际保险费率水平,并根据我国对外贸易发展的需要制定的。

目前,我国的出口货物保险费率按照不同商品、不同目的地、不同运输工具和不同险别分别制定为:①一般货物费率,适用于所有货物;②指明货物加费费率,仅指特别订明的货物;③货物运输战争险、罢工险费率;④其他规定用以解决上述3项费率表中所不能解决的问题。凡属指明货物费率表中所列的货物,如果投保一切险,在计算费率时,应先查出一般货物费率,然后再加上指明货物加费费率。例如,从上海运往某港某货物投保一切险,一般货物费率为0.6%,指明货物加费费率为1.5%,则应收费率为2.1%。

保险费的计算公式如下。

$$保险费=保险金额×保险费率$$

在已知CFR价的条件下,保险费还可按下列方法计算。

$$保险费=CIF价-CFR价$$

学习案例6-10

我国某外贸公司进口成交一批价值为CFR12 000美元的货物。现按CIF价格加成10%投保一切险和战争险,计算如下。

① 查保险费率表得出一切险和战争险费率分别为 0.5% 和 0.04%,则总费率＝0.5%+0.04%=0.54%。

② 将 CFR 价值转化为 CIF 价值,CIF＝12 000÷(1-0.54%×1.1)＝12 071.71(美元)。

③ 保险费＝12 071.71×(1+10%)×0.54%＝71.71(美元)。

学习案例 6-11

某外贸公司出口商品,CFR 天津新港价为 1 200 美元,投保一切险,保险费率为 0.63%,客户要求加一成投保。计算求保险金额和保险费。

解:CIF＝1 200÷(1-0.63%×110%)＝1 208.37(美元)

保险金额＝1 208.37×110%＝1 329.21(美元)

保险费＝1 329.21×0.63%＝8.37(美元)

保险费＝CIF-CFR＝1 208.37-1 200＝8.37(美元)

因此,该笔保险业务的保险金额为 1 329.21 美元,保险费为 8.37 美元。

五、保险单据的填制

(一)保险单据的作用

保险单据是保险人与被保险人之间订立保险合同的证明文件,反映了保险人与被保险人之间的权利与义务关系,也是保险人的承保证明。当发生保险责任范围内的损失时,它又是保险索赔和理赔的主要依据,同时,又是进出口贸易结算的主要单据之一。在国际贸易中,保险单据可以背书转让。

(二)保险单据的种类

我国常用的保险单据有保险单、保险凭证、联合凭证、预约保险单及批单 5 种。

1. 保险单

保险单(insurance policy)俗称大保单,是一种最规范、在国际贸易中使用最广泛的保险单据,是正规的保险合同,除载明正面内容(被保险人名称,保险货物项目、数量或重量、零头、运输工具、保险的起讫点、承保险别、保险金额、期限)之外,还在背面列有保险公司的责任范围及保险公司与被保险人双方各自的权利、义务等方面的详细条款。其样式如图 6.4 所示。

2. 保险凭证

保险凭证(insurance certificate)俗称小保单,是一种简化的保险单据。它的背面没有列入详细保险条款,但其余内容与保险单基本一致,与其具有同样的法律效力。一般来讲,如果信用证要求提供保险单,就不能提供保险凭证;如果信用证要求提供保险凭证,则可以提供保险单。近年来,我国保险公司为了实现单据的规范化,已逐渐废弃此类保险凭证而统一采用大保单。

3. 联合凭证

联合凭证(combined certificate)是一种更为简化的保险凭证,我国保险公司只在出口公司的商业发票上加注保险编号、险别、金额,并加盖保险公司印戳作为承保凭证,其他项目以发票所列为准。这种凭证不能转让,目前仅适用于香港、澳门地区的托收业务及香港部分银行由华商开来的信用证。

4. 预约保险单

预约保险单(open policy)是一种长期性的货物运输保险合同,在合同中规定了承保范围、险别、费率、责任、赔款处理等项目。凡属合同规定的运输货物,在合同有效期内自动承保。它在我国的进出口业务中广泛使用,我国进口货物基本上都采用预约保险单。

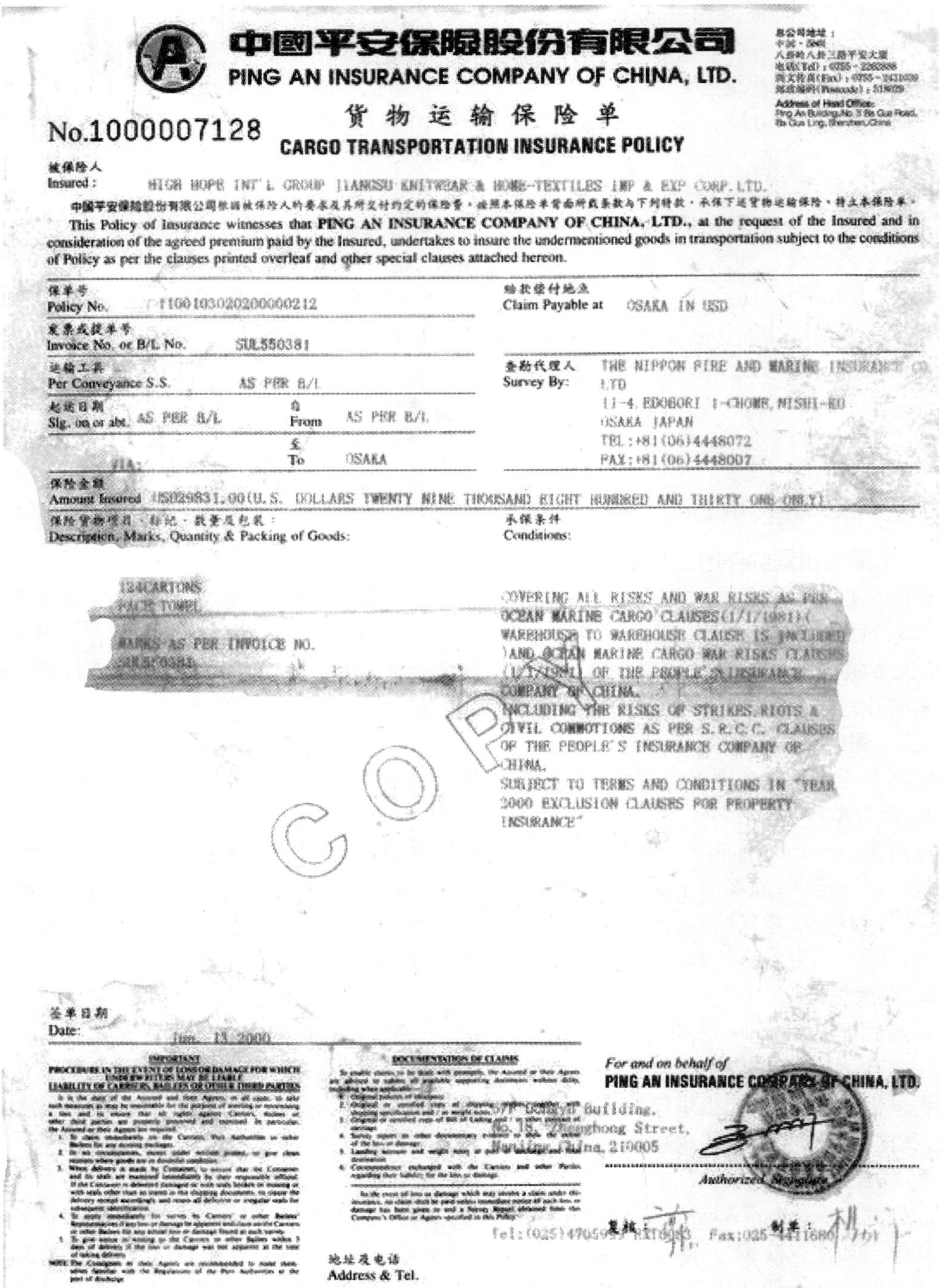

中國平安保險股份有限公司
PING AN INSURANCE COMPANY OF CHINA, LTD.

总公司地址：
Address of Head Office:
Ping An Building, No. 3 Ba Gua Road, Ba Gua Ling, Shenzhen, China

No.1000007128

货物运输保险单
CARGO TRANSPORTATION INSURANCE POLICY

被保险人
Insured: HIGH HOPE INT'L GROUP JIANGSU KNITWEAR & HOME-TEXTILES IMP & EXP CORP. LTD.

中國平安保險股份有限公司根据被保险人的要求及其所交付约定的保险费，按照本保险单背面所载条款与下列特款，承保下述货物运输保险，特立本保险单。

This Policy of Insurance witnesses that **PING AN INSURANCE COMPANY OF CHINA, LTD.**, at the request of the Insured and in consideration of the agreed premium paid by the Insured, undertakes to insure the undermentioned goods in transportation subject to the conditions of Policy as per the clauses printed overleaf and other special clauses attached hereon.

保单号
Policy No. 11001030202000000212

赔款偿付地点
Claim Payable at OSAKA IN USD

发票或提单号
Invoice No. or B/L No. SUL550381

运输工具
Per Conveyance S.S. AS PER B/L

查勘代理人
Survey By: THE NIPPON FIRE AND MARINE INSURANCE CO. LTD
11-4, EDOBORI 1-CHOME, NISHI-KU
OSAKA JAPAN
TEL:+81(06)4448072
FAX:+81(06)4448007

起运日期
Slg. on or abt. AS PER B/L

自
From AS PER B/L

至
To OSAKA

VIA

保险金额
Amount Insured USD29831.00(U.S. DOLLARS TWENTY NINE THOUSAND EIGHT HUNDRED AND THIRTY ONE ONLY)

保险货物项目、标记、数量及包装：
Description, Marks, Quantity & Packing of Goods:

124CARTONS
FACE TOWEL

MARKS AS PER INVOICE NO.
SUL550381

承保条件
Conditions:

COVERING ALL RISKS AND WAR RISKS AS PER OCEAN MARINE CARGO CLAUSES(1/1/1981)(WAREHOUSE TO WAREHOUSE CLAUSE IS INCLUDED)AND OCEAN MARINE CARGO WAR RISKS CLAUSES (1/1/1981) OF THE PEOPLE'S INSURANCE COMPANY OF CHINA.
INCLUDING THE RISKS OF STRIKES, RIOTS & CIVIL COMMOTIONS AS PER S.R.C.C. CLAUSES OF THE PEOPLE'S INSURANCE COMPANY OF CHINA.
SUBJECT TO TERMS AND CONDITIONS IN "YEAR 2000 EXCLUSION CLAUSES FOR PROPERTY INSURANCE"

COPY

签单日期
Date: Jun. 13 2000

IMPORTANT
PROCEDURE IN THE EVENT OF LOSS OR DAMAGE FOR WHICH UNDERWRITERS MAY BE LIABLE
LIABILITY OF CARRIERS, BAILEES OR OTHER THIRD PARTIES

DOCUMENTATION OF CLAIMS

For and on behalf of
PING AN INSURANCE COMPANY OF CHINA, LTD.

Authorized Signature

No. 18, Zhonghong Street, Nanjing, China, 210005

Tel:(025)4705... Fax:025-4411680

复核： 制单：

地址及电话
Address & Tel.

图6.4 保险单

用于出口货物的预约保险单,要求出口公司在将预约保险合同范围内的出口货物装船出运之前,填制出口货物装运通知,将该批出口货物的保险项目通知保险公司,中国人民保险公司据此签发保险凭证。出口公司如果因疏漏未通知保险公司,均应补办保险。补办时货物如果已受损,保险公司仍予赔偿。

用于进口货物的预约保险单,要求进口公司在收到出口商的装船通知后,应当填制国际运输起运通知书给保险公司。中国人民保险公司据此自动承保。如果进口公司未通知,但是只要不是出于恶意,应予补报,则仍自货物装船时开始享受保险公司的保险保障。

5. 批单

批单(endorsement)是保险单出立后,投保人如果需要补充或变更其内容时,可根据保险公司的规定向保险公司提出申请,经同意后即可另出一种凭证,注明更改或补充的内容。保险单一经批改,保险公司需按批改后的内容承担责任。原则上批单需粘贴在保险单上,并加盖骑缝章,作为保险单不可分割的一部分。

国贸常识

① 保险单的转让和海运提单一样,货运保险单和保险凭证可以经背书进行转让,而且无须取得保险人的同意,也无须通知保险人。即使在保险标的发生损失后,保险单据仍可有效转让。
② 保险单的出单日期不得迟于运输单据的出单日期。

六、销售合同中的保险条款

(一)以 F 组、E 组和 C 组中的 CFR 和 CPT 等术语成交的合同

保险条款可订为"保险由买方自理"(insurance to be covered by the buyer)。

(二)以 D 组术语成交的合同

保险条款可订为"保险由卖方自理"(insurance to be covered by the seller)。

(三)以 CIF 或 CIP 术语成交的合同

如果在海洋货物运输下,其保险条款可订立为"由卖方按发票金额的 110% 投保一切险和战争险,以中国人民保险公司 1981 年 1 月 1 日的《海洋运输货物保险条款》为准。(Insurance to be covered by the Sellers for 110% of total invoice value against All Risks and War Risk as per Ocean Marine Cargo Clause of the People's Insurance Company of China Dated 01/01/1981.)"

但是有时买方委托卖方代为投保,在合同中除约定上述条款外,还应加入以下规定:保险由卖方替买方投保,由买方负担(Insurance to be covered by the Sellers on behalf of the Buyers, premium to be for Buyers' account)。

七、保险索赔

(一)保险索赔的含义

保险索赔是指进出口货物在保险责任有效期内发生属于保险责任范围内的损失,被保险人可向保险公司提出补偿要求。

(二)保险索赔的基本操作

① 确定损失后应立即通知相关方。
② 向承运人等有关方面提出索赔。
③ 提供采取合理的施救、救助措施的有关证明。
④ 备妥索赔单证。
⑤ 可实施代位追偿。
⑥ 在索赔有效期内提出索赔。

🖋 国贸常识

在保险业务中,为了防止被保险人双重获益,保险人在履行全损赔偿或部分损失赔偿后,在其赔付金额内,要求被保险人转让其对造成损失的第三者责任方要求全损赔偿或相应部分赔偿的权利,这种权利称为代为追偿权或代位权。在实际业务中,保险人需首先向被保险人进行赔付,才能取得代位追偿权。

拓展工作任务 英国伦敦保险协会海运货物保险条款的认知

🎁 工作困惑

外销业务员在以 CIF 价格条件对外出口时,有些外商也常会要求采用国际保险市场上通用的英国伦敦保险协会制定的《协会货物条款》(*Institute Cargo Clauses*,ICC)进行投保。为了达成交易,我国出口企业一般都予以接受。ICC 的险种有哪些? CIC 与 ICC 险别的责任范围有哪些区别?

📖 工作认知

英国伦敦保险协会货物保险条款是根据 1906 年英国《海上保险法》和 1779 年英国国会确认的"劳埃德船、货保险单价格"所制定的,经多次修改后于 1963 年 1 月 1 日定型为《协会货物保险条款》(ICC)。到 1982 年 1 月 1 日,为了避免命名与内容不符、易产生误解的弊端而改成现行的 ICC。

一、协会货物保险条款概述

① 协会货物(A)险条款[institute cargo clause(A),ICC(A)]。
② 协会货物(B)险条款[institute cargo clause(B),ICC(B)]。
③ 协会货物(C)险条款[institute cargo clause(C),ICC(C)]。
④ 协会战争险条款(货物)(institute war clauses,cargo)。
⑤ 协会罢工险条款(货物)(institute strikes clauses,cargo)。
⑥ 恶意损害险条款(malicious damage clauses)。

以上 6 种险别中,除恶意损害险属于附加险别不能单独投保外,其他 5 种险别的结构相同,体系完整,都可以单独投保。其中,ICC(A)险责任范围最为广泛,相当于我国海运货物保险的一切险;ICC(B)相当于我国海运货物保险的水渍险;ICC(C)相当于我国海运货物保险的平安险。以上 3 种险别,保险公司的承保责任起讫适用于仓至仓条款。我国保险公司可根据客户的要求,酌情按 ICC 条款的有关规定承保。

协会战争险和协会罢工险在征得保险公司同意后,也可作为独立的险别进行投保。它们对世界各国运输货物保险条款的制定有着重要的指导意义。

二、ICC(A)险的责任范围和除外责任

(一) ICC(A)险的责任范围

ICC(A)险的责任范围包括除以下规定的除外责任以外的一切风险所造成的保险标的的损失。

（二）ICC（A）险的除外责任

1.一般除外责任

如归因于被保险人故意的不法行为造成的损失或费用；自然损耗、自然渗漏、自然磨损、包装准备不足或不当所造成的损失或费用；保险标的的内在缺陷或特性所造成的费用；由于延迟所引起的直接损失或费用；由于船舶所有人、租船、经理人、经营破产或不履行债务所造成的损失或费用；由于使用原子弹或其他核武器所造成的损失或费用。

2.不适航、不适货除外责任

这是指被保险人或其雇佣人，在保险标的装船时已经知道船舶不适航，以及船舶装运工具、集装箱等不适货。

3.战争除外责任

这主要是指由于战争、内战、敌对行为等造成的损失或费用；由于捕获、拘留、扣留等（海盗除外）所造成的损失或费用；由于漂流水雷、鱼雷等造成的损失或费用。

4.罢工除外责任

这主要是指罢工者、被迫停工工人造成的损失或费用，以及由于罢工、被迫停工所造成的损失或费用；任何恐怖主义者或出于政治动机而行动的人所致的任何损失或费用。

三、ICC（B）险的责任范围和除外责任

（一）ICC（B）险的责任范围

ICC（B）险对承保风险的规定采用列明风险的方法，即在条款的首部把保险人所承保的风险一一列出。保险标的物的灭失或损坏可合理地归因于下列任何之一者，保险人予以赔偿：①火灾或爆炸；②船舶或驳船搁浅、触礁、沉没或颠覆；③陆上运输工具的倾覆或出轨；④船舶、驳船或运输工具同除水以外的任何外界物体碰撞；⑤在避难港卸货；⑥地震、火山爆发、雷电；⑦共同海损牺牲；⑧抛货；⑨浪击落海；⑩海水、湖水或河水进入船舶、驳船、运输工具、集装箱、大型海运箱或储存住所；⑪货物在装卸时落海或摔落造成整件的全损。

（二）ICC（B）险的除外责任

ICC（B）险与ICC（A）险的除外责任基本相同，但有以下两点区别。

① ICC（A）险只对被保险人的故意不法行为造成的损失、费用不负赔偿责任，但对于被保险人之外的任何个人或数人故意损害和破坏标的物或者其他任何部分的损害要负赔偿责任。但在ICC（B）险下，保险人对此也不负赔偿责任。

② ICC（A）险把海盗行为列入保险范围，ICC（B）险对海盗行为不负保险责任，属于除外责任。

四、ICC（C）险的责任范围和除外责任

（一）ICC（C）险的责任范围

ICC（C）险对承保风险的规定也采用列明风险的方法，但承保的风险比ICC（A）险、ICC（B）险要小得多，只承保重大意外事故，而不承保自然灾害及非重大意外事故。其具体承保的风险有：①火灾、爆炸；②船舶或驳船触礁、搁浅、沉没或倾覆；③陆上运输工具倾覆或出轨；④船舶、驳船或运输工具同除水以外的任何外界物体碰撞；⑤在避难港卸货；⑥共同海损牺牲；⑦抛货。

（二）ICC（C）险的除外责任

ICC（C）险的除外责任与ICC（B）险完全相同。由上可见，ICC（A）险承保的风险类似我国的一切险，ICC（B）险类似我国的水渍险，ICC（C）险类似我国的平安险，但比平安险的责任范围

要小。

至于战争险、罢工险和恶意损坏险则不同于中国保险条款的规定,即不一定要在投保3种基本险别的基础上才能加保,而是战争险、罢工险可以作为独立险别投保,恶意损坏险则不能单独投保。恶意损坏险是新增加的附加险别,所承保的是被保险人以外的其他人(如船长、船员等)的故意破坏行为所致被保险货物的灭失和损害,属于ICC(A)险的责任范围,但在ICC(B)险、ICC(C)险中,则被列为"除外责任"。

伦敦协会新条款中将保险期限规定为被保险货物在最后卸载港全部卸离海轮后满60天为止。

我国对外贸易中所使用的保险条款,绝大部分使用中国人民保险公司1981年1月1日修订的《运输货物保险条款》。部分国家开来信用证有的使用新的《伦敦协会货物条款》,目前我国人民保险公司也接受办理伦敦协会海运货物保险新条款。

国际上还有《美国协会货物保险条款》(*American Institute Cargo Clauses*)、《法国海上货物保险单条款》(*French Marine Cargo Insurance Policy Terms*)和《联合国海上货物保险条款》等。这几种保险条款在国际贸易中还很少使用。

国贸常识

英国劳合社是当今世界上最具规模和影响的保险组织之一。它是一个特殊的保险市场,包括数百个承保各类风险的组合。它的会员多达数万人,来自世界50多个国家。2000年11月,劳合社正式在北京设立办事处。

综合实训

一、实训目的

1. 通过实训,正确掌握海上货物运输过程中涉及的风险、损失和费用。
2. 通过实训,正确掌握我国国际货物运输保险的险别及承保范围。
3. 通过实训,能够正确填制投保单和保险单,并能够独立完成国际贸易销售合同保险条款的填制。
4. 通过实训,正确理解伦敦保险协会货物保险条款的险别和承保范围。

二、实训内容组成说明

围绕国际贸易销售合同保险条款,通过实训,全面掌握《公约》的相关规定与专业知识,具备扎实的理论基础与职业能力。根据学生的认知规律,实训分为基础理论部分与实践技能操作部分。

基础理论部分

一、模块核心概念

自然灾害 一般外来风险 平安险 水渍险 一切险

二、填空题

1. 货物在运输途中遭遇海上风险,货物本身遭到损坏或灭失而造成的损失,总体而言可分为_____和_____;全部损失可分为_____和_____;单独损失可分为_____和_____。

2. 基本险依据承保的责任范围不同,可分为_____、_____和_____。

3. 海上风险有_____和_____,外来风险有_____、_____和_____。

4. 中国人民保险公司规定的一般附加险包括11种险种:_____,_____,_____,_____,_____碰损、破碎险,串味险,受热、受潮险,钩损险,包装破裂险和锈损险。

5. 保险公司承保通过航空运输的货物,保险责任是以飞机作为主体来加以规定的。航空运输货物保险也分为_____和_____两种。

6. 英国伦敦协会货物保险条款制定了6种保险险别,分别是_____、_____、_____、_____、_____、_____。

三、单项选择题

1. 在保险人所承保的海上风险中,恶劣气候、地震属于(   )。
   A. 自然灾害　　　B. 意外事故　　　C. 一般外来风险　　　D. 特殊外来风险

2. 在保险人所承保的海上风险中,搁浅、触礁属于(   )。
   A. 自然灾害　　　B. 意外事故　　　C. 一般外来风险　　　D. 特殊外来风险

3. 在海运过程中,被保险物茶叶经水浸已不能饮用。这种海上损失属于(   )。
   A. 实际全损　　　B. 推定全损　　　C. 共同海损　　　D. 单独海损

4. 船舶搁浅时,为使船舶脱险而雇用拖驳强行脱浅所支出的费用,属于(   )。
   A. 实际全损　　　B. 推定全损　　　C. 共同海损　　　D. 单独海损

5. 某外贸公司出口棉花5公吨,在海运途中遭受暴风雨,海水涌入仓内,致使一部分棉花被泡进水不能再销售。这种损失属于(   )。
   A. 实际全损　　　B. 推定全损　　　C. 共同海损　　　D. 单独海损

6. 对于共同海损所做出的牺牲和支出的费用,应由(   )。
   A. 船方承担　　　B. 货方承担　　　C. 保险公司承担
   D. 所有与之有利害关系的受益人按获救船舶、货物、运费获救后的价值比例分摊

7. 根据我国《海洋货物运输保险条款》的规定,不能单独投保的险别是(   )。
   A. 平安险　　　B. 水渍险　　　C. 战争险　　　D. 一切险

8. 根据我国《海洋货物运输保险条款》的规定,承保范围最小的基本险别是(   )。
   A. 平安险　　　B. 水渍险　　　C. 一切险　　　D. 罢工险

9. 为了防止运输中货物被盗,应该投保(   )。
   A. 平安险　　　　　　　　　　　B. 一切险
   C. 偷窃提货不着险　　　　　　　D. 一切险加保偷窃提货不着险

10. 我国某公司以CIF条件与国外客户订立出口合同。根据INCOTERMS 2010的解释,买方对投保无特殊要求,我方只需投保(   )。
    A. 平安险　　　B. 水渍险　　　C. 一切险　　　D. 一切险加战争险

11. 根据现行伦敦保险协会条款的规定,承包风险最小的险别是(   )。

A. ICC（A）　　　B. ICC（B）　　　C. ICC（C）　　　D. ICC（D）

12. 仓至仓条款是指（　　　）。

A. 承运人负责运输起讫的条款　　　B. 保险人负责保险责任起讫的条款

C. 出口人负责交货责任起讫的条款　D. 进口人负责付款责任起讫的条款

13. 按照国际保险市场的惯例，投保时的加成率一般为（　　　）。

A. 5%　　　　　B. 10%　　　　　C. 30%　　　　　D. 50%

14. 在保险险别中，不适用仓至仓条款的是（　　　）。

A. 平安险　　　B. 水渍险　　　C. 一切险　　　D. 战争险

15. （　　　）是不包括在一切险的承保范围内的。

A. 串味险　　　B. 短量险　　　C. 渗漏险　　　D. 战争险

16. （　　　）是一种权利凭证，同提单一样可以背书转让。

A. 发票　　　B. 装箱单　　　C. 产地证　　　D. 保险单

17. 按照国际保险市场上的一般习惯，保险金额以发票的（　　　）价格为基数，再加上适当的保险加成率计算得出。

A. FOB　　　B. CFR　　　C. FAS　　　D. CIF

18. 陆运险和陆运一切险相当于海运中的（　　　）。

A. 一切险和水渍险　　　　　B. 水渍险和一切险

C. 一切险和平安险　　　　　D. 水渍险和平安险

19. （　　　）保险单据是完整独立的正式保险合同。

A. 保险单　　　B. 保险凭证　　　C. 小保单　　　D. 联合凭证

20. 预约保险单（open policy），又称开口保险单，它是（　　　）。

A. 保险人签发正式保单前所出立的临时证明

B. 保险单出立后，根据投保人的需要，对保险内容补充或变更而出具的一种凭证

C. 经常有相同类型货物需要陆续装运的保险

D. 投保人与保险人订立保险合同时，在还有一些条件尚未确定而投保人又急需保险凭证的情况下，由保险人先行开立的证明文件

四、多项选择题

1. 在海上保险业务中，属于自然灾害风险的有（　　　）。

A. 恶劣气候　　　B. 雷电　　　C. 海啸　　　D. 地震

E. 洪水

2. 一般附加险包括（　　　）。

A. 淡水雨淋险　　　B. 包装破裂险　　　C. 拒收险　　　D. 舱面险

3. 在海上保险业务中，属于意外事故的有（　　　）。

A. 搁浅　　　B. 触礁　　　C. 沉没　　　D. 碰撞

E. 失踪、失火、爆炸

4. 在海上保险业务中，构成被保险货物"实际全损"的情况有（　　　）。

A. 保险标的物完全灭失

B. 保险标的物丧失，且无法挽回

C. 保险标的物发生变质，失去原有的使用价值

D. 船舶失踪达到一定时期

E. 收回保险标的物所有权花费的费用将超过收回后的标的价值

5. 在海运保险业务中,构成共同海损的条件是( )。
   A. 共同海损的危险必须是实际存在的
   B. 消除船货共同危险而采取的措施是有意识的、合理的
   C. 必须属于非常性质的损失
   D. 费用支出是额外的
   E. 必须是承保风险直接导致的船、货损失

6. 根据我国现行《海洋货物运输保险条款》的规定,能够独立投保的险别有( )。
   A. 平安险   B. 水渍险   C. 一切险   D. 战争险
   E. 罢工险

7. 目前在进出口业务实践中所应用的海上保险单据有( )。
   A. 保险单   B. 保险凭证   C. 联合凭证   D. 保险通知书
   E. 批单

8. 为防止海上运输途中货物被窃,可以投保( )。
   A. 平安险加保偷窃险   B. 水渍险加保偷窃险
   C. 一切险加保偷窃险   D. 一切险

9. 中国人民保险公司《海洋运输货物保险条款》规定的基本险别包括( )。
   A. 平安险   B. 战争险   C. 水渍险   D. 一切险

10. 某企业出口茶叶,为防止运输途中串味,办理投保时,应该投保( )。
    A. 串味险   B. 平安险加串味险
    C. 一切险   D. 水渍险加串味险
    E. 一切险加串味险

11. 中国人民保险公司《海洋运输保险条款》的一般附加险包括( )。
    A. 偷窃、提货不着险   B. 舱面险
    C. 渗漏险   D. 水渍险
    E. 钩损险   F. 淡水雨淋险

12. 中国人民保险公司《海洋运输保险条款》的特别附加险有( )。
    A. 黄曲霉素险   B. 拒收险   C. 短量险   D. 平安险

13. 根据英国伦敦保险协会制定的《协会货物保险条款》的规定,ICC(A)险的除外责任包括
( )。
    A. 一般除外责任   B. 不适航、不适货的除外责任
    C. 战争除外责任   D. 意外事故除外责任
    E. 罢工除外责任

14. 在我国海洋运输货物保险业务中,( )险别可适用仓至仓条款。
    A. All Risks   B. WA or WPA   C. FPA   D. War Risk

15. 在国际货物运输保险中,保险公司承保的风险包括( )。
    A. 自然灾害   B. 意外事故
    C. 外来风险   D. 运输延迟造成损失的风险

五、判断题

1. 平安险(FPA)英文名称为单独海损不赔,实际上,保险公司仍然承担了一部分单独海损的责任。   (   )

2. 对于推定全损,应由保险公司按全部损失赔偿货物的全价。   (   )

3. 共同海损属于全部损失范畴。 （ ）

4. 单独海损损失由受损失方自行承担。 （ ）

5. 投保一切险意味着保险公司为一切风险承担赔偿责任。 （ ）

6. 基本险别中,保险公司责任最小的险别是水渍险。 （ ）

7. 仓至仓条款是指船运公司负责将货物从装运地发货人仓库运送至目的地收货人仓库的运输条款。 （ ）

8. 按我国保险条款的规定,3种基本险和战争险均适用仓至仓条款。 （ ）

9. 淡水雨淋险属于平安险中的一种险别。 （ ）

10. 根据《中国人民保险公司保险条款》,航运战争险的责任起止是从货物装上海轮或驳船开始,至货物到达目的港卸离海轮或驳船时为止。 （ ）

11. 我国某公司按FOB贸易术语进口时,在国内投保了一切险,保险公司的保险责任起讫应为仓至仓。 （ ）

12. 载货船舶航行途中搁浅,船长为了使船只继续航行至目的港,有意识地、合理地将部分货物抛入大海。上述搁浅和抛货损失均属于共同海损。 （ ）

13. 伦敦协会货物保险条款(A)险与我国人保的一切险基本一致,(B)险与水渍险大致相当,(C)险比平安险范围稍小。 （ ）

14. 某出口公司出口服装一批,运输途中部分纸箱受潮,服装上出现水渍,由于向保险公司投保了水渍险,所以进口商凭保险单向保险公司索赔,保险公司应该赔偿。 （ ）

15. 出口茶叶最大的问题是在装运途中串味,所以在实际投保业务中,在投保一切险的基础上还应加投串味险。 （ ）

16. 伦敦保险协会的货物运输保险条款有6种险别,其中ICC(A)、ICC(B)、ICC(C)三种险别可以单独投保,战争险、罢工险和恶意损坏险这3种险则不能单独投保。 （ ）

17. 在投保了一切险后,保险公司对于货物在海运途中由于任何外来原因造成的货损货差都应该负赔偿责任。 （ ）

18. 共同海损是部分海损的一种。 （ ）

19. 按国际保险市场惯例,大保单与小保单具有同等法律效力。 （ ）

20. 共同海损的损失是各受益方根据获救利益大小按比例分摊。 （ ）

六、案例分析

1. 我国某出口企业以CIF汉堡贸易条件向德国进口商出口针棉织品一批,投保了中国人民保险公司的水渍险。在运输途中船舱淡水管道漏水,部分货物受到浸泡,德国进口商向中国人民保险公司的代理提出索赔。**试分析**:中国人民保险公司是否应赔偿德商的损失?为什么?

2. 我国某企业以CIF术语出口货物2 000箱,该公司在中国人民保险公司投保了平安险,货船开行后不久200箱货物遭受飓风灭失。3天后,货船触礁,另外300箱货物遭受损失。**试分析**:对于上述损失保险公司是否都会赔偿?为什么?

3. 某货轮满载货物从上海港驶往阿联酋迪拜港,在航行途中第三舱失火,大火迅速蔓延至轮机舱,船长为了船货的安全,下令对第三舱灌水施救。经过抢救大火被扑灭,轮机舱严重受损,轮船无法继续航行,船长决定雇拖船将货轮拖进香港港修理,这才得以继续完成航行任务。事后保险公司上船调查,发现以下损失。

① 第三舱有500箱货物被大火焚毁。

② 第三舱有800箱货物被水浸泡。

③ 轮机舱设备被火焚烧报废,有修理费用。

④ 拖船费用。

⑤ 船员额外工资与费用。

试分析:以上哪些费用是单独海损?哪些费用是共同海损?

4. 有一货轮在航行中与流冰相撞,船身一侧裂口,舱内部分乙方货物遭浸泡。船长不得不将船就近驶入浅滩,进行排水,修补裂口,而后为了浮起又将部分甲方笨重的货物抛入海中。乙方部分货物遭受浸泡损失了 30 000 美元,将船舶驶上浅滩及产生的一连串损失共计 80 000 美元,**试分析**:如何分摊损失?(该船舶价值为 100 万美元,船上载有甲、乙、丙 3 家的货物,分别为 50 万美元、33 万美元、8 万美元,待收运费 2 万美元。)

实践技能操作部分

一、国际货物运输保险认知

1. 请分别将以下保险险别由英文翻译成中文。

FPA:_____   War Risk:_____

TPND:_____   risk of clash:_____

risk of fresh and/of rain water damage(wetting):_____

2. 根据合同要求,用英文填写合同保险条款。

由卖方按发票金额的 110% 投保水渍险和战争险,以中国人民保险公司 1981 年 1 月 1 日的《海洋运输保险条款》为准。

3. 计算。

(1)某企业出口商品 CFR 价格为 1 200 美元,投保一切险,保险费率为 0.63%,客户要求加一成投保。计算保险金额和保险费。

(2)我国某出口企业向美国出口服装一批,USD 10.00/件,CIF 纽约,共 5 000 件,由我方向中国人民保险公司投保水渍险、淡水雨淋险、战争险,保险费率分别是 0.5%、0.2%、0.5%,按发票金额 110% 投保。计算该批货物的投保金额和保险费。

二、国际贸易销售合同的填制

根据以下贸易资料,填制出口合同约首、本文(品名、品质、数量、包装、贸易术语、装运、保险条款)、约尾。

出口方:广州和鑫工贸有限公司

Exporter:Guangzhou Hexin Industrial Trade Company Limited

地址:#125 Huangpu Road,Guangzhou,China

出口经理:王伟

联系方式:Tel:0086-20-84350098   Fax:0086-20-84350098

　　　　　E-mail:hexin@hotmail.com

进口方:

Importer:United Expo. Ltd.

地址:Rua Anita Cbc Dos Santos,800-13482-279,Limeira,SP. Brasil

买家:Alberico Mota

联系方式:Tel:007-812-4958527   Fax:007-812-4958527

　　　　　E-mail:alberico@exxelmin. ind. br

合同编号:HXI2020010　签订合同时间:2020 年 4 月 28 日

货物品名:PU LEARTHER PAPER BAGS(汇文牌 PU 皮文件袋)

货物品质:TP－9813 100g 23cm＊6cm＊18cm black

合同数量:2 000 pcs.

包装情况:In cartons,one bag to a box,200 boxes to a carton.

纸箱包装:每个装一个纸盒,200 个纸盒装一个纸箱。

运输情况:2020 年 10 月装运,海运

装运港:黄埔港(广州)

目的港:SANTOS(桑托斯港/巴西)

保险情况:由卖方承担,海运一切险加战争险

价格条款:CIF SANTOS(INCOTERMS 2020)USD11.60/PC.

售 货 合 同
SALES CONTRACT

1. 卖方:(3)	合同编号:(1)
The Sellers:(4)	
2. 地址:(5)	合同日期:(2)
Address:(6)	
Tel:(7)	Fax:(8)
E-mail:(9)	
3. 买方:	
The Buyers:(10)	
4. 地址:	
Address:(11)	
Tel:(12)	Fax:(13)
E-mail:(14)	

买卖双方同意按下列条件购进、售出下列商品。

The Sellers agree to sell and the Buyers agree to buy the undermantioned goods according to the terms and conditions as stipulated below.

商品名称及规格 Name of commodity & specification	数量 Quantity	单价 Unit Price	总值 Total Value
(15)	(16)	(17)	(18)

Say:(19)

5. 包装:

Packing:(20)

6. 唛头:

Shipping Marks:(21)

7. 装船港口:

Port of Shipment:(22)

8. 目的港口:

Port of Destination:(23)

9. 装船期限:

Time of Shipment:(24)

10. 付款条件:

Terms of Payment：By L/C at sight（即期信用证）

11. 保险：

Insurance：（25）

12. 检验：……

13. 不可抗力：……

14. 异议索赔：……

15. 仲裁：……

卖方：   买方：

The Sellers：   The Buyers：

（26）   （27）

模块七

国际贸易销售合同价格条款

典型工作任务	1. 国际贸易销售合同价格条款的操作 2. 国际贸易销售合同价格的计算 3. 国际贸易销售合同成本的核算
拓展工作任务	佣金与折扣的操作
主要学习目标	1. 熟悉价格条款的基本内容、作价原则 2. 掌握国际贸易价格的构成,FOB/FCA、CFR/CPT、CIF/CIP 贸易术语的价格结算 3. 掌握出口换汇成本、出口盈亏率的含义与计算 4. 熟悉佣金与折扣的使用与计算 5. 掌握《联合国国际货物销售合同公约》对价格条款的规定
基础理论知识	《联合国国际货物销售合同公约》
工作操作技能	1. 能够根据业务资料,正确计算 FOB/FCA、CFR/CPT、CIF/CIP 贸易术语下的价格 2. 能够根据业务资料,正确核算出口价格盈亏 3. 能够根据业务资料,正确订立国际贸易销售合同的价格条款

典型工作任务一 国际贸易销售合同价格条款的操作

工作困惑

国际贸易销售合同价格条款的内容有哪些?作价原则和作价方法有哪些?规定价格条款的注意事项有哪些?

工作认知

在国际贸易中,正确掌握国际贸易商品的价格,选择合理的作价方法及有利的计价货币,适当运用与价格有关的佣金与折扣,并订好合同中的价格条款,是非常重要的。

一、价格条款的基本内容

销售合同中的价格条款一般分为单价和总值两部分。合同中所确定的作价方法,以及佣金折扣的运用也属于价格条款的内容。

(一)单价条款的构成要素

国际贸易中的价格,除个别交易按总价或总值(total amount)达成外,通常是指商品的单价(unit price)。它由计价数量单位、单位价格金额、计价货币和贸易术语4部分构成。

1. 计价数量单位

计价数量单位简称计量单位。一般来说,计价数量单位应该与合同数量条款中所用的计量单位相一致。如果数量用"公吨"表示,则单价也应用"公吨"表示,而不应用"长吨"或"短吨"。

切忌使用易造成混淆的计价单位,如"吨"。

2. 单位价格金额

如果说价格条款是国际贸易销售合同的核心之一,那么单位价格金额就是价格条款的核心。在交易磋商过程中,进出口双方应慎重报价,避免报错价格而造成被动。价格经双方协商一致后,应正确填写在合同中。

3. 计价货币

国际贸易有别于国内贸易,我国国内贸易中的价格通常表示为"××元",指的是人民币"元"。但在国际贸易中,"元"有美元、欧元、日元、加拿大元、港元等多种,因此,使用哪种货币,合同中必须有明确的规定。

国际主要货币的代码如表 7.1 所示。

表 7.1　国际主要货币代码

货币名称	ISO 国际标准	编　号	习惯表示
美元	USD	502	US$
欧元	EUR	300	€
英镑	GBP	303	£
港币	HKD	110	HK$
日元	JPY	116	JP¥
加拿大元	CAD	501	CA$
新加坡元	SGD	132	S$
澳大利亚元	AUD	601	AU$
人民币	CNY	142	RMB（¥）

国贸常识

自 2002 年 1 月 1 日起,欧盟 15 国除英国、瑞典、丹麦 3 国外,其他 12 国货币被统一货币——欧元取代,欧元正式进入流通领域。国际贸易中的计价货币主要是美元、欧元、日元、英镑等。目前,在我国的进出口贸易中,大多使用美元作为计价货币。从 2008 年下半年开始,中国政府开始加速推进人民币国际化。迄今为止,中国已经与韩国、中国香港、马来西亚、白俄罗斯、印度尼西亚和阿根廷 6 个国家或地区签署了总额 6 500 亿人民币、期限 3 年的双边本币互换。2008 年 12 月,中国国务院常务会议明确表示,将对广东和长江三角洲地区与港澳地区、广西和云南与东盟的货物贸易进行人民币结算试点。2009 年 4 月 8 日召开的国务院常务会议推出了第 1 批跨境贸易人民币试点结算城市,包括上海市和广东省的广州、深圳、珠海、东莞 4 个城市。2009 年 7 月 6 日,香港与内地跨境贸易人民币结算业务正式展开,中国银行宣布完成首笔跨境贸易人民币结算业务。

通常买卖双方愿意选择汇率稳定的货币作为计价货币。但是在汇率不稳定的情况下,出口方倾向于选用"硬币",即币值坚挺、汇率看涨的货币,而进口方则倾向于选用"软币",即币值疲软、汇率看跌的货币。合同中采用哪种货币要由双方协商决定。

4. 贸易术语

贸易术语是国际贸易销售合同单价的构成要素,用来说明该成交价格的成本、风险、费用的构成。例如,某公司以每打 100 美元 CIF 新加坡价格出口服装。这一价格是怎样制定出来的?它包含卖方支出的哪些成本和费用?买方如何得知这一价格水平是否合理?这些问题都可以通过"CIF 新加坡"(贸易术语)来说明。

综上所述,商品的单价表述如下。

USD	100	Per Dozen	CIF Singapore
计价货币	单位价格金额	计量单位	贸易术语

学习案例 7-1

下面为我国某出口公司的对外报价条款,请予改正,并说明理由。

(1) 每码 3 元 CIF 香港。

(2) 每箱 50 英镑 CIF 净价英国减 1%折扣。

(3) 每打 15 澳元 FOB 净价。

(4) 每件 1 000 美元 FOB 伦敦。

(5) 2 000 日元 CFR 上海包括佣金 2%。

(6) 每吨 500 元 CIF 欧洲主要港口。

(二)货物总值

1. 货物总值的含义

商品总值(或称总价)是单价与成交货物数量的乘积,也就是一笔交易货款的总金额。

2. 货物总值的注意事项

① 总值除了用阿拉伯数字填写外,还需要用文字大写。

② 总值所使用的货币必须与单价使用的货币相一致。

学习案例 7-2

价格条款举例如下。

(1) 单价:每件 0.70 美元 FCA 天津　总值:14 850.00 美元

Unit Price:at USD0.70 per PC FCA Tianjin

Total Value: USD14,850.00 (Say US dollars fourteen thousand eight hundred and fifty only)

(2) 单价:CIF 哥本哈根每公吨 97.00 英镑　总值:14 550.00 英镑

Unit Price:at GBP97.00 per metric ton CIF Copenhagen

Total Value:GBP14,550.00(Say pounds sterling fourteen thousand five hundred and fifty only)

二、作价原则

我国国际贸易商品的作价原则是:在贯彻平等互利的原则下,根据国际市场价格水平,结合国别(地区)政策,并按照自身的经营成本、购销意图确定适当的价格。

国际贸易中的商品价格受多种因素影响,进出口作价除了应遵循上述基本的作价原则外,还应考虑下列因素。

(一)商品的质量和档次

众所周知,"一分价格一分货""优质优价,劣质劣价,同质同价",这些商场的俗语都反映了在国际贸易商品作价时,应该充分考虑商品的品质与档次。

(二)交货地点和交货条件(贸易术语)

由于国际贸易双方在实际业务中承担的风险、责任及费用不同,同样的商品在使用不同的贸易术语时,价格也是不一样的,如 FOB 价<CFR 价<CIF 价。

(三) 运输距离

在实际业务中,虽然是相同质量的商品,但是由于与目标市场的距离不同,往往所报出的价格也有差别。在 CFR(CPT)、CIF(CIP)情况下,目的港(地)越远,报价越高。

(四) 季节性需求的变化

对于一些供求关系受季节影响的商品,根据淡旺季的不同,所报价格也有所不同。一般来说,在金秋十月丰收的时候,农副产品的出口价格往往会比三四月份的价格低;同样的农副产品,丰收年份的价格比歉收年份的价格往往要低。

(五) 成交数量

在实际国际贸易业务中,国际买家往往会依仗手中的大额订单对出口商压价,造成成交数量越大,价格越低。

(六) 支付条件和汇率变动的风险

在国际贸易中,有现金、汇付、托收、信用证等多种付款方式,由于每一种付款方式的交易成本、交易风险差异较大,因此在实际从事国际贸易业务时,根据不同的支付条件制订的进出口报价也有所区别。一般来说,客户采取现金、预付 T/T 付款方式时,价格可以优惠一点;采取 D/P、D/A、L/C 等付款方式时,价格应该稍高一点,因为存在收汇风险或银行会收取较高费用。

(七) 国际市场价格动态

在国际市场上,一些大宗商品,如原油、贵金属、橡胶等商品的期货交易价格受供求关系影响,价格经常会发生波动。另外,以这些大宗商品为原料的进出口商品,如塑料产品、电线电缆、汽车轮胎等的进出口价格,会跟随这些大宗商品的期货价格而出现变化。

此外,交货期的远近、市场销售习惯和消费者爱好的不同、产品所处生命周期的不同阶段,以及货物的稀缺程度,也影响着进出口商品的价格。

三、作价方法

作价方法是指在掌握作价原则的前提下,在合同中规定价格的方法。国际贸易中的商品种类成千上万,行情变化各自不一,有的商品行情变化剧烈,从双方签约到履约,价格往往波动较大,而有的商品行情平稳,从订约到履约,商品价格少有变化。针对商品行情变化的不同特点,采用不同的作价方法,也是外贸人员必备的技能。国际贸易商品的作价方法主要有以下几种。

(一) 固定价格

买卖双方明确约定成交价格,履约时按此价格结算货款,这是我国国际贸易中最常见的作价方法,也是国际上常用的方法。但由于国际市场行情多变,采用固定价格方式会使买卖双方承担从订约、交货乃至销售期间价格变动的风险,有时在价格剧烈波动下,还会影响合同的顺利执行,因此为了减少价格风险,在采用固定价格时,应事先认真确定市场供求关系变化的趋势,并对价格前景做出判断,以此作为定价的依据。另外,还应对客户的资信进行了解和研究,慎重选择交易对象。

采用固定价格,买卖双方在协商一致的基础上明确规定货物的价格,一般是货物的单价。例如,"每公吨 300 美元 CIF 纽约"(US$300 per metric ton CIF New York),即双方履约时必须遵守的价格,即使在订约后市价发生重大变化,任何一方也不得擅自变更原定价格。

(二) 非固定价格

非固定价格即一般业务上所说的"活价",适用于行情频繁变动、价格涨落不定且交货期较长的合同。采用非固定价格可以使买卖双方避免承担市价变动的风险。从我国国际贸易销售合同的实际做法看,主要有以下几种。

1. 具体价格待定

这是指在价格条款中不规定具体价格,而是规定定价时间和定价方法,或者只规定作价时间而不规定作价方法。例如,"以装船时的国际市场价格为准"等。

2. 暂定价格

这是指在合同中先订立一个初步价格,作为开立信用证和初步付款的依据,在双方确定最后价格后再进行清算。

3. 滑动价格

为了照顾买卖双方的利益,解决在定价方法上可能存在的分歧,可以采用部分固定价格、部分非固定价格的方法,尤其是对于分期交货的合同,可以在订约时将交货期近的价格固定下来,其余的在交货前一定期限内由双方议定价格。在国际贸易中,成套设备、大型机械等商品从合同订立到合同履行完毕需要较长时间,在执行合同过程中受通货膨胀影响,原材料、人工工资等会发生很大变化,为了减少价格风险,保证合同的顺利执行,往往会采用滑动价格作价法。

国贸常识

① 固定作价的优点是明确、具体、肯定、便于核算;缺点是交易者要承担从订约到交货付款以致转售时价格变动的风险。当行市变动剧烈时,信用不好的商人可能会寻找借口撕毁合同,从而影响合同的履行。

② 非固定作价的优点是可暂时解决交易双方在价格方面的分歧,可解除客户对价格问题的顾虑,可使交易双方排除价格风险。缺点是先订约后定价的做法易导致合同的不稳定性,如果双方在作价时无法达成一致意见,合同就会面临无法履行的风险。

四、规定价格条款的注意事项

① 合理确定商品的单价,防止作价偏高或偏低。

② 根据经济意图和实际情况,在权衡利弊的基础上选用适当的贸易术语。

③ 争取选择有利的计价货币,以免遭受币值变动带来的风险。如果采用不利的计价货币,应当加订保值条款。

④ 灵活运用各种不同的作价办法,以避免价格变动风险。

⑤ 参照国际贸易的习惯做法,注意佣金和折扣的合理运用。

⑥ 如果交货品质和数量规定有一定的机动幅度,则对机动部分的作价也应一并规定。

⑦ 如果包装材料和包装费另行计价,也应对其计价办法一并规定。

⑧ 单价中涉及的计量单位、计价货币、装卸地名称,必须书写正确、清楚,以利于合同的履行。

学习案例 7-3

我国某出口公司对西欧甲商出口货号为 A101、B201、C301 的商品各 5 公吨。2 月至 4 月每月分别装 5 公吨,D/P 即期付款。2 月,A101 按约如数装运出口,并顺利收汇。但 3 月的装运,因 B201 缺货,对短少的 2 公吨拟用较低等级的同类产品 B202 替代。该出口公司在与甲商洽谈替代货物 B202 的数量和价格时,在电传中将应为每公吨 USD27,000 的价格,少打一个 0,错成 2 700 美元。随后甲商曾两次在电传中重复确认 2 700 美元的价格,但我方有关人员不仔细阅读电传,始终未察觉这一重大错误。3 月间,B201 和部分替代货物 B202 装运出口,替代部分的价格我方按 27 000 美元开列发票,经银行向甲商托收,遭甲商拒付。试分析案例并指出我方应吸取的教训。

典型工作任务二　国际贸易销售合同价格的计算

工作困惑

国际贸易销售合同中商品价格构成的元素有哪些? FOB、CFR、CIF 三种贸易术语的价格如何构成? FOB、CFR、CIF 贸易术语价格之间如何换算?

工作认知

在国际贸易中,商品价格由成本、费用和利润 3 部分构成。

一、商品价格的构成

(一)出口商品价格的组成

1. 成本

这是指进货成本(含税)或生产成本,或者加工成本。相关计算公式如下。

$$实际采购成本=进货成本(含税)-出口退税收入$$

$$出口退税收入=进货成本(含税)×出口退税率÷(1+增值税税率)$$

学习案例 7-4

某公司采购 A 产品的含税进货成本为人民币 1 000 元,所含增值税税率为 13%。如果 A 产品的出口退税税率为 13%,则该产品的实际采购成本如下。

实际采购成本=1 000-1 000×13%÷(1+13%)=884.96(元)

2. 费用

费用包括国内费用(包装费、仓储费、内陆运费、认证费、港区港杂费、商检报关费、出口捐税、垫款利息、经营管理费、银行费用等)和国外费用(出口运费、出口保险费、佣金等)。例如,我国某出口企业向欧洲出口玩具 1×20FCL,需要支付国内运杂费 400 元,商检费 550 元,报关费 300元,港口费 600 元,其他费用 1 400 元。

3. 利润

利润即预期收入,通常以生产成本、出口成本或出口报价为基数计算。

学习案例 7-5

某公司出口 B 商品,生产成本为每单位 600 元,出口的总费用为每单位 100 元,如果公司预期利润率为 6%,公司对外报 FOB 价,则以生产成本、出口成本、出口价格为基数计算的利润额分别如下。

以生产成本为基数计算:利润额=600×6%=36(元)

以出口成本为基数计算:利润额=(600+100)×6%=42(元)

以 FOB 价(出口价格)为基数计算:利润额=(600+100)×6%÷(1-6%)=44.68(元)

提示:FOB 价=出口成本+利润,以 FOB 价为基数计算利润,则利润=FOB 价×利润率。

因此,FOB 价=出口成本+FOB 价×利润率。

求得,FOB 价=出口成本÷(1-利润率)。

最后得出,利润=[出口成本÷(1-利润率)]×利润率

$$=出口成本×利润率÷(1-利润率)。$$

(二)进口商品价格的组成

① 成本,如进口货物的 FOB 价。

② 费用,如海运或其他运费、保险费、进口税费、目的港码头捐税、卸货费、检验费、银行费用、报关提货费、仓储费、国内运杂费、佣金等。

③ 利润,即预期收入。

二、FOB、CFR、CIF 三种贸易术语的价格构成

其计算公式如下。

$$FOB 价=进货成本价+国内费用+预期利润=\frac{实际成本+国内总费用}{1-利润率}$$

$$CFR 价=进货成本价+国内费用+国外运费+预期利润=FOB 价+国际运费$$

$$CIF 价=进货成本价+国内费用+国外运费+国外保险费+预期利润$$

$$=CFR 价+国际保险费$$

学习案例 7-6

某公司出口某种商品,进货成本为每台 165 元,出口各项费用共计每台 12.8 元,该公司所定的利润率为 10%(出口成本为基础),则对外报出的 FOB 价应为多少美元?(汇率:1 美元=6.4 元人民币)

解:FOB 价=进货成本+国内费用+净利润

$$=[165+12.8+(165+12.8)×10\%]÷6.4$$

$$=30.56(美元)$$

学习案例 7-7

某进出口公司出口甲商品到美国,甲商品实际成本为每件 1 000 元,国内总费用为每件 20 元,国际运费为每件 5 元,国际保险费为每件 1 元,预期利润为出口成本的 5%,则每件甲商品的 FOB 价、CFR 价、CIF 价分别是多少?

解:FOB 价=(1 000+20)÷(1-5%)=1 073.68(元)

CFR 价=1 073.68+5=1 078.68(元)

CIF 价=1 078.68+1=1 079.68(元)

国贸常识

国际贸易使用的贸易术语不同,商品价格也不同。表 7.2 反映了不考虑折扣和佣金时 3 种常用贸易术语下出口商品价格的组成及相互关系。

表 7.2　FOB、CFR、CIF 三种术语下商品价格及关系

CIF 价格	CFR 价格	FOB 价格	实际成本	生产成本	自产自销的投入
				加工成本	进料或半成品加工的投入
				采购成本	也称进货成本
			国内总费用	国内运输费	从工厂到仓库的运输
				认证费	部分国家要求
				仓储费	按货物数量和存储天数付
				港口杂费	不同港口规定不同
				报关费	（100 元~300 元）/20 英尺集装箱
				检验费	占出货金额的 0.1% 左右
				贷款利息	贷款向工厂付款
				业务费用	房租、工资、参展、差旅等
				银行费用	银行结汇费用和不符点费用
				其他费用	代理费、集装箱的装箱费等
			预期利润		一般为货价的 10%（根据企业的经营方针来决定）
		国际运费（也称主运费）			
	国际保险费				

国贸常识

FCA、CPT、CIP 三种术语的价格构成

FCA、CPT、CIP 三种贸易术语因采用的运输方式不同,所包含的费用也有所不同。3 种术语的价格构成如下。

FCA 价＝进货成本价＋国内费用＋预期利润

CPT 价＝进货成本价＋国内费用＋国外运费＋预期利润

CIP 价＝进货成本价＋国内费用＋国外运费＋国外保险费＋预期利润

在国际贸易中,不同的贸易术语表示的价格构成因素不同,如 FOB 价不包括从装运港至目的港的运费和保险费;CFR 价包括从装运港至目的港的运费,但不包括保险费;CIF 价包括从装运港至目的港的正常运费和保险费,等等。当一方按某种贸易术语报价,而另一方要求按其他贸易术语报价,如学习案例 7-7 中将 FOB 价改报成 CFR 价或 CIF 价,这就涉及价格的换算问题。作为外贸业务员,一定要熟练掌握每种贸易术语代表的价格构成及不同价格的换算方法。

三、FOB、CFR、CIF 三种贸易术语的价格换算

从以上各种贸易术语的价格构成可知 3 种价格之间的关系如下。

CIF 价＝CFR 价＋国外保险费（I）

＝FOB 价＋国外运费（F）＋国外保险费（I）

3 种价格之间的换算如下。

① 已知 FOB 价时:

CFR 价＝FOB 价＋国外运费

CIF 价＝（FOB 价＋国外运费）÷（1－投保加成×保险费率）

② 已知 CFR 价时:

FOB 价＝CFR 价－国外运费

CIF 价＝CFR 价÷（1－投保加成×保险费率）

③ 已知 CIF 价时:

FOB 价＝CIF 价×（1－投保加成×保险费率）－国外运费

$$CFR 价 = CIF 价 \times (1 - 投保加成 \times 保险费率)$$

国贸常识

保险金额(又称投保金额)是指货物发生保险范围内的损失时,保险公司向被保险人赔付的最高金额。按保险市场的习惯做法,保险金额一般是按 CIF 或 CIP 价值的 110% 计算的,即在 CIF 或 CIP 金额上再加 10%。这 10%(一成)被称为保险加成率,主要作为买方的预期利润,110% 即所谓的投保加成。

学习案例 7-8

我国某公司出口货物 1 000 公吨,出口价格为每公吨 2 000 美元 CIF 纽约,现客户要求改报 FOB 上海价。已知该种货物每公吨出口运费为 150 美元,原报 CIF 价中,投保险别为一切险,保险费率为 1%,按 CIF 价的 110% 投保。计算应报的 FOB 上海价。

解:FOB 价 = CIF 价 × (1 - 投保加成 × 保险费率) - 运费
        = 2 000 × (1 - 110% × 1%) - 150
        = 1 828(美元)

因此,应报 FOB 上海价为每公吨 1 828 美元。

四、FCA、CPT、CIP 三种贸易术语的价格换算

从以上各种贸易术语的价格构成可知 3 种价格之间的关系如下。

$$CIP 价 = CPT 价 + 国外保险费$$
$$= FCA 价 + 国外运费 + 国外保险费$$

3 种价格之间的换算如下。

① 已知 FCA 价时:

$$CPT 价 = FCA 价 + 国外运费$$
$$CIP 价 = (FCA 价 + 国外运费) \div (1 - 投保加成 \times 保险费率)$$

② 已知 CPT 价时:

$$FCA 价 = CPT 价 - 国外运费$$
$$CIP 价 = CPT 价 \div (1 - 投保加成 \times 保险费率)$$

③ 已知 CIP 价时:

$$FCA 价 = CIP 价 \times (1 - 投保加成 \times 保险费率) - 国外运费$$
$$CPT 价 = CIP 价 \times (1 - 投保加成 \times 保险费率)$$

学习案例 7-9

某公司按每公吨 1 200 美元 FCA 大连对外报价某出口商品,国外客户要求改报 CIP 旧金山,应报价多少?(设运费为每公吨 130 美元,加一成投保,保险费率为 1%。)

解:CIP = (FCA + F) ÷ (1 - 保险费率 × 投保加成)
        = (1 200 + 130) ÷ (1 - 1% × 110%)
        = 1 330 ÷ 0.989
        = 1 344.80(美元)

学习案例 7-10

吉信贸易公司收到爱尔兰公司求购 6 000 双牛粒面革腰高 6 英寸军靴(一个 40 英尺集装

箱)的询盘。经了解,每双军靴的进货成本为人民币 90 元(含增值税 13%),进货总价为 540 000元(＝90×6 000);出口包装费为每双 3 元,国内运杂费共计 12 000 元,出口商检费 350 元,报关费150 元,港区港杂费900 元,其他各种费用共计1 500 元。吉信公司向银行贷款的年利率为 8%,贷款时间为 2 个月,出口军靴的退税率为 13%。海运费:大连—都柏林,一个 40 英尺集装箱的包箱费为 3 800 美元。客户要求按成交价的 110% 投保,保险费率为 0.85%。如果人民币对美元的汇率为 6.88,试报每双军靴的 CIF 价格。

解:① 实际采购成本＝进货成本×[1-退税率÷(1+增值税税率)]

$$＝90×[1-13\%÷(1+13\%)]＝79.646(元/双)$$

国内费用＝包装费+(运杂费+商检费+报关费+港区港杂费+其他费用)+

进货总价×(贷款利率÷12)×贷款月份

$$＝3×6 000+(12 000+350+150+900+1 500)+540 000×(8\%÷12)×2$$

$$＝18 000+14 900+7 200＝40 100(元)(贷款利息通常以进货成本为基础)$$

单位货物所分摊费用＝40 100÷6 000＝6.683 3(元/双)

海运费＝3 800÷6 000×6.88＝4.357 3(元/双)

② CIF 的核算过程如下。

每双鞋的成本与费用＝实际成本+国内费用+出口运费

$$＝79.646+6.683 3+4.357 3$$

$$＝90.686 6(元/双)$$

CIF 价＝(FOB 价+国外运费)÷(1-投保加成×保险费率-预期利润率)

$$＝90.686 6÷(1-110\%×0.85\%-10\%)＝101.821(元/双)$$

CIF(美元价)＝101.821÷6.88＝14.80(美元/双)

典型工作任务三　国际贸易销售合同成本的核算

工作困惑

国际贸易销售合同中,如何理解出口换汇成本的含义与计算公式? 如何理解出口盈亏率的含义与计算公式? 在业务中如何使用?

工作认知

为了实现企业的经济效益,避免不计成本、不计盈亏和单纯追求成交量的倾向,应对每笔进出口交易进行成本核算。尤其在国际贸易业务中,为了确保盈利,应该在对外成交前将出口总成本、出口外汇净收入和出口人民币净收入等数据一一确定,进行盈亏核算。

出口总成本是指出口企业为出口商品支付的国内总成本,包括进货成本和国内费用(出口前的一切费用和税金)两部分。进货成本即出口商品购进价,其中包含增值税。如果企业自营出口,进货成本即其生产成本。国内费用通常由各企业按进货成本的 5%~10% 不等的定额费率自行核定。其计算公式如下。

出口总成本＝出口商品购进价(含增值税)+定额费用-出口退税收入

出口退税收入＝出口商品购进价(含增值税)÷(1+增值税税率)×退税率

出口成本价格是指以出口总成本为基础计算的单位成本价格。它不涉及任何国外费用,是出口定价的基础。

出口外汇净收入是指在出口外汇总收入中扣除劳务费用,如运费、保险费和佣金等非贸易外汇后的外汇收入,即以FOB价成交所得的外汇收入。如果以CFR或CIF术语成交,价格中扣除国外运费、保险费后,为出口外汇净收入。如果以含佣价成交,还要扣除佣金。

出口人民币净收入是指出口外汇净收入按当时外汇牌价折算的人民币数额。

根据销售合同的这些数据,可以计算得出出口换汇成本、出口商品盈亏率。

一、出口换汇成本

(一)出口换汇成本的含义

出口换汇成本是指出口商品净收入减去单位外汇所需的人民币成本。在我国,一般是指出口商品每净收入一美元所耗费的人民币成本,即用多少元人民币换回1美元。

(二)出口换汇成本的计算公式

$$出口换汇成本=出口总成本(人民币)÷出口销售外汇净收入(美元)$$

学习案例 7-11

某企业出口某商品1 000件,每件17.30美元CIF纽约,总价为17 300美元。其中,运费2 160美元,保险费112美元。进价每件人民币117元,共计117 000元(含增值税13%),费用定额率为10%,出口退税率13%,当时银行美元买入价为8.18元。试问:该笔业务的出口换汇成本是多少?

解:出口换汇成本=出口总成本(人民币)÷出口外汇净收入(美元)

$$=(进货成本+定额费用-出口退税收入)÷FOB出口外汇净收入$$

$$=\frac{117\ 000+(117\ 000×10\%)-117\ 000÷(1+13\%)×13\%}{17\ 300-2\ 160-112}$$

$$=7.668(人民币/美元)$$

思考:如果按现行美元兑人民币的中间价1美元约等于6.88元人民币,以上交易是什么结果?

出口换汇成本是衡量外贸企业进出口盈亏的重要指标,与外汇牌价相比较能直接反映商品出口是否盈利。换汇成本如果高于银行外汇牌价,说明出口为亏损;换汇成本低于银行外汇牌价,则说明出口为盈利。例如,学习案例7-11中,出口换汇成本为7.668元人民币换1美元,比当时银行外汇牌价低0.512元,表明该商品每出口1美元能取得0.512元人民币的盈利。

二、出口盈亏率

(一)出口盈亏率的含义

出口所得人民币净收入扣除出口总成本,即为出口盈亏额。出口盈亏率是指出口盈亏额与出口总成本的比例,用百分比表示。它是衡量出口盈亏程度的重要指标。

(二)出口盈亏率的计算公式

$$出口盈亏率=\frac{出口盈亏额}{出口总成本}×100\%=\frac{出口销售人民币净收入-出口总成本}{出口总成本}×100\%$$

学习案例 7-12

某企业出口某商品1 442 250只,出口总价为$90 000 FOB上海。商品进价为¥574 980

（含增值税 13%），费用定额率为 6%，出口退税率 13%。如果银行美元买入价为 6.80 元人民币，求该笔业务出口盈亏率。

解：出口盈亏额＝出口销售人民币净收入－出口总成本

$$=90\,000\times6.80-[574\,980\times(1+6\%)-574\,980\div(1+13\%)\times13\%]$$

$$=612\,000-543\,330.66=68\,669.34(元)$$

$$出口盈亏率=\frac{出口盈亏额}{出口总成本}\times100\%=\frac{68\,669.34}{543\,330.66}\times100\%=12.64\%$$

在实际定价时，必须以出口成交价为基础，认真核算出口换汇成本和出口盈亏率。其中的原因是我国处于由出口大国向出口强国转型阶段，我国的出口商品部分依然属于初级产品和劳动密集型产品，在国际市场竞争中，核心竞争力缺乏，出口利润较低。因此，外销业务员在从事进出口贸易时，必须在确保盈利的前提下达成交易，纠正不计成本、不算盈亏和不讲效益的做法。片面强调出口数量、不计成本和削价竞销，不仅会使自身效益下降甚至亏损，而且会使某些国家借此对我国出口产品采取限制措施。随着我外销出口商品的品种和数量不断扩大、出口金额增加，世界许多国家纷纷对来自中国的"价廉物美"的商品"亮出红灯"，针对中国商品的反倾销、反补贴及非关税壁垒层出不穷，并且呈现"星星之火不断燎原"之势，不仅使我国失去了一些传统出口市场，而且使我国商品被阻挡在一些新兴市场之外。

净利润的大小往往由商品、行业、市场需求及企业的价格策略等因素来决定。与保险费、银行费用和佣金的计算不同，利润作为企业自己的收入，其核算的方法由企业自行决定，通常采用一定的百分比作为经营的利润率来核算。计算利润的基数，一般是出口成本，也有采用成交价格计算的。

拓展工作任务　佣金与折扣的操作

工作困惑

在国际贸易中，客户往往提出需要佣金与折扣。那么，佣金的含义与表示方法是什么？佣金如何计算与支付？折扣的含义与表示方法是什么？折扣如何计算与支付？

工作认知

在国际贸易中，买卖双方及中间商为了各自的利益，经常会涉及佣金与折扣。

一、佣金

佣金（commission，用 C 表示）是指代理人或经纪人为委托人服务而收取的报酬。在国际贸易中，有些交易是通过中间代理商进行的，中间商因介绍生意或代买代卖而需要收取一定的佣金。例如，出口商支付佣金给销售代理人，进口商支付佣金给采购代理人。凡是进出口商同代理人或佣金商订立的合同，通常都会涉及佣金的支付。

（一）佣金的表示方法

成交价格中含有需要支付给中间商的佣金的价格，即为含佣价。不含佣金的价格为净价（net price）。佣金可以明确表示在价格条款中（明佣），也可以不在合同中表示出来，由当事人按约定另行私下交付（暗佣）。国外的一些中间商或买主为了赚取"双头佣"（从买卖双方处都获取佣金），或者为了达到逃汇或逃税的目的，往往提出使用暗佣。

① 规定佣金率。例如,每公吨 1 000 美元 CIF 东京,包括佣金 3%。(US$1,000 per metric ton CIF Tokyo including 3% commission.)也可以在贸易术语后直接加注佣金的英文缩写 C 并注明百分比。例如,每公吨 1 000 美元 CIFC3 香港。(US$1,000 per metric ton CIFC3 Hongkong.)

② 以绝对数表示佣金。例如,每吨支付佣金 30 美元。

在实践中,规定佣金率的做法比较常见。给予中间商佣金会提高其与我国出口企业成交的积极性,增加我国出口商品在国际市场上的竞争力,有效地扩大出口规模,但也意味着出口方费用的增加。因此,佣金率的高低影响着商品的成交价格,应该合理规定。根据国际惯例,佣金一般掌握在 1%~ 5%。

国贸常识

国际贸易销售合同价格(含佣价)条款举例如下。

① 单价:每公吨 200 美元 CIFC2 伦敦　总值:100 000 美元

Unit Price:at USD200 per metric ton CIFC2 London

Total Value:USD100,000(Say US Dollars One Hundred Thousand Only)

② 单价:每打 24 加元 CFRC2 温哥华　总值:24 000 加元

Unit Price:at CAN$24 per dozen CFRC2 Vancouver

Total Value:CAN$24,000(Say Canadian Dollars Twenty-four Thousand Only)

③ 单价:每公吨 1 000 澳大利亚元 CIF 新加坡含 3% 佣金　总值:50 000 澳大利亚元

Unit Price:at AUS$1,000 per M/T CIF Singapore including 3% Commission

Total Value:AUS$50,000(Say Australian Dollars Fifty Thousand Only)

(二)佣金的计算方法

在国际贸易中,各国对佣金的计算方法是不一致的,主要体现在以佣金率的方法规定佣金时,计算佣金的基数如何确定。常用的方法是将成交金额(发票金额)作为计佣基数,如按 CIFC5 成交,发票金额为 10 000 美元,则应付佣金为 500 美元(= 10 000×5%)。也有人认为价格中的运费、保险费不属于出口商本身收益,不应该作为计佣的基数,应按 FOB 价值计算佣金。如果按这种方法计算佣金,在以 CIF、CFR 等贸易术语成交时,要将其中的运费、保险费扣除,求得 FOB 价之后计算佣金。

在实际业务中,是按交易金额(发票金额)还是 FOB 价作为计佣基数,并没有统一的规定,而是由买卖双方协商决定。但前者因计算方便,操作上也比较简便,所以实践中使用较多。

佣金的计算公式如下。

$$单位货物佣金额=含佣价×佣金率$$
$$净价=含佣价-单位货物佣金额=含佣价×(1-佣金率)$$
$$含佣价=净价÷(1-佣金率)$$

国贸常识

① 含佣金的 3 种价格换算公式如下。

FOB 价换算成其他价格的公式如下。

$$CFRC=(FOB+F)÷(1-佣金率)$$
$$CIFC=(FOB+F)÷(1-佣金率-保险费率×投保加成)$$

CFR 价换算成其他价格的公式如下。

$$FOBC = (CFR - F) \div (1 - 佣金率)$$

$$CIFC = CFR \div (1 - 佣金率 - 保险费率 \times 投保加成)$$

CIF 价换算成其他价格的公式如下。

$$FOBC = [CIF \times (1 - 保险费率 \times 投保加成) - F] \div (1 - 佣金率)$$

$$CFRC = [CIF \times (1 - 保险费率 \times 投保加成)] \div (1 - 佣金率)$$

② 含佣金、利润率的价格换算公式如下。

$$FOBC 价 = (实际成本 + 国内总费用) \div (1 - 佣金率 - 利润率)$$

$$CFRC 价 = (实际成本 + 国内总费用 + 国际运费) \div (1 - 佣金率 - 利润率)$$

$$CIFC 价 = \frac{实际成本 + 国内总费用 + 国际运费}{1 - 佣金率 - 利润率 - (1 + 投保加成率) \times 保费率}$$

学习案例 7-13

某公司某业务员第一次参加广交会,对其负责的某种商品进行计算后算出该商品可报每桶150美元 FOB 厦门,但他认为只准备一种报价是不够的,该商品销往北美比较多,他准备再计算出 CIFC3 洛杉矶的价格。试计算报价。(经查该商品每桶运费15美元,加一成投保,保险费率为1%。)

解:CIFC3 $= (150 + 15) \div (1 - 3\% - 1\% \times 110\%) = 165 \div 0.959 = 172.05$(美元)

学习案例 7-14

某出口公司对外报价某商品每公吨2 000美元 CIF 纽约,外商要求4%佣金。试问:在保持我方净收入不变情况下,应该报含佣价为多少?

解:CIFC4 $=$ CIF 净价 $\div (1 - 4\%) = 2\,000 \div (1 - 4\%) = 2\,083.33$(美元)

学习案例 7-15

某公司对外报价为每公吨2 000美元 CIFC2 纽约,外商要求将佣金率提高至4%。试问:在保持我方净收入不变的情况下,应报价多少?

解:CIFC4 $=$ CIF 净价 $\div (1 - 4\%) = 2\,000 \times (1 - 2\%) \div (1 - 4\%)$
　　　　 $= 2\,041.67$(美元)

(三)佣金的支付

佣金的支付要根据中间商提供服务的性质和内容而定,有以下几种做法。

1. 出口企业收到全部货款后将佣金另行支付给中间商或代理商

这种做法有利于合同的圆满履行,因为中间商为了取得佣金,不仅会尽力促成交易,还会负责联系、督促实际买主履约,协助解决履约过程中可能发生的问题,使合同得以顺利履行。但为了避免中间商的误解,应在与其确立业务关系时就明确这种做法,并最好达成书面协议。

2. 中间商在付款时直接从货价中扣除佣金

这是指出口企业收到的是除去佣金后的价款。采用这种做法,应注意防止重复付佣。

3. 有的中间商要求出口企业在交易达成后就支付佣金

这种做法不能保证交易的顺利履行,因而一般不能被接受。

我国出口业务中常用的是第1种方法,即收到全部货款后再另行支付佣金。可以在合同履行后逐笔支付,也可以与中间商或代理商签订协议,按月、按季、按半年甚至一年汇总支付。

为了发挥佣金的作用,充分调动外商的积极性,应按约支付佣金,防止错付、漏付。

二、折扣

折扣(discount,rebate,allowance,用 R、D 表示)是指卖方给予买方一定的价格减让,即在原价基础上给予适当的优惠。在我国对外贸易中,使用折扣主要是为了照顾老客户,确保销售渠道,扩大对外销售等目的。在实际业务中应根据具体情况,针对不同客户灵活运用各种折扣方式,如为了扩大销售而使用数量折扣,为发展客户关系而使用特别折扣等。

(一)折扣的规定方法

折扣一般在合同的价格条款中明确规定(明扣),也有双方私下就折扣问题达成协议而不在合同中表示出来的(暗扣或回扣)。

① 用百分比表示折扣比例。例如,每公吨 1 000 美元 CIF 香港折扣 2%(US$1,000 per metric ton CIF Hongkong including 2% discount),或者写成:每公吨 1 000 美元 CIF 香港减 2% 折扣(US$1,000 per metric ton CIF HongKong less 2% discount)。

② 用绝对数表示折扣。例如,每公吨折扣 10 美元。

🖋 国贸常识

① 单价:每件 45 英镑 CIF 汉堡折扣 2%　　总值:44 100 英镑

Unit Price:at GBP45 per piece CIF Hamburg less 2% discount.

Total Value:GBP44,100.00(Say pounds sterling forty-four thousand one hundred only)

② 单价:每码 1 000 日元 FOB 青岛减 2% 折扣　　总值:998 000 日元

Unit Price:at JPY1,000 per yard FOB Qingdao including 2% discount.

Total Value:JPY998,000(Say Japanese Yen nine hundred and ninety-eight thousand only)

(二)折扣的计算与支付

折扣通常是以成交额或发票金额为基础计算出来的。其计算公式如下。

$$单位货物折扣额＝原价(或含折扣价)×折扣率$$
$$卖方实际净收入＝原价(含折扣价)－折扣额$$
$$原价(含折扣价)＝净价÷(1－折扣率)$$

折扣一般可在买方支付货款时预先扣除。如果是暗扣,在合同中并不表示出来,而按双方私下达成的协议,由卖方另行支付给买方。

🐁 学习案例 7-16

某企业出口货物报价每公吨 1 000 美元 CIF 香港折扣 2%。计算单位货物折扣额和卖方实际净收入。

解:单位货物折扣额＝原价(或含折扣价)×折扣率＝1 000×2%＝20(美元)

卖方实际净收入＝原价(含折扣价)－折扣额＝1 000－20＝980(美元)

-------------------- 综 合 实 训 --------------------

一、实训目的

1. 通过实训,明确《公约》关于价格条款的规定。

2. 通过实训,在实际业务中准确确定商品出口价格。

二、实训内容

围绕国际贸易销售合同价格条款,通过实训,全面掌握《公约》的相关规定与专业知识,具备扎实的理论基础与职业能力。根据学生的认知规律,实训分为基础理论部分与实践技能操作部分。

------------------------------ 基 础 理 论 部 分 ------------------------------

一、模块核心概念

商品总值　出口总成本　出口外汇净收入　出口换汇成本　出口盈亏率　佣金　折扣

二、填空题

1. 单价条款的构成要素有_____、_____、_____、_____。
2. 在国际贸易中,商品的作价方法主要有两种:_____、_____。
3. 国际贸易中的商品价格,一般由_____、_____和_____ 3 部分组成。
4. 出口换汇成本是指_____。
5. 出口盈亏率是指_____。
6. 佣金分为_____和_____。

三、单项选择题

1. 在卖方核算价格时,一般由进货成本加上国内费用和净利润形成的价格是(　　)。
   A. CIF 价　　　　　B. FOB 价　　　　　C. CFR 价　　　　　D. DDP 价
2. 在我国国际贸易销售合同中,商品的价格一般采用(　　)作价方法。
   A. 滑动价格　　　B. 暂定价格　　　C. 固定价格　　　D. 具体价格待定
3. 在我国国际贸易业务中,选择计价货币的原则是(　　)。
   A. 进出口均选择硬币　　　　　　B. 进出口均选择软币
   C. 进口采用软币,出口选择硬币　　D. 进口采用硬币,出口选择软币
4. 我国某外贸企业出口合同中的价格条款表示准确的是(　　)。
   A. 每箱 22.00 美元 CIF 上海　　　B. 每箱 22.00 元 CIF 东京
   C. 每箱 22.00 美元 CIF 日本　　　D. 每箱 22.00 美元 CIF 汉堡
5. 对于大型机械设备买卖合同,可以采取(　　)作价方法。
   A. 滑动价格　　　B. 暂定价格　　　C. 固定价格　　　D. 具体价格待定
6. 在国际贸易中,支付给中间商的报酬是(　　)。
   A. 折扣　　　　　B. 佣金　　　　　C. 定金　　　　　D. 提成
7. 在国际贸易中,佣金用(　　)表示。
   A. R　　　　　　B. A　　　　　　C. B　　　　　　D. C
8. 在国际贸易中,含佣价的计算公式是(　　)。
   A. 含佣价=净价÷(1-佣金率)　　　B. 含佣价=净价÷(1+佣金率)
   C. 含佣价=净价×(1-佣金率)　　　D. 含佣价=净价×(1+佣金率)
9. 在实际出口业务中,含佣价表示正确的是(　　)。
   A. FOBS　　　　　B. FOBT　　　　　C. FOBC　　　　　D. FOBR
10. 国际标准化组织和欧洲经济委员会协作制定了各国货币标准代码,其中人民币、美元、

英镑英文代码分别是(　　)。

    A. RMB、USD、EUR   B. CNY、USD、EUR

    C. RMB、HKD、GBP   D. CNY、USD、GBP

11. 某出口企业向美国客商出口服装一批,换汇成本为6.50人民币/美元,结汇当天人民币对美元牌价是1美元折合6.88元人民币,该商品出口(　　)。

    A. 盈利   B. 亏损   C. 不亏不赚   D. 无法计算

12. 出口换汇成本的核算,正确的计算方法是(　　)之比。

    A. 出口商品采购成本与出口外汇总收入

    B. 出口商品总成本与出口外汇总收入

    C. 出口销售人民币总收入与出口外汇净收入

    D. 出口商品总成本与出口外汇净收入

13. 我方出口商品的价格条款表示正确的是(　　)。

    A. 300加元/台 FOB2东京   B. 150英镑/箱 CIF英国

    C. 50欧元/件 FCA鹿特丹   D. 120美元/打 CFR纽约

14. 我国某企业从新加坡进口货物,单价表示正确的是(　　)。

    A. USD10.00/PC FOB Shanghai   B. USD10.00/PC CIF Singapore

    C. USD10.00/PC CIF Guangzhou   D. USD10.00/PC FCA Beijing

15. 我国A企业出口某商品,对外报价净价USD100/件,中间商要求3%的佣金。为保证我方实际收入不变,我方所报含佣价是(　　)。

    A. USD103.00/件   B. USD103.90/件

    C. USD103.09/件   D. USD104.02/件

16. 我国某出口企业达成一笔出口合同,以CFRC2对外成交,合同总金额为USD10 000.00,该批货物的总运费为USD1 200.00。该笔业务的外汇净收入为(　　)。

    A. USD10 000.00   B. USD8 800.00

    C. USD9 000.00   D. USD8 600.00

17. 我国A企业出口某商品,总成本是人民币57 000.00元,出口后外汇净收入为10 000.00美元,结汇当日外汇牌价100美元折合人民币683.27元。该笔业务的出口盈亏率是(　　)。

    A. 17%   B. 20%   C. 19%   D. 21%

18. 我国A企业出口机械一台,原报价CFRC3大阪USD6 000.00/台,日本客户要求报CFRC5大阪。在不减少我方外汇净收入的情况下,A公司的报价应为(　　)。

    A. USD6 315.79/台   B. USD6 253.63/台

    C. USD6 126.32/台   D. USD6 235.82/台

19. 在国际货物买卖中,收取佣金的通常是(　　)。

    A. 买方   B. 卖方   C. 船方   D. 中间商

20. 在国际货物买卖中,得到折扣的通常是(　　)。

    A. 买方   B. 卖方   C. 船方   D. 中间商

四、多项选择题

1. 在国际货物买卖合同中,商品的单价通常包括的内容有(　　　)。

    A. 计价数量单位   B. 单位价格金额   C. 计价货币   D. 贸易术语

2. 在出口业务中,核算由中间商参与交易的出口商品的价格时,国外费用一般包括(　　　)。

A. 进货成本　　　B. 出口海运费　　C. 出口保险费　　D. 货物包装费

E. 佣金

3. 我国某企业对外报价,单价表示正确的是(　　　　　)。

A. 每件 10.00 美元 FOB 广州　　　B. 每箱 12.00 欧元 CFR 上海

C. 每台 6 000.00 港元 FCA 香港　　D. 每打 200 元人民币 FCA 北京

E. 每桶 2 000.00 日元 CIF 东京

4. 在我国进出口合同中,商品的作价方法有(　　　　　)。

A. 滑动价格　　　B. 暂定价格　　　C. 固定价格　　　D. 具体价格待定

5. 在贸易术语表示的价格中,不属于外汇净收入的是(　　　　　)。

A. CIF　　　　　B. CFR　　　　　C. FOB　　　　　D. FCA

E. CIP　　　　　F. CPT

6. (　　　　)在计算外汇净收入时必须扣除。

A. 采购成本　　　B. 海外运费　　　C. 出口保险费　　　D. 佣金

E. 折扣　　　　　F. 银行议付手续费

7. (　　　　)指标可以体现出口盈亏状况。

A. 佣金　　　　　B. 出口换汇成本　　C. 出口盈亏率　　D. 折扣

8. FOB、CFR、CIF 三种价格表示正确的是(　　　　　)。

A. CIF = FOB+F+I

B. CFR = CIF-F-I

C. CIFC 价 = (实际成本+国内总费用+国际运费)÷[1-佣金率-利润率-(1+投保加成率)
　　　　×保费率]

D. FOB = CIF-F-I

9. 计算公式正确的是(　　　　　)。

A. 含佣价 = 净价÷(1-佣金率)　　　B. 含佣价 = 净价÷(1+佣金率)

C. 折扣价 = 净价÷(1-折扣率)　　　D. 折扣价 = 净价÷(1+折扣率)

10. (　　　　)是衡量出口企业经济效益的重要指标。

A. 出口总成本　　B. 出口盈亏率　　C. 换汇成本　　　D. 外汇净收入

11. 有关折扣的表述,正确的是(　　　　)。

A. USD25.00/CTN CIF Hamburg less 2% discount

B. USD25.00/CTN CIF Hamburg including 5% discount

C. USD25.00/CTN CIFD3% Hamburg

D. USD25.00/CTN CIF Hamburg time 4% discount

E. USD25.00/CTN CIF Hamburg plus 4% discount

12. 佣金的表示方法有(　　　　)。

A. 在价格中表明所含佣金的百分比　B. 用字母 C 表示

C. 用字母 R 表示　　　　　　　　　D. 用字母 D 表示

13. 折扣的表示方法有(　　　　)。

A. 在价格中表明所含折扣的百分比　B. 用字母 C 表示

C. 用字母 R 表示　　　　　　　　　D. 用字母 D 表示

14. 关于出口商品成本核算,表述不正确的是(　　　　)。

A. 在出口业务中,如果换汇成本高于银行外汇买入价,表明盈利

B. 在出口业务中,如果换汇成本低于银行外汇买入价,表明盈利

C. 在出口业务中,如果换汇成本高于银行外汇卖出价,表明盈利

D. 在出口业务中,如果换汇成本低于银行外汇买出价,表明盈利

15. 业务员在对外报价时,有关佣金的理解正确的是(   )。

A. 给予中间商佣金会提高其与我国出口企业成交的积极性

B. 给予中间商佣金会增加我方出口成本

C. 给予中间商佣金可以有效地扩大出口规模

D. 给予中间商佣金的幅度应该控制在 1%~5%

五、判断题

1. 固定价格的作价方法明确、具体,在业务中易于履行,所以在国际贸易业务中应争取采用固定作价。   (   )

2. 给予中间商佣金能提高其经营我国出口商品的积极性,佣金率越高效果越好,所以应尽量满足中间商对佣金率的要求。   (   )

3. 某日商和某美商同时向我国某公司询购某商品,为体现公平原则,应对它们报同样的价格。
                                                                                    (   )

4. 价格表示为:USD75.00 CIF Hamburg。   (   )

5. 凡是价格中不含佣金的价格称为净价。   (   )

6. 价格条款包括计量单位、单位价格金额、计价货币和价格术语。   (   )

7. 佣金和折扣都是在收到全部货款之后再支付的。   (   )

8. 使用固定价格,在合同中明确规定之后,均按合同确定的价格结算货款,任何一方不得擅自变更原价格。   (   )

9. FOB、CFR 和 CIF 三种贸易术语的价格构成的主要不同点在于国外费用不同。   (   )

10. 佣金是卖方给予买方的价格减让。   (   )

11. 出口换汇成本与外汇净收入成反比,换汇成本越高,外汇净收入越少;反之,外汇净收入越多。   (   )

12. 出口外汇净收入是指不包含佣金和折扣的外汇收入,如 CFR、CIF 价。   (   )

13. 在国际贸易业务中,计价货币应选择可自由兑换货币。   (   )

14. 含佣价=净价÷(1−佣金率),其中的净价是指 FOB 价。   (   )

15. 我国某出口企业对外报价,每箱 10 美元 FOBC2 广州,现客户要求将佣金增加到 5%。在我出口企业外汇净收入不变的情况下,应对外报价为每箱 10.29 美元 FOBC5 广州。   (   )

16. 我国某公司对外报价每公吨 680 美元 CIFC3 大连,这个出口报价是错误的。   (   )

17. 出口货物总成本是指外贸企业为商品出口所支付的以外币计算的总成本,包括出口运费和保险费。   (   )

18. 买卖双方在合同中规定:"按提单日期的国际市场价格计算。"这是固定作价的一种规定方法。   (   )

19. 佣金和折扣都可分为"明佣(扣)"和"暗佣(扣)"两种。   (   )

20. 在任何情况下,固定作价都比非固定作价有利。   (   )

六、案例分析

1. 2019 年 5 月,美国某贸易公司(以下简称进口方)与我国江西某进出口公司(以下简称出口方)签订合同购买一批日用瓷具,价格条件为 CIF 旧金山,支付条件为跟单信用证,出口方需要

提供已装船提单等有效单证。出口方随后与宁波某运输公司（以下简称承运人）签订了运输合同。同年8月初，出口方将货物备妥，装上承运人派来的货车。途中由于驾驶员的过失发生了车祸，耽误了时间，错过了信用证规定的装船日期。得到发生车祸的通知后，我出口方即刻与进口方洽商要求将信用证的有效期和装船期延展半个月，并本着诚信原则告知进口方两箱瓷具可能受损。美国进口方回电称同意延期，但要求货价应降5%。我出口方回电据理力争，同意受震荡的两箱瓷具降价1%，但认为其余货物并未损坏，不能降价，但进口方坚持要求全部降价。最终我出口方还是做出让步，受震荡的两箱降价2.5%，其余降价1.5%，为此受到货价、利息等有关损失共计15万美元。后经与承运人交涉，承运人赔偿损失共计5.5万美元。出口方实际损失9.5万美元。**试分析**：造成巨额损失虽是承运人过错引起的，但我出口方有无值得吸取的教训？怎样可以避免此类损失的发生？

2. 某德国客商对我国某项出口商品出价为每公吨300欧元CIF汉堡，而我方对该商品内部掌握价为FOB中国口岸每公吨人民币1 980元。当时中国银行外汇牌价为每1欧元的买价人民币9.280 9元，卖价人民币9.302 8元。我方备有现货，只要不低于公司内部掌握价即可出售。现该商品自中国某口岸至汉堡港的运费为每公吨人民币600元，保险费为每公吨人民币100元。**试分析**：我方能否接受？为什么？

实践技能操作部分

一、国际贸易销售合同价格条款环节认知

1. 计算题。

（1）某出口公司对外报价牛肉罐头2.20美元/听CIF古晋，按发票金额加成10%投保一切险，保险费率0.3%。客户要求改报CFR价格。试问：应报的CFR价是多少？

（2）出口箱装货物一批，报价为每箱35美元FOB青岛，客户要求改报CIF伦敦价。已知该批货至伦敦的海运费为每箱5美元，按CIF金额的110%投保海运一切险，费率为0.8%。试问：应报的CIF价是多少？

（3）某公司以每公吨1 000美元CIF价格出口商品，已知该笔业务每公吨需要支付国际运输费用100美元，保险费率为0.1%，国内商品采购价格为5 000元人民币，其他商品管理费为500元。试问：该笔业务的出口盈亏率和出口换汇成本（汇率为1∶6.40）是多少？

（4）某出口公司出口某商品报价"USD100.00/件 FOB上海含2%佣金"。试问：佣金和货物的净价各是多少？如果所报价格USD100.00是净价，要改成含2%佣金的价格，结果会是USD102.00吗？

（5）某公司出口一批商品，原报价CFRC3曼谷每公吨6 600美元，外商要求改报CFRC5曼谷。试问：在净价不变的条件下，该公司报价为多少？

（6）某企业与英商达成一笔交易，合同规定该企业出口某商品500公吨，每公吨450美元CFRC2利物浦，海运运费每公吨29美元，出口收汇后该企业向该英商汇付佣金（中行外汇牌价：100美元＝640.00元人民币）。试问：该企业向中国银行购买支付佣金的美元共需多少元人民币？该企业的外汇净收入为多少美元？

（7）某出口公司向英国某进口商出口商品，对外报价为FOBC2伦敦上海每箱800英镑，客户要求将佣金增至5%。出口公司考虑后同意，但为使净收入不减少，价格应改报多少？

（8）某出口公司向新加坡某公司出售一批货物，出口总价为10万美元CIF新加坡，其中从青岛港至新加坡的海运运费为4 000美元，保险按CIF总价的110%投保一切险，保险费率为1%。

这批货物的出口总成本为 72 万元人民币。结汇时,银行外汇买入价为 1 美元折合人民币 6.40 元。试计算这笔交易的换汇成本和盈亏率。

2. 根据以下资料,草拟合同中的价格条款。

(1)完成净价、含佣价、含折扣价条款。

① 净价:每箱 9.00 欧元 FOB 广州,每打 24.00 美元 CFR 新加坡。

② 含佣价:每套 20.00 美元 FOB 上海,包括佣金 3%,每件 45.00 欧元 CFRC5 鹿特丹。

③ 含折扣价:每箱 9.00 美元 FOB 大连折扣 2%,每打 24.00 美元 CIFD5 东京。

(2)2019 年 4 月,山东青岛某公司与日本一进口商订立长期供应大蒜合同,大蒜每箱价格为 7.00 美元,由工厂交货。请为该公司拟一则单价条款。

(3)某公司以 CFR 条件向国外出口一批货物,采用程租船运输。国外买方所在的目的港(维多利亚港)费用较高,该公司不愿承担卸货费用。已知该批出口货物每公吨 CFR 价格 500 美元,请代该公司拟一单价条款。

二、国际贸易销售合同的填制

根据以下贸易资料,填制出口合同约首、本文(品名、品质、数量、包装、贸易术语、装运、保险、价格条款)、约尾。

出口方:广州和鑫工贸有限公司

Exporter:Guangzhou Hexin Industrial Trade Company Limited

地址:#125 Huangpu Road,Guangzhou,China

出口经理:王伟

联系方式:Tel:0086 - 20 - 84350098   Fax:0086 - 20 - 84350098

E-mail:hexin@hotmail.com

进口方:

Importer:Dong HO Co.,Ltd.

地址:135,DANG-DONG,KUNPO-CITY KYUNGGI-DO,435-010,Korea

买家:LEE CHUNK IK

联系方式:Tel:0082 - 31 - 4553100   Fax:0082 - 31 - 456-3101

E-mail:donghom1@ hitel. net

合同编号:HXI2020013   签订合同时间:2020 年 5 月 10 日

货物品名:PU LEARTHER PAPER BAGS(汇文牌 PU 皮文件袋)

货物品质:TP-9813   100g 23cm * 6cm * 18cm red

合同数量:6 000pcs.

包装情况:In cartons,one bag to a box,200 boxes to a carton.

纸箱包装,每个装一个纸盒,200 个纸盒装一个纸箱。

运输情况:2020 年 8 月装运,空运

装运地:白云机场(广州)

目的地:仁川机场(首尔)

保险情况:由卖方承担,空运一切险

价格条款:以 CIP 仁川机场成交(INCOTERMS 2020)

成本价:78.00 元人民币/个

出口增值税税率:13%

出口退税税率:13%

空运费:8 000 元

空运一切险:1 000 元

国内运杂费:500 元

报关费:300 元/票

杂费:500 元

其他费用与利润:2 000 元(USD100＝CNY640)

售 货 合 同
SALES CONTRACT

1. 卖方:(3)　　　　　　　合同编号:(1)

The Sellers:(4)

2. 地址:　　　　　　　　合同日期:(2)

Address:(5)

Tel:(6)　　　　　　　　Fax:(7)

E-mail:(8)

3. 买方:

The Buyers:(9)

4. 地址:

Address:(10)

Tel:(11)　　　　　　　　Fax:(12)

E-mail:(13)

买卖双方同意按下列条件购进、售出下列商品。

The Sellers agree to sell and the Buyers agree to buy the undermantioned goods according to the terms and conditions as stipulated below.

商品名称及规格 Name of commodity & specification	数量 Quantity	单价 Unit Price	总值 Total Value
(14)	(15)	(16)	(17)

Say:(18)

5. 包装:

Packing:(19)

6. 唛头:

Shipping Marks:(20)

7. 装运地:

Airport of Departure:(21)

8. 目的地:

Airport of Destination:(22)

9. 装运期:

Time of Shipment:(23)

10. 付款条件:

Terms of Payment:By D/P at sight(即期付款交单)

11. 保险:

Insurance:(24)

12. 检验:……

13. 不可抗力:……

14. 异议索赔:……

15. 仲裁:……

卖方:　　　　　　　　买方:

The Sellers:　　　　　　The Buyers:

(25)　　　　　　　　　(26)

模块八

国际贸易销售合同支付条款

典型工作任务	1. 国际贸易销售合同结算票据的操作 2. 国际贸易汇付的操作 3. 国际贸易托收的操作 4. 国际贸易信用证的操作
拓展工作任务	国际贸易信用证的阅读
主要学习目标	1. 熟悉汇票、本票和支票3种结算工具格式与在实际业务中的使用 2. 掌握汇付的种类、流程 3. 熟悉托收的种类、流程 4. 掌握信用证的种类、流程与特点 5. 熟悉信用证的主要内容 6. 掌握《联合国国际货物销售合同公约》对支付条款的规定
基础理论知识	1. 《联合国国际货物销售合同公约》 2. UCP600 3. URC522
工作操作技能	1. 能够根据业务资料,正确选择结算票据 2. 能够根据业务资料,正确操作3种结算方式 3. 能够根据业务资料,正确订立国际贸易销售合同的支付条款

典型工作任务一 国际贸易销售合同结算票据的操作

工作困惑

在国际贸易中,由于交易双方相距甚远,不可能做到"一手交钱、一手交货"地交易,那么在合同履约之后,作为一名外贸业务员,可以选择的国际货款结算工具有哪些? 这些结算工具分别有哪些特点?

工作认知

国际贸易货款的收付以现金方式结算的较少,大多采用非现金结算,即用代替现金作为流通手段和支付手段的信用工具来结算国际间的债权债务。票据是国际通行的结算和信用工具,是可以流通转让的债权凭证。国际贸易结算中使用的票据主要有汇票、本票和支票,其中以使用汇票为主。

一、汇票

(一)汇票的含义

汇票(bill of exchange,简称 bill)是最重要的一种票据,由于其最能反映票据的性质、特征和规律,最集中地体现票据所具有的信用、支付和融资等各种经济功能,从而成为票据的典型代表。

根据各国广泛引用或参照的《英国票据法》的规定,汇票是一个人(出票人)向另一个人(付款人)签发的,要求付款人立即或定期或者在可以确定的将来的时间,对某人(收款人)或其指定人或者持票人支付一定金额的无条件的书面支付命令。(A bill of exchange is defined as an unconditional in writing signed by the person(drawer),and addressed to another person(drawee),ordering the drawee to pay a stated sum of money to another person(payee),on demand or at a fixed or determinable future time.)

根据《中华人民共和国票据法》(以下简称《票据法》)第 19 条的规定:"汇票是指出票人签发的,委托付款人在见票时或者在指定日期无条件支付确定的金额给收款人或持票人的票据。"

（二）汇票的当事人

汇票有 3 个基本当事人:出票人、付款人和收款人。

1. 出票人

出票人(drawer),即签发票据的人。出票人第一个在汇票上签名,是汇票的债务人,他以签发票据的形式创设了一种债权并将其赋予持票人,出票人本身也相应地承担起债务。

2. 付款人

付款人(payer,drawee),即接受出票人委托而无条件支付票据金额的人。在进出口业务中,通常是进口人或指定的银行。远期汇票中付款人在承兑之后,就成为主债务人。

3. 收款人

收款人(payee),即持有汇票而向付款人请求付款的人。收款人是基本当事人中唯一的债权人,其权利通常包括收款、转让及在付款人拒绝支付的时候向出票人追索。汇票的收款人可以是记名的特定的人或其指定人,也可以是无记名的任何持票人。

在实际业务中,汇票的当事人还会涉及以下一些当事人。

① 承兑人(acceptor)。远期汇票通常必须经过付款人在汇票上签名并承担到期付款的责任,这种行为就是承兑,此时付款人就成为承兑人。

② 背书人(endorser)。背书人是指在票据背面签字,并将其转让给他人的收款人或持票人。

③ 被背书人(endorsee)。接受背书人转让票据的人称为被背书人,被背书人可再背书转让。

④ 持票人(holder)。持票人是指持有票据的人。票据收款人或被背书人都是持票人,也是债权人。

（三）汇票的内容

各国使用的汇票的格式虽然不完全一样,但其主要项目和基本内容是一致的。根据我国《票据法》的规定,汇票记载了下列事项。

1. 表明"汇票"的字样

"汇票"一词在英文中有不同的表示方法,如 bill of exchange、draft、exchange、bill 等。

2. 无条件支付的命令

汇票必须要有无条件支付委托的文句,而且不应受任何限制。

3. 确定的金额

汇票金额包括大写金额(amount in words)和小写金额(amount in figure)。我国《票据法》规定:"大小写金额必须一致,两者不一致的,票据无效。"《日内瓦统一法》和《英国票据法》都规定票据大小写不一致时,以大写为准。

在大写金额书写时要注意,首先书写货币名称,然后书写具体金额,最后要用"only"(整)来结尾。

学习案例 8-1

假如一张汇票的小写金额为 USD2 560.80,那么大写金额应该如何表述?

4. 付款人名称

在国际贸易中,付款人通常是指进口方或其指定银行。在一般情况下,汇票上除了要注明付款人的名称之外,还要写明其地址。

5. 收款人名称

在国际贸易中,收款人通常是指出口方或其指定的银行。收款人的记载称为汇票抬头,有以下 3 种情况。

① 限制性抬头。例如,"仅付 A 公司"(pay to A company only)或"付 A 公司,不准流通"(pay to A company not transferable),这种抬头的汇票不能流通转让,只限某公司收取货款。

② 指示性抬头。例如,"付 A 公司或指定人"(pay to A company or order 或 pay to the order of A company),这种抬头的汇票,除某公司可以收取货款外,也可以经过背书转让给第三者。

③ 持票人或来人抬头。例如,"付给来人或持票人"(pay to bearer or the holder),这种抬头的汇票,无须由持票人背书,仅凭交付汇票即可转让。我国《票据法》和《日内瓦统一法》都禁止使用来人抬头汇票,而《英国票据法》允许使用来人抬头汇票。

6. 出票日期

出票日期是指汇票签发的具体时间。汇票出票日期的记载可以起到以下作用。

① 确定汇票的有效期。按照票据法的一般规则,票据均有一定的有效期,持票人必须在有效期内向付款人提示,要求付款或承兑,否则票据权利将自动消失。汇票的有效期是以出票日为起算日计算的,如《日内瓦统一法》规定:"见票即付的汇票,在提示时付款,并应在出票日起一年内提示付款。"

② 确定汇票的到期日。出票后定期付款汇票的到期日的计算是以出票日为基础的,确定了出票日期就可以推算出付款日。

③ 判定出票人的行为能力。如果出票人在出票时已宣告破产、清算,则可判定出票人在出票时已经丧失行为能力,该汇票应为无效汇票。

④ 决定利息的起算日。如支付甲公司 USD1 000,并按 1% 支付利息,这时出票日为起息日,付款日为到期日。

《英国票据法》认为出票日期不是汇票必须记载的事项,如果汇票未填写出票日期,持票人可以将自己认为正确的日期填入;我国《票据法》和《日内瓦统一法》则规定,汇票应当记载出票日期,否则汇票无效。

7. 出票人签章

当出票人是个人时,在汇票上签名即可;当出票人是企业、公司时,在汇票上要签名加盖章。

汇票上未记载上述规定事项之一的,汇票无效。在实际业务中,汇票上还需列明付款日期、付款地点和出票地点等内容。

8. 付款日期

付款日期在各国票据中都被视为票据的重要项目。付款期限一般分为两种:即期付款和远期付款。即期付款也称见票即付,英文表示为 at sight 或 on demand;远期付款是指汇票上规定付款人于将来的一定日期付款。

9. 出票地点

出票地点是指出票人签发汇票的地点,对国际汇票意义重大。汇票上如果记载出票地点,应当清楚明确。我国《票据法》规定："汇票上未记载出票地点的,则以出票人的营业场所、住所或经常居住地为出票地。"

10. 付款地点

付款地点是指持票人提示汇票请求付款的地点,汇票上如果记载付款地点,应当清楚明确。我国《票据法》规定："汇票上未记载付款地点的,则以付款人的营业场所、住所或经常居住地为付款地。"

除了上述 10 个项目外,汇票还可以有一些票据法允许的其他内容的记载,如汇票编号、利息和利率、付一不付二、禁止转让、免除做成拒绝证书、出票条款等。

学习案例 8－2

汇票的样式(一)及事项如表 8.1 所示。

表 8.1　汇票的样式(一)

①BILL OF EXCHANGE
⑨Shanghai China⑥ March 5, 2019
Exchange for ③USD15, 272. 00
⑧At×××sight of this SECOND of Exchange(FIRST of the same tenor and date unpaid).
②Pay to⑤ the order of BANK OF CHINA the sum of ③US DOLLARS FIFTEEN THOUSAND TWO HUNDRED AND SEVENTY TWO ONLY.
④To HABIB BANK LIMITED
P. O. BOX 888
⑩DUBAI, U. A. E
⑦SHANGHAI TEXTILES COMPANY LIMITED
李方
(Authorized Signature)

注:①"汇票"字样;②无条件的书面支付命令;③汇票金额;④付款人;⑤收款人;⑥出票日期;⑦出票人签章;⑧付款日期;⑨出票地点;⑩付款地点。

汇票的样式(二)及事项如表 8.2 所示。

国贸常识

采用托收与信用证结汇时,在大部分情况下,汇票金额与发票金额完全一致。在实际出口业务中,对方可能会提出部分合同金额采用信用证付款,部分合同金额采用托收付款。对此,我出口业务员应该分别制作两套汇票,分别对应不同付款方式填写相应金额。对应信用证的汇票以银行为付款人,对应托收的汇票以进口商为付款人,两套汇票金额相加之和为出口发票金额。出票地点一般应是出口商所在地,出票日期一般填交单日,该日期不能早于跟单单据(发票、装箱单等)的签发日期,同时不得晚于信用证或 UCP600 规定的交单期限,绝对不能超出信用证的有效期。日期不能全用阿拉伯数字,需用英文书写。

(四)汇票的使用

汇票的使用一般要经过出票、背书、提示、承兑、付款、拒付、追索、保证等程序。其中,出票是主票据行为,其他行为都是以出票为基础而衍生的附属票据行为。

表8.2 汇票的样式(二)

凭
Drawn under _____

信用证 第 号
L/C No. _____

日期
Dated _____.

按 息 付款
Payable with interest @ _____% per annum

号码 汇 票 金 额 中 国,广 州 年 月 日
No. : ---------------- Exchange _____1_____ for Guangzhou,
China ----------------

见票 日后(本汇票之副本未付)
At _____ Sight of this **FIRST** of Exchange(Second of exchange being unpaid)
pay to the order of **BANK OF CHINA, TIANJIN BRANCH** 或其指定人付金额
The sum of
To

1. 出票

出票(issue,draw),是指出票人签发汇票,并将其交给收款人的票据行为。通过出票设立债权,出票人成了票据的主债务人,它担保汇票被付款人承兑或付款,如果付款人拒付,持票人可向出票人追索票据,出票人自行清偿债务。

2. 提示

提示(presentation),是指持票人向付款人出示汇票,并要求承兑或付款的票据行为。付款人见到汇票,即为见票(at sight)。提示分为两种:一种是承兑提示(presentation for acceptance),即持远期汇票要求付款人承诺到期付款的提示;另一种是付款提示(presentation for payment),即持即期汇票或到期的远期汇票要求付款人付款的提示。不论是承兑提示还是付款提示,均应在规定的时间内进行,否则将丧失追索权。

3. 承兑

承兑(acceptance),是指远期汇票付款人在持票人作承兑提示时,明确表示同意按出票人的指示付款的票据行为。承兑包括两个动作:一是付款人在汇票上写"承兑"(accepted)字样,并注明日期和签名;二是把承兑的汇票交还持票人或另制承兑通知书交给持票人。付款人收到汇票3日内承兑或拒绝承兑。远期汇票一经承兑,付款人成为承兑人,是汇票的主债务人,而出票人则成为从债务人。

4. 付款

付款(payment),是指即期汇票的付款人和远期汇票的承兑人接到付款提示时,履行付款义务的票据行为。汇票的付款人向持票人付款之后,付款人一般均要求收款的持票人在背面签字作为收款的证明并在收回的汇票上注明"付讫"字样。

5. 背书

背书(endorsement),是指转让票据权利的一种法定手续,即持票人在汇票背面签上自己的名字或再加上受让人的名字,并把汇票交给受让人的票据行为。背书行为的适用范围是指示性抬头的汇票,不适用于限制性抬头和来人抬头汇票。背书后,原持票人成为背书人,担保受让人所持汇票得到承兑和付款,否则受让人有权向背书人追索清偿债务。与此同时,受让人成为被背书

人,取得了汇票的所有权,可以再背书再转让,直到付款人付款把汇票收回。对于受让人来说,在他前面的所有背书人和出票人都是他的"前手";对于出让人来说,在他后面的所有受让人都是他的"后手"。"前手"对"后手"承担汇票得到承兑和付款的责任。背书的方式主要有以下3种。

① 空白背书(blank endorsement)又称不记名背书,是指背书人只在票据背面签名,不指定被背书人,即不写明受让人。

② 记名背书(special endorsement)又称特别背书,是指背书人在汇票背面签上自己的名字,并记载被背书人的名称或其指定人。例如,"付给……银行或其指定人(pay to...bank or order)"。

③ 限制性背书(restrictive endorsement)即不可转让背书,是指背书人对支付给被背书人的指示带有限制性的词语。例如,"仅付……公司"(pay to...Co. only)、"付给……银行,不得转让"(pay to...bank, not transferable)。

由此可见,经空白背书或记名背书的汇票可经过再次背书在市场上继续转让,而限制性背书不能转让。按我国《票据法》的规定,背书必须记载被背书人的名称,这就表明我国不允许对票据作空白背书,这与西方《票据法》的规定有所不同。

6. 贴现

贴现(discount),是指远期汇票承兑后,持票人在汇票到期前到银行兑换现款,银行从票面金额中扣除按贴现率计算的贴现息后付给持票人余款的票据行为。汇票的贴现实际上就是汇票的买卖。

7. 拒付

拒付(dishonour)又称退票,是指持票人按照《票据法》规定作提示时,付款人或承兑人拒绝承兑或者拒绝付款的票据行为。在实际业务中,拒付除了拒绝承兑和拒绝付款情形外,由于付款人逃匿、失踪、死亡、破产等原因而导致的持票人无法获得承兑或付款的情形也被认为属于拒付。汇票遭到拒付后,持票人有权通知其前手,直至通知出票人。这种行为被称为拒付通知,并由公证人做成证明拒付事实的文件,这个文件被称为拒绝证书。不能提供拒绝证书的,则丧失对其前手的追索权。

8. 追索

追索(recourse),是指持票人在汇票遭拒付时对其前手背书人、出票人、承兑人和其他有关债务人行使请求偿还汇票金额、利息及费用的票据行为。持票人要想行使追索权,需满足两个条件:持票人所持有的汇票必须是合格的汇票,即汇票要式齐全及背书连续性合格;持票人按照《票据法》的规定提示汇票,并在规定的时效内做成拒绝证书和发出拒绝通知,除非汇票上有免做拒绝证书的规定。

持票人可以按照背书顺序请求其前手偿还票款或加上有关的费用,也可以越过其直接前手向任何一个背书人,甚至可以直接向出票人索偿。但是追索权必须在法律时效内行使,"时效内"根据我国《票据法》的规定,是指自被拒绝承兑或被拒绝付款之日起6个月;《日内瓦统一法》规定为1年;《英国票据法》规定为6年。

9. 保证

保证(guarantee),是指非票据债务人对于出票人、背书人或承兑人的票据债务予以担保的附属票据行为。汇票经过保证,可增强其付款的信誉,有利于票据的流通转让。因此,在实际业务中,保证常被用以作为融通资金的手段。保证人必须由汇票债务人以外的第三者担当。保证人应当在汇票或粘单上写明"保证"字样、被保证人的名称、保证人的名称和住所、保证日期并签名,被保证的对象可以是出票人、背书人或承兑人。

学习案例 8－3

我国某出口企业根据信用证规定签发即期汇票一套。试问:如果顺利结汇,围绕这套汇票一定和可能会产生哪些票据行为? 如果遭受拒付,围绕这套汇票又一定和可能会产生哪些票据行为? 如果签发的是一套45天远期汇票,结果又会怎么样?

学习案例 8－4

我国某出口企业根据信用证规定签发 60 天远期汇票一套,受款人为 Bank of China Guangdong Branch,付款人为 ABC Co.。受款人为了提前获得资金,将汇票背书转让给 EFG Co,并写下"Pay to the order of EFG Co."。试问:这种背书属于哪种性质的背书? EFG Co. 是否也可以背书转让?

(五) 汇票的种类

1. 按汇票是否附有包括运输单据在内的商业单据,可分为光票和跟单汇票

① 光票(clean draft),是指不附带商业单据的汇票。银行汇票多为光票。光票的流通全靠出票人、付款人或出让人(背书人)的信用。在国际结算中,除少量用于货款结算外,一般仅限于在贸易从属费用、货款尾数、佣金等的托收或支付时使用。

② 跟单汇票(documentary draft),是指附有其他的货运单据的汇票。跟单汇票的付款以附交货运单据为条件。汇票的付款人要取得货运单据才能提取货物,必须付清货款或提供一定的担保。在国际贸易中,大多采用跟单汇票。跟单汇票多是商业汇票。

2. 按汇票出票人的不同,可分为银行汇票和商业汇票

① 银行汇票(banker's draft)的出票人是银行,付款人也是银行。在国际结算中,银行汇票签发后,一般交给汇款人,由汇款人寄交国外收款人向指定的银行取款。出票行签发汇票后,必须将付款通知书寄给国外付款行,以便付款行在收款人持票取款时进行核对。银行汇票一般为光票,不随附货运单据。

② 商业汇票(commercial draft)的出票人是企业或个人,付款人可以是企业、个人,也可以是银行。在国际贸易中,商业汇票通常由出口人开立,在向国外进口人或银行收取货款时使用。商业汇票大都附有货运单据。

3. 按汇票承兑人的不同,可分为商业承兑汇票和银行承兑汇票

① 商业承兑汇票(commercial acceptance bill),是指由工商企业或个人承兑的远期汇票。商业承兑汇票建立在商业信用的基础之上,其出票人也是工商企业或个人,如出口企业。

② 银行承兑汇票(banker's acceptance bill),是指由银行承兑的远期商业汇票。它通常由出口人签发,银行对汇票承兑后即成为该汇票的主债务人,而出票人则成为从债务人。银行承兑汇票建立在银行信用的基础之上,是一种商业汇票。

4. 按汇票流通领域的不同,可分为国内汇票和国际汇票

① 国内汇票(domestic draft),是指汇票出票人、付款人和收款人的居住地都在一个国家或地区的汇票,其流通范围局限在国内。

② 国际汇票(international draft),是指汇票出票人、付款人和收款人的居住地中有两个是在不同的国家或地区的汇票。

5. 按汇票付款期限的不同,可分为即期汇票和远期汇票

① 即期汇票(sight draft, demand draft),是指在汇票付款日期栏中采用见票即付的汇票。

② 远期汇票(time draft, usance draft or tenor draft),是指规定付款到期日为将来某一天或某

一可以确定日期的汇票。日期有如下几种规定方法。

- 见票后若干天付款(at…days after sight),如见票后 30 天、45 天、60 天等。
- 出票后若干天付款(at…days after date of draft)。
- 提单签发日后若干天付款(at…days after date of bill of lading)。
- 指定日期付款(fixed date)。

学习案例 8-5

我国某出口企业与外商达成交易,以远期信用证付款,要求 1 个月后付款,单证员在制作汇票时填写的出票日期为 1 月 31 号。试问:这张汇票的付款日期为哪一天? 如果要求两三个月付款,汇票的付款日期又为哪一天?

国贸常识

在实际进出口业务中,远期汇票的时间计算必须遵循以下原则。① 算尾不算头。例如,见票日为 6 月 15 日,付款期限为见票后 30 天,则应从 6 月 16 号起算 30 天,到期日为 7 月 15 日。② "月"为日历月,以月为单位计算付款期限时,不必考虑每月的具体天数,一律以相应月份的同一天为到期日,到期日无相同日期即为月末。例如,见票日为 1 月 31 日,分别见票后 1 个月、2 个月、3 个月付款,到期日分别为 2 月 28 日(如遇闰年,则为 29 日)、3 月 31 日、4 月 30 日。③ 先算整月,后算半月,半月按 15 天计算。例如,出票日为 6 月 25 日,付款期限是出票后 3 个半月,则出票后 3 个月应为 9 月 25 日,再加半个月(15 天),到期日为 10 月 10 日。④ 节假日顺延,如果到期日恰逢周末或节假日等非营业日,则付款期限应顺延到下一个银行营业日。

二、本票

(一)本票的含义

本票(promissory note)作为一种票据,同样具有支付功能和信用功能,所以它可以成为一种国际结算工具。

根据《英国票据法》的规定,本票是一个人向另一个人签发的,保证于见票时或定期或者在可以确定的将来的时间,对某人或其指定人或者持票人支付一定金额的无条件的书面承诺。简言之,本票是出票人对收款人承诺无条件支付一定金额的票据。

根据我国《票据法》第 73 条的规定:"本票是出票人签发的,承诺自己在见票时无条件支付确定的金额给收款人或持票人的票据。本法所称本票是指银行本票。"

(二)本票的内容

根据我国《票据法》第 75 条的规定,本票必须记载下列事项。

① 表明"本票"的字样。
② 无条件支付的承诺。
③ 确定的金额。
④ 收款人的名称。
⑤ 出票日期。
⑥ 出票人签章。

本票上未记载上述规定事项之一的,本票无效。

学习案例 8-6

本票的样式及事项如表8.3所示。

表8.3 本票样式

Promissory Notefor USD1,000.00　　　　New York,Jan. 5,2015	
①　　　　　　　③　　　　　　　　　　　　⑦　　　　⑤	
At 60 days after date wepromise to pay to A co. or order the sum of	
⑧　　　　　　　　　　②　　　　　　　　　④	
US DOLLARS ONE THOUSAND ONLY	
③	
	For Bank of America,New York
	Signature⑥

注:①"本票"字样;②无条件的支付承诺;③确定的金额;④收款人的名称 ⑤出票日期;⑥出票人签字;⑦出票地点;⑧付款期限。

(三) 本票的种类

与汇票相比,本票在国际贸易结算中使用的并不多,但是在国际信贷、国际融资及其他金融领域中使用得相当广泛。

1. 按其出票人不同,本票分为商业本票和银行本票

商业本票也称一般本票,是以工商企业或个人为出票人的本票,主要用于清偿出票人自身的债务。

银行本票是以银行为出票人的本票,供债权人凭此办理转账结算或支取现金。国际贸易结算中多使用银行本票。我国《票据法》中的"本票"是指银行本票,所以我国只允许使用银行本票。

2. 按其付款时间不同,本票分为即期本票和远期本票

商业本票有即期和远期之分,银行本票都是即期的。在国际贸易结算中使用的本票,大都是银行本票,属于即期本票。

(四) 本票的票据行为

在本票的票据行为中,对于出票、背书、保证、付款行为和追索权的行使,适用《票据法》中对于汇票的相应行为和权利行使的规定,但对本票的特定规定除外。例如,我国《票据法》规定,本票只能由银行或其他金融机构签发;出票人必须具有支付本票金额的可靠资金来源并保证支付;本票自出票之日起,付款期限最长不得超过两个月;本票持票人未按规定期限提示见票的,丧失对出票人以外前手的追索权。

(五) 本票和汇票的区别

① 本票的本质是无条件支付的承诺,汇票是无条件支付的命令。

② 本票只有两个基本当事人,即出票人与收款人;汇票有三方基本当事人,即出票人、收款人和付款人。

③ 本票在任何情况下,主债务人都是出票人;汇票的主债务人在承兑前是出票人,承兑后是承兑人。

国贸常识

汇票与本票的比较如表8.4所示。

表 8.4　汇票与本票的比较

异同比较		汇　票	本　票
相同点	功能相同	都是国际贸易的结算票据	
	部分票据行为相同	都具有出票、背书、付款、追索权、拒绝付款等票据行为	
不同点	当事人不同	出票人、收款人、付款人	出票人、收款人
	票据性质不同	委托式	允诺式
	是否需要承兑不同	远期汇票一般均须经付款人承兑	远期本票的付款人就是出票人本身，无须承兑
	主债务人不同	远期汇票的主债务人在付款人承兑前是出票人，承兑后承兑人为主债务人，出票人退居为从债务人	始终是出票人

三、支票

（一）支票的含义

支票（cheque,check）也是国际结算中使用的一种结算工具。

根据《英国票据法》规定,支票是以银行为付款人的即期汇票,即存款人对银行的无条件支付一定金额的委托或命令。出票人在支票上签发一定的金额,要求受票的银行于见票时立即支付一定金额给特定人或持票人。

根据我国《票据法》第 82 条规定:"支票是出票人签发的,委托办理支票存款业务的银行或其他金融机构在见票时无条件支付确定金额给收款人或持票人的票据。"

按照各国《票据法》的一般规则,支票的出票人必须按照签发的支票金额承担保证向持票人付款的责任。据此,支票的出票人所签发的支票金额不得超过其付款时在付款人处实有的存款金额。如果出票人签发的支票金额超过其付款时在付款人处实有的存款金额,称为空头支票。签发空头支票是各国法律所禁止的。

（二）支票的内容

我国《票据法》第 84 条规定,支票必须记载下列事项。

① 表明"支票"的字样。

② 无条件支付的委托。

③ 确定的金额。

④ 付款人的名称。

⑤ 出票日期。

⑥ 出票人签章。

支票上未记载上述规定事项之一的,支票无效。

学习案例 8-7

支票的样式及主要事项如表8.5所示。

表8.5　支票样式

Jan. 31,2019 Tianjin Economic & Development Corp. 537890	Cheque　　　　　　　　　　　London,Jan. 31,2019 No. 537890 　①　　　　　　　　　　　　　　　　　　　⑤ BANK OF EUROPE LONDON 　③ Pay to Tianjin Economic & Development Corp. 　⑥　　　　　　　② or order the sum of FIVE HUNDRED POUNDS 　　　　　　　　　⑦ 　　　　For Sino-British Trading Co. London 　　　　　signature ④ 537890　60…2153　02211125　　　0000500000
支票编号 磁性编码	付款行代号 磁性编码	出票人在付款行的支票专 户账号磁性编码	根据支票面额加编的磁性编码

注:①"支票"字样;②收款人;③付款人和付款地;④出票人签章;⑤出票日和出票地;⑥无条件的支付委托;⑦确定的金额。

(三)支票的种类

1. 根据抬头不同,支票可分为记名支票和无记名支票

① 记名支票是指抬头注明收款人名称的支票,需要经背书而转让。记名支票在取款时,必须由收款人签章并经付款行验明其真实性。

② 无记名支票也称空白支票和来人支票,是抬头没有记载收款人名称或只写"付来人"的支票。该支票交付即可转让,无须背书;任何持票人都可要求银行付款,无须签章;银行不负责持票人获得支票合法性的审核。

2. 根据支付方式不同,支票可分为现金支票和转账支票

① 现金支票就是出票人签发的委托银行支付给收款人确定数额现金的支票,只能用于取现,不能用于转账。

② 转账支票是出票人签发给收款人凭以办理转账结算或委托银行支付给收款人确定金额的支票,只能用于转账,不能取现。

3. 根据使用方式不同,支票可分为划线支票和非划线支票

① 划线支票(crossed cheque),是指由出票人或持票人在普通支票正面画有两条平行线的支票。划线是一种附属的支票行为,目的在于防止支票遗失后被人冒领。因为划线支票只能委托银行收款入账,不能提现,通过划线限制受领人的资格。

② 非划线支票(open cheque)又称普通支票,它的票面上没有两条平行线,持票人可以向银行提取现金也可以委托银行收款入账。

4. 支票与汇票的区别

① 支票为见票即付,无须提示承兑;汇票有即期、远期之分,远期汇票必须提示承兑。

② 支票付款人仅限于银行;汇票的付款人可以是公司、企业、个人,也可以是银行。

③ 支票主债务人是出票人;汇票的主债务人在承兑前是出票人,承兑后是承兑人。

国贸常识

汇票与支票的比较如表8.6所示。

表 8.6　汇票与支票的比较

异同比较		汇　票	支　票
相同点	功能相同	都是国际贸易的结算票据	
	部分票据行为相同	都具有出票、背书、付款、追索权、拒绝付款等票据行为	
	基本当事人数相同	都有出票人、付款人和收款人	
	票据性质相同	都是委托式票据	
不同点	付款人不同	银行、企业、个人	银行
	用途不同	结算和押汇工具,信贷工具	只能是结算工具
	付款期限不同	汇票有即期和远期之分,远期汇票需要承兑	支票只能是即期,无须承兑
	提示期限不同	汇票的提示期限可以长达 1 年	《日内瓦统一法》规定,支票的出票人和付款人在同一国内其提示期限只有 8 天;我国《票据法》规定,支票的提示期限是自出票日起 10 天
	可否止付不同	即期汇票见票即付,远期汇票承兑人到期必须付款,不能止付	可以止付

典型工作任务二　国际贸易汇付的操作

工作困惑

在国际贸易中,当客户提出以汇付方式支付货款时,汇付的含义、当事人与业务流程是怎样的?

工作认知

国际贸易支付方式又称国际贸易结算方式,是指国际间通过结算工具,办理因债权债务引起的货币资金的收付所采取的方式。

国际贸易支付方式按照其资金的流动方向和结算工具的传递方向是否相同,可以分为顺汇法和逆汇法两大类别。

顺汇法(remittance)又称汇付法,是由债务人或付款人主动将款项交给银行,委托银行使用某种结算工具,交付一定金额给债权人或收款人的结算方式。其特点是结算工具的传递方向与资金的流动方向一致,并且是从付款(债务)方传递到收款(债权)方。顺汇法的业务程序如图 8.1 所示。

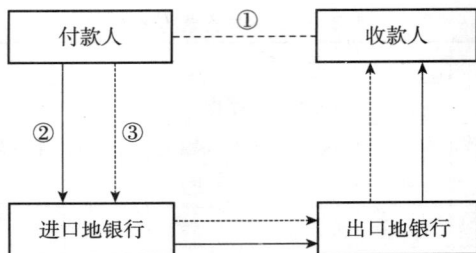

说明:
① 双方之间订立有国际贸易合同。
② 实线表示资金的流向。
③ 虚线表示结算工具传递的方向。

图 8.1　顺汇法的业务程序

逆汇法(reverse remittance)又称出票法,是由债权人以开出汇票的方式,委托银行向国外债务人索取一定金额的结算方式。其特点是结算工具传递方向与资金流动方向相反。逆汇法的业务程序如图 8.2 所示。

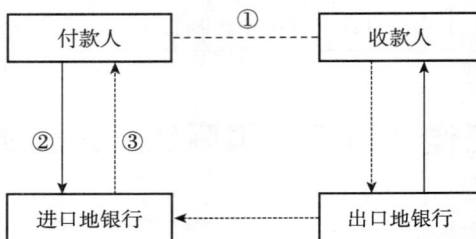

说明:
① 双方之间订立有国际贸易合同。
② 实线表示资金的流向。
③ 虚线表示结算工具传递的方向。

图 8.2　逆汇法的业务程序

在国际贸易中,货款的支付方式主要分为汇付、托收、信用证三大类。每一大类还可以分为若干个小的类别。其中,汇付属于顺汇,而托收和信用证属于逆汇。

一、汇付的含义及其当事人

汇付又称汇款,是指债务人或付款人主动通过银行将款项汇交收款人的支付方式。

在汇付业务中,一般有以下 4 个当事人。

(一)汇款人

汇款人(remitter)是指委托银行付出款项的人。在国际贸易中,汇款人通常是指进口商或债务人,其责任是填具汇款申请书,提供所要汇出的金额,并承担有关费用。

(二)收款人

收款人(payee)也称受益人(beneficiary)是指接受款项的人。在国际贸易中,收款人通常是指出口商或债权人,也可以是汇款人本人,其权利是凭证取款。

(三)汇出行

汇出行(remitting bank)是指受汇款人委托而汇出款项的银行。在国际贸易中,汇出行通常是指汇款人所在地银行,其职责是按汇款人要求将款项汇给收款人。

（四）汇入行

汇入行（paying bank）是指受汇出行的委托解付汇入款给收款人的银行。在国际贸易中，汇入行通常是收款人所在地银行，一般是汇出行的分行或代理行。汇入行的职责是证实汇出行委托付款指示的真实性，通知收款人取款并付款。

二、汇付的种类及其业务程序

根据汇出行通知汇入行付款方式的不同，汇付可以分为电汇、信汇和票汇 3 种。

（一）电汇

电汇（Telegraphic Transfer, T/T）是指汇出行应汇款人申请，通过加押电报或电传指示汇入行解付一定金额给收款人的汇款方式。目前，银行一般都是采用环球银行金融电信协会（Society for Worldwide Interbank Financial Telecommunication, SWIFT）电报操作汇款。

电汇的特点是安全、高速，适用于金额大、比较急的汇款，但是由于银行不能占用资金，所以在汇付的 3 种付款方式中收费较高。

电汇业务的基本程序如图 8.3 所示。

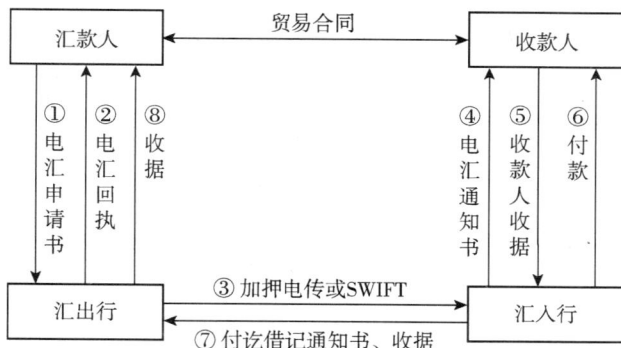

说明：
① 汇款人（买方）填写境外汇款申请书，交款项及汇费，并在申请书上说明使用电汇方式。
② 汇出行（进口地银行）审核后，汇款人取得电汇回执。
③ 汇出行发出加押电报/电传/SWIFT 给汇入行，委托汇入行解付款项给收款人。
④ 汇入行收到核对密押后，缮制电汇通知书，通知收款人收款。
⑤ 收款人收到电汇通知书后在收据联上盖章，提示汇入行。
⑥ 汇入行借记汇出行账户，并解付款项给收款人。
⑦ 汇入行将付讫借记通知书、收据寄给汇出行，通知它款项已解付完毕。
⑧ 汇出行将收据交付给汇款人，表明收款人已收妥款项。

图8.3　电汇业务流程

（二）信汇

信汇（Mail Transfer, M/T）是指汇出行应汇款人的申请，将信汇委托书（M/T advice）或支付授权书（payment order）以航空邮寄方式寄给汇入行，授权其解付一定金额给收款人的一种汇款方式。

与电汇相比，信汇所采用的信函通知汇款比电汇的电报或电传通知所发生的直接成本低，而且资金在途时间长，银行收取的手续费也就比较低，因此也就决定了信汇的费用比较低廉。但是因为信汇的支付凭证邮寄时间较长，收款较慢，不利于资金周转，而且银行也有占用客户在途汇款资金的机会，因此在国际贸易中，信汇不如电汇使用范围广，以我国为例，目前大多数的商业银行已基本不提供信汇服务。

信汇业务的基本程序如图 8.4 所示。

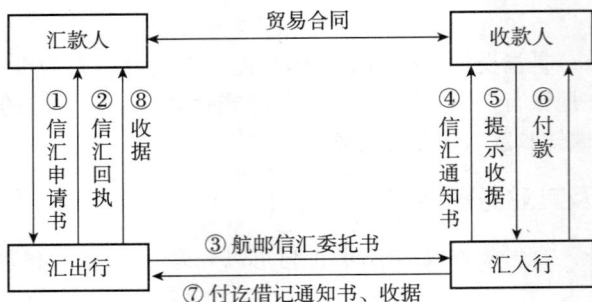

说明：

① 汇款人(买方)填写境外汇款申请书,交款项及汇费,并在申请书上说明使用信汇方式。

② 汇出行(进口地银行)审核后,汇款人取得信汇回执。

③ 汇出行发出加押电报/电传/SWIFT给汇入行,委托汇入行解付款项给收款人。

④ 汇入行收到核对密押后,缮制电汇通知书,通知收款人收款。

⑤ 收款人收到电汇通知书后在收据联上盖章,提示汇入行。

⑥ 汇入行借记汇出行账户,并解付款项给收款人。

⑦ 汇入行将付讫借记通知书、收据寄给汇出行,通知它款项已解付完毕。

⑧ 汇出行将收据交付给汇款人,表明收款人已收妥款项。

图8.4 信汇业务流程

(三) 票汇

票汇(Demand Draft, D/D)是指汇出行应汇款人的申请,开立以其在付款地的分行或代理行为付款人的汇票交给汇款人,由汇款人自行携带出国或寄交给收款人,收款人凭此汇票到指定付款地银行即汇入行取款的支付方式。

票汇方式费用低,可以背书转让,所以为个人客户广泛采用。在国际贸易中,当汇款金额较小或进口商不急于付款时,票汇方式往往才被采用。

票汇业务的基本程序如图8.5所示。

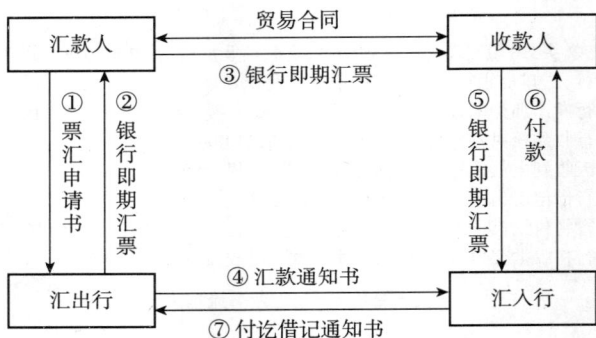

说明：

① 汇款人(买方)填写境外汇款申请书,交款项及汇费,并在申请书上说明使用票汇方式。

② 汇出行作为出票行,开立银行即期汇票交给汇款人。

③ 汇款人将汇票交给收款人。

④ 汇出行将汇款通知书,又称票根,即汇票一式五联中的第2联寄汇入行,凭此将与收款人提交的汇票正本核对(近年来,银行为简化手续,汇出行已不再寄汇款通知书,汇票从一式五联改为一式四联,取消汇款通知书联)。

⑤ 收款人提示银行即期汇票,要求付款。

⑥ 汇入行借记汇出行账户,并解付款项给收款人。

⑦ 汇入行将付讫借记通知书寄给汇出行,通知它款项已解付完毕。

图8.5 票汇业务流程

三、汇付的性质及其在国际贸易中的应用

在汇付方式下,卖方能否按时收回约定的款项,完全取决于买方的信誉,因此,汇付的性质为商业信用。在国际贸易中,汇付多用于订金、运杂费用、佣金、小额货款或货款尾数的支付。但是现在由于国际贸易竞争越来越激烈,以及其他支付方式需要收取较高的费用,因此汇付尤其是电汇在国际贸易货款结算中的使用比例越来越高。从交付货款与出运时间的先后来看,一般有预付货款、货到付款和凭单付现等。

(一)预付货款

预付货款(payment in advance)是指进口商预先将货款用汇款的方式付给出口商,出口商在一定时期内发运货物。使用预付货款的做法,主要是出口商对进口商不大信任,或者出口商品在国际市场行情较好,易出现异常突出的卖方市场局面,因此出口商要预收部分或全部货款做担保。这实际上是出口商可以得到进口商一笔无息贷款。

片面的预付货款有利于出口商,不利于进口商,不但占压了进口商的资金,而且还使进口商负担着出口商可能不履行交货和交单义务的风险。因此,进口商有时为了保障自身的权益,会规定解付汇款的条件,即收款人取款时应提供书面担保,以保证在一定时间内将货运单据寄交汇入行,转交汇款人,或者提供银行保证书,保证收款人如期履行交货交单义务,否则负责退还预收货款,并加付利息。

(二)货到付款

货到付款(payment after arrival of the goods)是指出口商先发货,进口商在收到货物后,立即或在一定期限内将货款汇交出口商。这种方式有时还可称为赊销方式(sold on credit)或记账赊销方式(Open Account,O/A)。货到付款在国际贸易中可分为售定和寄售两种。

1. 售定

售定是指在货物出运前,买卖双方已签订了合同,在合同中明确规定了货物的售价及付款时间等条款,进口商按照收到货物的数量将货款汇交给出口商。

售定是我国对港澳地区出口活家禽、蔬菜、水果等鲜活商品的一种特定的结算方式。由于路程较短,通过银行寄单往往晚于货到时间,影响货物的及时交接,同时鲜活商品的数量不确定,所以在实际业务中,单据往往由出口商随货直接交给进口商,进口商收到货物后,再按实际货物数量核算货款,在规定期限内通过银行汇交出口商。因此,售定方式又称先出后结。

2. 寄售

寄售是指出口商(委托人、寄售方)将准备销售的货物先行运往国外,委托当地的约定代销人(受托人)按照双方事先约定的条件和办法代为销售货物,并且暂不结算货款,代销人要等到货物已售出,扣除佣金及其他费用后再将货款汇给出口商。

采用寄售方式不需要代销人垫付资金和承担各种风险,这有利于调动代销人的经营积极性,利用其销售渠道扩大出口。而且寄售方式是实物交易,便于国外买家看货成交,有利于货物买卖的成交。因此,寄售对于开拓新市场、扩大销路、推销新产品、处理滞销商品有积极作用。

但是,寄售的货价和付款时间均不确定,出口商能否收到货款取决于国外受托人的资信和经营能力。因此,对市场情况要进行充分地调查研究,严格选择资信良好的代销商,慎重选择作价方法。一般的寄售方式只适用于推销新产品、处理滞销商品或不看实物难以成交的商品。

(三)凭单付现

预付货款方式是进口人先付款,出口人后发货;而货到付款则相反,即出口人先发货,进口人后付款。对于预付款项的进口人和货到付款的出口人来讲,资金负担比较重,因为在货物生产、

采购及运输过程中,买方或卖方需要占用大量的资金。

凭单付现方式是指双方采取"一手交钱、一手交货(单)"的结算方法。通常的做法是出口方在发货之后将代表货物所有权的凭证——货运单据,寄交进口人所在地的代理人或直接交给进口人,进口人在收到货运单据后即用电汇或其他形式将货款汇给出口人。这种单到付款的方式对于出口人来讲,在很大程度上减少了货到付款时的资金负担,收款时间也大大加快,但出口人还是要承担寄交单据后进口人不付款的风险。因此,凭单付现的另一种做法是出口人在发运货物取得代表物权的货运单据后将单据传真给进口人,收到正本货运单据的传真后,进口人立即以电汇方式将货款汇交出口人,出口人在收到电汇款项后将货运单据寄交进口人。这种款到交单的做法可以大大降低出口人的收款风险,但进口人会面临付款后无法获得货运单据的风险。

(四) 凭单付汇

在进出口交易中,进口人为了减少预先付款所带来的风险,可以使用凭单付汇的做法。凭单付汇是指进口人先将货款通过汇出行的信汇或电汇的形式汇交汇入行,并指示其凭指定的单据或装运凭证付款给出口人。凭单付汇方式通常更容易被进出口双方接受,因为对于进口人来讲,采用凭单付汇可以防止出口人收到货款以后不交货或不按期交货;对于出口人来讲,只要及时按合同规定交货并向汇入行提交指定的货运单据,便可立即得到货款。但是,由于汇款在尚未被收款人支取以前是可以撤销的,进口人有权在出口人向汇出行交单取款前通知银行将汇款退回,所以出口人在收到汇入行的汇款通知后应尽快发运货物,并及时向汇入行交付单据支取货款。

学习案例 8-8

汇款支付方式的常见合同条款形式有如下几种。

(1) The Buyer shall pay 100% of the sales proceeds to the Seller by D/D not later than Feb.14,2019. 买方应最迟于 2019 年 2 月 14 日把全部货款用票汇方式预付给卖方。

(2) The Buyer shall pay 100% of the sales proceeds to the Seller by T/T within 30 days after the arrival of the goods. 买方应在货物到达目的地之后的 30 天之内,把全部货款用电汇方式付给卖方。

(3) The Buyer shall pay 100% of the sales proceeds to the Seller by T/T against the fax of B/L. 买方应在收到卖方发的海运提单传真件后,把全部货款用电汇方式汇付给卖方。

(4) The Buyer shall pay 30% of the sales proceeds to the Seller by T/T before Jan.1,2019,pay the balance by T/T against the fax of B/L. 买方应在 2019 年 1 月 1 日之前把 30% 货款用电汇方式预付给卖方,余款在收到卖方发的海运提单传真件后用电汇方式支付。

学习案例 8-9

我国某出口企业与非洲 A 客户有较长期的业务来往,受全球金融危机影响,A 客户提出生意难做,要求我方给予优惠政策,其中一条是希望改变付款方式,由以前的预付 T/T,改为货到付款。我方负责人考虑再三后,同意客户请求。该客户马上下了 8 万美元的订单,我方按计划执行,客户提取货物后宣告破产。试问:我方从这事件中应该吸取哪些教训?

典型工作任务三　国际贸易托收的操作

工作困惑

在国际贸易中,当客户提出以托收方式支付货款时,托收的含义、当事人及业务流程是怎样的?

工作认知

目前,在国际贸易中,由于成本低、操作方便、对进口商有利等因素,托收使用频率越来越高。

一、托收的含义及其当事人

(一)托收的含义

托收(collection)是指出口商将开具的汇票交给所在地银行,委托该行通过它在进口商所在地的分行或代理行向进口商收取货款。

根据《托收统一规则》(URC522,国际商会第 522 号出版物)定义:"托收是指银行根据所收到的指示处理金融单据和/或商业单据,以便取得付款和/或承兑,或者凭付款和/或承兑交付单据,或者按其他条款和条件交单。"

(二)托收的当事人

一项托收业务一般涉及以下 4 个主要当事人。

① 委托人(principal)。这是指债权人,通常为出口商。由于委托人一般需开具汇票委托银行向国外债务人收款,所以也称出票人(drawer)。

② 付款人(payer/drawee)。这是指债务人,也是汇票上的受票人,通常为进口商。

③ 托收银行(remitting bank)又称寄单行。即接受委托人的委托代为收款的银行,通常是出口商所在地的银行。

④ 代收银行(collecting bank)。这是指接受托收银行委托,向付款人收款的银行,通常是进口商所在地的银行。

在其他托收业务中,有时还可能有以下当事人。

① 提示行(presenting bank)。原意是指向付款人提示汇票和/或单据并收取款项的银行。在一般情况下,提示行就是与托收行有代理关系的代收行。但有时如果付款人与该代收行不在同一城市或因无往来关系处理不便时,需转托与付款人在同一城市或有业务往来关系的银行代向付款人提示收款。此时,提示行就是付款人所在地的另一银行。

② 需要时的代理(principal's representative in case of need)。这是指委托人为了防止因付款人拒付而发生货物无人照顾时,指定在付款地代为照料货物存仓、转售、运回或改变交单条件等事宜的代理人。

二、托收的种类及其业务程序

(一)在《托收统一规则》中,国际商会把单据分为金融单据和商业单据

1. 金融单据

金融单据(financial documents)是指汇票、本票、支票或其他类似用于获取付款的单据。

2. 商业单据

商业单据(commercial documents)是指发票、运输单据、物权单据或其他类似单据,或者其他

一切非金融单据。

(二)根据随附商业单据的不同,托收可分为光票托收和跟单托收

1. 光票托收

光票托收(clean collection)是指不附有商业单据,仅有金融单据的托收。因为不涉及货权及商业单据,其业务的处理较为简单,银行根据票据的付款条件收款。光票托收一般用于收取货款尾数、代垫费用、佣金、样品费等从属费用。

2. 跟单托收

跟单托收(documentary collection)是指对附有商业票据的金融单据的托收。目前,欧洲部分国家为避免负担汇票带来的印花税,一般在即期付款交单时,免于出具汇票,委托人仅向托收行提交商业单据,要求银行办理托收,也可称为跟单托收。

(三)跟单托收按银行交单条件的不同,可分为付款交单和承兑交单

1. 付款交单

付款交单(Documents against Payment,D/P)是指代收行以进口商的付款为条件向进口商交单,即出口商发货后,取得货运单据,连同开具的汇票一并交给银行办理托收,指示银行只有在进口商付清货款后才能交出货运单据。由于货款的支付时间不同,付款交单可分为即期付款交单和远期付款交单。

(1)即期付款交单(D/P at sight)

这是指由委托人向托收行提交即期汇票并随附各种商业单据,委托托收行寄交代收行并指示代收行提示即期汇票,要求付款人付款,付款人审核有关单据无误后立即付款赎单。即期付款交单的业务流程如图8.6所示。

(2)远期付款交单(D/P at...days after sight)

这是指代收行向进口商提示远期汇票和单据,进口商审核后予以承兑,代收行收回汇票及单据,待汇票到期时再向进口商提示,收到货款后将单据交给进口商。远期付款交单的业务流程如图8.7所示。

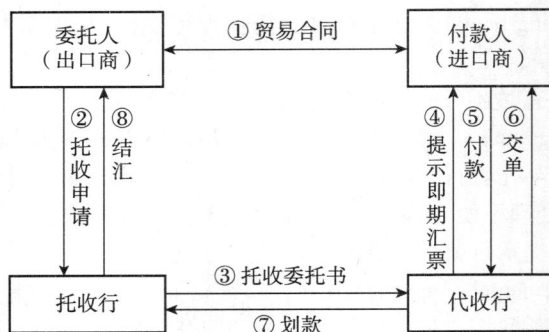

说明:
① 买卖双方签订贸易合同,合同中规定以即期付款交单的方式结算货款。
② 出口人按合同规定装运后,填写托收申请书,开立即期汇票,连同货运单据交托收行,请求代收货款。
③ 托收行根据托收申请书缮制托收委托书,连同汇票、货运单据交进口地代收行,委托代收货款。
④ 代收行按照委托书的指示向进口人提示即期汇票和单据。
⑤ 进口人付款。
⑥ 代收行交单。
⑦ 代收行办理转账并通知托收行货款已收妥。
⑧ 托收行向出口人交款。

图8.6 即期付款交单的业务流程

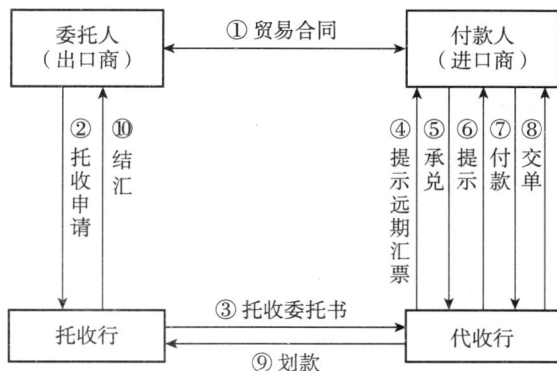

说明：
① 买卖双方签订贸易合同，合同中规定以远期付款交单的方式结算货款。
② 出口人按合同规定装运后，填写托收申请书，开立远期汇票，连同货运单据交托收行，请求代收货款。
③ 托收行根据托收申请书缮制托收委托书，连同汇票、货运单据交进口地代收行，委托代收货款。
④ 代收行按照委托书的指示向进口人提示远期汇票和单据。
⑤ 进口人对远期汇票予以承兑。
⑥ 在汇票到期日，代收行再次向付款人进行提示要求其付款。
⑦ 进口人付款。
⑧ 代收行交单。
⑨ 代收行办理转账并通知托收行货款已收妥。
⑩ 托收行向出口人交款。

图 8.7　远期付款交单的业务流程

在远期付款交单业务中，进口人承兑汇票后，可以凭信托收据向代收行借出单据，凭提单提取并出售货物，在付款到期日再将货款交付代收行，收回自己的信托收据。在这种情况下，代收行给予进口人以资金融通。在实际业务中，这种做法称为凭信托收据借单。通常决定权在代收行，即代收行通过审查进口人的资信情况，认为安全或者要求进口商提供担保、抵押品后，同意进口人凭其信托收据借单。但是如果进口人提取了货物又拒绝偿付汇票，则代收行承担一切责任与后果。在实际业务中，也存在由出口人指示托收行、代收行向进口人借出单据，等远期汇票到期再由进口人偿付汇票的情况，这种做法称为付款交单凭信托收据借单（D/P、T/R）。在这种情况下，进口人拒付汇票，一切后果由出口人自己负责。

2. 承兑交单

承兑交单（Documents against Acceptance，D/A）是指代收行以进口商的承兑为条件向进口商交单，即出口商在装运货物后开具远期汇票，连同货运单据，通过银行向进口商提示，进口商承兑汇票后，即可向代收行领取货运单据，凭此提货，于汇票到期时再行付款。承兑交单的业务流程如图 8.8 所示。

托收属于商业信用，银行没有检查单据内容及保证付款的责任。总体上，托收结算方式对出口商不利，对进口商有利。不同的交单方式对进出口双方的影响是不同的。

对出口商而言，即期付款交单的托收方式不利影响最小，因为只有进口商即期付款后，代收行才会交单，所以出口商收回货款也比较快。即便进口商不付款，由于代收行没有交单，出口商的货物还在自己的控制之中，所以不会出现汇付业务中的财货两空的风险。

远期付款交单的托收，对出口商的不利影响大一些，因为这种交单方式使出口商收回货款比较慢，但是也能避免出现财货两空的风险。

承兑交单的托收，对出口商最不利，因为只要进口商承兑汇票，代收行就交单，万一汇票到期时进口商拒付，则出口商就将面临财货两空的风险了。

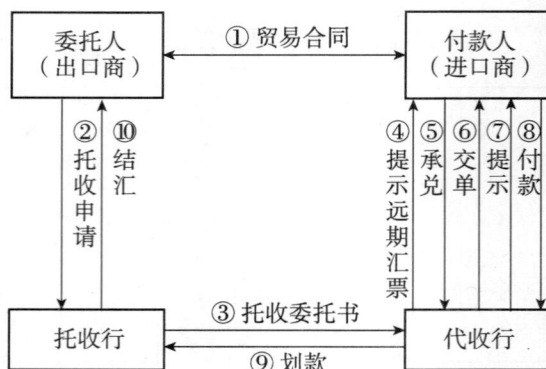

说明：
① 买卖双方签订贸易合同，合同中规定以远期付款交单的方式结算货款。
② 出口人按合同规定装运后，填写托收申请书，开立远期汇票，连同货运单据交托收行，请求代收货款。
③ 托收行根据托收申请书缮制托收委托书，连同汇票、货运单据交进口地代收行，委托代收货款。
④ 代收行按照委托书的指示向进口人提示远期汇票和单据。
⑤ 进口人对远期汇票予以承兑。
⑥ 代收行交单。
⑦ 在汇票到期日，代收行再次向付款人进行提示要求其付款。
⑧ 进口人付款。
⑨ 代收行办理转账并通知托收行货款已收妥。
⑩ 托收行向出口人交款。

图 8.8　承兑交单的业务流程

相反，对进口商而言，最理想的是承兑交单，其次是远期付款交单，最后是即期付款交单。

学习案例 8-10

托收支付方式的常见合同条款形式如下。

(1) Upon first presentation, the Buyer shall pay against documentary draft drawn by the Seller at sight. The shipping documents are to be delivered against payment only. 买方对卖方开立的即期跟单汇票须见票即付，付款后才能交单。（即期 D/P）

(2) The Buyer shall duly accept the documentary draft drawn by the Seller at 30 days after sight upon first presentation and make due payment on its maturity. The shipping documents are to be delivered against payment only. 在提示卖方开立的见票后 30 天付款的跟单汇票时，买方做出承兑。在汇票到期日进行付款，付款后才能交单。（远期 D/P）

(3) The Buyer shall duly accept the documentary draft drawn by the Seller at 15 days after sight upon first presentation and make due payment on its maturity. The shipping documents are to be delivered against acceptance. 在提示卖方开立的见票后 15 天付款的跟单汇票时，买方做出承兑。在汇票到期日进行付款，承兑后就能交单。（D/A）

学习案例 8-11

广东某出口企业向美国 D 客户出口 1×20FCL 月饼，双方在签订合同时约定以 D/P 60 天结汇。货到纽约港后，客户打电话反映月饼发生变质无法销售，要求降价30%。该企业业务员马上与托收行联系,经托收行调查发现,包括正本提单在内的全套单据已由代收行交给进口商。试问:美国 D 客户是如何提取货物的? 作为业务员应如何处理此事件?

国贸常识

在国际贸易中,各国银行在办理托收业务时,往往由于当事人各方对权利、义务和责任的解释不同,且各个银行的具体业务做法也有差异,因此很容易导致纠纷的产生。国际商会为调解各有关当事人之间的矛盾,促进和保护贸易的安全开展,曾于 1958 年草拟了《商业单据托收统一规则》(*Uniform Rules for Collection of Commercial Paper*),即国际商会第 192 号出版物,并建议各国银行采用,后来于 1967 年、1978 年和 1995 年分别作了修订,目前采用的是 1996 年 1 月 1 日起实施的国际商会第 522 号出版物《托收统一规则》(*Uniform Rules for Collection*,简称 URC522)。

《托收统一规则》(URC522)共 7 部分 26 条,包括总则及定义,托收的形式和结构,提示方式,义务与责任,付款、利息、手续费及其他费用,以及其他规定。其基本精神是:银行承办托收业务时,应完全按照委托人的指示行事,银行对在托收过程中遇到的一切风险、开支费用、意外事故等均不负责,概由委托人承担。

《托收统一规则》自公布实施以来,被各国银行广泛采纳并使用,我国银行在使用托收方式时,也参照这个规则的解释办理。但应指出,该规则本身不是法律,因而对当事人一般没有约束力,只有在有关当事人事先约定的情况下,才受该惯例的约束。

典型工作任务四　国际贸易信用证的操作

工作困惑

在国际贸易中,当客户提出以信用证方式支付货款时,信用证的含义、当事人及业务流程是怎样的?

工作认知

信用证是国际贸易中重要的结算方式之一。这种支付方式保证了国际贸易中买卖双方的各自利益,出口方安全收汇,进口方安全收货。《跟单信用证统一惯例》(国际商会第 600 号出版物,UCP600)的制定与实施促进了结算业务的标准化与统一化,使国际贸易和金融活动更加便利。

一、信用证的含义及特点

(一)信用证的含义

信用证(Letter of Credit,L/C)根据国际商会第 600 号出版物《跟单信用证统一惯例》第 2 条规定:"信用证是指一项不可撤销的安排,无论其名称或描述如何,该项安排构成开证行对相符交单予以承付的确定承诺。"

"不可撤销"是指信用证一经开证行开立,则在没有得到有关主要当事人的一致同意时,开证行不可以单方面地修改或撤销信用证。在实际业务中,开立可撤销信用证的情形极少。"相符交单"是指向开证行或指定银行提交与信用证条款、UCP600 的相关适用条款及国际标准银行实务(ISBP)一致的单据的行为。"承付"在 UCP600 中是个新概念,根据其第 2 条规定,承付是指如果信用证为即期付款信用证,则即期付款;如果信用证为延期付款信用证,则承诺延期付款,并在承诺到期日付款;如果信用证为承兑信用证,则承兑受益人开出汇票,并在汇票到期日付款。

简而言之,信用证是开证行根据开证申请人的请求,以自身的名义向受益人开立的在一定期限内,在单证相符的条件下承诺付款的不可撤销的书面文件。在信用证业务中,开证行一方面保证了开证申请人的利益,另一方面使出口商在提交全套符合信用证规定单据的条件下,得到开证行确定的付款承诺。这样,开证行就成了交易双方很好的中介:以信用证条款体现进口商的要求和利益,又以出口商满足信用证要求为条件,使出口商的利益也得到保障。因此,跟单信用证方式,是在商品交易双方商业信用的基础上,加上了开证行的信用。

(二) 信用证的特点

1. 信用证是一种银行信用,开证行承担第一性的付款责任

在信用证中,银行是以自己的信用做出付款保证的,属于银行信用,因此,一旦受益人(出口商)满足了信用证的条件,就直接向银行要求付款,而无须向开证申请人(进口商)要求付款。开证行是主债务人,对受益人负有不可推卸的、独立的付款责任。

2. 信用证是一种独立于贸易合同的自足文件

信用证是银行与信用证受益人之间存在的一项契约,该契约虽然是以进出口双方所签订的贸易合同为依据而开立的,但是一经开立就不再受贸易合同的牵制。

3. 信用证是纯单据业务

在信用证业务中,银行处理的是单据,而不是单据可能涉及的货物、服务或履约行为。银行只负责合理、谨慎地审核信用证项下的单据,确定它表面的真实性及是否符合信用证条款,只要提交的单据满足了信用证规定的条件,银行就可以付款。因此,在单据相符的条件下,开证申请人付款后,发现货物与单据不一致,也只能由开证申请人自己凭买卖合同向受益人交涉;相反,即使货物相符,但单据与信用证规定不符,银行和开证申请人也有权拒付。

学习案例 8-12

我国某出口企业与美国A客户签订出口合同,我方出口节能灯5瓦5 000支、8瓦5 000支、10瓦5 000支。A客户开立信用证,我方业务员收到信用证后,发现信用证规定节能灯5瓦4 000支、8瓦8 000支、10瓦3 000支。试问:业务员应该如何处理这单业务?为什么?

二、信用证的当事人

(一) 开证申请人或开证人

开证申请人(applicant or opener)是指进口商或买方,它填写开证申请书并签字,请求往来银行开出以国外出口商或卖方为受益人的信用证。它有义务确保在适当的或合理的时间内,按照销售合同中规定的条款开出信用证。

(二) 开证行

开证行(issuing bank or opening bank)是指应开证申请人的请求代表申请人开出信用证的银行。一般情况下,开证行是开证申请人的账户行。

(三) 受益人

受益人(beneficiary)是指信用证上所指定的有权使用信用证并获得付款的人,即出口商或卖方。受益人和开证行是信用证这份合同的缔约双方,一旦受益人接受信用证,这一合同即告生效。

(四) 通知行

通知行(advising bank)是指应开证行的委托将信用证通知指定受益人的银行,其往往是出口

方的银行。通知行的责任是审核信用证表面的真实性和开证行的资信状况,它有权收取信用证通知手续费。

（五）保兑行

保兑行(confirming bank)是指经开证行授权或应其请求而在信用证上加上它的保兑的通知行或任何其他银行。信用证一经保兑行保兑,受益人就获得开证行和保兑行的双重付款保证。保兑行与开证行一样,承担第一性付款责任。

（六）议付行

议付行(negotiating bank)是指由开证行指定的愿意购买该信用证项下的汇票或单据的银行,往往是由通知行担当议付行。

（七）付款行

付款行(paying bank)是指信用证上规定的最终付款银行。如果信用证要求出具汇票,它就是汇票的付款人,有时开证行自己就是付款行。付款行一旦付款,便是最终付款,对出票人和善意持票人不能追索。

（八）承兑行

承兑行(accepting bank)是指承兑信用证上规定的远期汇票,并在到期日付款的银行。

（九）偿付行

偿付行(reimbursing bank)是指开证行的代理人,它可以是开证行的分行,也可以是第三方银行。按照开证行给予的指示或授权,根据某一特定的信用证,它承付付款行或承兑行,或者议付行的索偿。如果偿付行并不偿付,那么开证行必须自行偿付。在这种情况下,开证行将对付款行或者承兑行或议付行由于偿付行并不偿付而遭受的利息损失负责。

三、信用证的开立形式和内容

（一）信用证的开立形式

开证行可以用电报、电传、信函等方式开立信用证,因此,根据信用证的开立方式及记载内容的不同,常见的信用证形式可分为信开本信用证和电开本信用证。

1. 信开本信用证

信开本信用证是指开证行用书信格式编制并通过邮寄方式送达通知行的信用证,目前这种开证方式较少使用。

2. 电开本信用证

电开本信用证是指开证以电子文本形式开立信用证的有效文本(cable of credit),并用电报、电传或 SWIFT 系统传送给通知行的开证方式。通知行收到电开信用证后,需复制一份作为副本存档备查。电开本信用证又可以分为以下几种。

（1）简电本信用证(brief cable of credit)

这是指仅记载信用证号码、受益人名称和地址、开证行名称、金额、货物名称、数量、价格、装运期及有效期等主要内容,用电文预先通知通知行,但详细条款将另行通知。简电本的内容比较简单,它不是有效的信用证,一般注明"详情后告",借以表明该简电仅作为预先通知之用,而不是信用证或信用证修改的有效文本。

（2）全电本信用证(full cable of credit)

这是指开证行以电文形式开出的内容完整的信用证。开证行一般会在电文中注明"This is an operative instrument no airmail confirmation to follow."后面不注有"随寄证实书"字样。全电本信用证包含信用证的全部条款,是可以凭以交单议付的信用证。

（3）SWIFT 信用证

随着电信技术的发展,特别是各国从事国际结算的中等以上的商业银行基本上都参加了SWIFT,为了节省时间和费用,银行作全电本开证时大多采用 SWIFT 方式开证。使用 SWIFT 开证克服了全电本开证各国标准不一、条款和格式不同及文字烦琐等缺陷,使信用证具有了标准化、固定化的统一格式的特征,而且传递速度快、安全性高、成本低,当前被大多数国家和地区的银行广泛使用。

（二）信用证的内容

世界各国的银行都有自己的一套信用证格式,但是内容大致相同,一般包括下列内容。

① 开证行的名称。

② 开证地点与时间。

③ 信用证的种类和号码。信用证的种类,包括可撤销或不可撤销、可转让或不可转让等,信用证开立时,必须注明属于哪种类型;信用证的号码是开证行开立该份信用证时的编号。

④ 受委托开证文句。说明信用证受何人委托开立的。

⑤ 受益人名称。受益人一般是出口商,其名称要在信用证上标明,如全称、地址等。

⑥ 开证申请人。开证申请人一般是进口商,其名称要在信用证上标明,如全称、地址等。

⑦ 有效期及到期地点。有效期是指信用证发生效力的期限,只有在该期限内发货、交单,受益人才可获得款项的交付;到期地点是指信用证的"到期"以什么地方为准。

⑧ 信用证金额。信用证金额是开证行保证向受益人支付的款项数额。

⑨ 汇票条款。凡需要汇票的信用证,通常会规定汇票的出票人、受票人、汇票金额限度、付款期限、出票条款及出票日期等。凡不需要汇票的信用证无此项内容。

⑩ 单据条款。这是指开证申请人要求受益人提交的单据种类及每种单据的份数。单据主要有 3 类:货物单据,以发票为中心,包括装箱单、重量单、产地证、商检证明书等;运输单据,如提单;保险单据,如保险单。此外,还有其他单据,如寄样证明、装船通知电报副本、领事发票等。

⑪ 货物条款。这是指买卖的货物情况,一般包括品名、规格、数量、包装、唛头等。

⑫ 价格条款。它包括单价、总价及使用的贸易术语等。

⑬ 装运与保险条款。它是对货物运输方面的规定,一般包括装运港或起运地、卸货港和目的地、装运期、可否分运与可否转运准许等。在 CIF、CIP 贸易术语下,进出口合同中对保险的要求,包括投保险别、险种、投保金额、投保加成等。

⑭ 开证行对议付行的指示条款。这是指开证行对议付行提出的要求,主要包括议付金额、寄单的方法等。

⑮ 开证行的付款保证。这是指开证行对自己承担的付款责任做出的声明,保证只要受益人按照信用证的条款履行了自己的职责,开证行一定及时对其付款。

⑯ 其他特别条款。这是指除了一般的规定外,根据特殊需要而设立的条款。

⑰ 关于按照国际商会《跟单信用证统一惯例》办理的文句。

⑱ 开证行负责人签字。信用证开出后,开证行负责人必须在信用证上签名,以对信用证的真实性予以证明。

四、信用证的业务流程

为保证信用证业务的顺利进行,各有关当事人必须严格遵守 UCP600 的相关规定。一笔信用证业务,从进口商申请开立信用证开始,到申请人付款赎单结束,流程如图 8.9 所示。

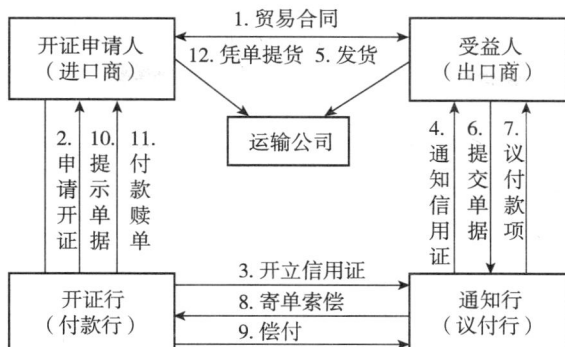

图 8.9　信用证的业务流程

（一）进出口商双方签订交易合同

信用证的使用以进出口商双方签订的合同为基础。合同除规定交易商品的种类、数量、品质、价格条件、运输、保险、交付时间、检验、索赔、仲裁等事项的一致意见外，还需要明确该笔交易以信用证方式办理结算，以及所选择的信用证的种类、金额、付款期限、到期日、进口商通过当地银行开立信用证的最迟时间及信用证的主要内容等。

（二）进口商向当地银行申请开立信用证

进口商必须在合同所要求的或合同签订后的合理期限内，向当地信誉良好的商业银行申请开立以出口商为受益人的信用证。在外汇管制国家，申请人还必须向外汇管制部门提出用汇申请，在得以批准后才可以使用外汇。在提出开证申请时，进口商还要交纳若干押金或提供其他担保。

（三）开证行开出信用证

开证行如果接受申请人的开证申请，就必须在合理的工作日内开出信用证，并交通知行通知受益人。

（四）通知行将信用证通知受益人

通知行收到国外开来的信用证后应立即检验印鉴或密押，一经核准，应编制信用证通知流水号，并在信用证上加盖"××银行信用证专用通知章"，同时对信用证作接收登记。然后，编制通知面函，并在一个工作日内通知受益人。

（五）受益人审证、发货

受益人收到经通知行通知的信用证后，首先对信用证进行仔细审核，以确定来证与合同是否一致，是否存在对受益人不利的软条款等。如果来证与合同不符或含有对其不利或者无法执行的条款，必须立即联系开证申请人，要求其修改信用证。

在审核信用证无误后，或者在开证行修改了原先信用证中受益人不能接受的条款后，受益人即可根据信用证的要求，在规定的期限内保质保量地装船发货。

（六）受益人制单、交单议付

受益人发货后，要根据信用证的要求进行投保，取得货运单据、相应的商检证书、保险单据，还要按信用证要求编制商业发票、装箱单、产地证明、装船通知及汇票等信用证规定的单据，并确保这些单据内容符合信用证要求，做到单证一致、单单一致。

受益人编制和备妥信用证规定的单据后，即可在银行营业时间内到银行交单。受益人向银行交单，除了信用证规定的单据种类、份数都备齐外，还特别要注意信用证对交单时间的规定。

(七) 议付行议付

议付行将受益人提交的单据与信用证核对无误后,按汇票金额扣除邮程利息后付款给受益人。议付行的付款是有追索权的,如果开证行拒付,议付行可以向受益人追索。

(八) 议付行向开证行寄单索汇

议付行将所有单据寄给开证行或其指定的银行进行索偿。

(九) 开证行审单偿付

开证行收到议付行寄来的单据后,应根据信用证条款全面审核单据,核对无误后,偿付给议付行。开证行付款是终局性的,无追索权。

(十) 开证行向开证申请人提示单据

开证行偿付款项后,向开证申请人提示单据,通知其付款赎单。

(十一) 开证申请人付款赎单

开证申请人在付款前有权审查单据,如果发现不符点,申请人有权拒绝。申请人付款后,取得信用证项下的所有单据。

(十二) 进口商凭单提货

进口商凭单据报关提货,办理仓储、验货、运输等,如果提取的货物与单据不符或与合同不符,无权对开证行要求赔偿,只能根据合同向出口商索赔。

五、信用证的种类

(一) 根据信用证是否加保兑划分

1. 保兑信用证

保兑信用证(confirmed L/C)是指开证行开出的信用证由另一家银行保证对符合信用证条款规定的单据履行付款义务。

2. 不保兑信用证

不保兑信用证(unconfirmed L/C)是指没有另外一家银行加以保证兑付的信用证,即仅有开证行承担付款责任。

(二) 根据信用证付款方式的不同划分

1. 即期付款信用证

即期付款信用证(L/C by sight payment)是指开证行指定一家银行或自己凭受益人提交的单证相符的单据立即付款的信用证。该指定的银行称为付款行。这种信用证一般有 L/C is available by payment at sight 等类似词句。即期付款信用证一般要求受益人递交以开证行或其他银行为付款人的即期汇票。由于某些国家对汇票征收印花税,因此即期付款信用证有时也不要求受益人递交汇票。

2. 延期付款信用证

延期付款信用证(L/C by deferred payment)是指开证行指定一家银行或自己进行延期付款的信用证。这种信用证一般有 L/C is available by deferred payment at××days after B/L date or the date of presentation 等类似词句。延期付款信用证不要求受益人出具汇票。

3. 承兑信用证

承兑信用证(L/C by acceptance)是指开证行指定一家银行或自己对受益人递交的远期汇票进行承兑并在到期后付款的信用证。该指定的银行称为承兑行。开证行在信用证上表明支付方式的栏目"by acceptance of draft at..."前的框格内打上"×",就表明该信用证为承兑信用证。承兑信用证要求受益人出具远期汇票,在承兑行承兑后,受益人可以拿未到期的银行承兑汇票去一家银行进行贴现,从而获得融通资金。

4. 议付信用证

议付信用证(L/C by negotiation)是指开证行指定一家银行购买该信用证项下的汇票或单据的信用证。该指定的银行称为议付行。开证行在信用证上表明支付方式的栏目"by negotiation"前的框格内打上"×",就表明该信用证为议付信用证。议付信用证一般要求受益人出具即期或远期汇票。

(三) 根据信用证可否转让划分

1. 可转让信用证

可转让信用证(transferable L/C)是指信用证的受益人(第一受益人)可以要求信用证中特别授权的转让银行,将该信用证全部或部分转让给一个或数个受益人(第二受益人)使用的信用证。

2. 不可转让信用证

不可转让信用证(untransferable L/C)是指受益人无权转让给其他人使用的信用证。如果信用证未注明"可转让",均为不可转让信用证。

(四) 其他形式的信用证

1. 循环信用证

循环信用证(revolving L/C)是指信用证被全部或部分使用后,能够重新恢复信用证原金额并再度使用,周而复始,直到该证规定次数或累计总金额用完为止的信用证。循环信用证一般适用于货物比较大宗单一,可定期分批均衡供应、分批付款的长期合同。循环信用证对进口商来说,可减少逐笔开证的手续和费用,减少押金,有利于资金周转;对出口商来说,可减少逐笔催证和审证的手续,又可获得收回全部货款的保障。其循环的方式主要有以下3种。

① 自动循环。出口商可按期支取一定金额,不必等待开证行的通知,信用证就可在每次支款后自动恢复到原金额。

② 半自动循环。出口商每一次支取货款后,经过若干天,如果开证行未提出不能恢复原金额的通知,信用证即自动恢复原金额。

③ 非自动循环。出口商每次支取货款后,必须等待开证行的通知,才能使信用证恢复到原金额,再加以利用。

2. 红条款信用证

红条款信用证(red clause L/C)又称预支信用证(anticipatory L/C),是指开证行授权指定银行向受益人预付全部或部分信用证金额,由开证行保证偿还利息的信用证。这是一种装船前的资金融通,意在帮助出口商生产或采购所出售的货物。

3. 背对背信用证

背对背信用证(back to back L/C)简称对背信用证,是指受益人要求原证的通知行或其他银行以原证为基础,另开一张内容相似的新信用证。背对背信用证通常是由于中间商为转售他人货物谋利或两国不能直接进行交易,需通过第三国商人开立的信用证。

4. 对开信用证

对开信用证(reciprocal L/C)是指两张信用证的开证申请人互以对方为受益人开立的信用证。两证的受益人和开证申请人对调,两证的开证行和通知行对调,两证的金额可相等也可不等,两证可同时生效也可先后生效。对开信用证适用于易货贸易、来料来件加工贸易和补偿贸易。

学习案例 8 - 13

信用证支付方式的常见合同条款形式如下。

(1) The Buyer shall establish through a bank acceptable to the Seller irrevocable letter of credit at sight to reach the Seller before Jan.1,2019. 买方必须在 2019 年 1 月 1 日之前建立通过卖方可以接受的银行开立不可撤销的即期信用证并送达卖方。

(2) The Buyer shall establish irrevocable letter of credit at 60 days after B/L date, reaching the Seller not later than Dec.30,2019 and remaining valid for negotiation in China for further 15 days after the effected shipment. 买方必须在 2019 年 12 月 31 日之前开立不可撤销的、海运提单日后 60 天付款的远期信用证并送达卖方,在装运日之后的 15 天内在中国交单议付有效。

国贸常识

跟单信用证统一惯例

由于国际上对跟单信用证所涉及的有关当事人的权利、责任和术语等缺乏一个统一的解释和公认的准则,世界各国的银行按照自己的习惯和利益自行其是,使各有关当事人之间经常发生争议和纠纷,因此,国际商会为明确信用证有关规则,减少因解释不同而引起各有关当事人之间的争议和纠纷,调解各有关当事人之间的矛盾,于 1930 年拟定一套《商业跟单信用证统一惯例》(*Uniform Customs and Practice for Commercial Documentary Credits*),称为 ICC 第 74 号出版物,并于 1933 年正式公布。随着国际贸易的变化,国际商会分别在 1951 年、1962 年、1974 年、1978 年、1983 年和 1993 年进行了多次修订。其中,1962 年的修订本中将《商业跟单信用证统一惯例》重新命名为《跟单信用证统一惯例》(*Uniform Customs and Practice for Documentary Credits*)。1993 年的修订本成为国际商会第 500 号出版物(UCP500),并于 1994 年 1 月 1 日实行。该惯例被世界绝大多数国家与地区的银行和贸易界接受,成为通用的惯例。

2007 年 7 月,《跟单信用证统一惯例(2007 年修订本)》第 600 号出版物(UCP600)开始实行,但是并不意味着 UCP500 退出历史舞台,它与 UCP600 一样具有约束力,这关键在于当事人是否在信用证中约定。

拓展工作任务　国际贸易信用证的阅读

工作困惑

在国际贸易中,当客户开来信用证时,如何阅读信用证? SWIFT 信用证的格式有哪些? 电开信用证格式有哪些?

工作认知

在国际贸易中,目前信用证的形式主要有 SWIFT 信用证和电开信用证,由于 SWIFT 信用信的规范与便捷,因此越来越被广泛使用。

一、SWIFT 信用证简介

SWIFT 是环球银行财务电信协会(Society for Worldwide Interbank Financial Telecommunication)

的英文缩写,是 1973 年在布鲁塞尔成立的银行间合作组织,目前拥有大约 100 个国家的 4 000 家左右的银行成员。我国的中国银行已于 1983 年 2 月加入该协会,其他中资银行陆续成为会员。该系统的最大优点是每周 7 天,每天 24 小时连续不断地运行,其成员银行可以在几分钟内互相传递信息。

随着电信技术的发展,SWIFT 开证正逐步取代 TELEX 开证。利用 SWIFT 系统设计的特殊格式,银行间能够实现迅速传递信用证的信息。通过 SWIFT 开立或通知的信用证称为 SWIFT 信用证。不论银行还是进出口商,在开立和使用 SWIFT 信用证时,必须遵守 SWIFT 使用手册的规定,正确使用 SWIFT 手册规定的代号。开立 SWIFT 信用证的格式代号为 MT700 和 MT701,修改信用证的格式代号为 MT700。

二、SWIFT 信用证开立代码和内容

SWIFT 信用证开立代码和内容如表 8.7 所示。

表 8.7　MT700 开立格式

M/O[①]	Tag 代号	Field Name 栏目名称	Content/Options 内容
M	27	sequence of total 合计次序	1n/1n[②] 1 个数字/1 个数字
M	40A	form of documentary credit 跟单信用证类别	24X 24 个字
M	20	documentary credit number 信用证号码	16X 16 个字
O	23	reference to pre-advice 预通知的编号	16X 16 个字
O	31C	date of issue 开证日期	6n 6 个数字
M	31D	date and place of expiry 到期日及地点	6n/29X 6 个数字/29 字
O	51A	applicant bank 申请人银行	A or D A 或 D
M	50	applicant 申请人	4×35X 4 行×35 个字
M	59	beneficiary 受益人	4×35X 4 行×35 个字
M	32B	currency code, amount 货币代号、金额	3a/15n 3 个字母/15 个数字
O	39A	percentage credit amount tolerance 信用证金额加减百分率	2n/2n 2 个数字/2 个数字
O	39B	maximum credit amount 最高信用证金额	13X 13 个字
O	39C	additional amount covered 可附加金额	4×35X 4 行×35 个字
M	41A	available with...by... 向……银行押汇,押汇方式为……	A or D A 或 D
O	42C	draft at 汇票期限	3×35X 3 行×35 个字
O	42A	drawee 付款人	A or D A 或 D

(续表)

M/O[①]	Tag 代号	Field Name 栏目名称	Content/Options 内容
O	42M	mixed payment details 混合付款指示	4×35X 4 行×35 个字
O	42P	deferred payment details 延迟付款指示	4×35X 4 行×35 个字
O	43P	partial shipments 分批装运	1×35X 1 行×35 个字
O	43T	transhipment 转运	1×35X 1 行×35 个字
O	44A	loading on board/dispatch/taking in charge at/from… 由……装船/发运/接管	1×65X 1 行×65 个字
O	44B	for transportation to… 装运至……	1×65X 1 行×65 个字
O	44C	latest date of shipment 最后装运日	6n 6 个数字
O	44D	shipment period 装运期间	6×65X 6 行×65 个字
O	45A	description of goods and/or services 货物及/或服务描述	50×65X 50 行×65 个字
O	46A	documents required 应具备单据	50×65X 50 行×65 个字
O	47A	additional conditions 附加条件	50×65X 50 行×65 个字
O	71B	charges 费用	6×35X 6 行×35 个字
O	48	period for presentation 提示期间	4×35X 4 行×35 个字
M	49	confirmation instructions 保兑指示	7X 7 个字
O	53A	reimbursement bank 偿还行	A or D A 或 D
O	78	instructions to the paying/accepting/negotiation bank 对付款行/承兑行/议付行之指示	12×65X 12 行×65 个字
O	57A	advise through…ank 通过……银行通知	A，B or D A、B 或 D
O	72	sender to receiver information 银行间的通知	6×35X 6 行×35 个字

注：① M/O 为 Mandatory 与 Optional 的缩写，前者是指必要项目，后者为任意项目。
　　② 合计次序是指本证的页次，共两个数字前后各一。例如，1/2，其中 2 指本证共 2 页，1 指本页为第 1 页。

三、SWIFT 信用证实例

Sequence of Total　　　　　＊27：1/1
Form of DOC.Credit　　　　＊40A：Irrevocable Transferable
DOC.Credit number　　　　＊20：4，785. 28
Date of Issue　　　　　　　31C：190710
Date and place of expiry　　＊31D：Date 190916 Place Belgium
Applicant　　　　　　　　　　＊50：Guangdong Foreign Trade Import and Export Corporation.

	351 Tianhe Road Guangzhou, China
Beneficiary	*59:Brussels laces and gifts SERV. SA.
	SRUE de LUSAMBO. 21/23
	1190 Bruxelles. Belgium
Amount	*32B:Currency USD Amount 21,200. 00
POS. /NEG. TOL. (%)	39A:05/05
Available With/By	*41D:Any Bank in Belgium
	By Negotiation
Drawee	42A:Bank of China Guangdong Branch
	Guangzhou Intl Financial Building
	NO. 197 Dong Feng Xi Lu Guangzhou,
	P. R. China
Partial shipments	43P:Allowed
Transshipment	43T:Allowed
Loading in charge	44A:Antwerp
For transport to...	44B:Guangzhou, China
Latest date of shipment	44C:190901
Descript of goods	45A:Huck Fastening Products
	BOM – T20 – 12GA 4,000PCS. @ USD2. 80/PC.
	BOM – F20 – 12GA 4,000PCS. @ USD2. 50/PC.
	As per S/C No. :GD – 98 – 23757 CFR Guangzhou
	Five percent more or less in quantity
Allowed	
Documents required	46A:
	*Manually signed commercial invoice in triplicate. indicating
	*The B/L No. and the container No.
	*Packing list in triplicate, indicating the name of S. S.
	*Full set clean multimodal(combine) transport Bills of lading
	Plus 2 Non-Negotiable copies consigned to order of bank of China
	Marked notify applicant and freight prepaid, indicating the L/C No.
Additional conditions	47A:
	An additional fee of usd 80. 00 or equivalent will be deducted from the proceeds paid under any drawing where documents presented are found not to be in strict conformity with the terms of this Credit.
	documents must be presented not later than 15 days after the date of shipment, but within the validity of the Credit.
	This teletransmission is the operative instrument and subject to UCP600 And engages US in accordance with the terms thereof
Details of charges	71B:All foreign bank charges are for the account of the beneficiary
Confirmation	*49:Without
Instructions	78:
	Please forward all documents to bank of China Guangdong Branch Guangzhou Intl Financial Building, No. 197 Dong Feng Xi Lu Guangzhou, P.R.China Upon receipt of documents in order we will remit in accordance with negotiating banks instructions.

学习案例 8－14

在阅读上述 SWIFT 信用证后,试问:①该份信用证的号码是什么? ②信用证的申请人是谁?③买卖的货物是什么? ④最后装运日是哪天? ⑤需要哪些单据?

四、电开信用证实例

以下是电开信用证的中文和英文式样,通过阅读进一步了解信用证的内容。

CREDIT

From：bank of××，Shanghai，China

To：bank of××，London，UK

Date：Feb. 1，20××

We open an Irrevocable Credit No. 686 in favour of：A Company. Limited，London

For account of：China×× I/E corporation，to the extent of：USD50,000（US dollar Fifty Thousand，5% less is allowed）. This Credit is available by beneficiary's drawn on us，in duplicate，at sight，for 100% of the invoice value，and accompanied by the following documents.

——Full set of clean "on Board"，"freight prepaid" Ocean Bill of Lading，made out of order and bland endorsed，marked "notify China National Foreign Transportation corporation at the port of destination."

——Invoice in quintuplicate. Contract No. & Credit No. 20 metric tons （5% less is allowed）×× chemicals，purity 90%~99%，USD2. 50 Per kilo net CIF Shanghai including packing charges.

——Weight Memo indicating fross and net weight of each package in quadruplicate.

——Certificate of Quality in four copies issued by the manufacturers.

——Insurance Policies（or Certificate）in duplicate covering Marine ICC（A）for full CIF invoice value plus 10%.

——Certificate of Origin：United Kingdom

——Manufacturer's Certificate：A Company，Limited，UK

——Packing List：Packed in seaworthy new steel drums.

Shipment from UK port to Shanghai. Partial is not allowed. Transhipment is allowed，though B/L required. Shipment to be made on or before March 15，20××.

This Credit is valid in London on or before March 30，20××，for negotiation and all drafts drawn hereunder must be marked "drawn under Bank of×× Shanghai Credit No. 686."

Amount of drafts negotiated under this credit must be endorsed on the back hereof.

Disposal of Documents：It is a condition of this credit that the documents should be forwarded to us by two consecutive airmails，the first mail consisting of all documents except one of each items. If more than one，to be sent by the second mail.

Special Conditions：

We hereby engage with the drawers. Endorsers and bona fide holders of Bills drawn and presented in accordance with the terms of this Credit that the Bills shall be duly honoured on presentation.

This credit is subject to ICC UCP600.

信 用 证

开证行：××银行，上海，中国

通知行：××银行，伦敦，英国

开证日：20××年 2 月 1 日

兹开立第 686 号不可撤销的信用证

受益人：伦敦 A 有限公司

开证申请人：中国××进出口公司

最高金额：USD50,000（5 万美元，允许短交金额以 5% 为限）。本信用证凭受益人开具，以我行为付款人，按发票金额 100% 计算的即期汇票付款，该汇票一式两份，并须附有下列单据。

——全套清洁，"货已装船"，"运费预付"，空白抬头、空白背书的海运提单，并须注明："通知目的港中国对外贸易运输公司。"

——发票一式五份，注明合同号码和信用证号码，20 公吨（允许短交以 5% 为限）××化学制品，纯度 90%~99%，净重每千克价格 2.5 美元 CIF 上海，包装费在内。

——净重单：一式四份，载明每箱毛重和净重。

——制造商出具的品质证明书四份。

——保险单（或保险证明书）一式两份，按发票 CIF 价加 10% 投保（伦敦）协会货物（A）海运货物险。

——产地证：英国。

——制造商证明：英国 A 有限公司。

——装箱单：货物用适宜海运的新铁桶装。

自英国口岸运往上海。不得分批装运。准许转船，但须交联运提单。装运日期不得晚于 20××年 3 月 15 日。

本证在伦敦议付有效期至 20××年 3 月 30 日截止。所有根据本证开具的汇票须注明："根据中国××银行上海分行第 686 号信用证出具。"

所有根据本证议付的汇票金额必须在本证背面批注。

单据处理办法：本证条件之一，所有单据应分两次连续以航邮寄交本行。第 1 次邮寄包括所有各项单据。如果某项单据不只一份，则留下一份由第 2 次邮寄。

特别提示：

本行向根据本证并按照本证内条款开出汇票的出票人、背书人和合法持有人保证，在单据提交本行时，本行即兑付该汇票。

本证以国际商会第 600 号出版物跟单信用证统一惯例条款为准。

学习案例 8-15

在阅读上述电开信用证后,试问:①该信用证的号码是什么?②信用证的申请人是谁?③买卖的货物是什么?④最后装运日是哪天?⑤需要哪些单据?

----------------- 综 合 实 训 -----------------

一、实训目的

1. 通过实训,正确掌握国际贸易结算中经常使用的汇票、本票和支票 3 种支付工具。

2. 通过实训,正确掌握汇付、托收和信用证 3 种主要的国际贸易支付方式。

3. 通过实训,了解《跟单信用证统一惯例》《托收统一规则》及《公约》有关合同订立的规定,熟悉信用证的业务流程及国际贸易销售合同支付条款的形式与内容。

二、实训内容组成说明

围绕国际贸易销售合同支付条款,通过实训,全面掌握《公约》的相关规定与专业知识,具备扎实的理论基础与职业能力。根据学生的认知规律,实训分为基础理论部分与实践技能操作部分。

----------------- 基 础 理 论 部 分 -----------------

一、模块核心概念

汇票　　本票　　支票　　汇付　　托收　　信用证

二、填空题

1. 国际贸易结算中使用的票据主要有:_____、_____和_____。

2. 汇票按出票人的不同可分为_____和_____,按付款时间的不同可分为_____和_____。

3. 资金流向和结算工具传递方向一致时称为_____,而资金流向和结算工具传递方向相反时称为_____。

4. 本票按签发人的不同,可分为_____和_____两种。

5. 汇付方式可分为_____、_____和_____ 3 种。

6. 托收按交单条件的不同可分为_____和_____,其中_____按付款时间的不同可分为_____和_____。

7. 信用证业务涉及的当事人通常有_____、_____、_____、_____、_____、_____、_____、_____。

三、单项选择题

1. 托收支付方式属于( ),业务过程中使用( );信用证支付方式属于( ),业务过程中使用( )。

　A. 商业信用/商业汇票;商业信用/商业汇票

　B. 商业信用/银行汇票;商业信用/银行汇票

C. 商业信用/商业汇票;银行信用/商业汇票

D. 银行信用/商业汇票;银行信用/银行汇票

2. 票汇业务中使用的汇票是(　　)。

    A. 银行即期汇票　　B. 商业即期汇票　　C. 银行远期汇票　　D. 商业远期汇票

3. 国际货物销售合同中的支付条款规定"D/A at 30 days after sight",如果汇票提示、承兑日为5月25日,则最迟付款日应为(　　),交单日应为(　　)。

    A. 6月24日,6月24日　　　　　　　　B. 6月25日,5月25日

    C. 6月25日,6月24日　　　　　　　　D. 6月24日,5月25日

4. 在提示或见票时立即付款的汇票称为(　　)。

    A. 即期汇票　　　B. 商业汇票　　　C. 远期汇票　　　D. 承兑汇票

5. 由出口商签发的要求进口商或银行见票即付的汇票是(　　)。

    A. 银行即期汇票　　B. 银行远期汇票　　C. 商业即期汇票　　D. 商业远期汇票

6. 汇票的抬头是指(　　)。

    A. 出票人　　　B. 受票人　　　C. 受款人　　　D. 承兑人

7. 支票支付条件下,付款人应为(　　)。

    A. 出口人　　　B. 银行　　　C. 承运人　　　D. 收货人

8. 持票人将汇票提交付款人要求承兑或付款的行为,称为(　　)。

    A. 出票　　　B. 提示　　　C. 承兑　　　D. 背书

9. 出票人在汇票上填写有关项目,经签字后交给受票人的行为称为(　　)。

    A. 出票　　　B. 提示　　　C. 承兑　　　D. 背书

10. 付款人对远期汇票表示承担到期付款责任的行为是(　　)。

    A. 出票　　　B. 提示　　　C. 承兑　　　D. 背书

11. 对于尚未到期的远期已承兑汇票,由银行根据票面金额,扣除截止到付款日的利息,将余款付给持票人的行为,称为(　　)。

    A. 贴现　　　B. 提示　　　C. 承兑　　　D. 背书

12. 将汇票划分为银行汇票和商业汇票的依据是(　　)。

    A. 出票人　　　B. 付款人　　　C. 受款人　　　D. 承兑人

13. 划分银行承兑汇票和商业承兑汇票的依据是(　　)。

    A. 出票人　　　B. 付款人　　　C. 受款人　　　D. 承兑人

14. 汇票抬头中,无须由持票人背书即可转让的是(　　)。

    A. pay to ABC Co. only　　　　　　B. pay to the order of ABC Co.

    C. pay to ABC Co. or order　　　　　D. pay to bearer

15. 以(　　)作为抬头的汇票不能流通。

    A. pay to ABC Co. only　　　　　　B. pay to the order of ABC Co.

    C. pay to ABC Co. or order　　　　　D. pay to bearer

16. 如果汇票受款人一栏内写明"Pay to the order of...",则该汇票(　　)。

    A. 不可流通转让　　　　　　　　B. 可以经背书转让

    C. 无须背书,即可流通转让　　　　D. 由出票人决定是否可以转让

17. 远期汇票的付款期限可以表示为(　　)。

    A. 出票后若干天付款　　　　　　B. 见票后若干天付款

    C. 提单日后若干天付款　　　　　D. 以上都正确

18. 国际货物销售合同中的支付条款规定为"D/P at 30 days after sight",如果汇票提示承兑日为5月25日,则最迟付款日应为(　　　),交单日应为(　　　)。

　　A. 6月24日,6月24日　　　　　　　　B. 6月25日,5月25日

　　C. 6月25日,6月24日　　　　　　　　D. 6月24日,5月25日

19. 附带商业单据的汇票称为(　　　)。

　　A. 远期汇票　　　　B. 商业汇票　　　　C. 光票　　　　D. 跟单汇票

20. 在补偿贸易或易货贸易中经常使用的信用证是(　　　)。

　　A. 循环信用证　　　B. 对开信用证　　　C. 对背信用证　　　D. 红条款信用证

四、多项选择题

1. 根据我国《票据法》的规定,表述正确的是(　　　　　)。

　　A. 汇票是无条件支付的委托,而本票是无条件支付承诺

　　B. 我国只承认银行本票

　　C. 汇票上未记载付款日期的,为见票即付

　　D. 付款人承兑汇票后,应当承担到期付款的责任

2. 下面说法正确的是(　　　　　)。

　　A. 商业汇票的出票人为工商企业或个人,而付款人可以是工商企业或个人,也可以是银行

　　B. 银行汇票的出票人及付款人都是银行

　　C. 商业汇票有即期和远期之分,而银行汇票是即期的

　　D. 银行承兑汇票是由银行承兑的远期银行汇票,而商业承兑汇票是由工商企业或个人承兑的远期商业汇票

3. 出口业务中采用D/P方式收款,如果使用汇票,则其种类一定不是(　　　　　)。

　　A. 光票　　　　　B. 跟单汇票　　　　C. 商业汇票　　　　D. 银行承兑汇票

4. 汇票遭到拒付是指(　　　　　)。

　　A. 持票人提示汇票要求承兑时,遭到拒绝承兑

　　B. 持票人提示汇票要求付款时,遭到拒绝付款

　　C. 付款人逃避不见汇票

　　D. 付款人死亡或破产

5. 票据中不存在的是(　　　　　)。

　　A. 银行承兑支票　　　　　　　　　　B. 银行承兑的商业汇票

　　C. 银行承兑本票　　　　　　　　　　D. 远期支票

6. 下面说法不正确的是(　　　　　)。

　　A. 汇票项下持票人是债权人,付款人是债务人

　　B. 汇付和托收方式是商业信用,使用的是商业汇票;信用证方式是银行信用,使用的是银行汇票

　　C. 商业汇票有即期和远期之分,而银行汇票是即期的

　　D. 银行承兑汇票是由银行承兑的远期银行汇票,而商业承兑汇票是由工商企业或个人承兑的远期商业汇票

7. 汇票的付款日期可规定为(　　　　　)。

　　A. 见票即付或定日付款　　　　　　　B. 提单日后定期付款

　　C. 见票后定期付款　　　　　　　　　D. 出票后定期付款

8. 信用证支付方式的特点是( )。
    A. 信用证是一种商业信用   B. 信用证是一种银行信用
    C. 信用证是一种单据的买卖   D. 信用证是一种自足的文件

9. 托收的特点是( )。
    A. 属于一种商业信用   B. 是一种单证的买卖
    C. 有利于调动买方订货的积极性   D. 存在着难以收回货款的风险

10. 在保兑信用证业务中,负第一性付款责任的是( )。
    A. 付款行   B. 偿付行   C. 开证行   D. 保兑行

11. 正确表述本票与汇票区别的是( )。
    A. 本票是书面支付的承诺,汇票是书面支付命令
    B. 银行本票都是即期的,汇票则有即期与远期之分
    C. 本票无须承兑,远期汇票需要承兑
    D. 本票业务中有两个基本当事人,而汇票业务中有 3 个基本当事人

12. 在国际支付方式中,属于商业信用的是( )。
    A. L/C   B. D/P   C. D/A   D. T/T

13. 对于信用证与合同的关系表述正确的是( )。
    A. 信用证的开立以买卖合同为依据
    B. 信用证的履行不受买卖合同的约束
    C. 有关银行只根据《跟单信用证统一惯例》(UCP600)的规定办理信用证业务
    D. 合同是审核信用证的依据

14. SWIFT 信用证 MT700 格式中的代码 59、44C、50、51A 分别代表( )。
    A. 付款人、装运期间   B. 申请人、受益人
    C. 通知银行、最后装船日   D. 申请人银行、最后装船日

15. 某公司分别以 D/P at 30 days after sight 和 D/A at 30 days after sight 两种支付方式对外出口货物,则表述正确的是( )。
    A. 前者的风险比后者大   B. 前者是付款交单,后者是承兑交单
    C. 后者的风险比前者大   D. 两者都存在被进口方拒付的风险

五、判断题

1. 我国某公司按 CIF 条件出口某商品,采用信用证支付方式,买方在约定时间内未开来信用证,但约定的装运期已到;为了重合同和守信用,我方人应按期发运货物。 ( )

2. 汇票、本票、支票都可分为即期和远期两种。 ( )

3. 信用证支付方式属于银行信用,所使用的汇票是银行汇票。 ( )

4. 托收的支付方式属于商业信用,所使用的汇票是商业汇票。 ( )

5. 在票汇的情况下,买方购买银行汇票径寄卖方,因为采用的是银行汇票,故这种付款方式属于银行信用。 ( )

6. 国外开来信用证规定货物数量为 3 000 箱,6 月、7 月、8 月每月平均装运,我出口公司于 6 月份装运 1 000 箱,并收妥款项。7 月份由于货未备妥,未能装运,8 月份装运 2 000 箱,根据 UCP600 规定,银行不得拒付。 ( )

7. 采用汇付方式,有关单据一般不通过银行转递,而由出口人自行寄单交进口人,所以出口人采用汇付方式一般不会有什么风险。 ( )

8. 在 D/P 方式下,银行交单以进口人付款为条件,如果进口人不付款,货物所有权仍在出口

人手中,所以 D/P 对出口人没有什么风险。　　　　　　　　　　　　　　（　　）

9. 银行汇票的出票人和付款人都是银行。　　　　　　　　　　　　　　　（　　）

10. 信用证修改通知有多项内容时,只能全部接受或全部拒绝。　　　　　（　　）

11. 在国际货物买卖中,就卖方安全收汇来讲,D/P、D/A 和 L/C 这 3 种方式以信用证方式最为可靠。　　　　　　　　　　　　　　　　　　　　　　　　　　　　　（　　）

12. 信用证是银行根据进口人申请开立的,进口人承担信用证中第一付款人的责任。（　　）

13. 在我国出口业务中,我出口公司收到进口人寄来的开证申请书后,即可据此办理货物的出口装运工作。　　　　　　　　　　　　　　　　　　　　　　　　　　　（　　）

14. D/A 30 天比 D/P 30 天付款对出口商来说承担的风险更大。　　　　（　　）

15. 付款交单和承兑交单对卖方来说都有一定风险,但是承兑交单最容易被买方接受,有利于达成交易,所以在进出口合同中,应该扩大对承兑交单的使用。　　　　　（　　）

16. 银行汇票和商业汇票的主要区别在于:前者的出票人和付款人都是银行,后者的出票人和付款人都是工商企业。　　　　　　　　　　　　　　　　　　　　　　　（　　）

17. 根据国际贸易惯例,凡信用证上未注明可否转让字样的,即视为可转让信用证。（　　）

18. 信用证的保兑行与开证行都承担第一付款人的责任。　　　　　　　　（　　）

19. 汇票的抬头是指汇票的出票人。　　　　　　　　　　　　　　　　　　（　　）

20. UCP600 既适用于跟单信用证,也适用于备用信用证。　　　　　　　（　　）

六、案例分析

1. 甲企业从乙企业购进一台机器设备,价款 50 万元。甲企业开出一张由甲企业为出票人和付款人,乙企业为收款人,付款期限为 6 个月的商业承兑汇票,同时丙企业对汇票作了保证,保证甲企业到期承兑该汇票。付款期满后,由于甲企业发生财务危机,无法付款,乙企业要求丙企业支付该款。**试分析**:丙企业是否有义务支付该笔款项? 为什么?

2. 我国某外贸企业与某国 A 公司达成一项出口合同,付款条件为 D/P 45 天付款。当汇票及所附单据通过托收行寄抵代收行后,A 公司及时在汇票上履行了承兑手续。货抵目的地港时,由于用货心切,A 公司出具信托收据向代收行借得单据,先行提货转售。汇票到期时,A 公司因经营不善,失去偿付能力。代收行以汇票付款人拒付为由通知托收行,并建议由我外贸企业向 A 公司索取贷款。**试分析**:该外贸企业应如何处理?

3. 某公司接到一份经 B 银行保兑的不可撤销信用证。当该公司按信用证规定办完装运手续后,向 B 银行提交符合信用证各项要求的单据要求付款时,B 银行却声称该公司应先要求开证行付款,如果开证行无力偿付,才由它保证付款。**试分析**:B 银行的要求对不对?

实 践 技 能 操 作 部 分

一、国际贸易销售合同支付条款环节认知

根据所给的资料编制汇票。

Issuing Bank:Australia and New Zealand banking group Limited

North shore area 8 Railway ST Chatswo OD NSW2067

L/C No. and date:LC69068 MAR. 5,2020

Amount:USD36,800.00

Applicant:Chang Feng international Co. North shore area 16 Railway ST Chatswoood NEW2068

Beneficiary:Taiyuan Yitong Leather Co., Ltd.

We open an irrevocable documentary Credit available by any bank by negotiation against presentation of the documents detailed herein and of beneficiary's drafts in duplicate at 30 days sight drawn on us.

Address of Draft:Taiyuan,China

Invoice No. : BP8600666

No. _____	_____
Exchang for _____	
At sight _____ of this second of Exchange	
(First of the same tenor and date unpaid). Pay to the order of _____ the sum of _____	
_____	
Drawn under _____	
_____	
To _____	

二、国际贸易销售合同的填制

根据以下贸易资料,填制一份出口合同。

2020 年 6 月 16 日,江苏镕术有限公司外贸业务员李荣收到瑞士 All Chamege AG 公司经理 Andreas Kurz 先生的电子邮件,欲购防弹轮胎(bullet proofing tires),通过反复磋商,2020 年 7 月 7 日,双方达成如下条款。

单价:50 欧元/条 CFR 德国汉堡。

数量:Art. No. 205/55 R16 型 200 条;Art. No. 205/60 R15 型 200 条。

包装:8 个轮胎装 1 个木箱。

装运:收到信用证后 45 天内装运;从中国上海运至德国汉堡;允许转运和不允许分批装运。

支付:即期付款信用证,要求在 2020 年 7 月 30 日之前开到卖方,交单期为装运日期后的 15 天内。

SALES CONTRACT

No. JSRC080076   Date:July 7,2020

The Seller:Jiangsu Rongshu Co,Ltd.

No. 98 Fuxing Rd,Xuzhou,221005,China

Tel:0086 - 516 - 3725670   Fax:0086 - 516 - 3725679

The Buyer:All Chamege AG

Hauptstrasse 1029378,Staad,Switzerland

Tel:0041 - 071 - 8554646   Fax:0041 - 071 - 8554649

This Contract is made by and between the Buyer and the Seller,whereby the Buyer agrees to buy and the Seller agrees to sell the under-mentioned commodity according to the terms and conditions stipulated below.

Commodity & Specification	Quantity	Unit Price	Amount
(1)	(2)	(3)	(4)
Total			
Contract Value (In Words) (5)			

Packing:(6) _____

Time of shipment:(7) _____

Port of loading and discharge:(8) _____

Transshipment is(9) _____ and partial shipment is(10) _____ .

Insurance:Covered by the Buyer.

Terms of payment:(11) _____

_____
_____

DOCUMENTS:

+ Invoice signed in ink in triplicate.

+ Packing list in triplicate.

+ Full set of clean on board ocean Bills of Lading marked "freight prepaid" made out to the order of the Issuing Bank notifying the Buyer.

+ Certificate of Origin in duplicate issued by Chambers of Commerce or CCPIT.

+ Seller's Certified Copy of Fax dispatched to the Buyer within one day after shipment advising L/C No, name, quantity and amount of goods shipped, number of packages, container No, name of vessel and voyage No, and date of shipment.

+ Lloyd's or Steamer Company's Certificate issued by the shipping company or its agents certifying that the carrying vessel is seaworthy and is not more than 20 years old and is registered with an approved classification society as per the institute classification clause and class maintained is equivalent to Lloyd 100A1.

REMARKS:

This contract is made in two original copies and becomes valid after both parties' signature, one copy to be held by each party.

Signed by:

The Seller:　　　　　　　　　　　　　　　　　　　　　　　　The Buyer:

根据上述背景资料,回答相关问题。

2020 年 7 月 28 日,外贸业务员李荣收到了中国农业银行徐州市分行国际业务部的信用证通知函和信用证,All Chamege AG 公司通过中国银行汉堡分行(Bank of China,Hamburg Branch)开来的 SWIFT 信用证具体内容如下。

MT700	ISSUE OF A DOCUMENTARY CREDIT
Sequence of Total	27:1 / 1
Form of documentary Credit	40A:Irrevocable
Documentary Credit Number	20:YU9870
Date of Issue	31C:200728
Applicable Rules	40E:UCP Latest Verslon
Date and Place of Expiry	31D:Date 200818 Place in China
Applicant	50:All Chamege ag Hauptstrasse 1029378 Staad Switzerland
Beneficiary	59:Jiangsu Rongshu Co,Ltd. No. 98 Fuxing,RD,Xuzhou,221005,China
Amount	32B:Currency EUR Amount 20,000. 00
Available with/by	41D:the Agricultural Bank of China,Xuzhou Branchby Deferred Payment
Deferred Payment Details at	42P:at 60 Days After B/L Date
Partial Shipment	43P:Prohibited
Transshipment	43T:Prohibited
Port of Loading/ Airport of Departure	44E:Shanghai,China
Port of Discharge	44F:Hamburg,Germany
Latest Date of Shipment	44C:200813
Description of Goods and/or Services	45A:400PCS. of Tires, ART. No. 205/55R16, 200PCS. ; 205/60R15, 200PCS, at EUR 50. 00/PC, CFR Hamburg, Germany.

Documents Required	46A：+ Commercial Invoice Signed in ink in Triplicate.
	+ Packing List in Triplicate.
	+ Certificate of Origin in Duplicate Issued by Chambers of commerce or CCPIT.
	+ 2/3 set of clean on board ocean bills of lading made out to the order of Bank of China, hamburg branch marked "freight collect" and notifying the applicant bearing LC No. and date.
	+ Insurance policy/certificate in duplicate endorsed in blank for 140% invoice value, covering all risks and war risks of cic of PLCC(1/1/1981).
	+ Beneficiary's certificate certifying that one original of bill of lading, one copy of commercial invoice and packing list respectively have mailed to the applicant by DHL within three working days after bill of lading date.
	+ Lloyd's or steamer company's certificate isued by the shipping company or its agents certifying that the carry-ing vessel is seaworthy and is not more than 20 years old and is registered with an approved classification society as per the institute classification clause and class maintained is equivalent to lloyd 100A1.
	+ Certificate's certified copy of fax dispatched to the buyer within three days after shipment advising L/C number, name, quantity and amount of goods, number of packages, container number, name of vessel and voyage number and date of shipment.
Additional Conditions	47A：+All documents should be dated on or later than the date of this letter of Credit and bear the letter of Credit number and date.
	+ All presentations containing discrepancies will attract a discrepancy fee of EUR60. 00 Plus telex costs or other currency equinalent. this charge will be deducted from the bill amount whether or not we elect to consult the applicant for a walver.
Charges	71B：All bank charges outside issuing bank are for account of beneficiary.
Period for Presentation	48：Within 5 Days After the date of shipment, BUT Within the Validity of This Credit.
Confirmation Instruction	49：Without
Instruction to the Paying/ Accepting/Negotiating Bank	78：+ All Documents to be Despatched in one set by courier to Bank of China Hambure Branch, Trade Services, Rathausmarkt 5, 20095, Hamburg Germany.
	+ Upon presentation to us of drafts and documents in strict compliance with terms and conditions of this Credit, we will remit the proceeds on due date as per the nfgotiating bank's instructions.
	+ Except as otherwise expressly stated, this Credit is subject to UCP(2007 version) ICC Publication 600.
Sender to Receiver Information	72：Please advise and acknowledge the receipt.

1. 以外贸业务员李荣的身份,根据第二大题签订的 NO. JSRC080076 出口合同,审核以上信用证,找出问题条款,并针对问题条款提出改证意见。

问题条款及改证意见:

2. 以外贸业务员李荣的身份,根据以上审证结果,在以下方框内给 All Chamege AG 公司拟写改证函。

国际贸易销售合同检验检疫、索赔、不可抗力和仲裁条款

典型工作任务	1. 国际贸易销售合同检验检疫条款的操作 2. 国际贸易销售合同索赔条款的操作 3. 国际贸易销售合同不可抗力条款的操作 4. 国际贸易销售合同仲裁条款的操作
拓展工作任务	检验检疫证书的认知
主要学习目标	1. 掌握检验检疫的含义、内容及机构 2. 掌握违约的含义与分类、索赔理赔的含义 3. 掌握不可抗力的含义、不可抗力在国际贸易中的援引 4. 掌握仲裁的含义与特点 5. 熟悉检验检疫证书的种类 6. 掌握《联合国国际货物销售合同公约》对检验检疫、索赔、不可抗力和仲裁条款的规定
基础理论知识	《联合国国际货物销售合同公约》
工作操作技能	1. 能够根据业务资料,正确订立国际贸易销售合同检验检疫条款 2. 能够根据业务资料,正确订立国际贸易销售合同索赔条款 3. 能够根据业务资料,正确订立国际贸易销售合同不可抗力条款 4. 能够根据业务资料,正确订立国际贸易销售合同仲裁条款

典型工作任务一 国际贸易销售合同检验检疫条款的操作

工作困惑

在国际贸易销售合同中,买卖双方对所交货物是否需要检验检疫? 检验检疫的内容有哪些? 检验检疫的时间和地点如何约定? 检验检疫机构有哪些?

工作认知

国际贸易销售合同除了订立有关商品的品名、数量、包装、价格、运输、保险等交易条件外,为了便于买卖双方顺利履行合同,还应订立商品的检验检疫条款。

商品检验检疫(commodity inspection)是指对卖方交付货物的质量、数量和包装进行检验或鉴定,以确定卖方所交货物是否符合买卖合同的规定。商品检验检疫工作是国际货物买卖中交易双方交接货物时必不可少的业务环节。

《公约》不仅明确规定了卖方对货物负有责任的具体界限,即凡是货物不符合合同的情形于风险转移到买方的时候就已存在,应由卖方负责,而且还明确规定了买方对货物有检验检疫的权利。

根据各国的法律、国际惯例及国际公约的规定,除双方另有约定外,当卖方履行交货义务后,买方有权对所收到的货物进行检验检疫,如果发现货物不符合合同规定,而且确属卖方责任,买方有权要求卖方损害赔偿或采取其他补救措施,甚至可以拒收货物。

学习案例 9-1

我国A公司向智利B公司出口蚝油100箱,货到目的港智利瓦尔帕莱索港后,B公司传真反映该国海关发现蚝油发生分层现象,向A公司提出退货并索赔 USD500.00。试问:我国A公司是否需要承担责任?

一、检验检疫的内容

国际贸易货物销售合同中检验检疫条款的主要内容包括品质检验,数量(质量)检验,包装检验,卫生、安全检验,残损鉴定等。

① 品质检验检疫是指对货物外观、化学成分、物理性能等进行检验检疫。

② 数量(质量)检验检疫是指按合同规定的计量标准,对商品数量(质量)进行的检验。

③ 包装检验检疫是指对货物包装的牢固度、完整性进行的检验,看其是否符合货物的性质和特点,是否符合货物的装卸、搬运等合同有关规定。

④ 卫生、安全检验检疫是指检验进出口食品的卫生条件是否符合人类食用,机电设备、交通运输工具等消费品的安全是否达标。

⑤ 残损鉴定是指对受损货物的残损部分予以鉴定,分析致残原因及对商品使用价值的影响,估计损失程度,出具证明等。

二、检验检疫的时间和地点

检验检疫的时间和地点是指在何时何地行使对货物的检验检疫权。常见的规定方法主要有以下几种。

(一)在出口国检验检疫

① 工厂检验检疫(产地检验检疫)是指生产厂家的检验检疫人员或合同规定的买方检验检疫人员在货物离厂前实施检验检疫,卖方承担货物离厂前的责任。我国进口重要货物和大型成套设备时,一般都在出口国工厂进行检验、安装及测试。

② 装船前检验检疫(装运港/地检验检疫)是指货物在装运港/地装船以前,由双方约定的检验检疫机构出具检验证明,并以此作为交货品质和重量的最后依据。采用这种方法,卖方取得检验检疫证书,意味着卖方按质按量履行了合同义务,买方无复验权。

(二)在进口国检验检疫

① 目的港/地检验检疫是指货物运抵目的港/地卸货时,由双方约定的检验检疫机构进行检验,并以此作为交货质量、重量或数量的最后依据。如果发现与合同规定不符,买方有索赔的权利。

② 用户所在地检验检疫是指将检验的时间和地点推延到用户所在地,并以此作为卖方交货的最后依据。这种方法适用于密封包装或规格复杂、精密度高的货物。

(三)出口国检验检疫、进口国复验

这是指货物在出口国进行检验检疫并取得检验证书,作为卖方收取货款的依据,货到目的地后买方有权复验。如果发现货物不符合合同规定且属卖方责任,买方有权在规定的时间内凭复验证书向卖方提出异议和索赔。这种做法既肯定了卖方提供的检验检疫证书是有效的结算凭

证，又承认了买方在收到货物后有复验权，比较公平合理，是目前国际贸易中普遍采用的做法。

学习案例 9-2

我国某公司与意大利 A 公司签定出口牛皮合同，合同规定在中国检验检疫，货到意大利港口后 30 天复验。货物到达意大利港口后，意商未提出异议，但是当意商将牛皮制成皮鞋后，发现皮鞋前后有色差，影响了皮鞋的销售，意商认为我方交货质量有严重问题，要求退货并损害赔偿。试问：意商的要求是否合理？为什么？

三、检验检疫机构

国际贸易销售合同中，商品检验检疫工作通常由专业的检验机构负责办理。检验检疫机构有官方、半官方和民间检验检疫机构之分，双方可在合同中加以明确规定。双方也可规定由买方派出检验检疫人员到产地或出口地点验货，或者约定由双方派员进行联合检验检疫。

（一）官方检验检疫机构

官方检验检疫机构由各国政府设立，是各国进行法定检验检疫的主要机构。例如，我国的国家质量监督检验检疫总局（国家质检总局）、美国动植物卫生检验署、美国食品药品监督管理局、法国国家实验检测中心、英国标准协会及日本通商产业检查所等。

国贸常识

国家质量监督检验检疫总局（General Administration of Quality Supervision Inspection and Quarantine, AQSIQ），主管全国出入境商品检验检疫、动植物检疫、国境卫生检疫工作，是我国官方检验检疫机构。在实际业务中，海关监管条件中，A 表示实施进境检验检疫，B 表示实施出境检验检疫，D 表示海关与检验检疫联合监管。检验检疫类别中，M 表示进口商品检验，N 表示出口商品检验，P 表示进境动植物、动植物产品检疫，Q 表示出境动植物、动植物产品检疫，R 表示进口食品卫生监督检验，S 表示出口食品卫生监督检验，L 表示民用商品入境验证。

（二）半官方检验检疫机构

半官方检验检疫机构是指由国家批准设立的公证检验检疫机构。一般来说，政府授权的该机构，代表政府行使商品检验鉴定工作和部分管理工作，该机构出具的商检证书或其他鉴定证明具有有效性和权威性。中国进出口商品检验总公司属于半官方检验检疫机构。

（三）民间检验检疫机构

民间检验检疫机构一般是由各国商会、同业公会或私人设立的，担负着国际贸易货物的检验和鉴定工作。

国贸常识

目前在国际上比较有名望的权威检验检疫机构有：瑞士通用公证行（SGS）、英国英之杰检验集团（IITS）、日本海事鉴定协会（NKKK）、新日本鉴定协会（SK）、日本海外货物检查株式会社（OMIC）、美国安全实验所（UL）、美国材料与试验协会（ASTM）、加拿大标准协会（CSA）、国际羊毛局（IWS）等。

四、我国检验检疫机构的基本任务

根据《中华人民共和国进出口商品检验》和国家有关规定，我国检验检疫机构的基本任务是实施进出口商品的法定检验、公证鉴定、监督管理进出口商品检验等工作。

国贸常识

1999 年,原国家商检局、国家动植物检疫局和国家卫生检疫局合并组建的原国家出入境检验检疫局将原"三检"实施检验检疫的进出口商品融合在一起,发布了《出入境检验检疫机构实施检验检疫的进出境商品目录》(以下简称《目录》),并根据贸易发展等需要不断进行调整。2007 年 1 月 1 日起施行的《目录》是由原国家质检总局对原《目录》进行调整后公布实施的。此《目录》内的商品共涉及商品名称及编码制度 21 类,编码 4 926 个。

(一)法定检验

法定检验是指检验检疫机构依法对规定的进出口商品和有关检验事项实施的强制性检验。法定检验的范围包括如下内容。

① 对列入《目录》的进出口商品进行检验。《目录》由国家市场监督管理总局制定、调整和公布。

② 对出口危险品货物的包装容器实施性能鉴定和使用鉴定。

③ 对出口易腐烂变质食品、冷冻品的船舱和集装箱等运载工具,实施适载检验和鉴定。

④ 对其他法律法规规定的需经商检机构检验的进出口商品进行检验。

⑤ 对出口食品实施卫生检验。

⑥ 对国际条约规定的进出口商品实施检验检疫。

(二)公证鉴定

公证鉴定是指检验检疫机构接受对外贸易关系人及国内外有关单位的申请或境外检验检疫机构的委托,办理规定范围内的进出口商品鉴定业务。

公证鉴定与法定检验的最大区别是:前者是自愿性质,后者是强制性质。

公证鉴定的业务范围包括:进出口商品的品名、质量、数量、重量、包装、海损鉴定,集装箱及集装箱货物鉴定,进出口商品的残损鉴定,出口商品的出运技术条件鉴定,货载衡量、产地证明、价值证明及其他业务。

(三)监督管理

监督管理是指检验检疫部门对进出口收货人、发货人及生产、经营、储运单位及国家商品检验检疫机构指定认可的检验检疫机构和检验检疫人员的检验检疫工作实施监督管理,以保证进出口商品的检验检疫质量,维护企业合法权益和国家的良好形象。

国贸常识

由于大闸蟹属于动物类商品,所以出口大闸蟹时,必须根据《中华人民共和国进出境动植物检疫法》《中华人民共和国动植物检疫法条例》及有关规定在出境前 7 天检验检疫。

五、合同中的检验检疫条款

(一)出口合同中的检验检疫条款(以装运港检验证书为议付货款的依据,货到目的港后买方有权复验)

It is mutually agreed that the Certificate of Quality and Weight issued by the China Import and Export Commodity Inspection Bureau at the port/place of shipment shall be part of the documents to be presented for negotiation under the relevant L/C. The Buyers shall have the right to reinspect the quality and weight of the cargo. The reinspection fee shall be borne by the Buyers. Should the quality and/or weight be found not in conformity with that of the contract, the Buyers are entitled to lodge with the Sellers a claim which should be supported by survey reports issued by a recognized surveyor approved by the Sellers. The claim, if any, shall be lodged within××days after arrival of the cargo at the port/place of destination.

买卖双方同意以装运港（地）中国进出口商品检验局签发的品质和质量检验证书为信用证项下议付所提交的单据之一，买方有权对货物的品质和质量进行复验，复验费由买方负担。如果发现品质和质量与合同规定不符，买方有权向卖方索赔，并提供经卖方同意的公证机构出具的检验报告。索赔期限为货物到达目的港（地）后××天内。

（二）进口合同中的检验检疫条款

It is mutually agreed that the Certificate of Quality and Quantity or Weight is issued by the Manufacturer (or××Surveyor) shall be part of the documents for payment under the relevant L/C. However, the inspection of quality and quantity or weight shall be made in accordance with the following.

In case the quality, quantity or weight of the goods be found not in conformity with those stipulated in this contract after reinspection by the China Import and Export Commodity Inspection Bureau within××days after arrival of the goods at the port of destination, the Buyers shall return the goods to or lodge claims against the Sellers for compensation of losses upon the strength of Inspection Certificate issued by the said Bureau, with the exception of those claims for which the insurers or the carriers are liable. All expenses(including inspection fees) and losses arising from the return of the goods or claims should be borne by the Sellers. In such cases, the Buyers may, if so requested, send a sample of the goods in question to the Sellers, provided that the sampling is feasible.

双方同意以制造厂（或公证行）出具的品质及数量或质量检验证书作为有关信用证项下付款的单据之一。但货物的品质、数量或质量的检验应按下列规定办理。

货到目的港××天内由中国进出口商品检验局复检，如果发现品质、数量或质量与本合同规定不符，除属保险公司或承运人负责外，买方凭中国进出口商品检验局出具的检验证书，向卖方提出退货或索赔。所有因退货或索赔引起的一切费用（包括检验费）及损失均由卖方负担。在此情况下，如果抽样可行，买方可应卖方要求，将有关货物的样品寄交卖方。

典型工作任务二　国际贸易销售合同索赔条款的操作

工作困惑

国际贸易销售合同履约时间长、涉及面广、业务环节多，一旦在货物的生产、收购、运输、资金移动等任何一个环节发生意外或差错，都可能给合同的顺利履行带来影响。加上国际市场变幻莫测，一方当事人往往有可能在市场行情发生不利变化时，不履行合同义务或不完全履行合同义务，致使另一方当事人的权利受到损害。如何认定合同的违约？受损害的一方应如何维护自己的合法权益？

工作认知

在国际贸易中，买卖双方的违约行为不一定经常发生，但是一旦发生将会给双方带来不同程度的经济损失。

一、违约的含义与分类

（一）违约的含义

违约（breach of contract）是指国际贸易销售合同当事人中的一方或双方，没有按照合同规定承担相关义务，导致对方遭受损失。

（二）违约的分类

1. 按照违约的责任方划分

（1）卖方违约

这是指由于卖方不履行或不完全履行合同规定的义务而造成的违约。例如，卖方不交付货物或所交货物的品质、数量、包装、交货期等不符合合同的规定。

（2）买方违约

这是指由于买方不履行或不完全履行合同规定的义务而造成的违约。例如，在FOB贸易术语下买方没有租船订舱、指定承运人，没有开立信用证或以其他方式支付货款，无理拒收货物等。

（3）买卖双方均负有违约责任

这是指由于当事人双方在订立合同时，对某些条款理解有出入，合同用词容易引起误解而造成的违约。例如，在订立合同中的装运条款时，使用了"立即装运"词语，买卖双方可以从自己的实际利益出发，对"立即装运"有不同的解释。

2. 按照违约方的主观意愿划分

（1）一方当事人的故意行为导致的违约

这是指由于一方当事人有意不承担合同义务而产生的违约。例如，出口商取消合同、进口商拒绝开立信用证等。

（2）一方当事人的疏忽、过失或业务不熟悉而导致的违约

这是指一方当事人主观上计划积极履行合同，但是由于非主观因素导致不能履行合同或完全履行合同造成的违约。例如，出口方出口重货时在包装上疏忽，导致包装破裂，货物受损，不能履行交货义务；进口方在开立信用证时，信用证条款错误，导致出口方无法执行合同。

二、国际惯例和各国法律对违约救济的规定

根据国际惯例和各国法律对违约救济的规定，一般包括延迟履行、替代履行、减价、修理、换货、退货和解除合同等方法。

① 《公约》将违约分为根本性违约和非根本性违约。一方行为属于根本性违约，另一方有权要求宣布合同无效，并要求损害赔偿；一方行为属于非根本性违约，另一方只能要求损害赔偿，不能宣告合同无效。

② 英国法律将违约分为违反要件与违反担保。违反要件是指违反合同的主要条款，受害方有权要求解除合同并作损害赔偿；违反担保是指违反合同的次要条款，受害方只能要求损害赔偿，不能要求解除合同。但是英国法律对"要件"与"担保"没有做出明确界定，一般认为品名、数量、品质、交货期、付款方式等为合同"要件"，合同的其他条款则为"担保"。

③ 美国法律将违约分为重大违约与轻微违约。重大违约是指由于一方的违约行为导致另一方无法获得该项交易的主要利益，受害方有权要求解除合同并作损害赔偿；轻微违约是指违约行为轻微，没有影响另一方在交易中取得主要利益，受害方只能要求损害赔偿，不能要求解除合同。

④ 我国《合同法》规定，合同一方当事人违约后，另一方当事人可以要求违约方承担继续履

行、采取补救措施或赔偿损失等违约责任,也可以要求解除合同。

学习案例 9-3

我国某出口企业与英国 A 客户达成服装出口合同,在货物达到英国之后,客户发现服装尺码与合同不符,随后与我方交涉。试问:双方应该援引哪种惯例或法律解决争端?

三、索赔与理赔

（一）索赔与理赔的含义

索赔(claim)是指合同一方当事人因另一方当事人违约使其遭受损失而向对方提出要求损害赔偿的行为;理赔(settlement of claim)是指违约方对受害方提出赔偿要求进行处理的行为。索赔与理赔是一个问题的两个方面,一方提出索赔,另一方则处理索赔。

在国际贸易中可能经常发生的索赔环节有以下几个。

① 买卖双方的贸易索赔。这是指买卖双方就商品品名、品质、数量、包装、运输等环节发生争议,买卖双方都可能向对方提出索赔。一般来说,买方向卖方提出的索赔较为多见。当然,有时也会发生买方不接货或不按时接货,不开证或不按时开证,无理拒付货款等违约情况,导致卖方向买方提出索赔。

② 托运人与承运人之间的运输索赔。这是指托运人与承运人就运输时间、运输的安全性发生争议。

③ 投保人与承保人之间的保险索赔。这是指投保人与承保人就货物损害发生争议时,往往是投保人提出索赔,承保人理赔。

（二）索赔依据

索赔依据包括事实依据和法律依据两个方面:事实依据是指违约的事实、情节及书面证明;法律依据是指买卖合同和适用的法律规定。

在实际业务中,提出索赔的一方必须准备充分的索赔依据,否则可能会遭到理赔方的拒绝。

（三）索赔期限

索赔期限是指受害方有权向违约方提出索赔的期限。按照法律和国际惯例的规定,受害方只能在一定的索赔期限内提出索赔,否则将丧失索赔权。

索赔期限有约定和法定两种。约定索赔期限是指买卖双方在订立合同时一致同意的索赔期限,约定索赔期限的长短应视货物的性质、运输时间、检验时间等因素而定。如果买卖双方在合同中没有约定索赔期限,则适用法定索赔期限。与约定索赔期限相比,法定索赔期限时间较长:《公约》规定索赔期限为买方实际收到货物之后的两年内;有关货物运输的《海牙规则》规定为托运人在货物到达目的港交货后一年内;中国人民保险公司规定投保人在货物到达目的港全部卸离海轮后两年内。

国贸常识

合同中约定索赔期限的方法一般有以下几种。

① 货到目的港后××天内提出索赔。

② 货到目的港卸离海轮后××天内提出索赔。

③ 货到买方营业处所或用户所在地后××天内提出索赔。

④ 货到目的港经检验后××天内提出索赔。

四、买卖合同中的索赔条款

国际贸易销售合同执行过程中的违约和索赔现象经常发生,直接关系贸易各方的经济利益,所以合同中的索赔条款签订得完善与否,是受损方索赔成功与否的关键。在国际贸易销售合同中,索赔条款一般包括异议与索赔条款和罚金条款两种。

(一)异议与索赔条款

异议与索赔条款(discrepancy and claim clause)一般是针对卖方交货质量、数量或包装不符合合同规定而订立的,主要内容包括索赔依据、索赔期限等。有的合同还规定索赔金额和索赔方法。

示例:

Any claim by the Buyers regarding the goods shipped shall be filed within×× days after the arrival of the goods at the port /place of destination specified in the relative Bill of Lading and /or transport document and supported by a survey report issued by a surveyor approved by the Sellers.

Claims in respect of matters within responsibility of insurance company, shipping company/other transporting organization will not be considered or entertained by the Sellers.

买方对于装运货物的任何索赔,必须于货物到达提单或运输单据所规定的目的港(地)之日××天内提出,并需提供卖方同意的公证机构出具的检验报告。

属于保险公司、运输公司,或者其他运输机构责任范围内的索赔,卖方不予受理。

(二)罚金条款

罚金条款(penalty clause)也称违约金条款,主要规定一方未按合同规定履行其义务时,应向对方支付一定数额的约定罚金,以补偿对方的损失。罚金条款一般适用于一方当事人迟延履约,如卖方延期交货、买方延期接货或延迟开立信用证等违约行为。罚金的数额通常取决于违约时间的长短,并规定罚金的最高限额。它的特点是事先在合同中规定罚金的数额或罚金的百分率。

示例:

① 卖方延期交货的罚金条款。

Should the Sellers fail to deliver on time, the Buyers shall agree to postpone the delivery on the condition that the Sellers agree to pay a penalty which shall be deducted by the paying bank from the payment under negotiation. But the Sellers shall pay to the Buyers an amount of penalty not exceeding 5% of the value of the goods involved in the late delivery. The penalty is charged at 0. 5% of the value of the goods whose delivery has been delayed for every seven days, odd days less than seven days should be counted as seven days. In case the Sellers fail to make delivery ten weeks later than the time of shipment stipulated in the contract, the Buyers shall have the right to cancel the contract and the Sellers still pay the aforesaid penalty to the Buyers.

如果卖方不能如期交货,在卖方同意由付款行从议付货款中扣除罚金的条件下,买方可同意延期交货,但卖方需向买方支付不超过延期交货部分金额 5% 的罚金。罚金按照 7 天收取延期交货部分金额的 0. 5%,不足 7 天的,按 7 天计算。如果卖方未按合同规定的装运期交货,延期 10 周后,买方有权撤销合同,并要求卖方支付上述延期交货罚金。

② 买方延期开立信用证的罚金条款。

Should the Buyers for its own sake fail to open the Letter of Credit of time stipulated in the contract, the Buyers shall pay a penalty to the Sellers. The penalty shall be charged at the rate of×% of the amount of the Letter of Credit, however, the penalty shall not exceed×% of the total value of the Letter of Credit which the Buyers should have opened. Any fractional days less than ××days shall be deemed to be

××days for the calculation of penalty. The penalty shall be the sole compensation for the damage caused by such delay.

买方因自身原因不能按合同规定的时间开立信用证,应向卖方支付罚金。罚金按迟开证每×天收取信用证金额的×%,不足×天按×天计算,但罚金不超过买方应开信用证金额的×%。该罚金仅作为因迟开信用证引起的损失赔偿。

学习案例 9-4

中国某粮油进出口公司与欧洲某国 B 公司以 FOB 条件签订出口大米合同。该合同规定:水分最高为 20%,杂质最高为 1%,以中华人民共和国出入境商品检验检疫局的检验证明为最后依据。买方需于×年×月派船只接运货物。但 B 公司一直延误了数月才派船接货。货到目的地后,B 公司发现大米生虫,于是委托当地检验机构进行了检验,并签发了虫害证明,据此向我方提出索赔 20% 货款的要求。我方接到对方的索赔后,不仅拒赔,而且要求 B 公司支付因延误派船发生的仓储保管费及其他费用。试问:B 公司的索赔要求能否成立? 我方的要求是否合理?

典型工作任务三　国际贸易销售合同不可抗力条款的操作

工作困惑

国际贸易销售合同成立以后,如果发生了非当事人所能控制的重大变化,继续履行合同已经完全不可能,遭受损失的一方应如何免除履约责任? 合同中应如何约定?

工作认知

国际贸易销售合同签订之后,在履行合同期间,买卖双方难免会遇到一些非当事人所能控制的重大事件,使继续履行合同成为不可能,对此《公约》和各国法律规定可以免除未履行或未完全履行合同一方的责任,也就是所谓的免责。因此,为了防止产生不必要的纠纷,维护当事人的各自利益,通常在合同中订立不可抗力条款。

一、不可抗力的含义

不可抗力(force majeure)是指买卖合同签订之后,不是由于当事人的过失或疏忽,发生了当事人不能预见、预防,又无法避免、控制的事件,以致合同不能履行或不能如期履行。由于不可抗力条款是一种免责条款,所以遭遇意外事件的一方可以免除履行合同的责任或推迟履行合同,另一方则无权要求损害赔偿。

二、不可抗力的范围与认定

(一) 不可抗力的范围

① 自然原因事件是指人类无法控制的自然界力量所引起的灾害,如水灾、火灾、冰灾、地震、雨灾、雪灾、旱灾、飓风、雷电等。

② 社会原因事件包括政府行为事件和社会异常事件。政府行为事件是指合同成立后,政府当局发布了新的法律、法规和行政禁令等,致使合同无法履行;社会异常事件是指战争、罢工、暴动、骚乱、政府禁运、贸易政策调整等给合同履行造成障碍。

(二) 不可抗力的认定

在实际业务中,导致合同不能履行或不能按期履行的意外事件必须同时符合以下 3 个条件,才能被认定为不可抗力。

① 事件必须发生在合同成立之后。

② 事件不是由于合同当事人的过失或疏忽所造成的。

③ 事件的发生及其后果是当事人无法预见、无法控制、无法避免和克服的。

学习案例 9—5

请分析以下事件,哪些可以援引不可抗力条款?哪些不能?阐述理由。

(1)我国某家具厂与美国进口商签订合同出口家具一批,合同规定我方于2019年9月底交货装运,不料9月18号一场大火将该家具厂焚毁,我方以不可抗力提出撤销合同。

(2)我国某出口企业与巴拿马进口商签订出口塑料马甲袋20×20FCL,签订合同10天后,世界原油价格大幅度上升,导致生产材料成本上涨30%,该企业继续执行合同将会亏本,我方以不可抗力提出撤销合同。

国贸常识

在实际业务中,不能错误地将所有自然原因和社会原因引起的影响贸易的事件都归咎于不可抗力。尽管国际上对不可抗力的理解没有形成统一的认识,但是在开展进出口业务时,应根据国际惯例,在合同中通过双方协商达成一致。在制订不可抗力条款时,应事先确定不可抗力的范围,保证贸易的顺利进行。但是,合同签订之后,商品价格的涨跌、汇率的升跌等这些正常的贸易风险,都不属于不可抗力范畴。

三、不可抗力的通知、证明和处理

(一)不可抗力的通知及证明

不可抗力事件发生之后,无法履行合同的一方当事人应按合同规定的通知期限和方式,将事件与证明文件及时通知对方,以取得免责权利。合同的另一方则在接到不可抗力通知与证明文件之后,无论同意与否,必须立即做出答复,否则被视为默认。一般在国外,不可抗力证明文件由当地的商会或法定公证机构出具,在我国则由中国国际贸易促进委员会(China Council for the Promotion of International Trade,CCPIT)出具。

(二)不可抗力的处理

不可抗力事件发生后,对合同的处理主要有两种方式:一种是解除合同,当事人双方不再执行合同;另一种是变更原合同的条件和内容,包括替代履行、减少履行或延迟履行。在实际业务中如何处理,应考虑不可抗力事件对履行合同的影响,也可以由双方在合同中加以规定。通常的惯例是:如果不可抗力使合同的履行成为不可能,则采取解除合同;如果不可抗力只是暂时或部分阻碍了合同的履行,则采取变更合同,尽量减少对方的损失。

四、合同中的不可抗力条款

(一)不可抗力条款的内容

国际贸易销售合同中的不可抗力条款主要包括这些内容:不可抗力的范围、对不可抗力的处理原则和方法、不可抗力发生后通知对方的期限和方法,以及出具证明文件的机构等。

买卖双方在洽谈交易时,就应该对可能发生的具体不可抗力事件及对履行合同所产生的实际影响程度,是解除合同还是变更合同达成一致,并在合同中规定处理方法和原则。

（二）不可抗力条款的规定方法

销售合同中不可抗力的条款主要有以下3种规定方法。

1. 概括式

采用概括式订立进出口合同不可抗力条款时，不具体列明不可抗力事件的种类，只是笼统地规定："由于公认的不可抗力原因，导致一方不能履行或不能完全履行合同时，该方可以要求提出免除责任，但必须在规定时间通知对方并提供相关证明文件。"这种方法由于使用了"公认"这个词语，很容易引起争议，所以在实际业务中较少使用。

2. 列举式

采用列举式订立销售合同不可抗力条款时，将买卖双方所能预见到的具体不可抗力事件一一罗列。这种方法虽然具体，但是文字烦琐，而且容易出现遗漏，所以在订立合同时也较少使用。

3. 综合式

针对上述两种方法的缺陷，在实际业务中往往采取综合式的方法来订立销售合同中的不可抗力条款，在列明经常可能发生的不可抗力事件（如地震、洪水、战争、暴风雨等）的同时，再加上"其他不可抗力事件"的文字。这种规定方法既明确具体，又有一定的灵活性，在我国的进出口合同中被广泛使用。

示例：

If the shipment of contracted goods is prevented or delayed in whole or in partly by reason of war, fire, flood, storm, heavy snow, earthquake or other cause of Force Majeure, the Sellers shall not be liable for non-shipment or late shipment of the goods of this contract. However, the Sellers shall notify the Buyers by cable and furnish the letter within×× days by registered airmail with a certificate issued by the China Council for the Promotion of International Trade attesting such event or events.

如果由于战争、火灾、水灾、暴风雨、雪灾或其他不可抗力的原因，导致卖方不能全部或部分装运或者延迟装运合同货物，卖方对于不能装运或延迟装运本合同货物不负责任。但卖方必须用电报或电传方式通知买方，同时必须在××天内以航空挂号信件向买方提交由中国国际贸易促进委员会出具的证明书。

学习案例 9-6

国内某研究所与日本客户签订一份进口合同，欲引进一台精密仪器，合同规定9月份交货。9月15日，日本政府宣布该仪器为高科技产品，禁止出口。该禁令自公布之日起15日后生效。日商来电以不可抗力为由要求解除合同。试问：日商的要求是否合理？我方应如何妥善处理？

典型工作任务四　国际贸易销售合同仲裁条款的操作

工作困惑

在国际贸易业务中，大多数交易可以顺利完成，但是也有部分交易在合同履行过程中，当事人中的一方或双方会提出争议。如何解决双方争议？解决争议的方式有多少种？国际贸易销售合同中最常用的方法是哪一种？

工作认知

在国际货物买卖中，买卖双方在合同履行过程中因种种原因发生争议是难以避免的，正确处理和妥善解决对外贸易争议,不仅关系到国家和企业的权益与对外声誉,而且直接关系到买卖双方的切身利益。在国际贸易实际业务中经常使用协商、调解、仲裁、诉讼4种渠道,以公正、公平、合理地解决争议,妥善处理贸易纠纷。

一、国际贸易解决争议的方法

(一)协商

协商(negotiation)是指当事人双方在争议发生之后,直接以口头或书面形式磋商,各自阐述理由,寻找解决纠纷的方案。在协商过程中,公司的实力、背景等因素影响着当事人在协商中的话语权。只要双方当事人凭着和气生财的态度,大部分的争议在此阶段都能够得到解决。如果一旦任何一方当事人不愿意或拒绝合作,则解决争议的方法升级,可以分别采用调解、仲裁、诉讼方式。

(二)调解

调解(conciliation)是指双方当事人自愿将争议提交第三方,让其协助澄清事实,促使双方达成和解。如果调解成功,双方一般签订和解书或和解协议,对双方当事人具有约束力。第三方调节员可以由当事人双方自行指定,也可以由调解机构指定,但是第三方调解员没有做出裁决的权力。同样,一旦任何一方当事人不愿意或拒绝合作,则解决争议的方法再次升级,可以选择仲裁、诉讼方式。

(三)仲裁

仲裁(arbitration)是指双方当事人自愿将争议提交双方预先同意的仲裁机构审理和裁决。由于仲裁具有解决争议迅速、费用较少、保密性较好、裁决具有强制执行力等优点,在国际贸易中被广泛使用。

(四)诉讼

诉讼(litigation)是指由司法部门按法律程序来解决双方的贸易争议。但是由于司法审判时间漫长(一般采用二审制,有一些国家或地区甚至采用三审制),程序复杂,诉讼费用较高,不利于双方当事人开展未来业务等特点,因此在国际贸易中较少使用。

二、仲裁

(一)仲裁的含义

仲裁是指买卖双方在签订合同时达成协议,自愿将有关争议提交双方所同意的仲裁机构进行裁决。仲裁机构做出的裁决是终局的,对双方都有约束力,双方必须遵照执行。

(二)仲裁的特点

① 仲裁与诉讼的排斥性。在签订国际贸易销售合同时,交易双方选择以仲裁方式解决争议,必然排除法院对有关争议案件的管辖权。

学习案例 9-7

某公司与外商签约出口一批货物,合同中规定了仲裁条款,且仲裁地点为北京。在履行合同时双方对货物品质发生争议,外商在其本国法院起诉我方,且发来了传票传我方公司出庭应诉。试问:我方是否应到国外应诉?为什么?

② 仲裁方式解决争议灵活简单。仲裁机构是民间组织,双方当事人可以自愿选择仲裁员,仲裁员一般都是熟悉国际贸易业务的专家学者或知名人士,较为专业,而且仲裁庭审理案件较为迅速,费用较低廉。

③ 仲裁不公开审理案件。这对于贸易双方的业务保密性较好，而且有可能使贸易双方继续发展业务关系。但是法院审理案件必须公开开庭，任何符合条件的人士均可以旁听。

④ 仲裁的裁决是终局的。仲裁裁决对诉讼双方均有约束力，败诉方不得上诉，必须按裁决执行，否则胜诉方可以要求法院强制执行。

（三）仲裁协议的形式和作用

根据我国《仲裁法》的规定，当事人采用仲裁方式解决争议的，双方应自愿达成仲裁协议。如果没有仲裁协议，任何一方申请仲裁的，仲裁机构将不予受理。

1. 仲裁协议的形式

① 合同中的仲裁条款。买卖双方在签订合同时，应一致同意对将可能发生争议所采取仲裁的意愿在合同中清楚表示。

② 仲裁协议。这是指双方当事人在合同之外订立的同意将争议提交仲裁解决的协议。仲裁协议可采用协议书形式，也可以采用来往函电、电报和电传等书面形式。仲裁协议的签订时间既可以是发生争议之前，也可以是发生争议之后。

2. 仲裁协议的作用

① 表明双方当事人在发生争议时自愿将争议提交仲裁机构裁决。

② 确立仲裁机构对案件的管辖权。

③ 排除了法院对案件的管辖权。

（四）仲裁机构

我国常设的涉外商事仲裁机构是隶属于中国国际贸易促进委员会的中国国际经济贸易仲裁委员会，总会设在北京，在深圳和上海设立了分会。

🖋 国贸常识

目前，国际上影响较大的常设商事仲裁机构有国际商会仲裁庭、英国伦敦仲裁院、美国仲裁协会、瑞典斯德哥尔摩仲裁院、瑞士苏黎世商会仲裁院、香港国际仲裁中心、日本国际商会仲裁协会等。这些国际仲裁机构与中国国际经济贸易仲裁委员会有业务联系，在仲裁业务中可以进行合作。

✏ 学习案例 9-8

我国某出口企业与美国进口商 A 公司签订一份 50 万美元的买卖合同，由于金额较大，双方在选择仲裁地与仲裁机构时争执不下。我方提出仲裁地选择在中国，指定中国国际经济贸易仲裁委员会为仲裁机构，而进口商 A 公司则提出在美国，由美国仲裁协会为仲裁机构，最后双方妥协确定仲裁地为香港，由香港国际仲裁中心承担争议的仲裁。试问：双方为什么各自选择本国与本国的仲裁机构？最后为什么确立我国香港与香港的仲裁机构？

（五）国际贸易销售合同中的仲裁条款

国际贸易销售合同中的仲裁条款应该包括以下几个方面。

1. 仲裁地点的规定

正确选择仲裁地点对于得到有利的仲裁结果是非常重要的，因为选择不同的仲裁地点与机构，所适用的仲裁规则是不同的，对当事人的权利、义务的解释也会有所不同；另外，语言的差异也会影响当事人意思的正确表述与仲裁员的理解。在签订合同时必须力争在本国进行仲裁，以取得对自己最有利的结果。

2. 仲裁机构的选择

仲裁机构一般有两种:一种是常设仲裁机构,是指根据一国的法律或有关规定设立的,有固定名称、地址、仲裁员设置和具备仲裁规则的仲裁机构;另一种是临时仲裁庭,是指由争议双方共同指定的仲裁员自行组成临时仲裁庭,它是为审理某一具体案件而组成的,案件审理完毕,仲裁庭即自动解散。

由于仲裁机构众多,贸易双方应在合同条款中明确订立具体选择哪一家仲裁机构处理交易争议。

3. 仲裁规则

按照国际通行惯例,原则上采用所选择仲裁地点的仲裁规则,也允许双方当事人选择仲裁地点以外的其他国家(或地区)仲裁机构的规则进行仲裁。

4. 仲裁裁决的效力

国际上大多数国家都认定仲裁裁决的效力是终局的、具有约束力的。裁决一经做出,对双方当事人都具有法律效力,必须按裁决执行,任何一方不得再向法院起诉要求变更,即使有一方上诉,法院也只是审查裁决在法律手续上是否存在问题,不涉及裁决本身。

5. 仲裁费用的负担

在仲裁条款中必须明确仲裁费用由哪方负担。通常由败诉方承担,也有的规定由仲裁庭酌情决定。仲裁费用一般按争议价值的 0.1%~1% 收取,与司法诉讼费用比较,仲裁费用比较低廉。

6. 合同中的仲裁条款示例

(1)规定在我国仲裁的仲裁条款

Any dispute arising from or in connection with this Contract shall be submitted to China International Economic and Trade Arbitration Commission for arbitration which shall be conducted in accordance with the commission's arbitration rules in effect at the time of applying for arbitration. The arbitral award is final and binding upon both parties.

凡因本合同引起的或与本合同有关的任何争议,均应提交中国国际经济贸易仲裁委员会,按照申请仲裁时该会现行有效的仲裁规则进行仲裁。仲裁裁决是终局的,对双方均有约束力。

(2)规定在被申请一方所在国仲裁的条款

All disputes arising out of the performance of, or relating to this contract, shall be settled amicably through negotiation. In case no settlement can be reached through negotiation, the case shall then be submitted for arbitration. The location of arbitration shall be in the country of the domicile of the defendant. If in China, the arbitration shall be conducted by the China International Economic and Trade Arbitration Commission, Beijing in accordance with its rules of arbitration. If in..., the arbitration shall be conducted by... in accordance with its rules of arbitration. The arbitral award is final and binding upon both parties.

凡因执行本合同所发生的或与本合同有关的一切争议,双方应通过友好协商解决,如果协商不能解决,应提交仲裁。仲裁在被申请一方所在国进行,如果在中国,则由中国国际经济贸易仲裁委员会根据该会仲裁规则进行仲裁;如果在××国(被申请所在国家),由××国××地××仲裁机构根据该机构仲裁规则进行仲裁。仲裁裁决是终局的,对双方均有约束力。

(3)在第三国仲裁的条款

All disputes arising out of the performance of, or relating to this contract, shall be settled amicably through negotiation. In case no settlement can be reached through negotiation, the case shall then be submitted to... arbitration, in accordance with its rules of arbitration. The arbitral award is final and binding upon both parties.

　　凡因执行本合同所发生的或与本合同有关的一切争议,双方应通过友好协商解决,如果协商不能解决,应在××国××地××仲裁机构根据该仲裁机构的仲裁规则进行仲裁。仲裁裁决是终局的,对双方均有约束力。

拓展工作任务　检验检疫证书的认知

工作困惑

　　在国际贸易销售合同中,是否每个合同都需要检验检疫证书? 检验检疫证书的种类有哪些?

工作认知

　　在国际贸易中,并不是每一个买卖合同都需要检验检疫证书,如果需要,则应该在合同中具体注明需要哪一种检验检疫证书。

一、检验检疫证书的概念与种类

(一)检验检疫证书的概念

　　检验检疫证书(inspection certificate)是指商检机构对进出口商品实施检验或鉴定后出具的证明文件。

(二)检验检疫证书的种类

① 品质检验证书(inspection certificate of quality)。
② 数量/质量检验证书(inspection certificate of quantity/weight)。
③ 包装检验证书(inspection certificate of packing)。
④ 兽医检验证书(veterinary inspection certificate)。
⑤ 卫生检验证书(sanitary inspection certificate)。
⑥ 消毒检验证书(disinfecting inspection certificate)。
⑦ 熏蒸检验证书(inspection certificate of fumigation)。
⑧ 温度检验证书(certificate of temperature)。
⑨ 残损检验证书(inspection certificate of damage cargo)。
⑩ 船舱检验证书(inspection certificate on tank/hold)。
⑪ 价值证明书(certificate of value)。
⑫ 一般产地证(certificate of origin)。
⑬ 普惠制产地证(generalised system of preference certificate of origin)。

国贸常识

　　一般原产地证书是证明出口商品的生产或制造符合《中华人民共和国出口货物原产地规则》的一种法律文件。它由商务部统一规定格式并印制,并由中华人民共和国出入境检验检疫局或中国国际贸易促进委员会签发,通常用于不使用海关发票或领事发票的国家(或地区),以确定对货物征税的税率。如果信用证或合同未作具体规定,一般由检验检疫局出具。

　　在具体业务中,卖方究竟需要提供哪种证书,要根据商品的种类、性质、贸易习惯及政府的有关法律法规而定。

二、检验检疫证书的作用

（一）作为买卖双方交接货物的依据

在国际贸易中，卖方有义务保证所提供货物的质量、数(重)量、包装等与合同规定相符。因此，合同或信用证中往往规定卖方交货时需提交商检机构出具的检验证书，以证明所交货物与合同规定相符。

（二）作为索赔和理赔的依据

如果合同中规定在进口国检验，或者规定买方有复验权，则如果经检验货物与合同规定不符，买方可凭指定检验机构出具的检验证书，向卖方提出异议和索赔。

（三）作为买卖双方结算货款的依据

在信用证支付方式下，信用证规定卖方需提交的单据中，往往包括商检证书，并对检验证书名称、内容等做出了明确规定。当卖方向银行交单，要求付款、承兑或议付货款时，必须提交符合信用证要求的商检证书。

（四）作为海关验关放行的凭证

凡属于法定检验的商品，在办理进出口清关手续时，必须提交检验机构出具的合格检验证书，海关才准予办理通关手续。

学习案例 9-9

我国 A 出口公司向新加坡 B 公司以 CIF 新加坡条件出口一批土特产品，B 公司又将该批货物转卖给马来西亚 C 公司。货到新加坡后，B 公司发现货物的质量有问题，但 B 公司仍将原货转销至马来西亚。其后，B 公司在合同规定的索赔期限内凭马来西亚商检机构签发的检验证书，向 A 公司提出退货要求。试问：A 公司应如何处理？为什么？

------------------------------ 综合实训 ------------------------------

一、实训目的

1. 通过实训，理解检验检疫、索赔、不可抗力和仲裁的含义，明确《公约》关于检验检疫、索赔、不可抗力和仲裁条款的规定。

2. 通过实训，在实际业务中能够完成检验检疫任务，正确处理索赔、不可抗力与仲裁等事项。

二、实训内容

围绕国际贸易销售合同检验检疫、索赔、不可抗力和仲裁条款，通过实训，全面掌握《公约》的相关规定与专业知识，具备扎实的理论基础与职业能力。根据学生的认知规律，实训分为基础理论部分与实践技能操作部分。

基础理论部分

一、模块核心概念

进出口商品检验检疫　索赔　不可抗力　仲裁

二、填空题

1. 我国检验检疫机构一般分为_____、_____和_____三大类型。其中,_____是官方检验检疫机构。

2. 我国检验检疫机构的基本任务是_____、_____和_____。

3. 原产地证书(certificate of origin)是证明出口商品原生产地的证书,通常包括_____和_____。

4. 在国际贸易中,有关检验检疫的时间和地点的规定有_____、_____、_____。

5.《公约》将违约分为_____和_____。

6. 国际贸易销售合同中不可抗力的条款主要有 3 种规定方法:_____、_____、_____。

7. 在国际贸易实际业务中,经常使用_____、_____、_____、_____4 种渠道,公证、公平、合理地解决争议,妥善处理贸易纠纷。

三、单项选择题

1. (　　)不是检验证书的作用。
   A. 作为证明卖方所交货物的品质、质量(数量)、包装及卫生条件等是否符合合同规定及索赔、理赔的依据
   B. 作为确定检验标准和检验方法的依据
   C. 作为卖方向银行议付货款的单据之一
   D. 作为海关验关放行的凭证

2. 在出口国检验,在进口国复验,这种检验条款的规定方法(　　)。
   A. 对卖方有利
   B. 对买方有利
   C. 比较公平合理,它照顾了买卖双方的利益
   D. 对保险公司有利

3. 要想使买方在目的港对所收货物无权提出异议,商品检验应(　　)。
   A. 以离岸品质、离岸质量为准　　　　B. 以到岸品质、到岸质量为准
   C. 以离岸品质、到岸数量为准　　　　D. 以到岸品质、离岸数量为准

4. 在国际贸易销售合同的商品检验条款中,关于检验时间和地点,目前使用最多的是(　　)。
   A. 在出口国检验　　　　　　　　　　B. 在进口国检验
   C. 出口国检验,进口国复验　　　　　D. 出口国检验,进口国复检,再到第三国检验

5. 国际商会国际仲裁院设在(　　)。
   A. 德国　　　　　B. 英国　　　　　C. 法国　　　　　D. 意大利

6. 我方与德商签订一笔进口机器零件的合同。合同签订以后,德商安排两间工厂同时投入生产。在生产过程中,其中一间工厂由于意外事故引发火灾,完全丧失了生产能力,德商(　　)。

A. 因遇不可抗力事故，可以要求解除合同

B. 因遇不可抗力事故，可以要求延期履行合同

C. 因遇不可抗力事故，可以要求延期履行合同，但我方有索赔的权力

D. 不属于不可抗力的范围，我方应要求德商按期履行合同

7. 仲裁裁决的效力是（　　）。

    A. 终局的，对争议双方具有约束力　　　　B. 非终局的，对争议双方不具有约束力

    C. 有时是终局的，有时是非终局的　　　　D. 一般还需法院最后判定

8. 在我国的国际贸易销售合同中，关于仲裁地点的规定，应力争（　　）。

    A. 在中国仲裁　　　　　　　　　　　　　B. 在被告国仲裁

    C. 在双方同意的第三国仲裁　　　　　　　D. 在对卖方有利的国家仲裁

9. 交易的一方认为对方未能全部或部分履行合同规定责任与义务的纠纷是（　　）。

    A. 争议　　　　　　B. 违约　　　　　　C. 索赔　　　　　　D. 理赔

10. 在国际贸易业务中，如果发生争议，双方无法达成一致，分歧较大，往往会选择（　　）。

    A. 协商　　　　　　B. 调解　　　　　　C. 仲裁　　　　　　D. 诉讼

11. 《公约》规定的索赔期限为买方实际收到货物后（　　）。

    A. 半年内　　　　　B. 1 年内　　　　　C. 1 年半内　　　　D. 2 年内

12. 按一般惯例，合同的罚金数额不宜超过货物总金额的（　　）。

    A. 3%　　　　　　　B. 4%　　　　　　　C. 5%　　　　　　　D. 5.5%

13. 不可抗力免除了遭受事故的一方当事人（　　）。

    A. 履行合同的责任　　　　　　　　　　　B. 对损害赔偿的责任

    C. 交付货物的责任　　　　　　　　　　　D. 支付货款的责任

14. 当卖方因不可抗力事故造成履行出口交货困难时，按照法律和惯例（　　）。

    A. 只能免除交货责任

    B. 只能展延交货日期

    C. 减少交货的数量

    D. 有时可以免除交货责任，有时可以展延交货日期，视具体情况而定

15. 不属于不可抗力事故的是（　　）。

    A. 水灾　　　　　　B. 地震　　　　　　C. 政府禁令　　　　D. 通货膨胀

16. 不可抗力条款是一项（　　）。

    A. 维护卖方权益的条款　　　　　　　　　B. 维护买方权益的条款

    C. 免责条款　　　　　　　　　　　　　　D. 无法免责的条款

17. 在我国，出具不可抗力事故发生证明的是（　　）。

    A. 商务部　　　　　　　　　　　　　　　B. 中国国际贸易促进委员会

    C. 海关　　　　　　　　　　　　　　　　D. 商检局

18. 中国国际经济贸易仲裁委员会是我国的（　　）。

    A. 官方性常设机构　　　　　　　　　　　B. 民间性常设机构

    C. 官方性临时机构　　　　　　　　　　　D. 民间性临时机构

19. 仲裁条款中一般规定仲裁费的承担者是（　　）。

    A. 败诉方　　　　　B. 胜诉方　　　　　C. 仲裁方　　　　　D. 提起仲裁方

20. 索赔期限的规定方法有（　　）。

    A. 约定索赔期限　　　　　　　　　　　　B. 货到目的港后×天索赔

　　C. 货到目的港卸至码头后×天索赔　　D. 货到最终目的地后×天索赔

四、多项选择题

1. 仲裁与诉讼的区别有(　　　　　)。

　　A. 仲裁以争议双方当事人自愿为基础,而诉讼具有强制性

　　B. 仲裁的手续较为简单,而诉讼的手续比较复杂

　　C. 仲裁对双方的关系影响较小,而诉讼较伤和气

　　D. 仲裁的费用较低,而诉讼的费用较高

2. 在国际贸易中,争议产生的原因主要有(　　　　　)。

　　A. 在履行合同过程中,遭遇不可抗力事故

　　B. 缔约双方中的一方故意不履约

　　C. 当事人一方的过失或疏忽,导致合同不能履行

　　D. 缔约双方对合同条款理解不一

3. 仲裁协议的作用,主要表现在(　　　　　)。

　　A. 约束双方当事人解决争议的方式　　B. 排除法院对该案件的管辖权

　　C. 授予仲裁机构对争议案件的管辖权 D. 仲裁解决不了问题,还可提请上诉

4. 不可抗力事故的构成条件是(　　　　　)。

　　A. 事故发生在合同订立以后

　　B. 发生了合同当事人无法预见、无法预防、无法避免和无法控制的客观情况

　　C. 事件的发生使合同不能履行或不能如期履行

　　D. 遭遇意外事故的一方负全责

5. 在国际贸易中,从事商品检验的机构主要有(　　　　　)。

　　A. 官方机构　　　　B. 非官方机构　　　C. 生产制造商　　D. 用货单位或买方

6. 合同中商品检验检疫时间与地点的规定方法主要有(　　　　　)。

　　A. 在出口国检验检疫　　　　　　　　B. 在进口国检验检疫

　　C. 在装船前检验检疫,货到目的港复检D. 把货物运到第三国检验检疫

7. 在国际贸易中,从事商品检验的机构主要有(　　　　　)。

　　A. 官方检验机构　　　　　　　　　　B. 民间检验鉴定机构

　　C. 生产部门检验机构　　　　　　　　D. 买方检验机构

8. 在国际贸易中,解决争议的方法主要有(　　　　　)。

　　A. 友好协商　　　B. 调解　　　　　C. 仲裁　　　　　D. 诉讼

9. 异议和索赔条款包括(　　　　　)。

　　A. 索赔依据　　　B. 索赔期限　　　C. 索赔处理办法

　　D. 索赔金额　　　E. 索赔权力

10. 根据我国《商检法》的规定,检验检疫机构在进出口商品检验检疫方面的基本任务是
(　　　　　)。

　　　A. 法定检验　　　B. 鉴定业务　　　C. 监督管理　　　D. 商品核对

11. (　　　　　)属于官方检验检疫机构。

　　A. 瑞士日内瓦通用鉴定公司　　　　　B. 美国保险人实验室

　　C. 美国食品药物管理局　　　　　　　D. 法国国家实验室检测中心

12. (　　　　　)是进口国海关核定货物来源征进口关税的凭证。

　　A. 价值证明书　B. 原产地证书　　C. 熏蒸证书　　D. 残损检验证书

13. (　　　　　)属于不可抗力的事件。
　　A. 地震、暴风雨　　　　　　　　　B. 雪灾、原材料价格上升
　　C. 旱灾、飓风　　　　　　　　　　D. 战争、罢工
　　E. 政府禁运、贸易政策调整　　　　F. 汇率变动

14. 国际贸易销售合同中不可抗力的条款主要有(　　　　　)规定方法。
　　A. 概括式　　　　B. 列举式　　　　C. 综合式　　　　D. 分列式

15. 原产地证书(certificate of origin)是证明出口商品原生产地的证书,通常是(　　　　　)。
　　A. 一般原产地证书　　　　　　　　C. 特别产地证
　　B. 普惠制原产地证书　　　　　　　D. 野生动植物产地证

五、判断题

1. 引起不可抗力事故的原因包括由于"自然力量"和"社会力量"引起的所有灾害和意外事故。
　　　　　　　　　　　　　　　　　　　　　　　　　　　　　　　　　　　　　(　　)

2. 只要支付了罚金,即可不履行合同。　　　　　　　　　　　　　　　　　　(　　)

3. 如果买方没有利用合理的机会检验货物,就是放弃了检验权,从而就丧失了拒收货物的权力。　　　　　　　　　　　　　　　　　　　　　　　　　　　　　　　　　　　(　　)

4. 凡属法定检验范围的商品,在办理进出口清关手续时,必须向海关提供商检机构签发的检验证书,否则海关不予放行。　　　　　　　　　　　　　　　　　　　　　　　　(　　)

5. 申请国际仲裁双方当事人事先应有仲裁协议,而向法院诉讼,一方可以起诉,无须事先征得对方同意。　　　　　　　　　　　　　　　　　　　　　　　　　　　　　　　(　　)

6. 合同中的仲裁条款与买卖双方发生争议后签订的书面仲裁协议有同等的法律效力。
　　　　　　　　　　　　　　　　　　　　　　　　　　　　　　　　　　　　　(　　)

7. 买卖双方为解决争议而提请仲裁时,必须向仲裁机构递交仲裁协议,否则,仲裁机构不予受理。　　　　　　　　　　　　　　　　　　　　　　　　　　　　　　　　　　　(　　)

8. 检验检疫类别中,M 表示进口商品检验,N 表示出口商品检验,P 表示进境动植物、动植物产品检疫,Q 表示出境动植物、动植物产品检疫。　　　　　　　　　　　　　　(　　)

9. 根据我国现行做法,对外订立仲裁条款时应争取在我国仲裁,如果对方不同意,也可接受在被告国仲裁。　　　　　　　　　　　　　　　　　　　　　　　　　　　　　　(　　)

10. 援引不可抗力条款的法律后果是撤销合同或延期履行。　　　　　　　　　　(　　)

11. 买方对货物的检验权是强制性的,是接受货物的前提条件。　　　　　　　　(　　)

12. 如果货物在产地检验,那么货物离厂后出现的品质、数量等方面的风险概由买方负责。
　　　　　　　　　　　　　　　　　　　　　　　　　　　　　　　　　　　　　(　　)

13. 复验期限实际上就是索赔期限。　　　　　　　　　　　　　　　　　　　　(　　)

14. 按《公约》的解释,如违约的情况尚未达到根本性违约程度,则受损害的一方有权向违约方提出损害赔偿的要求,但不可宣告合同无效。　　　　　　　　　　　　　　　　(　　)

15. 在国际贸易中,常用的不可抗力事故范围的规定方法是综合式。　　　　　　(　　)

16. 商品检验检疫证书的作用是证明卖方所交货物的品质、质量(数量)及卫生条件等是否符合合同规定。　　　　　　　　　　　　　　　　　　　　　　　　　　　　　　(　　)

17. 一般情况下,在出口国检验检疫,进口国复检这种检验检疫条款的规定方法对出口方有利。　　　　　　　　　　　　　　　　　　　　　　　　　　　　　　　　　　　(　　)

18. 一般情况下,如发生战争,遭受损失的一方可援引不可抗力条款要求免责。　(　　)

19. 在我国的国际贸易销售合同中,关于仲裁地点的规定,应力争在我国仲裁。　(　　)

20. 仲裁协议可采用协议书形式,也可以采用来往函电、电报和电传等书面形式。仲裁协议签订时间既可以是发生争议之前,也可以是发生争议之后。　　　　　　　　　(　　)

六、案例分析

1. 某公司以 CIF 鹿特丹出口食品 1 000 箱,即期信用证付款。货物装运后,凭已装船清洁提单和已投保一切险及战争险的保险单,向银行收妥货款。货到目的地后经进口人复验发现下列情况:①该批货物共有 10 个批号,抽查 20 箱,发现其中 2 个批号涉及 200 箱的货物内含沙门菌超过进口国标准;②收货人实收 998 箱,缺少 2 箱;③有 15 箱货物外表情况良好,但箱内货物共短少 60 千克。**试分析**:以上情况,进口人应分别向谁索赔? 为什么?

2. 我国 A 公司向日本 B 公司以 CIF 东京的条件出口一批矿产品。订约时,A 公司已知道该批货物要转销新加坡。该货物到达东京后,立即装运新加坡。其后买方 B 公司凭新加坡商检机构签发的检验证明,向我方提出索赔。**试分析**:A 公司应如何对待新加坡的检验证书?

3. 我国 A 外贸公司与国外 B 公司于 2 月签订进口普通豆饼 2 万公吨的合同,8 月份交货。在 4 月份,B 公司豆饼收购地发生洪灾,收购计划落空,随后致电 A 公司要求按不可抗力事件处理,免除其交货责任。**试分析**:这一要求是否合理? 为什么?

-------------------- **实践技能操作部分** --------------------

一、国际贸易销售合同检验检疫、索赔、不可抗力和仲裁条款环节认知

根据业务资料用英语拟订销售合同中的相关项目。

1. 检验、异议与索赔:双方同意以中华人民共和国国家出入境检验检疫局签发的品质和数量检验证书作为议付单据的一部分。买方有权对货物的品质、数量进行复验,复验费用由买方负担。如果发现品质或数量与合同规定不符,买方有权向卖方索赔,并提交经卖方同意的公证机构出具的检验报告。索赔期限为货到目的港 60 天内。

2. 不可抗力:由于自然灾害、战争或其他不可抗力事件,导致卖方不能全部或部分装运或者延迟装运合同货物,卖方不负责任。但卖方需用电传方式通知买方,并应在 14 天内以航空挂号信件向买方提供由中国国际贸易促进委员会出具的证明书。

3. 仲裁:凡因执行本合同所发生的或与本合同有关的一切争议,双方应通过友好协商办法解决。如果协商不成,则应提交青岛国际经济贸易仲裁委员会,并根据其仲裁程序和规则进行仲裁。仲裁裁决是终局的,对双方都具有约束力。仲裁费由败诉方负担。

二、国际贸易销售合同的填制

根据业务资料,完成出口合同约首、本文(品名、品质、数量、包装、运输、价格、保险、支付、检验检疫、索赔、不可抗力和仲裁条款)、约尾。

出口方:广州蓝天调味品有限公司　Guangzhou Blue Sky Seasoning Co.,Ltd.

地址:广州市友谊路 45 号　No.45,Youyi Road Guangzhou,China

出口经理:黄力

联系方式:Tel:0086-20-65428844　Fax:0086-20-65418840
　　　　　E-mail:gzbluesky@ 126.com

进口方:Germany Edhibe Company

地址:No.7-8,21105 Magdeburg Germany

买家:FRANK

联系方式:Tel:0049-391-5110123　Fax:0049-391-5110125
　　　　　E-mail:frank@ edhibe.de

合同编号:BS2020051　签订合同时间:2020-05-07
货物品名:BLUE SKY BRAND SOY SAUCE(蓝天牌酱油)

货物规格:	数量:	单价 CIF HAMBURG (INCOTERMS 2020)
Superior soy sauce		
15kg * 2Plasitic containers	100 CTNS.	USD20.00/CTN
生抽王 15kg×2 塑料罐/箱	100 箱	
Mushroom Soy Sauce		
750g * 24bottles	480 CTNS.	USD16.00/CTN
草菇老抽 750 克×24 瓶/箱	480 箱	

唛头:根据资料,制作一个标准唛头
装运港:Huangpu Port(黄埔港)
目的港:HAMBURG(汉堡)
装运期:2020 年 7、8 月
付款方式:预付 T/T(电汇)
开户银行与账号(Bank of China Guangdong Branch　A/C1002146789900000)
保险:由出口方按发票金额 110% 投保一切险。
检验:出口方提供由检验检疫局出具的卫生证。
不可抗力:出现不可抗力事件,可以免责。
异议索赔:品质异议需于货到目的口岸之日起 30 天内提出。
仲裁:提交中国国际经济贸易仲裁委员会执行。

售 货 合 同
SALES CONTRACT

1. 卖方:(3)　　　　　　　　　　合同编号:(1)
The Sellers:(4)
2. 地址:(5)　　　　　　　　　　合同日期:(2)
Address:(6)
Tel:(7)　　　　　　　　Fax:(8)
E-mail:(9)
3. 买方:
The Buyers:(10)
4. 地址:
Address:(11)
Tel:(12)　　　　　　　　Fax:(13)
E-mail:(14)

买卖双方同意按下列条件购进、售出下列商品。

The Sellers agree to sell and the Buyers agree to buy the undermantioned goods according to the terms and conditions as stipulated below.

商品名称及规格 Name of commodity & specification	数量 Quantity	单价 Unit Price	总值 Total Value
(15)	(16)	(17)	(18)

Say:(19)
5. 包装:
Packing:(20)
6. 唛头:
Shipping Marks:(21)
7. 装船港口:
Port of Shipment:(22)
8. 目的港口:
Port of Destination:(23)
9. 装船期限:

Time of Shipment：（24）

10. 付款条件：

Terms of Payment：（25）

11. 保险：

Insurance：（26）To be covered by _____ for the full invoice value plus _____ against. If the Buyers desire to cover for any other extra risks besides aforementioned of amount exceeding the aforementioned limited, the Sellers' approval must be obtained beforehand and all the additional premiums thus incurred shall be for the Buyers' account.

12. 检验：

Inspection：（27）

13. 不可抗力：因人力不可抗拒事故，使卖方不能在合同规定期限内交货或不能交货，卖方不负责任，但是卖方必须立即以电报通知买方。如果买方提出要求，卖方应以挂号函向买方提供由_____或有关机构出具的证明，证明事故的存在。

Force Majeure：（28）The Sellers shall not be held responsible if they, owing to Force Majeure causes. Fail to make delivery within the time stipulated in the contract or can't deliver the goods. However, in such a case the Sellers shall inform the Buyers immediately by cable. The Sellers shall send to the Buyers by registered letter at the quest of the Buyers a certificate attesting the existence of such a cause or causes issued by or by a competent Authority.

14. 异议索赔：品质异议需于货到目的口岸之日起_____天内提出，买方需同时提供双方同意的公证行的检验证明。卖方将根据具体情况解决异议。由自然原因或船方、保险商责任造成的损失，将不予考虑任何索赔。

Discrepancy and Claim：（29）In case discrepancy on quality of the goods is found by the Buyers after arrival of the goods at port of destination, claim may be lodged within 30 days after arrival of the goods at port of destination, while for quantity discrepancy, claim may be lodged within 15 days after arrival of the goods at port of destination, being supported by Inspection Certificate issued by a reputable public surveyor agreed upon by both party. The Seller shall, then consider the claim in the light of actual circumstance. For the losses due to natural cause or causes falling within the responsibilities of the Ship-owners or the Underwriters, the Sellers shall not consider any claim for compensation.

15. 仲裁：凡因执行本合同所发生上的或与合同有关的一切争议，双方应友好协商解决。如果协商不能解决，应提交_____，根据该委员会的有关仲裁程序现行规则在中国进行仲裁的、仲裁裁决是终局的，对双方都有约束力。仲裁费用除另有裁决外由败诉一方承担。

Arbitration：（30）All disputes in connection with the contract or the execution thereof, shall be settled amicable by negotiation. In case no settlement can be reached, the case under dispute may then be submitted to the _____ for arbitration. The arbitration shall take place in China and shall be executed in accordance with the provisional rules of Procedure of the said Commission and the decision made by the Commission shall be accepted as final binding upon both parties for setting the dispute. The fees, for arbitration shall be borne by the losing party unless otherwise awarded.

卖方：　　　　　　　　　　买方：

The Sellers：　　　　　　　The Buyers：

（31）　　　　　　　　　　（32）

模块十

国际贸易销售合同履行

典型工作任务	1. 国际贸易出口合同的履行 2. 国际贸易进口合同的履行
拓展工作任务	我国外贸出口退税制度的认知
主要学习目标	1. 掌握国际贸易出口合同履行的流程与各环节 2. 熟悉国际贸易进口合同履行的流程与各环节 3. 熟悉我国外贸出口退税制度
基础理论知识	《联合国国际货物销售合同公约》
工作操作技能	1. 能够根据业务资料,正确完成国际贸易出口合同履行相关各环节 2. 能够根据业务资料,正确完成国际贸易进口合同履行相关各环节

典型工作任务一　国际贸易出口合同的履行

工作困惑

作为一名外销业务员,与外商签约成交后,应如何履行出口贸易合同? 一般要经过哪些环节? 每个环节应注意哪些事项?

工作认知

目前,我国的出口交易大多采用 EXW、CIF、CFR 和 FOB 贸易术语,随着跨境电商的普及,由于利用跨境电商平台,发布产品时全部使用 FOB 贸易术语,所以 FOB 贸易术语在我国出口业务中使用频率越来越高。以信用证(L/C)与银行电汇(T/T)收取货款仍然是我国目前出口收汇的主要方式。履行 L/C 合同时的主要环节包括催证、审证、改证、备货、报验、办理货运、报关、投保(CFR 条件下省略此环节)、制单结汇等,如图 10.1 所示。

在图 10.1 的各环节中,以货(备货)、证(催证、审证和改证)、船(租船、订舱)、款(制单结汇)4 个环节的工作最为重要。只有做好这些环节的工作,才能防止出现"有货无证""有证无货""有货无船""有船无货""单证不符"或违反装运期等情况。各环节具体工作如下。

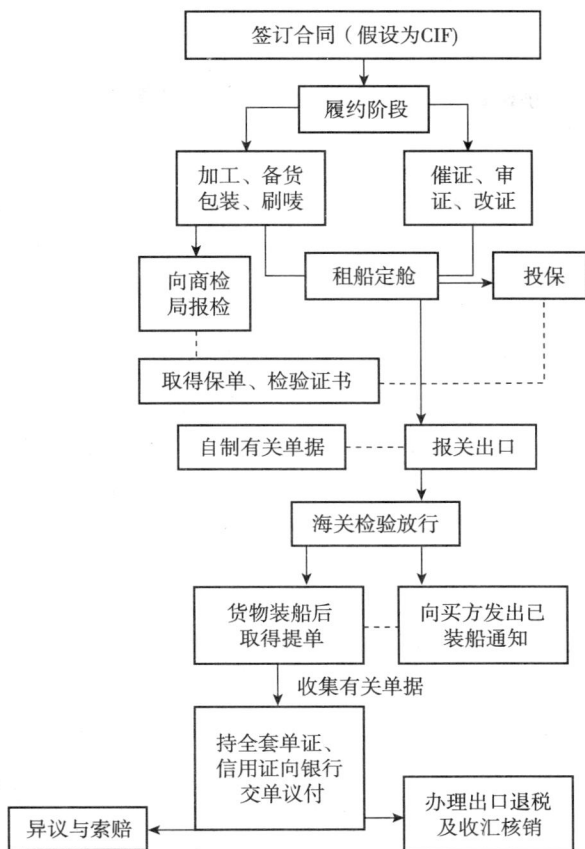

图 10.1　出口合同履行流程

一、落实信用证

信用证是开证行和卖方之间的契约,信用证的落实关系到卖方能否按时履约、安全收汇。它主要包括催证、审证、改证,是履行合同的一项重要工作。

(一)催证

合同采用信用证付款方式时,按时开证是买方应尽的义务。但在实际业务中,遇到市场变化或资金发生短缺时,买方往往会拖延开证。对此,我们应根据备货情况及时催证,必要时请驻外机构或有关银行协助催证,在催证函中陈述合同开证时间和备货与装运所需时间,并告知对方不及时开证将被视为撕毁合同,我方有权要求赔偿,以维护合同的严肃性。

(二)审证

买方开来的信用证本应与合同一致,但由于种种原因,如工作的疏忽、电文传递的错误、开证行工作差错、贸易习惯的不同,或者买方有意利用开证的主动权加列对其有利的条款(如合同签订后,买方市场发生变化,为了适应新情况而增添新的条件)、合同不能全面反映客户意愿等,往往会出现信用证条款与合同规定不符的情况。对此我们不能默然处之,应当根据合同仔细核对与审查。在实际业务中,经常以我方能够做到又不影响收汇为准则,决定是否修改信用证。实际业务中,银行和出口单位共同承担审证任务。银行着重审核开证行的政治背景、资信能力、付款责任和索汇路线等,出口单位则着重审核信用证与合同是否一致。

1. 银行审证要点

① 政策上审核。来证应符合我国的方针政策,不得有歧视性内容。

② 对开证行资信及信用证真实性的审查。对开证行所在国政治经济状况,开证行的资信、经营作风等进行审查。对来证进行印押审查,如信函开证,核对印签是否相符,如果相符,银行在来证上盖有核符戳记,如 SWIFT 开证,电文尾端有 SAC 或 MAC 表示密押相符。

③ 信用证生效及开证行付款责任的审查。对信用证加列限制性条款或保留条件的条款,如"领到许可证后方能生效""另函详"等字样,应在接到上述生效通知书或信用证详细条款后再履行交货义务。接受不可撤销的信用证,同时证内要载有开证行保证付款的文句。

2. 出口单位审证要点

① 对开证申请人和受益人的名称及地址要仔细核对。

② 信用证金额、币种、付款期限的规定是否与合同一致。

③ 品名、货号、规格、数量的规定是否与合同一致。

④ 信用证中的装运条款是否与合同一致。

⑤ 信用证交单日、到期日和到期地点是否正确。交单日是信用证规定的最晚向银行交单议付的日期。信用证如果没有规定,一般为提单日期后 21 天交单。到期地点应最好规定在卖方所在地。

⑥ 对单据的审核。卖方议付单据通常包括商业发票、保险单、海运提单、装箱单、原产地证明、检验证书及其他证明文件。要注意单据由谁出具、能否出具,信用证对单据有无特殊要求,单据的规定是否与合同条款一致,前后是否有矛盾等。对于必须由第三方或开证申请人签字的单据,一定要求改证修改。

⑦ 对其他特殊条款的审查。有时来证加列许多特殊条款,如指定船公司、船级、船龄、船籍等条款,一般不应轻易接受。例如,来证要求提单注明二程船为 15 年以下船龄的船只,如果没有直达船,一般外轮代理公司对二程船能否确定为 15 年以下的船只没有把握,因而外代不会在提单上加以证明,此时应考虑修改信用证。

⑧ 对银行费用条款的审核。根据 UCP600 规定,银行费用由开证申请人负担,偿付行的费用由开证行承担,其他发生费用由指示方负担。

3. 信用证中容易出现的问题

① 信用证的性质。信用证未生效或有限制生效的条款;信用证是可撤销的;信用证无保证付款的责任文句;信用证内漏列惯例适用条款;信用证未按合同要求加保兑;信用证密押不符。

② 信用证有关期限。信用证没有到期日;到期地点在国外;信用证到期日和装运期有矛盾;装运期、到期日或交单期规定与合同不符;装运期或有效期的规定与交单期有矛盾;交单期限过短。

③ 信用证当事人。开证申请人或受益人的名称、地址与合同不符。

④ 信用证金额货币。信用证金额不够使用(未达到溢装要求);金额大小写不一致,信用证货币与合同规定不符。

⑤ 汇票。付款期限与合同规定不符;没有将开证行作为汇票的付款人。

⑥ 分批和转运。分批或转运规定与合同不符;装运港口与合同成交条件不符;目的地不符合同成交条件;装运期限与合同规定不符。

⑦ 货物。品名规格不符;数量不符;包装有误;单价有误;贸易术语错误;使用术语与信用证条款有矛盾;货物单价数量与总金额不吻合;证中合同号码与日期错误;漏列溢短装规定。

⑧ 单据。发票种类不当或要求领事签证;提单收货人的填制要求不当;提单抬头和背书要

求有矛盾;提单运费条款与成交条件矛盾;正本提单全部或部分直寄客户;产地证明出具机构有误(国外机构或无授权机构);漏列必须提交的单据(如 CIF 成交条件下的保险单);空运单收货人不是开证行;费用条款规定不合理;运输工具限制过严;要求提交的检验证书种类与实际不符;要求提供客检证书;保险单种类不对;保险险别与合同不一致;投保金额未按合同规定。

学习案例 10-1

我国某外贸公司在某年8月通过中国银行某分行收到一份以英国 GKM 银行伯明翰分行名义开立的跟单信用证,金额为 125 万美元,通知行为加拿大 AC 银行。银行和公司在审核时,审核员分别发现几个可疑之处:①信用证的格式很陈旧,信封无寄件人地址,且邮戳模糊不清,无法辨认从何地寄出;②该证没有加密押,仅在来证上注明"本证将由 TBS 银行来电证实";③信用证的签名为印刷体,而非手写且无法核对;④来证要求受益人发货后,速将一套副本单据随同一份正本提单用 DHL 邮寄给申请人;⑤该证装效期在同一天,且离开证日只有5天;⑥信用证申请人在英国,而收货人却在加拿大。我国该分行和外贸公司经过研究,决定进行调查。分行业务人员一方面告诫公司"此证密押未符,请暂缓出运",另一方面抓紧时间向总行有关部门查询,回答"查无此行"。稍后却收到署名为巴西 TBS 银行的确认电,但该电文同样没有加密押证实。于是我国该分行又设法与 TBS 银行驻香港代表处联系,请示协助调查,最后得到答复:"该行从未发出确认电,且与开证行无任何往来。"至此,终于证实这是盗用银行名义的信用证诈骗案。试问:从这个案例中可以得出什么结论?

(三) 改证

在对信用证进行全面细致的审核以后,如果发现问题,应区别对待问题的性质,分别与银行、运输、保险、商检等有关部门联系,做出恰当妥善地处理。

凡是不影响收汇的,可给予通融,不必修改信用证;凡是间接或直接影响交货和收汇的,应由受益人立即要求开证申请人,通过原开证行对已开出的信用证进行必要的书面修改,或者解释或删除。如果开证申请人同意修改,通常先直接通知受益人,然后由原开证行通过原通知行转递正式信用证修改书。当受益人接受修改内容后,修改书就成为原信用证不可分割的组成部分,信用证就此生效,当事人必须坚决执行。

在办理改证过程中,凡需要修改的各项内容,应做到一次性向国外客户提出,尽量避免由于我方考虑不周而多次提出修改要求,否则不仅会增加双方的手续和费用,而且会导致拖延交货。

如果遇到收到的信用证修改书中仍有不能接受之处,可以再次或多次要求修改,直到完全接受为止,不能只接受其中一部分而拒绝另一部分。但要注意,多次修改势必有多张修改书,这时要注意修改书的编号,不能出现漏号,凡是对修改书的再修改,必须将原修改书在3个工作日内退回银行,超过3个工作日则视为接受。退回修改书的意思是对整个修改书表示不接受,不能只要求再修改其中的某一个问题。

总之,对国外来证的审核和修改,是保证顺利履行合同和安全迅速收汇的重要前提,必须给予足够的重视,认真做好审证、改证工作。

(四) 信用证的管理

出口单位对信用证的管理是企业的一项重要制度,它包括登记、处理、流转、保管及电脑制单管理等工作。

① 来证登记。企业收到信用证或修改证后,作统一编号、登记并注合同号码,以备查阅,防止丢失和检查合同的到证情况及来证修改次数和修改内容。

② 来证处理。企业收到属于不能接受的信用证或修改书时,必须在规定期限内,退还银行

或通知客户进一步修改。如果直接收到客户寄来的信用证，应与本地银行联系，交其确认来证真伪。

③ 来证流转。信用证在企业内部各个相关部门间的流转应有一套必要的签收交接制度，根据企业各部门的需要情况采用原件流转，或者以复印件或以信用证内容分析单，或者几种方式结合使用进行流转。

④ 来证保管。信用证正本及其修改书连同附件应指定人员妥善保管，出运后，连同单据送交银行议付完毕退回时，仍应妥善保管。分批出运的来证，注意每次出运后银行在来证背面批注的余额，不可超余额出运。对用完的来证按号另行归档，备日后查考。

⑤ 电脑制单。现在许多出口单位都实行电脑制单，即将来证信息、数据按照模拟单证的格式输入电脑，并按照通用的标准格式在电脑显示器上进行排版，使输入的数据排列整齐和格式化，然后打印草稿并与原始单据仔细对照审核。一旦有修改证，也一并输入电脑。确认无误后存盘，以备随时打印、查询，实现数据共存。需要议付单据时，将存盘的单证数据按单证格式打印出来，交银行议付。

国贸常识

在绝大部分国贸实务教材中，强调备货在先，催证、审证、改证环节在后。随着国际贸易形势的变化及出口企业的实际情况，在实际出口业务流程中，往往一线业务人员是等待进口商开立信用证之后，才着手生产备货。其中的理由是：①某些买家的信誉并不是我们所认为的那么好，或者某些国家属于外汇管制国家，即使客户有心购买，但是进口国有关部门不批准外汇，也是无法开出信用证的；②有些出口商品属于客户专门订购，规格性能与国内的规定相差甚远，甚至在国内无法使用，如我国的电器规格是 220 V，而日本等国家的电器规格是 110 V，显然是不能出口转内销的；③如果可以转卖其他客户或在国内销售，也会积压资金，造成损失。基于以上的理由，在实际业务中往往等客户开出信用证之后，抓紧备货才是明智的对策。

二、出口备货

（一）备货

备货也叫排产，是出口单位根据合同或信用证规定，向生产加工及仓储部门或国内工厂下达联系单或购销合同，并对货物进行清点、加工整理、刷制运输标志及办理申报检验和领证等工作。根据《公约》规定，卖方的基本义务是交付货物、移交与货物有关的单据并转移货物所有权。安排好货物是保证卖方按时、按质、按量履行合同的前提条件，应当引起高度重视。

在备货交运过程中，应注意以下几点。

① 货物品质必须与合同规定一致。卖方所交货物的品质不能低于也不宜高于合同规定，这两种情况均构成违约。

② 货物的数量、包装必须与合同规定一致。数量短交和超交，卖方均要承担法律责任。备货的数量应留有余地，以备装运时可能发生的调换和适应舱容之用。包装不良，可能拿不到清洁提单，会造成收汇困难。

③ 货物备妥时间应与合同约定的交货期限、客户实际付款期限相适应。另外，备货要结合船期安排，以利于船货衔接，不要造成货物长时间等船或船长时间等货的局面。必须在落实信用证条款后才能安排生产，以防备好货物后，买方不开证、不要货物或条款有问题，影响安全收汇。

④ 卖方对货物要有完全的所有权并不得侵犯他人权利。卖方所交付货物，必须是第三方不能根据工业产权或其他知识产权主张任何权利或者要求的货物。

⑤ 货物品质要能够通过某些国家的严格标准,避开技术生态壁垒。例如,日本进口幼儿服装要求不得含有甲醛,成人内衣甲醛含量不得超过 75ppm,成人外衣不超过 300ppm。

(二) 出口报检报验

按照《商检法》的规定,凡属国家规定必须法定检验的货物,出口货物备齐后,向当地出入境检验检疫局申请办理报检。办理报检的商品必须是生产加工完毕并完成包装、刷好唛头的整批出口商品。商品检验的主要内容有:商品的外观和内在质量,如包装、数量、重量、安全性能、卫生等检验。一般来说,出境货物最迟应于报关或装运前 7 天报检,对于个别检验周期较长的货物,应留有相应的检验时间。对于法检商品,检验合格后,商检部门签发出境货物通关单,加盖检验检疫专用章,海关凭此放行。卖方需在通关单签发之日起 60 天内装运出口,鲜活商品 2 周内,植物检疫 3 周内,逾期仍未装运的,重新检验,取得合格证书后,方可出口。经检验不合格的货物一般不得出口。

在商品出口的过程中,有的出口商品需要预检,具体情况如下。

① 预检对象。品质稳定、非易腐烂变质、非易燃易爆的商品。

② 预检范围。整批出口商品(货已备齐存放仓库,只是未签合同或信用证未到、未定数量、唛头等);分批出口商品(分批出运的,可以整批货物提前办理预检)。

③ 预检报验程序。填写预检报验单;预检合格后领取出口商品检验换证凭单或出口商品预验结果单;正式出口时,在有效期内逐批向检验检疫局办理换证或放行手续,并在两单的登记栏内对货物数量予以登记核销。

三、租船订舱、出口报关、出口投保、装运

根据合同或信用证的要求,以 FOB、CIF、CFR 方式成交的业务中,出口企业往往在备齐货物后,即开始着手办理租船或订舱、报关和投保等事宜。

(一) 租船订舱

出口单位或货运代理根据货量大小,向船公司洽商租船或订舱事宜。出口企业在履行 CIF、CFR 出口合同时,对于数量大需要整船装运的货物,可办理租船手续;对于数量小的零散货物,则订 40 尺、20 尺集装箱或散货出运。FOB 合同应联系客户指定的船公司或其代理,办理托运事宜。

办理出口货物班轮运输的基本程序包括以下内容。①查看船期表,外运公司定期编制的船期表上载有船名、航线、国籍、抵港日期、截止收单期(简称截单期)、受载日期、停靠港口等内容,是船、货衔接的依据,可以作为参考。②填写出口货物托运单,在截止收单日期以前交外运公司。如果出口货物具有自身的特点(如易腐、易燃、易爆),需要租用特种舱位或船舶,应在托运单上加以标明,以便使货物安全运送。③船舶公司或其代理人签发装货单,作为通知船方收货装船的凭证。④提货装船,获取由船长或大副签发的大副收据,载明收到货物的详细情况。⑤交纳运费,凭大副收据换取提单。⑥向进口方发装运通知。

办理货物发运手续前,出口企业应了解和掌握装运港的情况,如港口是否拥挤等,密切注意国际运输的动向。在整个发运过程中,要与外运公司经常取得联系,密切配合,发现问题,共同研究解决,保证如期装船。

(二) 出口报关

出口报关是指货物出运之前,出口企业如实向海关申报货物情况,交验规定的单据文件,办理接受海关监管事宜。出口报关必须在货物进入装货码头仓库后进行,一般在装货的 24 小时之前向海关申报。出口企业在海关办理登记注册后才能报关,如果在异地报关,需办理登记注册转

关手续后方可报关。报关员必须持有报关员证件才能办理报关。报关时需出具手写报关单、发票、装货单、核销单及有关证件，如出口许可证等，如果货物属法检商品，还需提交出境货物通关单。海关接受申报后，进行电脑预输入，打印4份出口货物报关单。经过审核单据、查验货物、办理征税、结关放行等步骤，在装货单或运单上加盖放行章后，才可装船出运。

（三）出口投保

在CIF条件下，出口单位订妥舱位货物装船之前，应向保险公司办理货物运输保险事宜。具体办法是：填制一份海运出口货物投保单，如果保险公司同意承保，则向投保人发回承保回执，列明保单号码、保单日期、投保日期，并向其收取保险费。出口人凭保险公司的承保回执缮制保险单，并将其送交保险公司确认签署，经保险公司签署后的保险单即成为向银行议付的重要单据之一。根据海运保险习惯，如果被保险人的全部货物所有权发生转移，该货保险单及其权益也随之转让，无须经保险公司同意。保单的转让必须在货权转让之前或与货权转移同时进行，如果货权已经转移，然后再办理保险，这种保单转让无效，因为此时被保险人已经丧失货物所有权，无可保利益。因此，在CIF条件下，卖方保单日期不得晚于装船日期。

按FOB或CFR术语成交的出口货物，卖方无须办理投保，但交货之前，货物自仓库到装船这一段时间内，仍有遭受意外损失的风险，需要自行安排这段时间内的保险事宜。在FOB或CFR条件下，卖方装货时，必须通知买方，以便其在装船完毕前办理保险。

学习案例10—2

我国某出口公司向南亚某国以CFR价格出口一批商品，国外开来信用证，虽列明CFR，但要求我方提供保险单且投保水渍险。我方为避免改证，同意代办保险，但按照习惯投保了一切险加战争险。在国内某银行议付时，议付行发现险别不符，但我方认为一切险的承保责任范围大于水渍险，对买方有利，可不必改证。但国外开证行收到单据后，表示拒付。试问：国外开证行拒付正确吗？为什么？

（四）装运

装船前，出口单位或货运代理凭盖有海关放行章的装货单与港方仓库、货场和理货人员（代表船方）办妥交接手续，分清货、港、船三方的责任。理货员和作业区的装卸人员按照积载图（stowage plan）和装货清单按票接货装船，并做好舱内的堆码、隔垫和加固工作。货物装船后，由大副签署收货单（mate's receipt），即大副收据，交理货员，理货员将其交托运人，凭它换取正式提单。货物装船后立即向收货人发装船通知（shipping advice），内容包括：信用证或销售确认书号码、品名、重（数）量、金额、船名、起航日期等，以便对方准备付款、赎单、办理进口报关和接货手续。如果为FOB、CFR术语，应及时发出装船通知，以便对方办理保险。

四、制单结汇

货物装运后，出口单位按照信用证规定，缮制各种单据，在信用证规定的交单有效期内，递交银行办理结汇手续。

（一）出口结汇办法

结汇是将出口货物销售获得的某种币制的外汇按售汇之日中国银行外汇牌价的买入价卖给银行。我国出口结汇的办法有收妥结汇、押汇和定期结汇3种。

1. 收妥结汇

收妥结汇是指议付行收到出口单位的出口单据后，经审查无误，将单据寄交国外付款行索取货款，待收到付款行将货款拨入议付行账户的贷记通知书（Credit Note）时，即按当日外汇牌价，折成人民币拨给出口单位。

2. 押汇

押汇又称买单结汇,是议付行在审单无误的情况下,按信用证条款买入出口单位的汇票和单据,从票面金额中扣除从议付日至估计收到票款之日的利息,将余款按议付日外汇牌价折成人民币,拨给出口单位。

3. 定期结汇

定期结汇是议付行根据向国外付款行索偿所需时间,预先确定一个固定的结汇期限,到期后主动将票款金额折成人民币拨给出口单位。

在上述 3 种结汇办法中,只有押汇才是真正意义上的议付。

(二)对结汇单据的要求

开证行审核单据完全与信用证相符后,才承担付款责任。因此,要求出口结汇单据要正确、完整、及时、简明、整洁。"正确"要作到单证一致,单单一致,此外单据与货物也应一致,这样单据才能真正代表货物,避免错发错运;"完整"要作到提交按照信用证规定的各项单据,包括份数和单据本身的项目,都不能短少;"及时"要作到在信用证有效期内,尽早将单据提交议付行,以便早日寄出单据按时收汇;"简明"要作到不必要的内容切勿加列,以免画蛇添足;"整洁"要作到布局美观、大方,字迹清楚,更改地方要加盖校对图章,但是提单、汇票、产地证书不得更改。

(三)对结汇单据不符点的处理办法

在实际业务中,单证不符的情况经常发生。这时,首先要争取时间修改单据,使其与信用证相符。如果来不及修改,视具体情况,选择如下处理方法。

① 表提也称担保结汇,即信用证受益人在提交单据时出现单证不符,主动向议付行书面提出单证不符点,议付行要求受益人出具保函,担保日后遭到拒付时,一切后果由受益人承担。表提一般适用于单证不符点并不严重,或者虽然是实质性不符,但事先已经进口商确认可以接受的情形。

② 电提又称电报提出,即在单证不符的情况下,议付行先向开证行去电(电报或电传),列明单证不符点,待开证行同意后再将单据寄出。这样可在最短时间内由开证行征求买方意见。如果对方同意,可寄单收汇;如果不同意,卖方可及时处理运输中的货物。

③ 跟单托收。如果议付行不同意上述两种方法,这时出口单位只能采用托收方式收款。

以上 3 种方法,受益人都失去了开证行的付款保证,银行信用已经变成了商业信用。

典型工作任务二 国际贸易进口合同的履行

工作困惑

进口合同经双方签字成立后,买卖双方均应履行合同条款。那么,进口合同应按照哪些程序进行履行?在履行过程中,每个程序应注意哪些事项?

工作认知

进口合同经双方签字成立以后,即构成法律性文件,交易双方均受其制约,买卖双方均应履行合同条款所规定的义务。在我国的进口业务中,一般按 FOB 价格条件成交的情况较多。如果是采用即期信用证支付方式成交,履行这类进口合同的一般程序是:开立信用证、派船接运货物、投保货运险、审单和付汇、报关、纳税、验收和拨交、进口索赔,如图 10.2 所示。

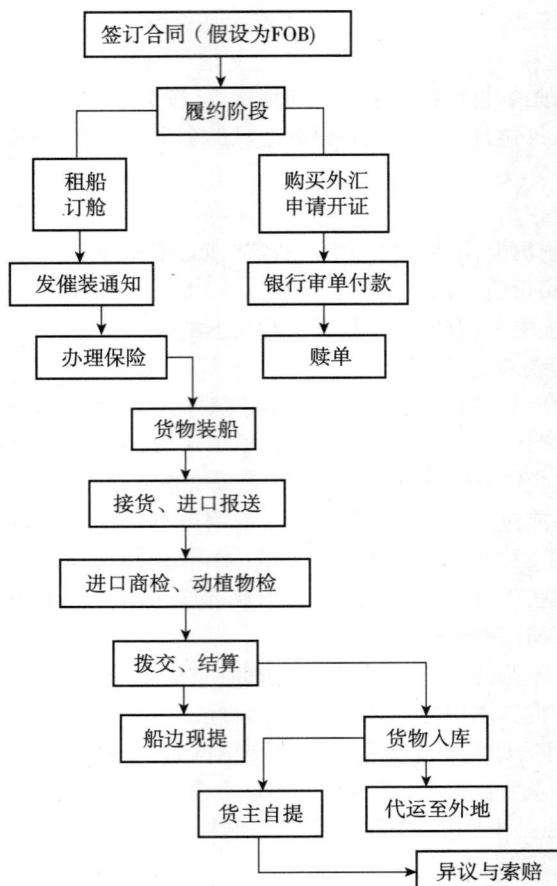

图 10.2　进口合同履行流程

这些环节的工作，是由进出口公司、运输部门、商检部门、银行、保险公司及用货单位等各有关方面分工负责、紧密结合而共同完成的。

一、开立信用证

进口合同签订后，根据合同规定办理开证手续。首先填写开证申请书（application for letter of credit），向银行办理开证手续。进口商申请开立信用证，应向开证银行交付一定比率的押金（margin）或抵押品，同时按规定向开证银行支付开证手续费。

申请开立信用证的注意事项如下。

① 有充足的、可使用的外汇，是进口方向银行申请开立信用证的前提。

② 申请开证的时间要符合合同规定。信用证的开证时间，应按合同规定办理，通常在交货期前一个月或一个半月左右。如果合同规定由卖方确定交货期，买方应在接到卖方交货期通知后开证；如果合同规定卖方获得出口许可证或提交履约保证金后开证，则买方应在收到卖方已领到许可证的通知，或银行转知保证金已照收后开证。

由于信用证的开证时间会影响装运期（有时甚至直接影响出口方的加工生产），出口方只有在收到信用证后才可以放心地安排生产和装运。进口方一定要在规定的装运期前开出信用证，以便出口方有足够的时间安排货物出运。

③ 信用证的措辞和内容要与合同规定相符,信用证的条件必须单据化。信用证应以合同为依据。信用证的内容,如品质、规格、数量、价格、交货期、装运条件及装运单据等,应与合同条款一致。有些信用证为了准确地表述合同的内容,在信用证上写明"参阅××合同",这种做法是不科学的,因为信用证是一个自足文件,有其自身的完整性和独立性,不应参照或依附于其他契约文件。

④ 关于装船前检验证明。信用证中应要求对方提供双方认可的检验机构出具的装船前检验证明,并明确规定货物的数量和规格。如果收益人所交的检验证明结果与信用证规定不符,银行即可拒付。

⑤ 信用证开出后,如果卖方对信用证提出修改意见,应视其具体情况,考虑是否应该给予修改。最常见的修改内容有:延展装运期和信用证有效期、变更装运港口等。

学习案例 10-3

A 公司与 B 公司订立了一份国际货物销售合同,由 A 公司向 B 公司销售一批计算机显示屏,双方约定以信用证方式付款。合同订立后,B 公司依约申请银行开出即期不可撤销信用证。A 公司收到信用证后,便开始准备货源、安排装运及制作单据。此时,因国内用户要求 B 公司提供原产地证明,B 公司便向开证行提出修改信用证的申请,要求在信用证的"单据"栏增加原产地证明书这一单据。银行接受 B 公司的申请,修改了信用证,并通知 A 公司信用证修改事宜。A 公司接到通知后未做出接受或拒绝修改的通知,并仍按原信用证的规定向银行提交了单据。银行审单后,认为单证相符,便向 A 公司支付了信用证项下的货款。此后,B 公司以单据中缺少原产地证明书,单证不符为由,拒绝向银行付款赎单。试问:银行接受 A 公司提交的单据并支付款项的行为是否正确? 为什么?

二、安排运输与投保

(一)安排运输

按 FOB 条件签订进口合同时,应由买方安排船舶,负责租船订舱或委托租船代理办理租船订舱手续。当办妥租船订舱手续后,应及时将船名及船期通知卖方,以便卖方备货装船,避免出现船货不能很好衔接的情况。

买方安排好运输后,还应随时掌握卖方的备货情况和船舶动态,催促卖方做好装船准备工作。对于数量大或重要的进口货物,必要时可请我国驻外机构就地协助了解和督促对方履约。

(二)办理货运保险

在 FOB 或 CFR 交货条件下的进口合同,保险由买方办理。买方可以与保险公司签订预约保险合同,对各种货物应保的险别先做出具体的规定。按照预约保险合同的规定,买方在收到国外装运通知后,应及时将船名、提单名、开航日期、装运港、目的港及货物的名称和数量等内容通知保险公司,即办妥投保手续。保险公司按预约保险合同的规定对货物负自动承保的责任。此外,进口商也可以采用逐笔投保方式,即在接到国外出口商发来的装船通知后,直接向保险公司提出投保申请,填写起运通知书,并送交保险公司。保险公司出具保险单,保险随即生效。

三、审单与付汇

银行收到国外寄来的汇票及单据后,对照信用证的规定,核对单据的份数和内容。如果内容无误,即由银行向国外付款,同时贸易企业按银行规定的有关折算牌价用人民币向银行买汇赎单。如果审核国外单据时发现证、单不符,应做出适当处理。处理办法有很多,如停止对外付款;

相符部分付款,不符部分拒付;货到检验合格后再付款;凭卖方或议付行出具担保付款;要求国外受益人改单;在付款的同时,提出保留索赔权等。

目前,在国际贸易结算领域,《跟单信用证统一惯例》已被大多数国家与地区接受和使用,并成为各国银行处理信用证结算业务必须遵循的基本准则。在实际业务中,审单付款中的情况比较复杂,银行、进口企业对审单工作应高度重视,尽量避免错付或被诈骗,给公司、企业造成重大损失。因此,有关当事人要按照《跟单信用证统一惯例》的要求,合理、谨慎地审核信用证要求的所有单据,以确定其表面上是否与信用证条款相符。当信用证的规定与《跟单信用证统一惯例》有冲突时,应遵守信用证优于《跟单信用证统一惯例》的原则,按照信用证的要求审核单据。

学习案例 10-4

我国北方某化工进出口公司和美国尼克公司以 CFR 青岛条件订立了进口化肥 5 000 公吨的合同,根据合同规定,我方开出以美国尼克公司为受益人的不可撤销的跟单信用证,总金额为 280 万美元。双方约定如果发生争议,提交中国国际经济贸易仲裁委员会上海分会仲裁。2007 年 5 月,货物装船后,美国尼克公司持包括提单在内的全套单据向银行议付了货款。货到青岛后,我方发现化肥有严重质量问题,立即请当地商检机构进行了检验,证实该批化肥是没有太大实用价值的饲料。于是,我方持商检证明要求银行追回已付款项,否则将拒绝向银行支付货款。根据上述情况,试问:银行是否应追回已付货款?我方是否有权拒绝向银行付款?我方应采取什么补救措施?

四、进口付汇核销

我国目前对进出口货物的付汇管理要求是境内机构进口付汇,应按照国家关于进口付汇核销管理的规定办理核销手续。凡是进口企业以通过银行购汇或从现汇账户支付的方式向境外支付有关进口商品的货款、预付款、尾款等,皆为进口付汇,应当按照规定办理付汇核销手续。

进口企业办理付汇和汇付核销的手续是合并进行的,这对履行进口合同的企业来说是一项十分重要的工作。企业要建立必要的核查制度,以避免付汇和核销工作中的差错,同时还应完善单证的留存保管工作。

五、报关、验收和拨交

进口货物到货后,由贸易企业或委托运输公司根据进口单据填写进口货物报关单向海关申请,并随附发票、提单及保险单。如果属于法定检验的进口商品,还需随附商品检验证书,货、证经海关查验无误后才能放行。

进口货物运达港口卸货时,港务局要进行卸货核对。如果发现短缺,应及时填写短卸报告交由船方签认,并根据短缺情况向船方提出保留索赔权的书面声明。卸货时如果发现残损,货物应存放于海关指定仓库,待保险公司会同商检局检验后做出处理。值得注意的是,根据规定凡列入《商检机构实施检验的进出口商品种类表》的进出口商品和其他法律、法规规定须经检验的进出口商品,必须经过出入境检验检疫部门或其指定的检验机构检验。

在完成上述手续后,买方可自行或通过货运代理提取货物自用或者拨交给订货部门,货运代理通知订货部门在目的地办理收货手续,同时通知贸易企业代理手续已办理完毕。

国贸常识

我国关于进口货物申报的规定如下。

　　① 申报时间。进口货物的收货人应当自运输工具申报进境之日起 14 日内,向海关申报。超过规定期限到海关申报的,由海关从第 15 日起按日征收滞报金。计算滞报金按日征收,日征收额为进口货物到岸价格的 0.05%,滞报金的起征点为 10 元,滞报金以元计收,不足人民币 1 元的部分免收。其计算公式为:进口货物完税价格×0.05%×滞报天数。如果自运输工具申报进境之日起超过 3 个月未向海关申报,其进口货物将由海关提取变卖。变卖后所得价款扣除运输、装卸、储存等费用和税款后,尚有余款的,自货物变卖之日起一年内经收货人申请,予以发还;逾期无人申请的,上缴国库。

　　② 申报地点。根据规定,进口货物应当由收货人在货物的进境地海关办理海关手续。

　　③ 申报应备文件。进口货物申报时,应填写一式两份的进口货物报关单,并随附以下单证:许可证、提单、发票、装箱单、减免税或免验的证明文件。

六、进口索赔

　　进口商品常因品质、数量、包装等不符合合同的规定而发生向有关方面提出索赔的问题。根据造成损失原因的不同,进口索赔的对象主要有 3 个:卖方、船公司和保险公司。

　　在进口业务中,办理对外索赔时,一般应注意以下事项。

　　(一)索赔证据

　　对外提出索赔需要提供证件,首先应准备索赔清单,随附商检局签发的检验证书、发票、装箱单、提单副本;其次,对不同的索赔对象还要另附有关证件。

　　(二)索赔金额

　　除受损商品的价值外,有关费用也可提出索赔,如商品检验费、装卸费、银行手续费、仓租、利息等,都可包括在索赔金额内,至于包括哪几项,应根据具体情况而定。

　　(三)索赔期限

　　值得注意的是,进口索赔必须在一定时限内提出方可有效,如果提出索赔要求时已超过了索赔时限,则视为索赔方自动放弃要求索赔的权利。

　　1. 向卖方索赔的时效

　　根据《公约》的规定,买方必须在发现或理应发现不符情况后一段合理时间内通知卖方,否则就丧失了索赔的权利。最长的索赔时效为买方收到货物之日起不超过 2 年。

　　2. 向船公司的索赔时效

　　根据《海牙规则》的规定,托运人或收货人在收取货物时,如果发现货物灭失或损坏,应在提货之日起 3 天内,向运输公司提出索赔的书面通知。如果在提货时,双方已对货物进行了联合检验,托运人或收货人就无须再发出上述索赔通知,有关索赔依据可事后补送。如果货主的索赔未被受理,则诉讼时效为货物交付之日起 1 年之内。

　　3. 向保险公司的索赔时效

　　按照《中国人民财产保险公司关于海洋货物运输保险条款》的有关规定,被保险人发现保险货物受损后,应立即通知当地的理赔、检验代理人进行检验。中国人民财产保险公司规定的索赔时效为 2 年,即从被保险货物在最后卸载港全部卸离海轮后起算,最多不超过 2 年。

　　(四)关于卖方的理赔责任

　　进口货物发生了损失,除了属于轮船公司及保险公司的赔偿责任外,如果属于卖方必须直接承担的责任,应直接向卖方要求赔偿,防止卖方制造借口推卸理赔责任。

拓展工作任务　我国外贸出口退税制度的认知

工作困惑

在国际贸易中,我国政府实行外贸出口退税制度。国家为什么要实行出口退税制度? 出口商品的退税率是多少? 需要哪些凭证才能退税? 退税程序是怎样的? 退税后应该怎么进行处理?

工作认知

出口退税是指一个国家为了扶持和鼓励本国商品出口,将所征税款(国内税)部分或全部退还给出口商的一种制度。出口退税是提高货物的国际竞争能力,符合税收立法及避免国际双重征税的有力措施。对出口的已纳税产品,在报关离境后,将其在生产环节已纳的消费税、增值税退还给出口企业,使企业及时收回投入经营的流动资金,加速资金周转,降低出口成本,提高企业经济效益。

一、退税的基本条件

可以退税的货物必须是报关离境的出口货物,必须是财务上做出口销售处理的货物,必须是属于增值税、消费税征税范围的货物。

二、出口商品的退税率

根据财政部、税务总局、海关总署《关于深化增值税改革有关政策的公告》,自 2019 年 7 月 1 日起,我国增值税的税率分为 13%、9% 与 6% 三档,同时最新出口货物增值税退税率调整为 13%、9%、6%、0% 四档。一般来说,加工程度越高的商品,退税税率越高。近几年我国不断调整出口退税率,一方面提高中国拥有较多知识产权的 IT 等产品的出口退税率,另一方面降低或取消了"两高一资"(高能耗、高污染、资源性)出口产品的退税率。

三、退税凭证

① 增值税专用发票(税额抵扣联)。
② 税收(出口货物专用)缴款书或出口货物完税分割单。
③ 出口销售发票和销售明细账。
④ 出口货物报关单(出口退税联)。
⑤ 出口收汇单证。

四、退税程序

出口企业设专职或兼职办理出口退税人员,按月填报出口货物退(免)税申请书,并提供有关凭证,先报外经贸主管部门稽查签章后,再报国税局进出口税收管理分局办理退税。目前,出口报关单、出口收汇核销单、出口税收缴款书已经全国联网,缺少其中一个信息,即不能退税。

国贸常识

目前,我国众多中小微制造企业积极将企业产品出口海外市场,但是由于许多企业没有取得进出口经营权,不能享受国家退税优惠待遇。在实际业务中,可以选择买单出口,也就是选择一家有进出口经营权的公司代理出口,支付少许代理费,间接享受国家退税优惠待遇,或者选择"不征也不退"的方式,降低出口成本。

------- **综 合 实 训** -------

一、实训目的

1. 通过实训,正确掌握出口合同履行的基本程序。
2. 通过实训,正确掌握进口合同履行的基本程序。

二、实训内容组成说明

围绕国际贸易销售合同的履行,通过实训,使学生全面掌握《联合国国际货物销售合同公约》的相关规定与专业知识,具备扎实的理论基础与职业能力。根据学生的认知规律,实训分为基础理论部分与实践技能操作部分。

------- **基 础 理 论 部 分** -------

一、模块核心概念

B/L　大副收据　跟单信用证　出口收汇核销　出口托运单

二、填空题

1. 我国的出口合同目前大多采用_____、_____或_____贸易术语,又多以_____方式收取货款。
2. 在出口合同履行过程中,_____、_____、_____、_____4 个环节最重要。
3. 信用证中的"三期"指的是_____、_____和_____。
4. 按 FOB 贸易术语签订进口合同时,应由_____负责租船订舱,保险由_____负责。
5. 进口商品如果不符合同规定,可以向有关方面索赔,进口索赔的对象主要有 3 个:_____、_____和_____。

三、单项选择题

1. 随着跨境电商的普及,在我国的出口业务中(　　)贸易术语使用越来越频繁。
    A. FOB　　　　　　B. CFR　　　　　　C. CIF　　　　　　D. CIF
2. 出口合同的履行中一般不包括(　　)环节。
    A. 备货　　　　　　B. 开证、改证　　　C. 报关、装船　　　D. 制单、结汇
3. 出口合同中的"三平衡"是指(　　)的综合平衡。
    A. 货、证、船　　　B. 货、证、款　　　C. 船、证、款　　　D. 货、船、款
4. 在出口业务中对信用证进行审核的单位是(　　)。
    A. 银行　　　　　　B. 出口商　　　　　C. 出口商和银行　　D. 保险公司
5. 出口商对信用证的审核不包括(　　)。
    A. 受益人　　　　　B. 信用证金额　　　C. 索汇路线　　　　D. 运输单据
6. 卖方可以在(　　)情况下,催促买方开立信用证。
    A. 买方未按规定时间开证　　　　　　　B. 货价出现变化

C. 合同刚刚签订   D. 卖方想延迟发货

7. 出口企业收到信用证后,应对照合同和(   )对信用证内容进行审核。

    A. 我国的《合同法》   B.《跟单信用证统一惯例》

    C. INCOTERMS 2010   D.《联合国国际货物销售合同公约》

8. 卖方审证后如果有不能接受之处,应向(   )提出修改。

    A. 开证行   B. 开证申请人   C. 通知行   D. 付款行

9. 信用证的修改书应由(   )传递给出口商。

    A. 开证行   B. 开证申请人   C. 任何银行   D. 原通知行

10. 托运人凭(   )向船公司或其代理人换取正式提单。

    A. 托运单   B. 装货单   C. 大副收据   D. 下货纸

11. 根据《海牙规则》的解释,收货人在货物损坏时可以在提货日起(   )天内向运输公司提出索赔。

    A. 7   B. 10   C. 5   D. 3

12. 下列说法中正确的是(   )。

    A. 卖方所交付的货物,必须是任何第三者不能根据物权、工业产权或其他知识产权主张任何权利或要求

    B. 卖方所交付的货物,必须是任何第三者可以根据物权主张自己的权利,但是不能根据工业产权或其他知识产权主张权利或要求

    C. 卖方所交付的货物,必须是任何第三者都可以根据物权、工业产权或其他知识产权主张任何权利或要求

    D. 卖方所交付的货物,必须是任何第三者不能根据物权主张权利,但是可以根据工业产权或其他知识产权主张权利或要求

13. 我国的进口业务多采用(   )贸易术语。

    A. EXW   B. FOB   C. CFR   D. CIF

14. 如果信用证的规定与《跟单信用证统一惯例》有冲突,则应遵循(   )原则审核单据。

    A.《跟单信用证统一惯例》   B. 我国的《合同法》

    C.《公约》   D. 信用证优于《跟单信用证统一惯例》

15. 如果船、货出现脱节现象,可能会产生(   )。

    A. 保险费   B. 手续费   C. 滞期费   D. 人工费

16. 出口报关的时间应是(   )。

    A. 备货前   B. 装船前   C. 装船后   D. 货到目的港

17. 根据《跟单信用证统一惯例》的规定,海运提单中货物的描述(   )。

    A. 必须与信用证规定完全一致

    B. 必须使用货物的全称

    C. 只要与信用证对货物的描述不相冲突,可使用货物的全称

    D. 必须与商业发票的填写完全一致

18. 进口企业审核单据时,处于单据中心位置的单据是(   )。

    A. 进口报关单   B. 进口许可证   C. 商品检验证书   D. 商业发票

19. 在进口贸易中,进口关税的计算是以(   )贸易术语为基础的。

    A. FOB   B. CFR   C. CIF   D. EXW

20. 海关对进口货物凭出入境检验检疫机构填发的(   )办理海关通关手续。

　　A. 检验证书　　　　　　　　　　　B. 原产地证
　　C. 入境货物通关单　　　　　　　　D. 进口货物报关单

四、多项选择题

1. 国际贸易中,CIF 贸易术语下卖方的基本义务是(　　　　)。
　　A. 提交合格货物　　　　　　　　　B. 提交合格单据
　　C. 办理运输　　　　　　　　　　　D. 办理保险
　　E. 转移货物的所有权

2. 如果信用证的修改通知书中包括多项修改内容,则卖方可(　　　　)。
　　A. 全部接受　　　　　　　　　　　B. 部分接受
　　C. 全部拒绝　　　　　　　　　　　D. 部分拒绝
　　E. 部分接受或部分拒绝

3. 出口结汇常用的单据是(　　　　)。
　　A. 汇票、商业发票　　　　　　　　B. 报关单、托运单
　　C. 提单、保险单　　　　　　　　　D. 装箱单、产地证
　　E. 装箱单、包装单

4. 开证行可以拒绝付款的理由是(　　　　)。
　　A. 单单不符　　　　　　　　　　　B. 货与合同不符
　　C. 信用证与合同不符　　　　　　　D. 单证不符
　　E. 开证人审核结果不符

5. 买方申请开立信用证的具体手续包括(　　　　)。
　　A. 递交有关合同副本及附件　　　　B. 填开开证申请书
　　C. 缴付保证金　　　　　　　　　　D. 支付开证手续费

6. 银行在审证时,侧重审核(　　　　)。
　　A. 信用证内容是否与合同一致　　　B. 信用证的真实性
　　C. 开证行的资信能力　　　　　　　D. 付款责任及索汇路线

7. 买方按时(　　　　)是卖方履行合同的前提条件。
　　A. 租船订舱　　　　　　　　　　　B. 开立信用证
　　C. 审单付款　　　　　　　　　　　D. 提交进口许可证并交纳关税
　　E. 办理投保相关手续

8. 进口的货物如果发生残损或到货数量少于提单所载数量,而运输单据是清洁的,则进口方应向(　　　　)提出索赔。
　　A. 卖方　　　　B. 承运人　　　　C. 保险公司　　　　D. 银行

9. 托运人凭(　　　　)向外轮代理公司交付运费并换取正式提单。
　　A. 大副收据　　　B. 发票　　　　C. 保险单　　　　D. 收货单

10. 在信用证项下结汇时,可用于议付的单据有(　　　　)。
　　A. 提单　　　　B. 发票　　　　C. 保险单　　　　D. 汇票
　　E. 检验证书

11. 买方可以采取(　　　　)方式向出口方支付货款。
　　A. 信用证　　　B. 汇付　　　　C. 托收　　　　D. 现金

12. 向保险公司索赔时,应注意的问题是(　　　　)。
　　A. 索赔的时效　　　　　　　　　　B. 要求买方立即处理受损货物

C. 提供必要的索赔证件　　　　　　D. 立即将受损货物转移给保险公司

13. (　　　　　)是进口合同履行的程序。

  A. 开立信用证　　　　　　　　　　B. 催证、审证、改证

  C. 租船订舱,并通知船期和催装　　D. 制单结汇

  E. 审单付款

14. 在信用证方式下,银行保证向信用证受益人履行付款责任的条件是(　　　　　)。

  A. 单证一致　　　　　　　　　　　B. 受益人按期履行合同

  C. 开证申请人付款赎单　　　　　　D. 单单一致

15. 开证申请书是(　　　　　)。

  A. 申请人与开证行之间的书面契约　B. 申请人对开证行的委托

  C. 开证行开立信用证的依据　　　　D. 买卖双方的约定

五、判断题

1. 在出口业务中,卖方履行合同的基本义务是向买方提交符合合同规定的货物。　　(　　)

2. 在我国的出口业务中,绝大部分业务使用 FOB 价格术语和以托收作为支付方式。　(　　)

3. 出口合同的履行过程中货、证、款 3 个环节最为重要。　　(　　)

4. 出口备货环节包括准备好应交的货物和包装、刷唛等工作。　　(　　)

5. 信用证有效期就是信用证的装运期。　　(　　)

6. 对于信用证的银行费用,我国的习惯做法是出口地的银行费用由出口方负担,进口地的银行费用由开证人负担。　　(　　)

7. 信用证受益人审证后如果发现有不能接受之处,应直接要求开证行进行修改。　(　　)

8. 如果信用证修改通知中将装运期和提单的内容进行了修改,那么出口方可以接受装运期部分的修改,而拒绝接受提单内容的修改。　　(　　)

9. 出口方或托运人可以凭大副收据向船公司或其代理人换取正式提单。　　(　　)

10. 报关是指出口货物装船后向海关申报出口放行的手续。　　(　　)

11. 在实际业务中,如果进口方未按时开立信用证,卖方需进行催证工作。　　(　　)

12. 修改信用证不必经过开证行,而直接由申请人修改后交给受益人即可。　　(　　)

13. 受益人对信用证的修改做出的接受或拒绝的表示,在交单时,如果提交的单据与原信用证的条款相符,则表示拒绝修改。　　(　　)

14. 进口国要求提供海关发票主要是作为海关减免关税的依据。　　(　　)

15. 对外索赔时,必须在索赔有效期内提出,过期无效,责任方有权不予赔付。　(　　)

16. 开证申请书内容应与合同内容一致。　　(　　)

17. 在买方已经支付货款的情况下,即使买方享有复验权,也无权向卖方提出索赔。　(　　)

18. 在制作和审核结汇单据时一般应本着"正确、完整、及时、简明、整洁"的原则。　(　　)

19. 信用证结算方式只对卖方有利,对买方不利。　　(　　)

20. 卖方备货的实际品质,只能高于合同规定而不能低于合同规定。　　(　　)

六、案例分析

1. 中国南方某公司与丹麦 AS 公司在 2019 年 9 月按 CIF 条件签订了一份出口圣诞灯具的商品合同,支付方式为不可撤销即期信用证。AS 公司于 7 月通过丹麦日德兰银行开来信用证,经审核与合同相符,其中保险金额为发票金额的 110%。就在我方备货期间,丹麦商人通过通知行传递给我方一份信用证修改书,内容为将保险金额改为发票金额的 120%。我方没有理睬,仍按

原证规定投保、发货,并于货物装运后在信用证交单期和有效期内,向议付行议付货款。议付行审单无误,于是放款给受益人,后将全套单据寄丹麦开证行。开证行审单后,以保险单与信用证修改书不符为由拒付。**试分析**:开证行拒付是否有道理?为什么?

2. 我国华东某公司以 CIF 术语于 2019 年 5 月从澳大利亚进口巧克力食品 2 000 箱,以即期不可撤销信用证为支付方式,目的港为上海。货物从澳大利亚某港口装运后,出口商凭已装船清洁提单和投保一切险及战争险的保险单,向银行议付货款。货到上海港后,经我方公司复验后发现下列情况:①该批货物共有 8 个批号,抽查 16 箱,发现其中 2 个批号涉及 300 箱内含沙门氏菌超过进口国的标准;②收货人实收 1 992 箱,短少 8 箱;③有 21 箱货物外表情况良好,但箱内货物共短少 85 千克。**试分析**:进口商就以上损失情况应分别向谁索赔?说明理由。

3. 2019 年 4 月份某公司 A 在广交会上与科威特某客户 B 签订合同,客户欲购买 A 公司的玻璃餐具(名 GLASS WARES),我方报价 FOB WENZHOU,温州出运到科威特,海运费到付。合同金额达 USD25 064.24,共 1×40′ 高柜,支付条件为全额信用证。客户回国后开立信用证给 A 公司,要求 6 月份出运货物。A 公司按照合同与信用证的规定在 6 月份按期出货,并向银行交单议付,但在审核过程发现 2 个不符点:① 发票上 GLASS WARES 错写成 GLASSWARES,即没有空格;② 提单上"提货人"一栏"TO THE ORDER OF BURGAN BANK,KUWAIT"错写成了 TO THE ORDER OF BURGAN BANK,即漏写 KUWAIT。A 公司认为这两个是极小的不符点,根本不影响提货,又认为客户是老客户,最后就不符点担保出单了。但 A 公司很快就接到由议付行转来的拒付通知,银行以上述两个不符点作为拒付理由拒绝付款。A 公司立即与客户取得联系,原因是客户认为到付的运费(USD 2 275.00)太贵(原来 A 公司报给客户的是 5 月份的海运费,到付价大约是 USD 1 950.00,后来 6 月份海运费价格上涨,但没有及时通知客户)。B 公司拒绝到付运费,因而货物滞留在码头,A 公司也无法收到货款。后来 A 公司人员进行各方面的协调后,与船公司联系要求降低海运费,船公司将运费降到 USD 2 100.00,客户才勉强接受,到银行付款赎单,A 公司被扣了不符点费用。整个解决纠纷过程使得 A 公司推迟收汇大约 20 天。**试分析**:这个案例给我们什么启示?

4. 我方与伊朗一中间商成交尼龙线 10 万磅。合同规定 6 月底以前开证,7 月装船。该商品是以销定产,我方为此安排工厂加班生产。但到 6 月底,未见来证,经一再催证,对方回告需要改规格后方能开证,但此时大部分货已备妥,无法更换。**试分析**:我方对此应如何处理?应吸取哪些教训?

实践技能操作部分

一、出口合同的履行

1. 根据合同,审核信用证。

买卖双方签署的合同
托普纺织品进出口公司
TOP TEXTILES IMP AND EXP CORPORATION
127 Zhongshan Road East One,Shanghai P. R. of China
No. 28CA1006
Date:20200306
销售确认书
SALES CONFIRMATION

Messrs:THOMSON TEXTILES INC.

3384 VINCENT ST.

DOWNS VIEW,ONTARIO

M3J,2J4,CANADA

Article No.	Commodity and Specification
77111	DYED JEAN FABRIC,COTTON 70%POLYESTER 30% ,112/114CM WIDTH,40M CUT LENGTH CIF TORONTO

Colour	Quantity(M)	Unit Price USD/M	Amount USD
RED	4,000	1. 56	6,240. 00
SILVER	4,000	1. 32	5,280. 00
DK NAVY	4,200	1. 62	6,804. 00
WINE	2,800	1. 62	4,536. 00
DK BLUE	4,800	1. 44	6,912. 00
BLACK	4,200	1. 62	6,804. 00
TOTAL	24,000M		USD36,576. 00

10%MORE OR LESS BOTH IN AMOUNT AND QUANTITY ALLOWED

PACKING:FULL WIDTH ROLLER ON TUBES OF 1. 5 INCHES IN DIAMETER IN CARTONS

SHIPMENT:ON OR BEFORE APR. 30 2020

DELIVERY:FROM SHANGHAI TO TORONTO PARTIAL SHIPMENT AND TRANTSHIPMENT ALLOWED.

INSURANCE:TO BE EFFECTED BY THE SELLER COVERING ICC(A) DATED 01/01/2014 FOR 110% OF THE INVOICE VALUE W/W CLAUSE INCLUDED

PAYMENT: BY 100 PCT IRREVOCABLE L/C AVAILABLE BY DRAFT AT SIGHT TO BE OPENED IN SELLERS FAVOUR 30 DAYS BEFORE THE DATE OF THE SHIPMENT AND TO REMAIN VALID IN CHINA FOR NEGOTIATION UNTIL THE 15 DAYS AFTER THE DATE OF SHIPMENT

Buyer Signature

Charles Brown

Seller Signature

李 明

进口国银行开来的信用证如下。

ZCZC AHS302 CPUA520 S9203261058120RN025414394

P3 SHSOCICRA

TO 10306 26BKCHCNBJASH102514

FM 15005 25CIBCCATTFXXX05905

  CIBBCCATTFXXX

   ∗ CANADIAN IMPERIAL BANK OF COMMERCE

   ∗ TORONTO

MT 701 02

27 SEQUENCE OF TOTAL:	1/1
40A FORM OF DOC. CREDIT:	IRREVOCABLE
20 DOC. CREDIT NUMBER:	T-017641
31C DATE OF ISSUE:	20200305
31D DATE PLACE OF EXPIRY:	20200505 CANADA
50 APPLICANT:	THOMSON TEXTILES INC.
	3384 VINCENT ST
	DOWNS VIEW,ONTARIO
	M3J. 2J4 CANADA
59 BENEFICIARY:	TOP TEXTILES IMP AND EXP COMPANY
	127 ZHONGSHAN ROAD EAST ONE
	SHANGHAI P. R. OF CHINA
32B AMOUNT CURRENCY:	USD43,891.20
39A POS/NEG TOL(%):	10/10

41D AVAILABLE WITH/BY：   AVAILABLE WITH ANY BANK IN CHINA
                          BY NEGOTIATION

42C DRAFTS AT：   30 DAYS AFTER SIGHT

42D DRAWEE：   CIBE，TORONTO TRADE FINANCE CENTRE TORONTO

43P PARTIAL SHIPMENTS：   ALLOWED

43T TRANSSHIPMENT：   ALLOWED

44E PORT OF LOADING：   SHANGHAI

44F PORT OF DISCHARGE：   TORONTO

44C LATEST DATE OF SHIP： 20190510

45A SHIPMENT OF GOODS：   DYED JEAN FABRIC，AS PER S/CNO. 82CA1006
                          CIF TORONTO

46A DOCUMENTS REQUIRED：

    + COMMERCIAL INVOICE IN QUADRUPLICATE

    + CERTIFICATE OF ORIGIN FOR TEXTILES

    + FULL SET CLEAN ON BOARD BILLS OF LADING MADE OUT TO SHIPPERS ORDER BLANK ENDORSED MARKED FREIGHT PREPAID NOTIFY APPLICANT

    + INSURANCE POLICY OR CERTIFICATE ISSUED BY PEOPLES INSURANCE COMPANY OF CHINA INCORPORATING THEIR OCEAN MARINE CARGO CLAUSES ALL RISKS AND WAR RISKS FOR 110 PERCENT OF CIF INVOICE VALUE WITH CLAIMS PAYABLE IN CANADA

    + DETAILED PACKING LIST IN TRIPLICATE

47A：ADDITIONAL CONDITIONS：THE NUMBER AND THE DATE OF THIS CREDIT AND THE NAME OF OUR BANK MUST BE QUOTED ON ALL DRAFTS REQUIRED AN ADDITIONAL FEE OF USD 80.00 OR EQUIVALENT WILL BE DEDUCTED FROM THE PROCEEDS PAID UNDER ANY DRAWING WHERE DOCUMENTS PRESENTED ARE FOUND NOT TO BE IN STRICT CONFORMITY WITH THE TERMS OF THIS CREDIT

71B：DETAILS OF CHARGES：ALL BANKING CHARGES OUTSIDE CANADA ARE FOR THE BENEFICIARY'S ACCOUNT AND MUST BE CLAIMED AT THE TIME OF ADVISING

48：PRESENTATION PERIOD：WITHIN 5 DAYS AFTER THE DATE OF ISSUANCE OF THE SHIPPING DOCUMENTS BUT WITHIN THE VALIDITY OF THE CREDIT

49：CONFIRMATION：WITHOUT

78：INSTRUCTIONS：UPON OUR RECEIPT OF DOCUMENTS IN ORDER WE WILL REMIT IN ACCORDANCE WITH NEGOTIATING BANK'S INSTRUCTIONS AT MATURITY

MAC/OBTDE84E

DLM

SAM

＝03261058

NNNN

经审核，信用证中的错误有以下 10 处。

1. _____

2. _____

3. _____

4. _____

5. _____

6. _____

7. _____

8. _____

9. _____

10. _____

二、出口单据认知

1. 以 CIF 合同为例，指出出口单据对应的出单机构。

合同履行阶段	单据的名称	出单机构
办理运输	国际货物托运书	
	集装箱海运出口托运单	
	海运提单	
办理保险	投保单	
	保险单	
办理商检	出境货物报检单	
	商检证书、通关单	
办理报关	出口报关单	
	商业发票	
	装箱单	

2. 有关单据日期改错

资料：信用证规定交货期不晚于 2020 年 10 月 30 日；信用证有效期为 2020 年 11 月 15 日；实际装船期为 2020 年 10 月 25 日。

要求：根据已知资料和惯例，改正认为错误的单据签发日期。

单据名称	签发日期	正确的签发日期
出口许可证	2020 年 10 月 28 日	
商业发票	2020 年 10 月 29 日	
装箱单	2020 年 10 月 12 日	
汇票	2020 年 10 月 24 日	
原产地证书	2020 年 10 月 26 日	

参 考 文 献

[1] 2000年国际贸易术语解释通则[M]. 北京:中信出版社,2000.

[2] 毕甫清. 国际贸易实务与案例[M]. 北京:清华大学出版社,2006.

[3] 陈志红. 国际贸易业务流程[M]. 上海:华东师范大学出版社,2008.

[4] 费景明,罗理广. 进出口实务[M]. 北京:高等教育出版社,2006.

[5] 海关总署报关员资格考试教材编写委员会. 报关员资格全国统一考试教材2012年 [M]. 北京:中国海关出版社,2012.

[6] 韩常青. 新编进出口贸易实务[M]. 北京:电子工业出版社,2005.

[7] 侯海英,栾红. 国际贸易业务实训[M]. 北京:经济科学出版社,2007.

[8] 贾建华,阚宏. 国际贸易理论与实务[M]. 北京:首都经济贸易大学出版社,1995.

[9] 姜宏. 国际贸易实务与综合模拟实训[M]. 北京:清华大学出版社,2008.

[10] 黎孝先. 国际贸易实务[M]. 北京:对外贸易教育出版社,2003.

[11] 刘祥. “一带一路”倡议下中国企业“走出去”[M]. 北京:中国经济出版社,2018.

[12] 倪军,严新根. 新编国际贸易实务[M]. 北京:电子工业出版社,2010.

[13] 上海市对外经济贸易教育培训中心. 国际商务单证应试指导[M]. 2版. 上海:同济大学出版社,2008.

[14] 孙家庆. 国际货运代理[M]. 大连:东北财经大学出版社,2003.

[15] 王莉. 中小企业外贸一本通[M]. 广州:广东经济出版社,2006.

[16] 吴百福. 进出口贸易实务教程[M]. 7版. 上海:格致出版社,2015.

[17] 严国辉. 国际贸易理论与实务[M]. 北京:对外经济贸易大学出版社,2005.

[18] 姚大伟. 对外贸易单证实务[M]. 上海:复旦大学出版社,1995.

[19] 于强. 国际贸易术语解释通则Incoterms 2010深度解读与案例分析[M]. 北京:中国海关出版社,2011.

[20] 余世明. 国际贸易实务练习题及分析解答[M]. 广州:暨南大学出版社,2004.

[21] 张素芳. 国际商务案例评析[M]. 北京:中国金融出版社,2001.

[22] 中国国际货运代理协会. 国际海上货运代理理论与实务[M]. 北京:中国对外经济贸易出版社,2005.